本书受西南财经大学马克思主义学院资助出版

·马克思主义研究文库·

马克思生活哲学论纲

杨 楹 | 著

光明日报出版社

图书在版编目（CIP）数据

马克思生活哲学论纲 / 杨楹著. -- 北京：光明日报出版社，2025.3. -- ISBN 978-7-5194-8592-4

Ⅰ.A811.63

中国国家版本馆 CIP 数据核字第 2025F3C111 号

马克思生活哲学论纲

MAKESI SHENGHUO ZHEXUE LUNGANG

著　者：杨　楹	
责任编辑：李　倩	责任校对：李壬杰　李海慧
封面设计：中联华文	责任印制：曹　净

出版发行：光明日报出版社

地　　址：北京市西城区永安路 106 号，100050

电　　话：010-63169890（咨询），010-63131930（邮购）

传　　真：010-63131930

网　　址：http://book.gmw.cn

E - mail：gmrbcbs@gmw.cn

法律顾问：北京市兰台律师事务所龚柳方律师

印　　刷：三河市华东印刷有限公司

装　　订：三河市华东印刷有限公司

本书如有破损、缺页、装订错误，请与本社联系调换，电话：010-63131930

开　本：170mm×240mm	
字　数：332 千字	印　张：18.5
版　次：2025 年 3 月第 1 版	印　次：2025 年 3 月第 1 次印刷
书　号：ISBN 978-7-5194-8592-4	
定　价：98.00 元	

版权所有　　翻印必究

目 录
CONTENTS

上 篇 ········· 1

第一章　马克思生活哲学的出场、实质及其意义 ········· 3
第二章　马克思生活辩证法的理论个性及其当代在场 ········· 36
第三章　马克思生活辩证法的内在逻辑 ········· 63
第四章　马克思生活哲学的批判向度 ········· 77
第五章　马克思生活哲学的批判及批判方法论 ········· 91
第六章　马克思生活哲学的批判逻辑 ········· 104
第七章　马克思的"生活真理论"及其当代价值 ········· 120
第八章　马克思主义信仰的本质及其特征 ········· 130
第九章　马克思主义信仰的思维逻辑 ········· 140
第十章　人民的解放与幸福：马克思主义的价值真谛 ········· 150

下 篇 ········· 163

第一章　"个人主义的谱系"的底细 ········· 165
第二章　"日常生活的革命"之后 ········· 206
第三章　"乌托邦"："我"活下来的"希望原理" ········· 215
第四章　市场观念史：透析"乌托邦资本主义" ········· 217
第五章　"新资本主义文化"之"新" ········· 235

跋 ········· 256
参考文献 ········· 260
后记　继续"存在的勇气" ········· 265

自序　马克思生活哲学纲领性"文本"的深耕

《关于费尔巴哈的提纲》（以下简称《提纲》），从直接性而言，无疑是马克思揭示与批判以"费尔巴哈"为代表的"旧唯物主义"的局限性，凸显"新唯物主义"的新特征、新品质，标示马克思超越黑格尔哲学和费尔巴哈哲学，开出独特的哲学路向。如此，对《提纲》的丰富内涵与变革性意义，我们决不可仅仅局限于哲学维度，从哲学内在革命的层面，碎片化地加以揭示，而是应该将其置于现代生活的历史语境中，置于生活哲学的架构上，从文本的整体价值取向与运思逻辑上，将之确定为马克思生活哲学的纲领性文本，以此表明《提纲》以其极凝练和浓缩的方式，呈现出马克思生活哲学基本的理论面貌与理论特质。

一、超越"思辨"与"直观"，直面"现代生活"

《提纲》以哲学与时代的关系为总体原则，以对黑格尔哲学和费尔巴哈哲学的批判为其直接论题，揭示黑格尔哲学与费尔巴哈哲学落后于时代，与现代生活脱节的原因，从而宣告现代生活对传统哲学的扬弃，表明马克思生活哲学的出场，由此展现马克思生活哲学的生活世界论、生活真理论、生活环境论、生活意识形态论、生活感性论、生活主体论、生活心理—情感论、生活本质论、生活方法论、生活立场论，以及哲学功能论。如此，《提纲》则可视为马克思生活哲学总体性论纲。

马克思指出"哲学，尤其是德国的哲学，爱好宁静孤寂，追求体系的完满，喜欢冷静的自我审视"①，但是，"哲学不是世界之外的遐想，就如同人脑虽然

---

① 中共中央马克思恩格斯列宁斯大林著作编译局. 马克思恩格斯全集：第 1 卷 [M]. 北京：人民出版社，1995：219.

不在胃里，但也不在人体之外一样"①。如此，"任何真正的哲学都是自己时代的精神上的精华，所以必然会出现这样的时代，那时哲学不仅从内部即就其内容来说，而且从外部即就其表现，都要和自己时代的现实世界接触并相互作用。那时，哲学对于其他的一定体系，不再是一定的体系，而正在变成世界的一般哲学，即变成当代世界的哲学"②。以此而观，无论是内容与方法，还是体系化的形式，这些都表明传统德国哲学与时代不相容，同时彰显了哲学与现实生活之间应有的关系逻辑。

正是基于此，马克思在批判青年黑格尔派时，明确地指出他们的哲学及其哲学批判运动，"都是在纯粹的思想领域中发生的"③。因为，"这些哲学家没有一个想到要提出关于德国哲学与德国现实之间的联系问题，关于他们所作的批判和他们自身的物质环境之间的联系问题"④。如此，马克思指出：关于青年黑格尔运动，我们"必须站在德国以外的立场上来考察"⑤。马克思在此提出了审视哲学存在的合法性及其价值的方法论原则。这个方法论原则的要旨就是必须站在哲学以外的立场上，站在现实生活的立场上，站在时代的高度来反观哲学，确定哲学的性质与品质，从而确立哲学与现实生活的关系，突出哲学必须以现实生活为出发点和归宿点的根本原则，由此表明，哲学存在的价值与命运。从最终的意义上来说，哲学是由现实生活决定的。

马克思进一步指出："在思辨终止的地方，在现实生活面前，正是描述人们实践活动和实际发展过程的真正的实证科学开始的地方。关于意识的空话将终止，它们一定会被真正的知识所代替。对现实的描述会使独立的哲学失去生存环境，能够取而代之的充其量不过是从对人类历史发展的考察中抽象出来的最一般的概括。这些抽象本身离开了现实的历史就没有任何价值。"⑥ 于此，马克思表明，是现实生活终止了"思辨哲学"。"真正的实证科学"代替"思辨哲

---

① 中共中央马克思恩格斯列宁斯大林著作编译局. 马克思恩格斯全集：第1卷 [M]. 北京：人民出版社，1995：220.
② 中共中央马克思恩格斯列宁斯大林著作编译局. 马克思恩格斯全集：第1卷 [M]. 北京：人民出版社，1995：221.
③ 中共中央马克思恩格斯列宁斯大林著作编译局. 马克思恩格斯选集：第1卷 [M]. 北京：人民出版社，2012：142.
④ 中共中央马克思恩格斯列宁斯大林著作编译局. 马克思恩格斯选集：第1卷 [M]. 北京：人民出版社，2012：145-146.
⑤ 中共中央马克思恩格斯列宁斯大林著作编译局. 马克思恩格斯选集：第1卷 [M]. 北京：人民出版社，2012：143.
⑥ 中共中央马克思恩格斯列宁斯大林著作编译局. 马克思恩格斯选集：第1卷 [M]. 北京：人民出版社，2012：153.

学",已成为现实生活之所需,换言之,从根本上而言,正是"现实生活"终结了"思辨哲学"。

在此,我们必须注意,马克思所言的"真正的实证科学",从其对象或内容上来看,它则是有别于无主体、无肉身之"观念"及其观念逻辑的"现实生活"的,即"人们实践活动和实际发展过程";从方法而言,它则是有别于"思辨哲学"之"思辨",是突出内蕴着唯物主义客观性原则和辩证法之动态变化性原则的"描述";在此基础上,从性质而言,马克思指明"思辨哲学",是关于"意识的空话",而"描述人们的实践和实际发展过程""对现实的描述""描绘出这个能动生活过程"① 所形成的则是"真正的知识"。如此,马克思的哲学路向,以"现实""人们实践活动和实际发展过程"为"原本",以"描述"为方法,"终止"取代"思辨哲学",形成"真正的实证科学"或"真正的知识",即马克思的"生活哲学"。

再进而言之,马克思生活哲学的第一命题应是"不是意识决定生活,而是生活决定意识"。这正是马克思指出"德国哲学从天国降到人间;和它完全相反,这里我们是从人间升到天国"之真谛所在②。如此,马克思从哲学的路线与方法层面,明确生活哲学,即是以"从事实际活动的人"为"出发点","而且从他的现实生活过程中还可以描绘出这一生活过程在意识形态上的反射和反响的发展"③。

可以肯定的是,马克思不再按照传统哲学的理路"做'哲学'",他成为一个后黑格尔主义的哲学家,改变了"作为哲学的哲学"的黑格尔哲学"传统",超越了青年黑格尔抽象的观念论取向,开启了"作为非哲学的哲学",即生活哲学新路向,将"哲学"作为生活主体改变现实"批判的武器"。如此,哲学与现实生活的内在张力得以生成,哲学的价值归属得以落实。于此,马克思生活哲学展现其"生活"—"哲学"—"生活"的价值逻辑与运思逻辑。"哲学"最终回归现实生活,为生活服务,从而彰显哲学对生活世界的批判性与建构性。

---

① 中共中央马克思恩格斯列宁斯大林著作编译局. 马克思恩格斯选集:第1卷[M]. 北京:人民出版社,2012:153.
② 中共中央马克思恩格斯列宁斯大林著作编译局. 马克思恩格斯选集:第1卷[M]. 北京:人民出版社,2012:152.
③ 中共中央马克思恩格斯列宁斯大林著作编译局. 马克思恩格斯选集:第1卷[M]. 北京:人民出版社,2012:152.

二、马克思生活哲学之生活世界理论总纲

将《提纲》①置于马克思生活哲学的视域中加以重审，我们不难发现，以往的研究，基本上滞于哲学层面，且受马克思主义哲学条块论之思维定式的影响，将《提纲》分割为实践观、思维观（含认识论）、人本观、社会观（含历史观）、宗教观和新世界观等几块，或从本体论、认识论、价值论和历史观等几个维度对之加以研究。这样不仅忽略《提纲》十一条之间的内在联系，将《提纲》肢解而丧失其整体性，而且未能突破哲学话语，洞悉马克思对哲学与现代生活之关系的审断，呈现出马克思生活哲学视野中独特的"生活世界理论"，充分彰显马克思立足于现代生活世界开展的哲学革命所内蕴的深刻性和丰富性。不得不说，这是《提纲》研究最大的缺失。如此，若剥离或穿越马克思的一系列批判性话语，直指"现实生活"之逻辑，《提纲》无疑构成了马克思生活哲学之理论大纲。正是在这一意义上，人们才能深度洞悉恩格斯对《提纲》的评价："包含着新世界观的天才萌芽的第一个文件。"天才世界观，即"真正批判的世界观""历史唯物主义的起源"所蕴含的真义。②

对《提纲》第一条的研究，我们若主要着力于马克思揭示以费尔巴哈为代表的唯物主义局限性和批判黑格尔哲学的抽象性、思辨性，从根本上而言，这样并未把握第一条之深刻要义。第一条，从直接性来看，马克思首先指出旧唯物主义"对对象、现实、感性，只是从客体的或直观的形式去理解，而不是把它们当作感性的人的活动，当作实践去理解，不是从主体方面去理解"，同时，以黑格尔哲学为代表的唯心主义，则对"能动的方面抽象地发展了"。那么，为什么费尔巴哈哲学会受制于其"直观性"，黑格尔哲学停滞并囿于"抽象性"，这才是马克思所要揭示的根本。在马克思看来，其根本就在于他们"不了解'革命的''实践批判的'活动的意义"，换言之，黑格尔哲学和费尔巴哈哲学，本质上处于以现代大工业为基础而生成的如火如荼的现代生活中。于此，充满革命性、实践批判性的现代生活，是费尔巴哈充满"直观性"的唯物主义和黑格尔抽象的唯心主义所无法涵摄与面向的。

以工业革命为发轫的现代生活，客观上突出了劳动、生产的本源性和基础

---

① 中共中央马克思恩格斯列宁斯大林著作编译局. 马克思恩格斯选集：第1卷 [M]. 北京：人民出版社，2012：133-136.
② 中共中央马克思恩格斯列宁斯大林著作编译局. 马克思恩格斯全集：第3卷 [M]. 北京：人民出版社，1960：261.

性地位，使现代生活世界有别于必然性、稳定性、自然性占主导地位的传统社会，呈现出偶然性、变动性、人为性等特征。马克思以"破坏了""无情地斩断了""抹去了""撕下了"等具有断裂性的语词，具体表征现代生活本身所内蕴的"革命性"和"实践批判性"特质。在此基础上，马克思进一步描述，现代社会因为"生产的不断变革，一切社会状况不停地动荡，永远的不安定和变动。……一切固定的僵化的关系以及与之相适应的素被尊崇的观念和见解都被消除了，一切新形成的关系等不到固定下来就陈旧了。一切等级的和固定的东西都烟消云散了，一切神圣的东西都被亵渎了。人们终于不得不用冷静的眼光来看他们的生活地位、他们的相互关系"①。于此，新生成的现代生活世界，即由"工业和商业正在建立另一种包罗万象的王国，根本不同于基督教和道德、家庭幸福和小市民福利所建立的包罗万象的王国"②。

面对资产阶级"按照自己的面貌为自己创造出一个世界"的新历史事实，即面向与传统社会特质迥异的现代生活，黑格尔尽管是"认真地把握英国工业革命的唯一的德国思想家，也是在古典经济学的问题和哲学及辩证法之间建立联系的唯一的人"③，但是"他的推理方式是从天国而来，又采取了一种穿越特殊性事件并在自身的显现中删除或掌握显现的直觉的形式。黑格尔世俗化观念中特定的基督教维度，在对观念的实现和世俗化以及纯粹的圣子之现性的扶持中被丢弃。这样，哲学也就被成功地宣指为一种后基督教的理论，由此成为所有人类的事务，其任务即在于为'观念王国'奠基"④。乔纳森·沃尔夫指出："唯心主义，在其最后的黑格尔形式中，懂得了历史发展的重要性，但是，将自己局限在思想的发展之中。"⑤ 如此，黑格尔及其哲学，并未真切地涵摄现代社会的特征，依然囿于观念论而停滞于"抽象性"。这样，现代生活无疑必将黑格尔及其哲学遗留于历史红尘之中。

同样，费尔巴哈执着于哲学人类学意义上的宗教批判，试图将其不能统摄的现代生活世界纳入其哲学体系中。直观方法论之局限导致费尔巴哈及其哲学的命运，很快被现实所遗弃，恰如雅克·阿塔利所评价的那样：于1856年，

---

① 中共中央马克思恩格斯列宁斯大林著作编译局. 马克思恩格斯选集：第1卷 [M]. 北京：人民出版社，2012：403-404.
② 中共中央马克思恩格斯列宁斯大林著作编译局. 马克思恩格斯全集：第2卷 [M]. 北京：人民出版社，1957：88.
③ 转引自俞吾金. 被遮蔽的马克思 [M]. 北京：人民出版社，2012：243.
④ 布雷克曼. 废黜自我：马克思、青年黑格尔派及其激进社会理论的起源 [M]. 李佃来，译. 北京：北京师范大学出版社，2013：103.
⑤ 沃尔夫. 21世纪，重读马克思 [M]. 范元伟，译. 北京：清华大学出版社，2015：27.

"作为卡尔曾经的导师，他的第一个偶像，同时也是他的第一个对手，费尔巴哈出版了他最后一部巨著《希伯来和基督教来源神统》，在这本书里，他竭力使自己在《基督教的本质》中宣扬的人文主义与《宗教的本质》中提倡的自然主义相一致。'人类把并不真正存在，但他们又渴望其存在的事物当成他们的上帝，或者说这些事物就是他们的上帝。'这本书没有取得任何成功。可怜的费尔巴哈，属于他的时代在毫无预警的情况下一去不复返"[1]。马克思将新出版的《资本论》第一卷呈给费尔巴哈时，晚年的费尔巴哈也只翻阅到160多页，便不再有兴趣深入了解马克思所展开的对现代社会深刻的批判性研究。

马克思将黑格尔哲学和费尔巴哈哲学，置于充满着革命性、实践批判性的现代生活的历史语境中，并加以审查与反思，从而表明其落后于现代生活，是旧时代的哲学。如此，马克思通过"哲学"与"现代生活"的关系，确立以"现实生活"为根本尺度的原则，强调"哲学"必须在现代生活面前为其存在的合法性予以辩护，并由此标明以革命性、实践批判性为内在本质特征的生活世界论。这标志着马克思哲学所直面的绝不是抽象的观念王国，亦不是彼岸世界，而是现代生活世界。这就为马克思生活哲学确立了现实的历史起点。

如此，《提纲》第一条正是以"革命的、实践批判的活动"为历史基点的，马克思深刻地意识到黑格尔哲学和费尔巴哈哲学，都基于它，从而使现代生活终结了传统哲学。新的生活世界，需要新的哲学。新的哲学，揭示了新的生活世界图景，构成马克思生活哲学独特的现代生活世界观。

关于《提纲》第二条，我们若仅仅得出"实践是检验真理的唯一标准"或"实践是检验认识真理性的唯一标准"这一理论结论，不仅大大弱化和消解了马克思这一判断的内容，而且更为严重的是扭曲了马克思这一判断所具有的理论价值与生活价值，因为这一判断，仅仅将马克思此论断置于认识论的构架中，尚未自觉地置于生活自身的历史性生成与建构中。为此，我们首先不能把"人的思维"等同于"人的认识"，因为"人的认识"仅仅是"人的思维"的具体功能化。"人的思维"，应该是主体性与客体性、主观性与客观性的统一。就其运行特点而言，其具有如抽象性、想象性、创造性、建构性、主体性与主观性、客体性与客观性等属性。就其结果而言，"人的思维"表征为一定的判断与推理，以及依据一定的判断形成的观点、学说和理论。在此，马克思围绕"人的思维是否具有客观的真理性"，即着力于"思维"内容的客观性与真理性而展开

---

[1] 阿塔利.卡尔·马克思：世界的精神［M］.刘成富，陈玥，陈蕊，译.上海：上海人民出版社，2018：150.

讨论,并非停滞于抽象的认识层面,而是直指经由"人的思维"而提出或建构新型生活的主张、学说或理论。它仅仅是遵循主体尺度,按照主体的主观意愿,抑或是按照理念逻辑而先验地筹划与设定,还是遵循生活历史嬗变的逻辑,依据生活主体的历史生产能力,具有"客观的真理性",呈现出两种不同的真理观。无论是主体主观真理观,还是主体实践真理观,它们都可以很明确地判断,马克思于此所讨论的并非"认识真理论",而是"生活真理论"。

基于此,马克思首先从性质上对"人的思维是否具有客观的真理性",以其独特的"不是……而是"之否定而肯定的句式予以确认:"这不是一个理论的问题,而是一个实践的问题。"由此,他开启了马克思"生活真理论"。

在此,马克思确认"人的思维是否具有客观的真理性",本质上即是"一个实践的问题",并对之予以进一步阐释。对此,他指出:"人应该在实践证明自己思维的真理性,即自己思维的现实性与力量,自己思维的此岸性。"如此表明,"人的思维"的客观"真理性",就在于"使人能够作为不抱幻想而具有理智的人来思考,来行动,来建立自己的现实;使他能够围绕着自身和自己现实的太阳转动"[①]。于此,马克思生活真理论,明确了"人的思维是否具有客观真理性",其所关涉的是生活主体之生活真理。此"真理"以可实现性为核心、为关键,从而突出了"生活真理"之客观性、价值性、崇高性和深厚的人文性等多重属性与丰富品质。

更为重要的是,马克思在此,依据"生活真理"对"经院哲学"与"生活哲学"予以了本质的区分,张扬了坚持"生活真理论"的马克思"生活哲学"之重要特征与品质。

《提纲》第三条,从直接性而言,是针对"欧文的唯物主义,不仅前后矛盾,而且,从某种意义上说,是一种精英主义"[②]的错误。针对"环境决定人"和"人决定环境"的二元论思维和既成性思维,马克思提出"环境的改变和人的活动或自我改变的一致,只能被看作是并合理地理解为革命的实践"的理论。如此,马克思强调与突出了在现实的生活实践中,环境不外于人的活动,人不外于自身活动所创造的环境。如此,环境才是人的环境,人才是环境中的人,他以此超越了环境决定论和精英论路线,实现了人与环境互动生成中的统一。如此,"如同黑格尔,马克思承认人类通过在世界上的活动改变了自己和世界。

[①] 中共中央马克思恩格斯列宁斯大林著作编译局.马克思恩格斯选集:第1卷[M].北京:人民出版社,2012:1.

[②] 沃尔夫.21世纪,重读马克思[M].范元伟,译.北京:清华大学出版社,2015:25.

但是，与黑格尔不同，他认为这种现实世界的改变，不仅发生在思想领域，而且出现在实践活动之中"①。

于此，无论由政治制度、法权制度或教育制度所构成的生活"环境"，还是因现代生产而生成的自然环境，它们都是"物的尺度"与"人的尺度"的历史现实的统一，都具有鲜明的主体性特征。然而，马克思超越了传统的二元性与既成性思维，突出人的生产实践基础上的环境与人关系的生成性与统一性，由此构成马克思生活哲学独特的生活世界之生成论，渐成马克思生活哲学的"生活环境论"。

《提纲》第四条，马克思指出费尔巴哈对"宗教"的批判，只是"从宗教的自我异化""从世界被二重化"这一"事实"出发，其所做的工作仅仅是"将宗教世界归结为它的世俗基础"。然而，费尔巴哈并未揭开"宗教"的世俗秘密，解除宗教的神秘。费尔巴哈对宗教批判的不彻底性，是由于其宗教史观与直观方法论的局限性。对此，马克思认为：费尔巴哈对宗教的分析，"是一个肤浅的分析。费尔巴哈尽管理解了宗教的现象，但他没有说明其原因之所在"②。同时，"费尔巴哈虽然已经发现了一个深层次毛病的症状，但他根本没有试图去理解那个毛病本身"③。

马克思则认为，宗教是"颠倒的世界意识"④，因此解构宗教，必须超越观念领域、超越宗教本身，将批判直指产生宗教的"世俗基础"，强调在"云霄中"的"独立王国"，"只能用这个世俗基础的自我分裂和自我矛盾来说明"。如此，马克思将批判的重心，从"副本"移位于"原本"，并进而强调"对于这个世俗基础本身应当在自身中，从它的矛盾中去理解，并在实践中使之革命化"，亦即揭示了"神圣家族"的秘密在于"世俗家族"之后，"在理论上和实践上""消灭""世俗家族本身"，就成为消灭宗教之根本前提。

马克思从方法论和价值逻辑层面，指出费尔巴哈人本学宗教观不足以真正解密宗教，唯有将宗教置于其世俗生活中，并对世俗生活进行革命，方可消解宗教发生和存在之"根"。于此，马克思聚焦"宗教"，阐释以宗教为代表的一切"意识形态"，都必须从其产生的世俗生活得以最终说明。正因为如此，马克思指出："道德、宗教、形而上学和其他意识形态，以及与它们相适应的意识形

---

① 沃尔夫.21世纪，重读马克思[M].范元伟，译.北京：清华大学出版社，2015：28.
② 沃尔夫.21世纪，重读马克思[M].范元伟，译.北京：清华大学出版社，2015：20.
③ 沃尔夫.21世纪，重读马克思[M].范元伟，译.北京：清华大学出版社，2015：22.
④ 中共中央马克思恩格斯列宁斯大林著作编译局.马克思恩格斯选集：第1卷[M].北京：人民出版社，2012：1.

式便不再保留独立性的外观了。它们没有历史，没有发展，而发展着自己的物质生产和物质交换的人们，在改变自己的这个现实的同时，也改变着自己的思维和思维的产物。"① 如此，马克思通过直接讨论"宗教"，或以"宗教"为代表，阐明其独特的生活意识形态论。

《提纲》第五条，马克思通过揭示黑格尔以"抽象的思维"为基础的先验感性观、费尔巴哈的直观感性观之错误，提出生活感性观或生活感性论。费尔巴哈不懂得"工业是自然界同人之间，因而也是自然科学同人之间的历史关系"，不懂得"在人类历史中即在人类社会的产生过程中形成的自然界，是人的现实的自然界；因此，通过工业——尽管以异化的形式——形成的自然界，是真正的、人本学的自然界"②。他"没有批判现在的生活关系，因而他从来没有把感性世界理解为构成这一世界的个人的共同的、活生生的、感性的活动"③。因此，"他没有看到，他周围的感性世界决不是某种开天辟地以来就已存在的、始终如一的东西，而是工业和社会状况的产物，是历史的产物，是世世代代活动的结果"④。马克思批判费尔巴哈因"直观"而看不到"感性"的生成性、历史性内涵，因此"感性"在费尔巴哈的视域中，是外在于人的活动，是没有生成性的、没有历史性的、静态的、死的。马克思的"生活感性观"最为重要的特点，是将"感性""看作实践的、人的感性的活动"本身。如此，生活世界中的"感性"，既不是某种先验逻辑的感性化，又不是现成的、没有历史性的"感性物"，而是以人的物质生产活动为基础而不断生成的"感性"生活世界。于此，马克思揭开了生活世界之"感性"，具有主体性、不断生成性和历史性等特征，从而以"实践的、人的感性的活动"揭开生活世界之生成基础，构成马克思生活哲学之感性生活世界生成论鲜明的实践特质。

《提纲》第六条，马克思批判费尔巴哈人本学只注重对"单个人"的直观，没有从人的"现实性上"去把握"人的本质"。换言之，"费尔巴哈把形而上的

---

① 中共中央马克思恩格斯列宁斯大林著作编译局. 马克思恩格斯选集：第1卷 [M]. 北京：人民出版社，2012：152.
② 中共中央马克思恩格斯列宁斯大林著作编译局. 马克思恩格斯全集：第42卷 [M]. 北京：人民出版社，1979：128.
③ 中共中央马克思恩格斯列宁斯大林著作编译局. 马克思恩格斯全集：第3卷 [M]. 北京：人民出版社，1960：50.
④ 中共中央马克思恩格斯列宁斯大林著作编译局. 马克思恩格斯全集：第3卷 [M]. 北京：人民出版社，1960：48.

绝对精神归结为'以自然为基础的现实的人',从而完成了对宗教的批判"①,但是费尔巴哈"撇开历史的进程",将"人""假定"为"一种抽象的——孤立的——人的个体",将人的本质理解为"把许多个人自然联系起来的普遍性",即理解为"类"。马克思揭示:"费尔巴哈对感性世界的'理解'一方面仅仅局限于对这一世界的单纯的直观,另一方面仅仅局限于单纯的感觉:费尔巴哈谈到的是'人自身',而不是'现实的历史的人'。'人自身'实际上是'德国人'。"②"费尔巴哈从来没有看到真实存在着的、活动的人,而是停留在抽象的'人'上,并且仅仅限于在感情范围内承认'现实的、单独的、肉体的人',也就是说,除了爱和友情,而且是理想化了的爱和友情以外,他不知道'人与人之间'还有什么其他的'人的关系'。"③于此,费尔巴哈确立了"类人"或人的"类本质",从而确立了宗教的主词,不再是"上帝"而是"人"本身。费尔巴哈对人的本质规定,对黑格尔哲学和宗教,无疑是具有批判与革命性意义的。

马克思也曾接受费尔巴哈的"类本质"概念,但其目的则是有别于费尔巴哈的。马克思借用费尔巴哈"类本质"的概念,并赋予"类本质""自由自觉的活动",其是为了揭示资本主义全面异化的劳动对人的奴役,即为了揭示"异化劳动"的本质。于此,马克思批判费尔巴哈的"类本质",提出"人的本质","在其现实性上""是一切社会关系的总和"。就其目的而言,他则是为了确立现实生活之主体。如此,马克思通过批判费尔巴哈"人本主义"的"人论",提出了具有现实性和历史性的"生活主体论"。

《提纲》第七条,马克思批判费尔巴哈"没有看到,'宗教感情'本身是社会的产物",其目的在于以"宗教感情"为直接言说对象,揭示社会情感、社会心理等一切非理性因素与社会形式的关系,指出包括"宗教情感"在内的一切社会情感都是"属于一定的社会形式的"。于此,马克思提出了生活哲学独特的生活心理—情感论,将费尔巴哈超历史的、永恒化了的"宗教情感"置于历史进程中,置于一定的社会形式下,批判一切超历史、超社会形态的情感论。

《提纲》第八条,恩格斯将马克思所言"全部社会生活在本质上是实践的"

---

① 中共中央马克思恩格斯列宁斯大林著作编译局. 马克思恩格斯全集:第2卷[M]. 北京:人民出版社,1957:177.

② 中共中央马克思恩格斯列宁斯大林著作编译局. 马克思恩格斯全集:第3卷[M]. 北京:人民出版社,1960:48.

③ 中共中央马克思恩格斯列宁斯大林著作编译局. 马克思恩格斯全集:第3卷[M]. 北京:人民出版社,1960:50.

之"全部"二字删除了,变成了"社会生活在本质上是实践的"。恩格斯删除马克思此论的"全部"二字,不仅大大地压缩了马克思此论的理论空间与内蕴的丰富性,而且消除了马克思此论植根于现代生活的历史特质。

马克思所论的"全部社会生活",显然要比恩格斯所言的"社会生活"内容更加丰富。它明示立足于现代社会,可以清晰地看到生活世界已经不再是以"特权"或"信仰"为中心的单质性整体,恰如马克思所判断的那样:"现在的社会不是坚实的结晶体,而是一个能够变化并且经常处于变化过程中的有机体。"① 如此,现代生活世界,事实上已经分化为政治生活、经济生活、社会生活和精神生活等多个领域,每一种生活领域服从不同的"意志",遵循不同的运行原则,有着不同的目的,且其价值逻辑各异,这使生活世界各个领域具有明显的差异性,从而使现代生活世界呈现出前现代所未曾有过的多样性和复杂性。鉴于此,马克思对现代社会的本质,从生成论的视角做出判断:"全部社会生活在本质上是实践的。"如此,马克思之判断,构成马克思的"生活本质论"之核心命题。

同时,现代社会生活,在人自身的实践活动中生成,彰显出现代社会有别于传统"自然社会"。现代社会如此之特点,以及以此而形成的现代社会意识,解除了针对现代社会生活所形成的形形色色的神秘主义理论之"神秘"。换言之,现代社会全面世俗化的生活,导致了生活世界全面祛魅,商品、货币、资本,置换了"上帝"的权威,一切以"上帝"之名,借宗教之形式而出场的"神圣性"与"神秘性",都必须交于现实"利益"的审查。一切关于人类获得自由、解放和幸福的"学说",都必须在"理性"考量之后,最终交于现实的实践来甄别与确认。正因为如此,马克思指出:"凡是把理论引向神秘主义的神秘东西,都能在人的实践中以及对这种实践的理解中得到合理的解决。"于此,马克思指出了"人的实践"及正确的"实践观",是破解一切神秘主义理论的终极钥匙。

马克思指出"全部社会生活在本质上是实践的",不仅揭示了"实践"构成了现代社会生活的生成本质,而且瓦解了一切"神秘主义"理论、学说存在的现实合法性基础,从而让现代生活的主体,不带幻想来直面惨淡的现代社会之真实。如此,马克思深刻地指出,唯有在"此岸世界",方可完成此岸世界中的自由、解放和幸福,切不可再将之寄托于、推向"彼岸世界"。

---

① 马克思. 资本论:第1卷 [M]. 中共中央马克思恩格斯列宁斯大林著作编译局,译. 北京:人民出版社,2004:10-11.

《提纲》第九条，马克思指出因"直观的唯物主义"之"直观"，不理解现代社会的历史性生成，即不是把"感性看作实践的、人的感性的活动"，因此其无法真正地了解和把握现代社会及现代社会中的"人"，"至多也只能达到对单个人和市民社会的直观"。如此表明，费尔巴哈仍然局限于旧唯物主义的理论视域中，对"市民社会"进行无批判的认同和直观。就其根本，于费尔巴哈关注的焦点是"自然"，并非人类自己的"历史"，更不是具有直接现实性的"市民社会"，恰如马克思所指出的："当费尔巴哈是一个唯物主义者的时候，历史在他的视野之外；当他去探讨历史的时候，他不是一个唯物主义者。在他那里，唯物主义和历史是彼此完全脱离的。"①

　　马克思通过批判费尔巴哈不能把握现代生活世界本质的"直观"方法，从而提出生活哲学之方法论，并将理论关注点聚焦于"市民社会"上，从"人类社会"或"社会的人类"的视角来批判性地研究和革命地改造"市民社会"，深刻地指出"这个市民社会是全部历史的真正发源地和舞台"②。如此，可以说，马克思超越了费尔巴哈"人本主义"学说无批判性的"直观"方法论，直面现代"市民社会"，并以此为历史的出发点，超越了费尔巴哈的"直观的唯物主义"。

　　于此，我们须注意两个方面。其一，关于唯物主义的理论形态问题。按照传统的理解，唯物主义包含三个历史形态，即朴素唯物主义、机械唯物主义和历史唯物主义。马克思称以费尔巴哈为代表的唯物主义为"直观的唯物主义"，因其所具的人本学内涵，又称为"人本唯物主义"而有别于"见物不见人""敌视人"的"唯物主义"③，应视为唯物主义发展的独立形态。于是，唯物主义应包括朴素唯物主义、机械唯物主义、直观的唯物主义或人本唯物主义与"新唯物主义"四种形态，这样才算是完整而准确地把握"唯物主义"的历史

---

① 中共中央马克思恩格斯列宁斯大林著作编译局. 马克思恩格斯文集：第1卷［M］. 北京：人民出版社，2009：530.
② 中共中央马克思恩格斯列宁斯大林著作编译局. 马克思恩格斯全集：第3卷［M］. 北京：人民出版社，1960：41.
③ 马克思指出："感性失去了它的鲜明的色彩而变成了几何学家的抽象的感性。物理运动成为机械运动或数学运动的牺牲品；几何学被宣布为主要的科学。唯物主义变得敌视人了。为了在自己的领域内克服敌视人的、毫无血肉的精神，唯物主义只好抑制自己的情欲，当一个禁欲主义者。它变成理智的东西，同时以无情的彻底性来发展理智的一切结论。"（中共中央马克思恩格斯列宁斯大林著作编译局. 马克思恩格斯全集：第2卷［M］. 北京：人民出版社，1957：164.）"费尔巴哈比'纯粹的'唯物主义者有巨大的优越性，他也承认人是'感性的对象'。"（中共中央马克思恩格斯列宁斯大林著作编译局. 马克思恩格斯全集：第3卷［M］. 北京：人民出版社，1960：50.）

形态。其二，超越"直观的唯物主义"之"直观"，把"感性理解为实践活动"的方法论。此方法论，是在实践活动基础上，通过"描述"而批判现实生活，从而建设新生活的"生活现象学"。

《提纲》第十条，马克思从"哲学"与时代之关系视角，以"立足点"为标准，严格地区分"旧唯物主义"与"新唯物主义"之"立场"与"面向"，从而凸显其马克思的生活哲学，决不囿于"市民社会"，而是立足"人类社会或社会的人类"，以此彰显其哲学在人类生活中的未来性立场。

"立足点"，标明哲学之"立场"和"面向"，具体表征哲学的历史依托与价值立场、时代特征与阶级属性，内在规定其哲学是谁的哲学、是为谁服务的哲学。于此，马克思超越立足"市民社会"为资产阶级服务的"旧唯物主义"，鲜明地表达了其"新唯物主义"服务于"社会的人类"即"无产阶级"的自由、解放，从而成为"人类社会"，即文明时代"文明的活的灵魂"。如此，"哲学思想冲破了令人费解的、正规的体系外壳，以世界公民的姿态出现在世界上"①。

简言之，马克思于此通过"旧唯物主义"与"新唯物主义"之"立足点"的比较，直呈马克思生活哲学之生活立场论。

《提纲》第十一条，马克思以"哲学家们只是用不同的方式解释世界，问题在于改变世界"之判断，对"哲学家们"所做的工作予以高度概括和准确评价，指出他们只是着力于"解释世界"，而缺失"改变世界"。如此，马克思揭示了他们的保守性抑或反动性，他们真正缺乏改变世界的革命性。

在此，马克思所称呼的"哲学家们"，主要指以费尔巴哈为代表的"青年黑格尔派"，抑或以"自由人"为代表的"批判哲学家们"。马克思认为他们"都没有离开过哲学的基地"②。从其思想运动的发生、发展来看，"起初他们还是抓住纯粹的、未加伪造的黑格尔的范畴，如'实体'和'自我意识'，但是后来却用一些比较世俗的名称如'类''唯一者''人'等，使哲学范畴世俗化"③。因此，"从施特劳斯到施蒂纳的整个德国哲学批判都局限于对宗教观念

---

① 中共中央马克思恩格斯列宁斯大林著作编译局. 马克思恩格斯全集：第1卷 [M]. 北京：人民出版社，1956：121.
② 中共中央马克思恩格斯列宁斯大林著作编译局. 马克思恩格斯全集：第1卷 [M]. 北京：人民出版社，1956：143.
③ 中共中央马克思恩格斯列宁斯大林著作编译局. 马克思恩格斯全集：第1卷 [M]. 北京：人民出版社，1956：143-144.

的批判"①。这样，马克思对这些哲学家们定性地评价道：他们只是"要求用另一种方式来解释存在的东西，也就是说，借助于另外的解释来承认它"。所以"尽管他们满口讲的都是所谓'震撼世界的'词句，却是最大的保守派"。"他们只是用词句来反对这些词句；既然他们仅仅反对这个世界的词句，那么他们就绝对不是反对现实的现存世界。这种哲学批判所能达到的唯一结果，是从宗教史上对基督教做一些说明，而且还是片面的说明。"② 这便是马克思说"哲学家们只是以不同的方式解释世界"的真实所指。

在马克思看来，真正的哲学家并不是现实生活的局外人和旁观者，而是历史的"局中人"和"剧作者"；真正的哲学亦不是悬于现实生活之外的抽象玄思，而是改变现实生活之观念前提和思想基础的无产阶级的"头脑"，从而引导"改变世界"的感性活动。由此，真正的哲学家与哲学，决不是外于生活，而是内于生活。由此，真正的哲学家不仅仅是对现存世界予以解释性"辩护"，而是"改变世界"的实践者。正是基于此，马克思指出："实际上，而且对实践的唯物主义者即共产主义者来说：全部问题在于使现存世界革命化，实际地反对并改变现存的事物。"③

如此，马克思超越这些"哲学家们"之处，正是强调哲学家的使命与责任在于"改变世界"。由此，马克思从哲学类型学的高度，通过哲学的功能及其价值属性之揭示，从而凸显其哲学的使命，并非在于"解释世界"，而是"改变世界"，创造新的生活，直指受商品、货币和资本等"非神圣形象的自我异化"物宰制下的人的自由、解放和幸福，由此表明马克思生活哲学的价值归属，彰显其生活哲学之本质功能。

通过对《提纲》十一条的逐一解读，我们不难发现马克思立足于现代生活，通过批判传统哲学，尤其是费尔巴哈哲学，呈现出其生活世界论、生活真理论、生活环境论、生活意识形态论、生活感性论、生活主体论、生活心理—情感论、生活本质论、生活方法论、生活立场论和生活哲学之功能论，由此构建其生活哲学的基本构架，展现其生活哲学的基本逻辑和价值旨趣。

---

① 中共中央马克思恩格斯列宁斯大林著作编译局. 马克思恩格斯全集：第 1 卷 [M]. 北京：人民出版社，1956：144.
② 中共中央马克思恩格斯列宁斯大林著作编译局. 马克思恩格斯选集：第 1 卷 [M]. 北京：人民出版社，2012：145.
③ 中共中央马克思恩格斯列宁斯大林著作编译局. 马克思恩格斯选集：第 1 卷 [M]. 北京：人民出版社，2012：155.

三、批判"现代社会"的"生活哲学"

在阿伦特看来,"至今绵延不断有过三次要使哲学传统最终终止的大颠覆:克尔凯戈尔的从怀疑到信仰的跳跃,尼采的颠覆柏拉图、马克思的从理论(精神观念)跳跃到活动"①。"在这三个断绝中,马克思最有影响力。""这种断绝,不是指他是'唯物论者'、颠覆了黑格尔",而是"根据辩证法运动的逻辑,马克思能把自然与历史、物质与人类结合起来。人类成了有意义、可以理解的历史的创造者"②,并且提出三个著名的命题,即"马克思强调的三句名言:劳动创造了人本身、暴力是每一个孕育着新社会的旧社会的助产婆、支配他者的人不能获得自由"③。也正是在这一意义上,阿伦特认为"马克思正是最早发现产业革命中产生的各种问题的人"④。

马克思的确不仅发现了"资本主义生产方式占统治地位的社会的财富,表现为'庞大的商品堆积',单个的商品表现为这种财富的元素形式"⑤,而且发现了在资本主义社会"钱蔑视人所崇拜的一切神并把一切神都变成商品。钱是一切事物的普遍价值,是一种独立的东西。因此它剥夺了整个世界——人类世界和自然界——本身的价值。钱是从人异化出来的人的劳动和存在的本质;这个外在本质却统治了人,人却向它膜拜"⑥。他不仅发现了在资本逻辑的旋流中,"有产阶级和无产阶级同是人的自我异化。但有产阶级在这种自我异化中感到自己是被满足的和被巩固的,它把这种异化看作自身强大的证明,并在这种异化中获得人的生存的外观。无产阶级在这种异化中则感到自己是被毁灭的,并在其中看到自己的无力和非人的生存的现实"⑦,而且发现了"在资本主义社

---

① 阿伦特. 马克思主义与西方政治思想传统 [M]. 孙传钊,译. 南京:江苏人民出版社,2012:42.
② 阿伦特. 马克思主义与西方政治思想传统 [M]. 孙传钊,译. 南京:江苏人民出版社,2012:43.
③ 阿伦特. 马克思主义与西方政治思想传统 [M]. 孙传钊,译. 南京:江苏人民出版社,2012:44.
④ 阿伦特. 马克思主义与西方政治思想传统 [M]. 孙传钊,译. 南京:江苏人民出版社,2012:7.
⑤ 马克思. 资本论:第1卷 [M]. 中共中央马克思恩格斯列宁斯大林著作编译局,译. 北京:人民出版社,2004:47.
⑥ 中共中央马克思恩格斯列宁斯大林著作编译局. 马克思恩格斯全集:第1卷 [M]. 北京:人民出版社,1956:448.
⑦ 中共中央马克思恩格斯列宁斯大林著作编译局. 马克思恩格斯全集:第2卷 [M]. 北京:人民出版社,1957:44.

会里，资本具有独立性和个性，而活动着的个人却没有独立性和个性"①。他不仅发现"这是一个着了魔的、颠倒的、倒立着的世界。在这个世界里，资本先生和土地太太，作为社会的人物，同时又作为单纯的物，在兴妖作怪"②，而且还发现"一旦我们逃到其他的生产形式中去，商品世界的全部神秘性，在商品生产的基础上笼罩着劳动产品的一切魔法妖术，就立刻消失了"③。他不仅发现"私有制在自己的经济运动中自己把自己推向灭亡，但是它只有通过不以它为转移的、不自觉的、同它的意志相违背的、为客观事物的本性制约的发展，只有通过无产阶级作为无产阶级——这种意识到自己在精神上和肉体上贫困的贫困、这种意识到自己的非人性从而把自己消灭的非人性——的产生，才能做到这点。无产阶级执行着雇佣劳动因替别人生产财富、替自己生产贫困而给自己做出判决，同样地，它也执行着私有制因产生无产阶级而给自己做出的判决。无产阶级在获得胜利之后，无论怎样都不会成为社会的绝对方面，因为它只有消灭自己本身和自己的对立面才能获得胜利。随着无产阶级的胜利，无产阶级本身以及制约着它的对立面——私有制都趋于消灭"④，而且还发现了"无产阶级宣告迄今为止的世界制度的解体，只不过是揭示自己本身的存在的秘密，因为它就是这个世界制度的实际解体。无产阶级要求否定私有财产，只不过是把社会已经提升为无产阶级原则的东西，把未经无产阶级的协助就已作为社会的否定结果而体现在它身上的东西提升为生活的原则"⑤。他不仅发现"'历史'并不是把人当作达到自己目的的工具来利用的某种特殊的人格。历史不过是追求着自己目的的人的活动而已"⑥，而且还发现"历史活动是群众的事业，随着历史活动的深入，必将是群众队伍的扩大"⑦。

---

① 中共中央马克思恩格斯列宁斯大林著作编译局. 马克思恩格斯选集：第1卷 [M]. 北京：人民出版社，2012：415.
② 马克思. 资本论：第3卷 [M]. 中共中央马克思恩格斯列宁斯大林著作编译局，译. 北京：人民出版社，1975：938.
③ 马克思. 资本论：第1卷 [M]. 中共中央马克思恩格斯列宁斯大林著作编译局，译. 北京：人民出版社，2004：93.
④ 中共中央马克思恩格斯列宁斯大林著作编译局. 马克思恩格斯全集：第2卷 [M]. 北京：人民出版社，1957：44.
⑤ 中共中央马克思恩格斯列宁斯大林著作编译局. 马克思恩格斯选集：第1卷 [M]. 北京：人民出版社，2012：15-16.
⑥ 中共中央马克思恩格斯列宁斯大林著作编译局. 马克思恩格斯全集：第2卷 [M]. 北京：人民出版社，1957：118-119.
⑦ 中共中央马克思恩格斯列宁斯大林著作编译局. 马克思恩格斯全集：第2卷 [M]. 北京：人民出版社，1957：104.

……

马克思正是基于对这一系列的敏锐发现和深刻洞见,促成其理论视野发生转换,进而通过深入研究、批判和揭露由"商品""货币"和"资本"所构成的"具有非神圣形象的自我异化",从而"确立此岸世界的真理",真正断绝哲学传统,实现哲学范式的转换,创立以"改变世界"为手段,以"要求人民现实的幸福"为根本价值旨趣的生活哲学。

我们从超越和否定"作为哲学的哲学"① 的马克思生活哲学,即从"生活—哲学—生活"为内在运思逻辑的生活哲学视角来审视《提纲》,则可以说《提纲》较为全面而系统地展现了马克思生活哲学的理论面貌,构成马克思生活哲学的理论大纲。

---

① 中共中央马克思恩格斯列宁斯大林著作编译局. 马克思恩格斯选集:第1卷 [M]. 北京:人民出版社,2012:8.

01

| 上　篇 |

第一章

马克思生活哲学的出场、实质及其意义

一

马克思哲学传入中国以来，因当代中国的实践和马克思（主义）哲学研究双重逻辑的需要，马克思哲学研究在中国呈现出不断被超越、被否定的理论景象。从马克思哲学在中国的现实功能视角来看，我们不难发现，马克思哲学的功能形态经历了或正在经历着救亡的革命性哲学、斗争哲学、建设哲学、发展哲学。当我们对马克思哲学在不同时期的不同性质判断进行审视时，我们不难看出，在不同时期，对马克思哲学的不同解读，以及所得出的解读结果，都是根据"现实生活"的需要而做出的。马克思哲学在中国所敞开的意义和本质规定，正是依据现实生活自身的特质、需要和变化而进行的。换句话说，马克思（主义）哲学在中国以最权威的诠释，立足现实生活，并通过现实生活来实现。这样表征出马克思哲学与中国的历史与现实生活之间内在深度的关切性，也展示了马克思哲学理论的丰富性和待开拓性。马克思哲学自身理论的丰富性，使马克思哲学的"研究"出现了多路径、多维度、多元性的特征，在当代中国呈现出马克思哲学研究丰富而多元的理论面貌和理论生态。中国的研究领域出现这样的态势，应该说极大地促进了马克思哲学的理论探索，对马克思（主义）哲学各个领域的拓展都具有积极的作用，同时也引发了人们对马克思哲学理解和研究充满歧义性和纷争性的状况。如此，我们站在新时代的高度，回过头来全面而深刻地理性反思与自我诊断中国马克思（主义）哲学研究中存在的诸多问题，已成为我们继续开展、提升马克思（主义）哲学研究所面临的重要而迫切的任务与使命。

严格地说来，在中国展开对马克思（主义）哲学的研究始于20世纪80年代，第一批、第二批重点大学培养的马克思主义哲学博士以及后来的一批批学者，他们突破曾经被禁锢、封闭的研究领域，开启了马克思（主义）哲学研究的新视界、新领域、新境界，迎来了马克思哲学、马克思主义哲学研究的新时代。依此为端，中国马克思主义哲学界，经过30多年的努力，开拓出马克思（主义）哲学的多路径、多维度、多视野、多领域研究，厘清了相对明确的问题域，确立了相关的研究路径，形成了具有差异性的诸多研究范式。关于该种境况，黑格尔说："哲学系统的分歧和多样性，不仅对哲学本身或哲学的可能性没有妨碍，而且对于哲学这门科学的存在，在过去和现在都是绝对必需的，而且是本质的。"①这一系列的研究范式并存的状况，毋庸置疑，真实地推进了马克思（主义）哲学向纵深发展，渐次积淀出马克思（主义）哲学研究的系列优秀成果，为马克思（主义）哲学研究的进一步开展，奠定了较为良好的基础。事实上，马克思（主义）哲学研究所呈现的真实的多样性，在实践和理论两个维度上，具体表达、显示了马克思（主义）哲学研究的在场。

然而，同样不可否认的是，马克思（主义）哲学研究在当今遇到了从未有过的问题，陷入了自身的研究困境中。面对这一困境，有的学者试图通过"学术性"与"现实性"的剥离来加以解决，马克思（主义）哲学研究似乎踏上了"学术化"的道路，开始从纯学术层面探求马克思哲学。这条道路试图按照理论理性的逻辑建构出体系化的马克思（主义）哲学，然而这一路向的努力，是将马克思（主义）哲学拉回书斋，做成一种抽象的"学问"，走的是与马克思（主义）哲学本质属性相悖的路线，这无疑切断了马克思（主义）哲学的源头活水。如此，马克思主义哲学也就在面对现实生活中的一系列重大问题时，必然是"失语"或"缺位"的，从而丧失马克思（主义）哲学对现实生活问题的本质揭示和批判性引导。于是，马克思（主义）哲学研究似乎也就蜕变成满足研究者个人偏好的私人行为或"文本"本身的自我运动，从而高调而顺利地完成马克思（主义）哲学研究在修辞学意义上的一次次革命。该种情况正如马克思所批判的那样，"'真理'和历史一样，是超凡脱俗的、脱离物质群众的主体，所以，它不是面向经验的人，而是面向'心灵深处'，为了'真正被认识'，真理不去接触住在英国地下室深层或法国高高的屋顶阁楼里的人的粗糙的躯体，而是'完完全全'在人的唯心主义的肠道中'蠕动'"②，如此，在"文本"与"现实生活"之间纠结与博弈，带来了一系列以"文本"自足为特征的研究。这样就必然存在着正如马克思批判德国哲学时所指出的境况："这些哲学家

---

① 黑格尔．哲学史讲演录：第1卷[M]．贺麟，王太庆，译．北京：商务印书馆，1959：24．
② 中共中央马克思恩格斯列宁斯大林著作编译局．马克思恩格斯文集：第1卷[M]．北京：人民出版社，2009：285-286．

没有一个想到要提出关于德国哲学和德国现实之间的联系问题，关于他们所作的批判和他们自身的物质环境之间的联系问题。"① 这就导致马克思（主义）研究与现实生活世界之间隔离、断裂的态势，这样缺乏现实生活支撑的马克思（主义）哲学研究，也就难以真正突破研究的瓶颈。

相对于如火如荼的现实生活，马克思（主义）哲学的研究，严格地说是滞后的，缺乏与现实生活相匹配的活力。如此，中国的马克思（主义）哲学研究虽然已经形成了多样化、多格局的理论态势，但是持守各种范式的研究者都明显地感知到，要突破自身范式的局限性，深度开掘理论，构建与现实生活的变化具有深刻内在互动关系的理论形态，是一项十分困难的工作。

这一困难，事实上，并非今日才临门。检讨中国马克思（主义）哲学研究的历史，这一困境似乎一直尾随、纠缠着我们，使中国的马克思（主义）研究难以推出反映、体现与把握当代中国社会发展历史的内在矛盾与逻辑，且具有鲜明民族特性的研究成果。之所以出现这样的尴尬困境，究其原因，本质上是对"马克思（主义）哲学到底是什么样的哲学"这一根本性的问题没有搞清楚，没有达成相对一致的共识，缺乏理论研究与现实生活真实对话的管道与空间，并由此诱发人们对马克思（主义）哲学诸多的歧义解读，以及据此形成彼此沟壑纵深的研究范式。

在此境遇下，我们认为有必要对马克思（主义）哲学研究中出现过的各种范式进行再审视、再定位，肯定它们在当代中国马克思（主义）哲学研究中曾经或正在发挥的积极价值，自觉剖析它们随着现实的变化、认识的深入，随着现实生活的推进、发展，自身理论的阶段性特点的显现而显露出来的种种局限，从而厘定、明确马克思（主义）哲学的真本质、真精神。一句话，弄清"马克思（主义）哲学到底是什么样的哲学"，唯有如此，我们才能实质性地推进马克思（主义）哲学的研究与理论建设。这就正如康德所说，要建立哲学大厦，必须不断清理哲学的"地基"。如此，我们必须对马克思（主义）哲学理论中一些最为基础性的问题，以及本质性的问题进行甄别，这样我们才可能避免更多的偏失，从而牢牢立足于当代中国的现实生活，探索出一条马克思主义哲学真实有效的发展道路。

---

① 中共中央马克思恩格斯列宁斯大林著作编译局. 马克思恩格斯文集：第1卷 [M]. 北京：人民出版社，2009：516.

二

我们理性地回观中国马克思（主义）哲学的研究谱系，不难发现，马克思（主义）哲学的研究真是歧义众生，以至于当我们追问马克思（主义）哲学本质上到底是一种什么样的哲学时，我们面临着诸多具有本质差异性的界说，真的是莫衷一是。在此等情况下，我们做出马克思（主义）哲学本质上即是"生活哲学"的判断，绝不是为了给已有多样化称谓的马克思哲学再增添一个新的名称、符号，而是力图揭示、彰显马克思哲学的整体性本质与价值旨趣，并由此展开马克思哲学的理论探索与现实生活之间的互动、"对话"，凸显马克思（主义）哲学与现实生活之间的内在本质性关系。这就要求我们必须将马克思（主义）哲学研究置于现实生活具体的历史语境之中，杜绝马克思（主义）哲学研究中新的"本本主义"和"教条主义"，防范将马克思（主义）哲学一次次"经院化"。

追问与落实"马克思（主义）哲学到底是什么样的哲学"，这不是一个一般性的理论问题，而是对马克思哲学本质规定性的判断，是对马克思（主义）哲学的研究带有根本性的、最为要紧的问题。关于这样一个问题，不同研究者从各自不同的视角，对马克思（主义）哲学的本质规定给出了多种多样的解答和诠释，说它是"辩证唯物主义和历史唯物主义""实践唯物主义""政治哲学""经济哲学（货币哲学、资本哲学）""文化哲学""价值哲学""历史哲学""实践哲学""人学""追求自由与解放的哲学""追求此岸幸福的生活哲学""一种新的世界观"等，不一而足，让人感到无所适从。

当然，人们对马克思（主义）哲学的任何一种称谓，在我们看来绝不仅仅是一个静态的"概念"或"范畴"，亦不是一个名词而已，因为范畴是"存在的形式、存在的规定"。[①] 从这一视角来透视，这些以此总体性称谓为轴心，对该哲学做出的一种本质性判断，并依此展开对该哲学研究的一种理论框架和价值指向，显现出了一种以此为支点的理论构造活动。如此，这些称谓表征着对马克思（主义）哲学不同的把握理路，彰显着不同的理论目的、不同的理论逻辑、不同的理论模式、不同的理论的性质判定。从总体上来看，这些称谓所代表的理论动向、路径及其理论视域、理论构架，都是从某一视角、某一维度上切开了马克思（主义）哲学的理论，进而力图真切而虔诚地把握、展示马克思

[①] 李鹏程编. 卢卡奇文选［M］. 北京：人民出版社，2008：321.

哲学、马克思主义哲学的精神要旨，构建与之相匹配的理论体系。然而，这些不同称谓所代表的对马克思（主义）哲学的解读，彼此之间是相对独立而不可通约的，更严格地说，它们彼此之间存在着深层次的矛盾和冲突。这样对一个丰富而复杂的理论体系或哲学，尤其是马克思（主义）哲学来说，当我们追问它到底是什么样的哲学时，它必然会展现出理论旨趣、思维方式、价值取向的多维性。

面对此境，我们只有澄清这些不同称谓背后所遭遇或存在的诸多理论困境与现实问题，才能彰显我们称谓马克思哲学为"生活哲学"的初衷、本意及其理论动向。

第一，将马克思主义哲学解读与判定为"辩证唯物主义和历史唯物主义"。这一解读，无疑具有很深的传统，其影响面之广、时间之长、程度之深，是任何一种别的范式所不及的。严格地说，该范式针对机械唯物主义，针对历史领域的唯心主义而立论，长期以来把马克思主义哲学定义为"辩证的"唯物主义与历史的"唯物主义"。可以说，正因为这种解读和判定，其在该解读模式中试图凸显马克思主义哲学彻底实现了"辩证法"与"唯物主义"的有机统一，超越了以往的一切旧哲学，并且坚定地确认此特质正是马克思（主义）哲学的理论要旨与精华。

不可否认，以一系列基本原理为主构建的这一理论框架，通过"国民教育"最大限度地普及了马克思主义哲学的一系列理论观点、知识原理和方法论原则，使马克思主义哲学成为国人最为基本的"哲学意识"或"哲学常识"，客观上推动了马克思主义哲学理论与知识的宣传与普及。毋庸讳言，这一理论解读范式和体系框架的提出是以自然科学思维而不是按照建构哲学的思维来再现马克思主义哲学的。它是一个知识论的框架，是"哲学知识学"，或哲学知识传播学的功能化表达，是马克思主义哲学的教育传播体系，是一种对马克思主义哲学的"常识性"解读。这种常识性的解读在实践中所表现出来的直接结果就是使人们把"常识"当真理，把"模式"当真理，把"政策"当理论。然而，这一影响深远的理论模式传导出来的不是真正的马克思主义哲学的本质内容与本质精神。

从致思路径来看，这一理论体系贯穿的是"物质本体论"的思维原则和价值路线，所建构的是一种"本体论哲学"，这原则上与马克思（主义）哲学是有根本差异的。因为马克思（主义）哲学不是本体论哲学，从这一意义上讲，辩证唯物主义和历史唯物主义所呈现出来的马克思（主义）哲学不可避免地陷入旧的本体论、体系化哲学之窠臼中，从而也就没有体现它实现哲学转向所蕴含的新境遇、新精神、新旨趣。进而言之，该体系以传统的本体论思维建构模式来解读马克思（主义）哲学，因而其对社会、历史的把握只是一种知识论意义上的、缺乏价值内涵的"客观"描述。由此，我们就可以判断，辩证唯物主义和历史唯物主义不是真正的马克思（主义）哲学。

从理论表述来看，这一理论体系表征为一系列试图超时代的抽象概念和范畴，并由这些抽象范畴构筑出一种超时代性的哲学。这一构造出来的"哲学"，自然也就切断了马克思主义哲学与现实生活之间的本质关系，将马克思主义哲学悬置起来，其哲学的鲜活性被固化在一系列抽象的概念、范畴之中。这与马克思所强调的"哲学是自己时代的精神上的精华"，以及马克思主义哲学"与时俱进"的现实性品质显然不相符合。因此可见，这一理论体系是一个形而上学的"神话体系"，是与马克思（主义）哲学的本真精神相悖的。

从内容构架来看，在这一理论体系构架内，自然与人类、自然与历史是分裂的。它没有看到自然与人类社会在实践基础上双向生成的历史过程，无论是自然还是人类，在这一构架里，它们都是一些没有真实和实在的内容的抽象范畴，它把时代、自然及其关系都概念化了。在这一抽象概念化了的理论构架中，现实生活以及现实生活的问题是缺位的，由此隔断了马克思主义哲学与现实生活之间的互动关系。马克思哲学、马克思主义哲学由此嬗变成对现实生活毫无批判性和引导力的知识体系。

从理论体系来看，该解读范式未能体现马克思主义哲学的精神特质，未能将生活的观点和实践的观点贯彻到底。该体系从文本的意义上似乎凸显"实践"的地位和作用，将实践提升到了至高无上的地位。然而，细究就发现，"实践"在该理论构架里不仅被降格为与观念、思想和精神活动相区别的一般性的物化性活动，而且由此引发出更为致命的理论缺陷，即从根本上删除了马克思主义哲学中"实践"所具有的革命性和批判性价值内蕴。如此，"实践"在马克思（主义）哲学中也就成了一个抽象的"标签"而已，马克思（主义）哲学也就降格为与"唯心主义"相对立的、一般的唯物主义。

进而言之，在"辩证唯物主义"理论框架中，"实践"成了只是表征与意识、认识、真理等相关的范畴，而在"历史唯物主义"部分，"生产"范畴替代了"实践"。这样，"实践"与"生产""现实生活""社会存在""历史"等一系列范畴之间的逻辑关系呈现出单一性、混杂性，导致了"辩证唯物主义"与"历史唯物主义"内在的断裂。由此，我们不难看出，该体系表征出来的马克思（主义）哲学是以典型的二元论思维格局展开其理论安排的。在该理论构架内，自然界是无人的，与人类的生活历史无涉，历史则是无自然的历史，自然与历史是割裂的。

更为根本的问题是，在这一理论构架中，"辩证法"被严重地抽象化、观念化和知识化了，未能真实地呈现和落实辩证法的本质。辩证法蜕变为概念、范畴之推演规则，简单化为思维的有序游戏，未能体现出马克思（主义）哲学的辩证法，本质上仍是生活世界权利结构、权利逻辑的自我否定与自我扬弃，未能真切地再现"现实生活"，是马克思哲学辩证法内在逻辑的支撑对象。辩证法在该体系中，真实的内容被彻底"抽空"了，从而也就无法真正表征出马克思（主义）哲学视野中的"辩证法"内涵的革命性与批判性力量。换句话说，在马克思（主义）哲学的理论视野中，真正的辩证法绝不是一种概念的抽象的自我推演的理论辩证法，而是由现实生活中的权利结构、权利逻辑推动的生活辩证法。如此，在"辩证唯物主义"和"历史唯物主义"的解读模式中，我们也就无法真正阐释清楚黑格尔辩证法与马克思辩证法之间的本质差异，误认为马克思只是"颠倒"了黑格尔的辩证法，从而与"唯物主义"实现了外在的对接，就完成了对黑格尔辩证法的改造，就实现了新辩证法的创立。这就将马克思哲学与传统哲学的关系，特别是与黑格尔辩证法之关系单一化、线性化，未能厘清马克思的"辩证法"是以"现实生活"的矛盾、问题为基点而展开的独立创新的真实理论脉络。

综上，辩证唯物主义和历史唯物主义理论构架，把一个具有哲学个性的领域，一种哲学最根本的特质内涵放到了对人类历史最一般性的探讨之中，从而将以现实生活为出发点和落脚点的马克思（主义）哲学变成了一种马克思所极力批判的"哲学"。在现实生活大变革的历史进程中，该种解读模式充斥的教条性、僵死性构造出来的如"经院哲学"的一套牵强的话语，必然消解于实践中，游离于现实生活之外，最后蜕变为实践的解释理论或对现实政治活动所做的脚本，最终使马克思（主义）哲学不断被简单化、庸俗化、政治化，丧失对现实生活的批判功能、引导功能，使之在活生生的现实生活面前处于一种尴尬的失语状态中。另外，这也使马克思主义哲学局限于条块分割的理论格局中，未能充分应对与涵摄现实生活的变革所生成的诸多新问题，未能获得正常的理论拓展。如此，该种解读范式，必然面临现实生活的挑战和中国马克思主义哲学研究内部的种种理论诘难，从而形成该种解读模式自身存在的困境。

第二，将马克思主义哲学解读为"实践唯物主义"。理论界无论将马克思哲学称为"实践哲学"还是"实践唯物主义"，这都充满着歧义，并且必然面临一系列理论困境。

马克思曾经批判以费尔巴哈为代表的"理论唯物主义者"，根本不懂得"只有在现实的世界中并使用现实的手段才能实现真正的解放",① 试图通过语词替换,将人们从词语、话语的奴役中解救出来,从而强调"实际上,而且对实践的唯物主义者即共产主义者来说,全部问题都在于使现存世界革命化,实际地反对并改变现存的事物"②。马克思强调与"理论的唯物主义"截然不同的是"实践的唯物主义",即"共产主义",但绝不是"实践唯物主义",也由此得不出马克思哲学即是"实践的唯物主义"的结论。这样,马克思在此所要表达的则是"实践的唯物主义者"即"共产主义者"的真正的任务不是口头上、言辞上对"现实生活"进行"批判",实现话语超越,而是要直接改变现实生活。的确如此,正如马克思批判宗教,探寻此岸的真理是因为"对宗教的批判使人不抱幻想,使人能够作为不抱幻想而具有理智的人来思考,来行动,来建立自己的现实"。在此,马克思强调了现实的感性批判活动,即物质的批判所具有的重要性,并非对自己的哲学本质属性进行规定。

严格地说,"实践唯物主义"的提出,并不是着眼于马克思哲学的文本依据而生发出来的,换句话说,"实践唯物主义"这一理论模式,以及围绕这一模式而展开的理论建构,在马克思的文本中是找不到直接、完整的依据的。它实际上是在中国改革开放的伟大实践中,在现实的火热实践对旧的理论体系冲击下,为顺应现实生活主体活动的内在需要而做出的理论回应。与现实生活相割裂的原有马克思(主义)哲学知识论体系在 20 世纪 80 年代及以后时期,其自身的理论弊端和局限越来越充分地暴露出来,人们已经真实地感受到现实的实践所具有的巨大解放功能,感受到原有理论框架的解释力以及对问题的诊断效果与鲜活的时代生活之间存在的断裂。在这样的背景下,人们在理论上也在苦苦探寻摆脱传统教科书范式的有效路径,这一探寻的结果就是"实践唯物主义"理论范式的产生。现实的实践需要什么样的理论支撑,实践是不是检验真理的唯一标准,正是人们在对这些问题的探讨中,"实践"作为时代的关键词以及在反思马克思主义哲学之精神实质的基础性范畴的过程中被提了出来。

"实践唯物主义"既是对当代中国理论现实和实践现实的哲学表达,也是对当代中国火热实践的一种理论自觉,作为对时代主题的鲜活把握,它无疑具有重大的解放作用。实践唯物主义这一理论构架原本是要超越旧的知识论体系,以便于或利于自身思维构架的建立,力图把马克思的实践范畴贯彻到底。这一

---

① 中共中央马克思恩格斯列宁斯大林著作编译局. 马克思恩格斯文集:第 1 卷 [M]. 北京:人民出版社,2009:527.
② 中共中央马克思恩格斯列宁斯大林著作编译局. 马克思恩格斯文集:第 1 卷 [M]. 北京:人民出版社,2009:527.

理论框架没能完成完全意义上的超越，仍然带有旧教科书的思维痕迹和体系原则，其最显著的标志就是将"物质本体论"置换为"实践本体论"。很明显，实践唯物主义本来是针对理论唯物主义或者是针对空想的理论而言的，但它最后依然陷入了理论范畴的抽象争论中，毫无现实感，归结为一点，就是没有解析出马克思哲学中的"实践"范畴所承载的深刻内涵。就笔者看来，在马克思哲学语境中，"实践"具有以下几层含义。（1）有别于人的心理、思想、观念和精神活动，"实践"即是指物化的、感性的活动，但这不是马克思哲学中的关键。（2）指同"动物"相区别的人的"类本质"，即劳动，这是人的自由自觉本质的体现。（3）指一般"生产活动"，或特指"工业"。（4）从19世纪开始的大规模的无产阶级追求自身的自由与解放的革命运动。这也是费尔巴哈无法真正理解的。这是马克思十分侧重的"实践"含义，否则我们就很难揭示出马克思说"哲学家们只是以不同的方式解释世界，而问题在于改变世界"这一总结性与宣言式命题所蕴含的"解释世界"和"改变世界"两类哲学的根本分野，也无法理解"改变世界"的历史主体与现实路径，更无法理解马克思所说的"实践"所具有的批判性和革命性。

实践唯物主义在教科书理论板块和理论框架之基础上，凸显实践范畴或增加几个新的范畴，并不能真正体现马克思主义哲学的实质精神。实践唯物主义的最大问题就在于，它虽然强调实践，赋予实践很高的地位与期许，但它所谓的实践却是一种与真正现实的、与时代伟大的实践活动相脱离的概念，"实践"在这里下降为一个语词、术语。实践唯物主义对实践范畴内涵的把握，要么是前马克思的观点，要么是马克思批判的观点，要么是现实的物化活动，没有真正彰显马克思哲学"实践"范畴所蕴含的革命性和批判性。如此，实践唯物主义所面临的理论困境并不比"辩证唯物主义和历史唯物主义"少。

第三，将马克思主义哲学解读为"历史哲学"。马克思哲学是生活历史观，但绝不是任何一种"历史哲学"。无论对"历史哲学"如何分类，我们都可以很明确地说，马克思从来不试图去探求放之四海而皆准的、历史发展的"普遍法则"或历史公式，不是要提供一种"历史哲学"。力图将马克思哲学打扮、构建成历史哲学的任何理论冲动，已有敏锐学者直言指出，这意味着一种倒退！

马克思曾指出："在思辨终止的地方，在现实生活面前，正是描述人们实践活动和实际发展过程的真正的实证科学开始的地方。关于意识的空话将终止，它们一定会被真正的知识所代替。对现实的描述会使独立的哲学失去生存环境，能够取而代之的充其量不过是从对人类历史发展的考察中抽象出来的最一般的结果的概括。这些抽象本身离开了现实的历史就没有任何价值。它们只能对整理历史资料提供某些方便,指出历史资料的各个层次的顺序。但是这些抽象与哲学不同,它们绝不提供可以适用于各个历史时代的药方或公式。"① 在此,马克思非常明确地强调,直面现实生活,除了"描述"现实生活的"真正实证科学""对现实的描述"的"真正的知识"之外,那种靠先验的思辨和先验的逻辑凌驾于现实生活之上的"观念论哲学"已经被现实生活彻底解构,因为那样的"哲学"所能提供的只能是"关于意识的空话"。同时,他对现实生活的历史发展所进行的考察,也不是为了概括出历史发展的一般规律,"绝不提供可以适用于各个历史时代的药方或公式",这就非常鲜明地揭示了"使用一般历史哲学理论这一把万能钥匙,那是永远达不到这种目的的,这种历史哲学理论的最大长处就在于它是超历史的"②。如此,他便明确地终结了所谓"历史哲学"的诉求。正是在这一意义上,我们才能真正理解马克思所说的"我们仅仅知道一门唯一的科学,即历史科学"③ 之真切的内涵。也正是在这一意义上,马克思在1877年10月至11月给《祖国纪事》杂志编辑部的信中,才会做出如此严肃的申明:"他一定要把我关于西欧资本主义起源的历史概述彻底变成一般发展道路的历史哲学理论,一切民族,不管它们所处的历史环境如何,都注定要走这条道路,以便最后都达到在保证社会劳动生产力极高度发展的同时又保证每个生产者个人最全面发展的这样一种经济形态。但是我要请他原谅。他这样做,会给我过多的荣誉,同时也会给我过多的侮辱。"④

不难看出,马克思对"历史哲学"或将他对历史的研究冠以"历史哲学"的名义,都是持批判态度的。马克思只为我们提供了一种如何审视现实生活的科学历史观。有的研究者尽管将"历史唯物主义"解析为"广义历史唯物主义"和"狭义历史唯物主义",或将历史唯物主义分解为历史观、世界观两个层面的解读,但是他们依然无法解出"历史哲学"的纠缠,因为从根本上说,马克思哲学就不具有"历史哲学"的特质。由此,马克思彻底否定了"历史哲学"的思维,创立了科学历史观,即唯物史观。

马克思哲学既然对历史,就其本质而言是一种科学的"历史观",那么也就

---

① 中共中央马克思恩格斯列宁斯大林著作编译局. 马克思恩格斯选集:第1卷[M]. 北京:人民出版社,2012:153.
② 中共中央马克思恩格斯列宁斯大林著作编译局. 马克思恩格斯选集:第3卷[M]. 北京:人民出版社,2012:730-731.
③ 中共中央马克思恩格斯列宁斯大林著作编译局. 马克思恩格斯选集:第1卷[M]. 北京:人民出版社,2012:146.
④ 中共中央马克思恩格斯列宁斯大林著作编译局. 马克思恩格斯选集:第3卷[M]. 北京:人民出版社,2012:730.

必然要对一系列与历史相关的问题做出具体的回答，即"谁"在观：观之主体；观什么："观"谁的生活世界；"为谁"而观：价值立场；如何观：方法论原则；为何观：理论的目的或理论旨趣，以及观历史的前提等，这些问题构成了马克思科学历史观的基本内容与基本理路。马克思对这几个相互关联着的问题的具体回答，必然会凸显马克思历史观与现实之间内在的血肉关联，而与现实生活的这种内在关联性恰恰表征出马克思历史观与任何抽象的历史哲学之间的本质区别。就马克思的历史观而言，"观"历史的"主体"始终是受当代社会生活条件制约的现实的个人、阶级的个人，而绝不是丧失现实生活规定性的抽象的人，因而这一主体所观照的就与现实社会生活始终存在着一种视界的融合。同时，正因为观历史的主体是现实的、阶级的个人，其对历史的认识与判断就始终存在着一个价值立场的问题，而在阶级社会，价值立场的问题同时也是一个阶级立场的问题。这样从无产阶级的立场出发所看到的现代历史显然不同于从资产阶级立场出发所看到的历史，那些标榜超阶级立场的人实际上并不可能真正超越阶级的立场，只是他对自身的阶级立场缺乏应有的反思和清醒的自觉，从而实际上也就站在统治阶级的立场上。进而，一个人的阶级立场——无论他是否明确地意识到自身的阶级立场——必然要对他"观"历史的方法论产生原则性的影响。例如，对倾向以理论的态度对待现实生活世界的资产阶级，就倾向通过理论、概念、范畴的抽象推演来把握历史，从而倾向唯心史观；对倾向以实践的态度对待现实生活世界的无产阶级，就倾向通过各个时代的物质条件的现实更替来把握历史，从而倾向唯物史观。最后，阶级的立场同时也会决定一种历史理论的目的或旨趣，资产阶级由于其在社会中所居的统治地位，倾向通过历史观来论证现存秩序的自然的合法性和永恒性；无产阶级则倾向通过历史观来论证变革现实的合法性和必要性，以及寻求变革现实的可能空间和途径。

总之，马克思哲学的革命性在于其对人类生活及其历史的真实把握，它结束了试图"提供可以适用于各个历史时代的药方或公式"的历史哲学，形成了以现代大工业为基础和以现代整体生活为背景，在世界普遍交往历史性展开的前提下的新人类历史观，它指向的是一种不断超越异化的现实和对抗性的社会制度，以"联合体"替代"共同体"，开启人类未来无限的发展空间，展示了人类由必然到自由历史性跃迁的历程。

在中国马克思（主义）哲学研究的论域中，除了上述影响极大的几种研究范式之外，有学者还将马克思（主义）哲学解读为"文化哲学""政治哲学""经济哲学"或"人学"。这诸多对马克思（主义）哲学的解读模式，均在一定程度上揭示了马克思（主义）哲学所具有的理论丰富性，凸显了这种哲学的某种特质，但同样也因为自身的片面性，从而在根本上缺乏合法性。

第一，就"文化哲学"的解读模式而言。我们可以肯定地说，马克思哲学绝不囿于对现代性文化的解读与批判，因为马克思哲学的理论核心所指向的从来都不是拘泥于或侧重于对资本主义进行文化的判定，马克思所进行的恰好是非文化批判，目的是刨除资本主义文化的根本价值基础，从而超越停驻于文化表层展开对资本主义进行批判与战斗的观念性思维。直言之，马克思着力对当代资本主义全面异化了的生产制度进行批判与否定，他强调的是从"副本"批判真正走向"原本"批判，以"物质的武器"实际地反对现存的事物，绝不是停留于"副本"。马克思不是"资本主义病榻旁的大夫"，而是"资本主义的颠覆者、掘墓人"。因此，人们将马克思哲学定位为文化哲学，有"避重就轻""本末倒置"之嫌。同时，人们将马克思哲学定位为"文化哲学"，这无疑是将马克思的批判性引向对"资本主义"的"影子"作战，从而仅仅批判资本主义的"语词""词句"，这恰好是马克思本人所反对的。马克思早在批判青年黑格尔派"他们只是用词句来反对这些词句"，只是在意识、文化层面来对现实进行"隔靴搔痒"式的批判时，就已经表达了马克思哲学彻底否定了"尽管满口讲的都是所谓'震撼世界的'词句，却是最大的保守派"的青年黑格尔派，因为在马克思看来，"既然他们仅仅反对这个世界的词句，那么他们就绝对不是反对现实的现存世界。这种哲学批判所能达到的唯一结果，是从宗教史上对基督教作一些说明，而且还是片面的说明。至于他们的全部其他论断，只不过是进一步修饰他们的要求：想用这样一些微不足道的说明作出具有世界历史意义的发现"[①]。马克思指出他们的共同缺陷在于从根本上没有将自己的哲学批判与他们在现实生活中存在的问题关联起来，只是达到了一种话语的自足而已。从这一意义上来说，如果将马克思哲学定位为"文化哲学"，笔者认为恰好将马克思哲学引向了马克思所批判的理论与价值路线。

第二，就"政治哲学"的解读范式而言。这一分析路线与理解方案，以及由此所做出的判断和所建构的理论体系，主要从马克思哲学出场路径入手，强调、凸显了马克思哲学的政治维度，因而似乎把握了马克思哲学的现实批判锋芒。不可否认，马克思哲学强调解除黑格尔的"国家哲学"和"法哲学"魔咒与秘密，以及脱掉笼罩在普鲁士政府之上的宗教合法性外衣，要求对黑格尔"国家哲学"和"法哲学"的批判必须是"联系德国进行"的，也曾直言"向

[①] 中共中央马克思恩格斯列宁斯大林著作编译局. 马克思恩格斯选集：第1卷[M]. 北京：人民出版社，2012：145.

德国制度开火！"① 他表现出强烈的对现实政治的批判，但同时不无深刻地指出："革命需要被动因素，需要物质基础。理论在一个国家实现的程度，总是取决于理论满足这个国家的需要的程度。"② 在此，马克思已经清醒地看到，政治生活的真正秘密恰好不在政治生活本身之中，而必须深入现实生活本质之中，从市民社会，从人民的现实利益关系中对之加以剖析，方可解码政治生活的利益真谛。马克思在《路易·波拿巴的雾月十八日》一文中对各个阶级的分析，就充分表达了这一观点。由此，人们将马克思哲学定位为政治哲学，导致的是抽空政治之现实利益本质与内涵，规避政治权利主体的利益诉求，力图从人性的视角来论断所谓"政治人"的权力意志，抽象地讨论政权、民主、法治等一系列政治生活中的重大问题。这样抽象的讨论与研究，未能与现实生活中的利益矛盾紧密关联，其实是非常空泛的，对现实政治生活既无真正的批判力，也无实质性的引导性，这恰好是马克思所要批判的空想社会主义者的思维方式。

第三，就"经济哲学"的解读范式而言，马克思确实是以经济问题为切入点的，并对资本主义私有制条件下各种问题进行深刻地剖析。系统透析马克思哲学思想和精神气质，我们不难发现，就马克思哲学的语境与问题出场而言，他对经济事实的实证性把握，对经济生产制度的历史性解读，对经济生活的本质性分析，都表明经济学话语只是直接性的、表层性的。马克思在《资本论》中以最常见的"商品"作为起始分析对象，通过对商品的分析，进而解读资本主义生产、资本逻辑，直至解构出资本主义制度对抗性特质，洞见生产方式的历史性变迁，从而引发社会制度的历史性革命与超越的历史秘密。由此，我们可以看出，马克思绝不是停留于对"经济事实"本身的探究上，而是通过资本主义"经济事实"的解读，确立透视人类历史的科学历史观，把握现实生活变化的历史逻辑。换句话说，经济—利益关系只是人与人之间社会关系的一种表现形式，尽管是一种极为重要的基础性的表现方式，马克思着力分析人与人之间在生产基础上结成的各种关系，尤其是利益关系，但是马克思并非陷入对"经济事实"进行经济学的解析与批判中，而是通过对"经济事实"的分析，进一步解构现代性经济制度的"异化"本质与危机，从而揭示人解放的现实条件。更进一步说，马克思通过对现代资本主义经济生活、经济制度的历史生成、

---

① 中共中央马克思恩格斯列宁斯大林著作编译局. 马克思恩格斯选集：第1卷［M］. 北京：人民出版社，2012：4.
② 中共中央马克思恩格斯列宁斯大林著作编译局. 马克思恩格斯选集：第1卷［M］. 北京：人民出版社，2012：11.

嬗变的历史性研究，通过对"市场经济"的批判，探寻的是人类自身解放的现实之路，追求人的生活之真理，实现人的现实幸福。从这一意义上看，人们将马克思哲学定位为"经济哲学"，似乎并未真正达到"'政治'经济学"的高度，并未拓宽马克思哲学的人类学视野。所以，人们将马克思哲学定位为"经济哲学"，如同将马克思哲学定位为"政治哲学""文化哲学"一样，都是试图对"现实生活"某一领域进行"哲学"的把握，并以此来诠释"生活"的本质与变迁，都未能完整地揭示出马克思哲学对"现实生活"全面而深刻的透视。

第四，对马克思哲学的"人学"解读模式。人们将马克思哲学定位为"人学"，似乎是针对"马克思哲学""只见物，不见人"这样一种抽象论断，针对"经济决定论"的论调而提出的理论研究范式，从而强调马克思哲学内蕴的人本价值原则。不错，马克思哲学始终未忘记人，而是将人作为其理论的价值轴心，始终深切地关注人的存在、人的发展，并由此体现其理论的深刻人本视域，因而并不存在萨特所说的"人学空场"。马克思从不抽象地讨论"抽象的人"，而是始终通过现代性生产、现代性的资本逻辑和制度研究，来揭示"现实的个人"、现实的社会关系、现实的处境和所遭遇的现实问题。换句话说，马克思对人的关注、关怀，是以人生存的环境，即对人生活于其中的现实制度关系进行批判与改变为着力点的。人的真正现实的自由与解放，只有通过对现实制约关系的现实扬弃才能实现，离开现实社会生活条件的任何抽象论断，对现实生活丝毫不能有所触动，因而丝毫不能将人类的解放事业推进一步。

不可否认，马克思继承了文艺复兴以来的西方人文主义传统，在解除"神本"之秘密、批判"资本"之逻辑的基础上，矫正抽象、观念地解放人的歧路，充分表达了他对人的尊严、人的价值的关切，彰显其理论的真正旨趣的确是为了人的自由与解放，从而高扬了"人本"的价值原则与立场，凸显了马克思哲学深厚的人文关怀。如此，马克思才会坚定地主张我们"必须推翻使人成为被侮辱、被奴役、被遗弃和被蔑视的东西的一切关系"①。马克思强调了对人的解放之着力点，在于对人不尊重的"一切关系"的实际性"推翻"，这也表明了马克思从不以设定"自然状态"为批判的立足点，从未按照先验应然逻辑来推定人的存在之未来理想，更不是从"抽象的人性"来解读人存在的秘密，而是从对"现实生活"的矛盾与问题的解构中，探寻人之解放的历史可能性。这样

---

① 中共中央马克思恩格斯列宁斯大林著作编译局. 马克思恩格斯选集：第 1 卷 [M]. 北京：人民出版社，2012：10.

通过对旧的关系、旧的制度的革命，将人从非人的生活世界中解放出来。只有这样，"人是人的最高本质"这一原则才能在现实生活中得以实现，对人的关怀才能具体落实于人的自由而全面的发展之中。从这一意义上来看，对人的自由与解放的诉求，的确是马克思哲学理论的价值目的，但是马克思哲学更重要的在于对人的自由与解放在可能的一系列问题的追究与拷问上，马克思哲学并不能就此归结为"人学"。

可见，无论是将马克思哲学定位为"政治哲学""经济哲学""文化哲学"，还是"人学"，一个共同的特点就是把马克思哲学的某一个维度或某一个批判层面抽离出来、孤立出来加以研究。事实上，这样多维度的研究并没有把握住马克思哲学深刻而完整的本质，而是一种深度肢解马克思哲学的方式、碎片化马克思哲学的手法。当然，我们不能简单否认这样的方式与手法对马克思哲学某一个维度的研究所做出的深入推进，但是从总体上来看是危险的，是片面把握马克思哲学，甚至在一定程度上是对马克思哲学的扭曲。因为，马克思哲学绝不是对"生活世界"某一领域、某一维度（政治、经济、文化、社会或历史）进行批判性的审视，而是对"现实生活"进行整体的、全面的批判与建构，从而体现马克思哲学立足于现实生活，建构与超越现实生活，真正为实现人的自由自觉的生活而运思的取向。

如此，当我们循着当代中国关于马克思（主义）哲学的各种称谓而进行具体解读，从而透析了对马克思（主义）哲学的各种理解构架之后，我们称马克思哲学为"生活哲学"，或者从本质规定性上来说，将马克思哲学判定为生活哲学时，我们就获取了一种解读马克思哲学的整体性视角，从而也就得以反思和批判当前马克思主义哲学教育和研究中存在的根本问题。

正是因为人们在马克思主义哲学教育与研究中将马克思主义哲学与现实的生活世界抽象地剥离开来，马克思主义哲学由此而被不断知识化、形式化和教条化，从而也丧失了其学术魅力和理论征服力。马克思曾指出："理论只要彻底，就能说服人。所谓彻底，就是抓住事物的根本，而人的根本就是人本身。"[①] 这就告诉我们，马克思主义哲学只有在对现实的人的生活世界中的各种问题，按照人的存在状态与正当需要的实际，遵循着"以人为本"的价值原则而进行深刻的把握与批判性解决时，才能展现其魅力和征服力。被知识化、形式化和教条化了的"马克思主义哲学"所丧失的，恰恰就是这样一种对现实的

---

① 中共中央马克思恩格斯列宁斯大林著作编译局．马克思恩格斯选集：第1卷 [M]．北京：人民出版社，2012：10．

观照、批判与改造能力。这样，本来以现实生活为关注焦点的马克思（主义）哲学，最终却蜕变为一种与现实无涉的、彻底被悬空了的抽象理论，面对重大的现实问题，它必然普遍表现为严重的失语，从而丧失其对现实生活的批判力与改造力。彻底被架空了的"马克思（主义）哲学"，要么成为"学者"追求所谓"学术性"的对象，要么成为国民哲学教育的"死狗"。总之，马克思主义哲学在当代文化语境与理论生态中的处境十分尴尬，成为"鸡肋"。

被知识化、形式化和教条化的"马克思（主义）哲学"与现实生活之间的断裂与脱节，突出地表现为其对三大文本以及这三大文本之间内在必然的张力关系的忽视，即对马克思主义哲学理论经典文本的悬置、对体现马克思哲学精神理念的执政政策文本的贬斥以及对现实生活文本的忽略。人们对经典文本的悬置、贬斥与忽略，又使对马克思主义哲学的理论研究经常浮于主观想象和主观直觉性的判断中，缺乏扎实而牢靠的"学术"挖掘、积累与推进。在与现实无涉的抽象理论中，"现实的人"丧失了自身的生活之根和具体的历史规定性，变成了没有立足之地的"抽象的人"，更为严重的是导致以物的尺度、以观物的方式替代"主体尺度"和以人的方式观物的原则。因而，马克思主义哲学本已颠覆了的"神本"、彻底批判的"物本"原则却一次次得以理论复活。相反，马克思主义哲学所高扬的"以人为本"的价值立场却难以在理论建构与现实生活中得到真正有效的贯彻与落实，"马克思主义哲学"由此而变成了一种外在于人的现实生活、与人的价值无关的"物化"理论，变得无视人甚至敌视人了。

与此同时，人们未能真正把握马克思哲学所实现的根本性转向，未能把握马克思哲学的理论出发点与落脚点就是现实的生活世界，就是现实生活世界中的现实的人实现幸福的这一根本特质。这些年来，不少研究者通过各种方式，从康德、费希特、黑格尔、费尔巴哈、海德格尔等哲学的视角或平台来透析马克思哲学，认为只有这样才能揭示马克思哲学的精要，才能使马克思哲学配得上"哲学"之誉，从而以"学术"之名，将马克思哲学还原为"本体论哲学"，还原为马克思所批判的各种类型的"思辨哲学"或"经院哲学"。然而，这种所谓的"学术"的方式过滤与改编后的"马克思哲学"，恰恰是与真正的马克思哲学背道而驰的，是一种已被马克思"终结"了的"作为哲学的哲学"。有的学者指出："任何使马克思哲学重新回到它所反对的西方传统本体论哲学的企图，都是一种理论上的倒退；任何用西方传统哲学的话语、概念框架和思维模式对马克思哲学的解释，都必然会模糊马克思的新唯物主义同西方传统本体论哲学的界限，否定马克思在哲学发展史上实现的革命性变革。"①

三

近年来，在马克思哲学研究多元化格局的境况下，国内已渐次形成马克思生活哲学研究蔚为壮观的态势。马克思生活哲学的研究成为一种探索马克思哲学的新范式，建立了马克思哲学与现实生活之间的内在关系，从而为马克思哲学研究赢得了广阔的空间。这种对马克思生活哲学的探索，不仅是为推进马克思哲学研究确立起新的理论范式，而且是自觉地立足于我们的生活世界，创造出与我们生活相适应的当代哲学样态，发展出有中国气派的哲学形态。这是当代学者理论自觉和理论自信的重要表现。

从研究的进路来看，有的学者从哲学的历史性发展来确定马克思哲学是生活哲学，或主张生活哲学是研究马克思哲学的一种思维方式或根本旨趣。这一研究进路着力勾勒西方哲学发展经历了古代"生活哲学"、近代知识论哲学和现代"生活哲学"的历史嬗变，主张马克思哲学实现了一场生活哲学自身的革命，从而成为有别于古代生活哲学的现代生活哲学。这种从"哲学"的历史性演变，来确认马克思哲学是生活哲学的思维方法，具有其自身的合理性和必要性。这一研究进路的思维偏向是将"生活哲学"作为"哲学"在古代和现代的存在样态，并以"生活哲学"本身就是一种特殊类型的哲学为前提，但是这一前提本身是待确定的。同时，我们必须注意，马克思哲学从其根本的价值旨趣和理论特质上来看，与古希腊时代的所谓"生活哲学"具有本质的差异，两者不能混同进而简单归并为同类哲学。换句话说，从马克思哲学所具的独特精神品质和理论的价值内蕴而言，人们还真不能简单地将之归为已有的某一类哲学。从这一意义上来看，马克思哲学与传统哲学的关系，笔者认为，可以说马克思哲学是传统哲学最为忠实的继承者和最为彻底的反叛者。

不可否认，马克思实现了哲学的根本转向。马克思所建立的新世界观，人们称之为马克思哲学，有别于传统哲学的新的哲学类型，由此展现出马克思哲学的独特的运思路径、现实任务与价值目的，以及其自身的命运。如此，它就表征出马克思哲学鲜明的现实生活立场和为人的自由、解放、幸福而存在的价值旨趣，从而成为独树一帜的"生活哲学"。马克思曾说："真理的彼岸世界消

---

① 刘福森. 马克思哲学研究中三个不可回避的重要问题 [J]. 哲学研究，2012（6）：19-24.

逝以后，历史的任务就是确立此岸世界的真理。人的自我异化的神圣形象被揭穿以后，揭露具有非神圣形象的自我异化，就成了为历史服务的哲学的迫切任务。于是，对天国的批判变成对尘世的批判，对宗教的批判变成对法的批判，对神学的批判变成对政治的批判。"[1] 在此，马克思在批判德国哲学，尤其是黑格尔的国家哲学和法哲学时，从整体上将自己的哲学指向"现实生活"的特质充分彰显了出来。

第一，马克思哲学实现了价值立场的根本转变。马克思哲学实现从"神本主义"向"人本主义"的根本转变，在充分肯定费尔巴哈的"人本主义"价值原则对"神本主义"之批判和对人的本质的抽象肯定的基础上，将"人本主义"的价值原则之实现推进到对现实生活本身的批判之中，从而确立其哲学来追求人类自由、解放、幸福的本质内涵与价值宗旨。正是马克思确立了以批判现实生活为根本着眼点而遵循、贯彻"以人为本"的根本价值原则，马克思才能给"宗教批判"予以恰当的定位，指出"对宗教的批判是其他一切批判的前提"[2] "反宗教的斗争间接地就是反对以宗教为精神抚慰的那个世界的斗争""废除作为人民的虚幻幸福的宗教，就是要求人民的现实幸福"，[3] 并由此做出总结："对宗教的批判最后归结为人是人的最高本质这样一个学说，从而也归结为这样的绝对命令：必须推翻那些使人成为被侮辱、被奴役、被遗弃和被蔑视的东西的一切关系。"[4] 马克思哲学实现了这一价值原则、价值尺度的根本转变，充分表明马克思哲学绝不是悬浮于现实生活之外，满足于精神、思维、意志演绎的"思辨哲学"，而是将其哲学之根深深地植于现实生活之中，并且以这一价值原则作为根本的尺度，对现实生活进行审视与批判，从而确立马克思哲学"以人为本"这一价值主张的现实主义路线，彰显以"现实生活"的实际改变为基础、为焦点的价值实现方案，凸显马克思哲学价值原则的现实生活立场，超越一切观念论哲学和旧唯物主义以人性假定和天赋人权为前提的价值主张。

正是由于马克思哲学实现了价值目标的转变，马克思哲学的理论、观念、思维与方法才蕴含着批判全面物化的生活、建构尊重人的价值、维护人的尊严

---

[1] 中共中央马克思恩格斯列宁斯大林著作编译局. 马克思恩格斯选集：第1卷 [M]. 北京：人民出版社，2012：2.
[2] 中共中央马克思恩格斯列宁斯大林著作编译局. 马克思恩格斯选集：第1卷 [M]. 北京：人民出版社，2012：1.
[3] 中共中央马克思恩格斯列宁斯大林著作编译局. 马克思恩格斯选集：第1卷 [M]. 北京：人民出版社，2012：2.
[4] 中共中央马克思恩格斯列宁斯大林著作编译局. 马克思恩格斯选集：第1卷 [M]. 北京：人民出版社，2012：10.

的新生活，从而真正凸显了解放人、实现人的自由而全面发展的历史尺度与主体尺度。这样，马克思哲学指向现实生活中人的内在本质的实现，也就成为人的自由、解放何以可能的问题。这一问题就成为其哲学最基本的生活规定。

在《德意志意识形态》中，马克思在批判青年黑格尔派时指出，"德国的批判，直至它最近所作的种种努力，都没有离开过哲学的基地"①，但是"为了正确地评价这种甚至在可敬的德国市民心中唤起怡然自得的民族感情的哲学叫卖，为了清楚地表明这整个青年黑格尔派运动的狭隘性、地域局限性，特别是为了揭示这些英雄们的真正业绩和关于这些业绩的幻想之间的令人啼笑皆非的显著差异，就必须站在德国以外的立场上来考察一下这些喧嚣吵嚷"②。在这里，马克思指出了德国的哲学批判，根本就没有超出哲学的领域与范围，只是进行了观念的修辞学工作，同时揭示了无论是青年黑格尔派，还是老年黑格尔派，都坚持与主张"观念决定论"的原则，他们只是在变换着"关键词"来"解释""现存世界"，为"现存世界"进行着辩护，因此他们的"批判"也就停留于"词句"或词句的替换上。"既然他们仅仅反对这个世界的词句，那么他们就绝对不是反对现实的现存世界"，由此，他们"尽管满口讲的都是所谓'震撼世界的'词句，却是最大的保守派"③，而马克思则强调对德国哲学，必须"站在德国之外的立场上来考察"。所谓"德国之外的立场"本质上亦即是站在"现实生活"的立场上，以"现实生活"为立足点和原则，来进行哲学批判与现实生活自身的批判，这是"批判的武器与武器的批判"的统一。这就充分彰显了马克思哲学思维方式以"现实生活"为出发点和归依点，从而实现了哲学批判对象、理论目的、价值旨趣、真理观等一系列的根本性转向。

第二，马克思哲学实现了批判对象的转向，从对神圣形象的"自我异化"的批判转向对"非神圣形象的自我异化"，即对异化的现实生活的批判。具体而言，从彼岸—天国—宗教—神学的批判转向"此岸、尘世、法和政治的批判"，从而确定了马克思关注、批判的对象与论域——现实生活世界。正因为如此，马克思才说："德国哲学从天国降到人间；和它完全相反，这里我们是从人间升

---

① 中共中央马克思恩格斯列宁斯大林著作编译局. 马克思恩格斯选集：第1卷[M]. 北京：人民出版社，2012：143.
② 中共中央马克思恩格斯列宁斯大林著作编译局. 马克思恩格斯选集：第1卷[M]. 北京：人民出版社，2012：142-143.
③ 中共中央马克思恩格斯列宁斯大林著作编译局. 马克思恩格斯选集：第1卷[M]. 北京：人民出版社，2012：143.

到天国。"① 这一论断否定、超越、扭转了德国哲学先验主义的路线，凸显了马克思哲学所走的现实生活批判路线。马克思在这里，不以现实生活去适应先验的构架，不是抽象地强调应该、应然的逻辑，而是强调和彰显以"现实生活"为根、为本、为源的经验逻辑，强调现实生活是最高的权威。

马克思说："物质生活的生产方式制约着整个社会生活、政治生活和精神生活的过程。不是人们的意识决定人们的存在，相反，是人们的社会存在决定人们的意识。"② 马克思依据现实生活的自身结构与内在逻辑，确立了批判的对象，以对现代全面异化了的物质生产方式的批判为重，对资本主义的"副本"和"原本"进行了全面而彻底的批判。同时，马克思强调"理论批判"与"物质批判"的有机统一，将"批判"落实于对现实生活世界的实际改变之中，让哲学与现实生活观念的、错位的与断裂的关系，置换为真实的、一致的和内在紧密相连的关系。由此，马克思才会在批判德国哲学的实践政治派和理论政治派时说，他们的错误就在于以为"不使哲学成为现实，就不能够消灭哲学"③"不消灭哲学，就能够使哲学成为现实"④。这就从反面告诉我们，他的哲学是与现实生活之间具有命运与价值的历史一致性的。马克思对现实生活的批判，正是他的哲学存在之真正的价值所在。

马克思哲学批判对象的转换，不仅形成了自己独特的问题域，而且在批判的手段和方式、批判的目的等方面都随之变化，由此形成了马克思哲学依据对现实生活的批判而展开的价值与事实、理论与现实紧密相接的逻辑体系。从马克思哲学批判对象的转换可以很明确地判断，马克思哲学始终是围绕着"现实生活"的问题展开的，并且通过批判现实生活的各个维度和领域，揭示"现实生活"的异化本质，解构现实生活的内在矛盾，从而在生活现实性的基础上指证生活的未来性。从这一意义上来看，马克思哲学就是始终围绕着现实生活，以现实生活为焦点而展开批判的"生活哲学"。

第三，马克思哲学实现了哲学目的的转向。从根本上说，马克思哲学绝不是为上帝、天国或抽象的理念服务，而是为现实生活、为历史服务。直言之，

---

① 中共中央马克思恩格斯列宁斯大林著作编译局. 马克思恩格斯选集：第1卷 [M]. 北京：人民出版社，2012：152.

② 中共中央马克思恩格斯列宁斯大林著作编译局. 马克思恩格斯选集：第2卷 [M]. 北京：人民出版社，2012：2.

③ 中共中央马克思恩格斯列宁斯大林著作编译局. 马克思恩格斯选集：第1卷 [M]. 北京：人民出版社，2012：8.

④ 中共中央马克思恩格斯列宁斯大林著作编译局. 马克思恩格斯选集：第1卷 [M]. 北京：人民出版社，2012：8-9.

马克思哲学的根本目的就是为无产阶级解放，为人类自由、幸福的现实生活而运思的，这充分表达了马克思哲学独特的价值内蕴。

从马克思一生的理论活动的目的来看，他的理论绝不是为了虚悬的范畴、逻辑和理论本身，不是沉醉于哲学家们本能迷恋的"观念自身的逻辑"中，也不是为了遵循所谓的理论逻辑而展开的，而是始终着眼于生活自身的逻辑，围绕着现实生活的问题而进行理论反思、批判与建构，具有很强的现实针对性，这就决定了马克思理论现实性的根本品质。事实上，"马克思既没有生下来就要当思想家，也没有选择要在德国的历史都集中于大型教育这样的意识形态世界中进行思考。他在这个世界中成长起来，在这个世界中学会行动和生活，同这个世界'打交道'，又从这个世界中解放出来"①。由此，我们可以说，马克思创立其哲学理论的根本目的，绝不是按照西方哲学传统构造出一个完满与自足的理论体系而使自己成为一个体系化的哲学家，而是首先为了服务无产阶级的自我拯救、自我解放，争取生活的权利，建立自由生活的革命运动，也就是说，为无产阶级改变自身全面异化的生活境遇的现实斗争之需要，使哲学从纯粹理论自足形态真正走到现实生活中来，成为生活改造的一种力量，从而使哲学现实化。从这一意义上来看，马克思进行哲学运思，即是运用"唯物主义"和"辩证法"的方法论原则对现实生活进行"描述"："描述各个社会领域相互施加的无形压力，描述普遍无所事事的沉闷情绪，描述既表现为自大又表现为自卑的狭隘性，而且要在政府制度的范围内加以描述。"② 人们通过这些"描述"，即通过这种"搏斗式的批判"③，解除对现实生活的各种神秘赋予与理论遮蔽，悬搁各种前见与预设，揭示现实生活的真实面目，促使、激发生活主体对自身现实生活的自觉和改变自身生活的勇气。如此，马克思主张："应当让受现实压迫的人意识到压迫，从而使现实的压迫更加沉重；应当公开耻辱，从而使耻辱更加耻辱。应当把德国社会的每个领域作为德国社会的羞耻部分加以描述，应当对这些僵化了的关系唱一唱它们自己的曲调，迫使它们跳起舞来！为了激起人民的勇气，必须使他们对自己大吃一惊。"④ 马克思正是通过"描述"这一最

---

① 阿尔都塞. 保卫马克思 [M]. 顾良，译. 北京：商务印书馆，2006：50.
② 中共中央马克思恩格斯列宁斯大林著作编译局. 马克思恩格斯选集：第1卷 [M]. 北京：人民出版社，2012：4.
③ 中共中央马克思恩格斯列宁斯大林著作编译局. 马克思恩格斯选集：第1卷 [M]. 北京：人民出版社，2012：5.
④ 中共中央马克思恩格斯列宁斯大林著作编译局. 马克思恩格斯选集：第1卷 [M]. 北京：人民出版社，2012：6.

为唯物主义方法,揭露现实生活的真实状况,这样才能真正发现工人阶级自我解放的政治形式,消灭普遍的贫困化和消除生活世界的全面异化,从而揭示人类的自由、解放与幸福何以可能,以及生活自身嬗变的内在必然趋向。一切构成对人类解放的障碍、一切限制人类自由与幸福的制度、一切将人类自由解放引向歧途的理论与学说都构成马克思批判与改造的对象。虽然在不同的历史阶段、不同的生活语境中,马克思哲学批判的对象、方法、手段等在不断变化,但是为了人类的自由、解放和幸福,该哲学要贯穿始终、坚定不移,有根本性的价值主旨和理论目的。只有如此,马克思哲学才会自觉地成为"高卢的雄鸡"。①

具体而言,马克思哲学描述、揭露对抗性社会生活异化的真实现实状况,其目的就是要通过改变现存世界,让人从异化的生活状态中解放出来,成为自由的人、幸福的人,一句话,就是要确立此岸世界的真理,凸显、实现和发展人的本质力量,要人民获得"现实的幸福"。要实现这一目的,马克思哲学面临着双重的批判任务,即对现实生活这一"原本"的批判和对理论这一"副本"的批判。这一双重批判是内在统一的,但这并不意味着这两个批判具有同等意义的重要性。现实"原本"批判既是理论"副本"批判的基础和前提,又是其落脚点和价值归宿。"批判的武器当然不能代替武器的批判,物质力量只能用物质力量来摧毁。"② 因此,仅仅停留于理论"副本"的批判是远远不够的,必须超越那种青年黑格尔派式的观念批判和话语革命,在理论批判的引导下,进行现实的、物质的批判。正是出于对"原本"批判在逻辑上和价值上之优先地位的强调,马克思深刻指出,"问题在于改变世界"③,要"实际地反对并改变现存的事物"④。这就全面而深刻地反映出马克思哲学所进行的"批判",都必须落实于"生活世界"的改造逻辑中,以现实生活的改造作为其理论最后、最具有权威的判定者,也正因为如此,马克思哲学的"生活"规定才构成其独特的品质。

---

① 中共中央马克思恩格斯列宁斯大林著作编译局. 马克思恩格斯选集:第1卷[M]. 北京:人民出版社,2012:16.
② 中共中央马克思恩格斯列宁斯大林著作编译局. 马克思恩格斯选集:第1卷[M]. 北京:人民出版社,2012:9.
③ 中共中央马克思恩格斯列宁斯大林著作编译局. 马克思恩格斯选集:第1卷[M]. 北京:人民出版社,2012:136.
④ 中共中央马克思恩格斯列宁斯大林著作编译局. 马克思恩格斯选集:第1卷[M]. 北京:人民出版社,2012:155.

马克思哲学一以贯之的理论旨趣及其理论所蕴含的独特价值，以及由此充分彰显出的马克思哲学之目的，使其直指现实生活的理论动向始终保持着"与时俱进"的开放性向度，表征着马克思哲学所具有的现实性与未来性，也充分印证了马克思哲学的当代性路径与批判性在场。

第四，马克思哲学实现了真理观的转向，即由抽象的思维真理转向具体的现实的生活真理，亦即确立起"此岸世界的真理"。长期以来，由于科学主义思维等的影响，我们对马克思的真理观存在着误读与偏见，形成了以经验主义的符合论真理观替代马克思哲学生活真理观的错位，导致了认识论架构中的真理观遮蔽马克思哲学价值真理观、权利真理观的本质，致使科学主义真理观全面接管马克思哲学事实与价值、真与善有机统一的生活之美真理观。由此，知识论真理观大行其道，吞噬了马克思哲学真理观的特殊规定性与价值特质，最终使马克思哲学真理观所蕴含的批判性荡然无存。

马克思曾明确宣称："人的思维是否具有客观的真理性，这不是一个理论的问题，而是一个实践的问题。人应该在实践中证明自己思维的真理性，即自己思维的现实性和力量，自己思维的此岸性。关于思维——离开实践的思维——的现实性和非现实性的争论，是一个纯粹经院哲学的问题。"① 在这里，马克思首先对"人的思维是否具有客观的真理性"的问题进行了领域划归，明确判定此问题"不是"一个"理论问题"，不是在纯思域内，靠理论理性即可敲定与甄别的。也就是说，人的思维对现实生活本质特征、状态和内在变化规律的把握与判断所呈现出的理论形态，不是仅靠理论自身的自洽、圆融等逻辑规定来加以确证的，而是必须以生活实践本身来加以审定。因此，马克思将"人的思维是否具有客观的真理性"定性为"是一个实践的问题"。这既然是一个"实践的问题"，那"人该在实践中'证明'"，而不是通过别的途径来证明，即确证"思维的"判断所揭示的本质和规律符合"事实"，从而能"实现"，让此判断本身所蕴含的"现实性和力量""此岸性"在实践中得以实现。在这里，我们可以说，马克思哲学的"真理"蕴含着三个最为基本的规定，即"（逻辑判定为）正确性""正当性"和"可实现性"，只有具备这三个基本规定的"判断"或理论才堪称马克思哲学所指的"真理"。那种只是"纸上谈兵"，只停留于理论领域满足于理论自足、自洽，而不具备"正当性"和"可现实性"的一切判断与理论，都只是知识性的产品，即使从认知的意义上而言，是正确的，

---

① 中共中央马克思恩格斯列宁斯大林著作编译局. 马克思恩格斯选集：第1卷[M]. 北京：人民出版社，2012：134.

但也不能等同于马克思哲学所指示的"真理"。"正确性"不是真理的全部规定,只是一种判断或理论成为"真理"的必要条件;"正当性"是对真理的价值规定,它承载与体现着"以人为本"的价值原则,是其可实现的动力与基本的保证;"可实现性"是真理的历史条件规定和最后的价值兑现。如此,真理才内蕴着"事实"与"价值"、真与善、现实性与未来性的统一。也只有这样,才有人为自己所追求的真理而献身,真理也才具有信念、信仰力量,从而激发人的生活之崇高追求。

在马克思哲学视域里,真理是属人的真理。那种离开具体生活主体的历史性活动,追求保持着纯然外在客观性的真理,严格说来,在马克思哲学中是不存在的,也不是马克思所追求的。既然在马克思哲学视域里,"真理"是归属于现实生活世界的,是属于实践、生活领域中的"人事",那么他也就很明晰地呈现出"真理"的价值立场,明确地表达了"此岸世界的真理"是为"谁"而确立的这一根本性问题。

长期以来,突出或强调"真理"是一个毫无生活价值立场的抽象的人,以旁观者的身份对"外在对象"所做出的客观的"镜像式"确认,具有超越具体历史生活语境和具体价值主体的纯然客观性,但是在马克思哲学里,如上所述,这一"真理"是"人"为"人"自身而确立的,并且始终是为现实的人确立的,这些现实的人就是德国人、法国人、英国人或中国人等,就是"无产阶级",就是"人类"。如此,在"真理"的问题上,马克思就突破了客观主义的思维。

"真理"是如何确立的呢?在马克思看来,人们就是通过"批判"现实生活从而确立其"生活的真理"。具体而言,通过对人们的生产活动及其生产活动中"一定的物质的、不受他们任意支配的界限、前提和条件"的"描述",真正地"面向事物本身",呈现出现实生活的真实性,通过"从现实的、有生命的个人本身出发"做出"符合现实生活的考察",从而得出关于现实生活的"真正的实证科学""真正的知识",这就是"真理",就是建设"新生活"的真理。

进一步而言,发现"真理"的过程,就是批判现实生活的内在矛盾及其自我否定与扬弃的过程,也就是发现与建设新生活的过程。在马克思哲学的语境中,"(理论)批判"一词首先是对人的解放和获得自由之条件的说明,其次是对现实悖论如实的描述,最后是对现实困境的揭示。"现实"又是由"谁"来批判的呢?我们说,批判的主体也就是现实生活的主体,换句话说,谁之现实,谁之批判,从而获得谁之生活的真理。这种生活主体性的原则,构成了马克思生活真理观的重要特征。

因此，马克思不应该、也不可能为我们的生活负责，因为只有我们才是自己生活的主体。对一个有着自觉的主体意识的人来讲，直接而感性的生活，要求同时展开批判、建设与超越，即对自己生活于其中的现实世界的自觉反思与批判，从而真正实现生活的"剧作者"与"剧中人"的统一。这种批判的深度展开就必然从现实生活的表层直抵现实生活的内在本质，从外在偶然性的关系深入内在必然性的关系中，从观念性的关系扩展到现实物质利益关系以及诸多关系的生产和批判性建构之中。如此，我们就可以很清晰地看到，马克思哲学批判展开的内在逻辑，以及批判的一致性、彻底性和全面性，从而在批判中敞开被遮蔽的真理，释放出真理的解放力量，贯彻着生活世界的权利本质和幸福指向。

第五，马克思哲学实现了哲学类型的置换。就哲学类型而言，马克思在批判以黑格尔哲学为典型代表的传统思辨哲学时提出了哲学的类型问题。马克思在将以黑格尔哲学为代表的传统思辨哲学判定为"作为哲学的哲学"，并明确加以否定之后，给我们留下了审视他自身哲学的一个思维空间。显然，我们可以确定马克思哲学有别于以黑格尔哲学为代表的传统思辨哲学，有别于"作为哲学的哲学"的另类哲学，即"作为非哲学的哲学"。这种"作为非哲学的哲学"，我们称之为"生活哲学"。

在此基础上，马克思进一步在分析、总结和透析以往一切哲学的基础上，自觉地从哲学的立足点、任务和根本目的上将自己的"哲学"和以往的哲学划分开了，提出了两类哲学，即"'解释世界'的哲学"和"'改变世界'的哲学"，径直地标示了自身哲学的独特现实归宿，这是马克思哲学及其一切理论总体性的价值宣言与价值纲领。

当然，马克思的"生活哲学"绝不是局限于对"个体生活"或"私人生活"的审查与观照，"个体的生活"并不是马克思哲学的直接关注焦点。马克思对"人的生活"的关注、关怀不是直接性的，而是一直在追问"个人"的解放何以可能。于是，他自觉地将此问题置于对生活世界中最为基本的物质利益以及在此基础上的政治关系、法的关系和文化关系进行批判上，扬弃与解构了从神旨、伦理和人性等多视角来解放人的虚妄，从而以建设为人的自由、解放和幸福而敞开的最为真实的生活世界为着力点。马克思哲学着力批判国家、社会以及国家、社会之根的"市民社会"之异化所造成的对人的压迫，因为"人就是人的世界，就是国家、社会。这个国家、这个社会产生了宗教，一种颠倒的世界意识，因为它们就是颠倒的世界"①。如此，不解决人生存于其中的现实生活世界的各种对抗性矛盾，以及这些矛盾演绎、蜕变而产生的非人化的现实生活世界，人的自由、幸福又何以可能？人何以可能从作为目的的"宿命"中解放出来呢？马克思的生活哲学，必然是以"人"的整体性生活或生活整体性为批判与建设指向的，用后现代的思维来看，马克思生活哲学中的"生活"是宏大叙事性的，而不是微观的。这也就表明，马克思哲学视野中的"个人"须臾都离不开其生活的各种关系，是生活世界的各种关系与制度，规定、制约、促成着个人的生成、特征与属性，从而决定着"个人生活"的历史性存在。

马克思哲学有别于以往的哲学，是一种独特类型的哲学，那么马克思哲学也就彰显着自身独特的运思路线与原则。马克思强调他的哲学与"德国哲学从天国降到人间"的路线完全相反，走的是"从人间升到天国"的路线。德国哲学思维运行的路线是从既定的"哲学"出发，按照先验的原则要求生活世界与之相适应。按照这种先验的思辨哲学，现实生活只是先验原则的外化、对象化或现实显现的中介、方式或手段而已，在其向哲学的最后回归中，现实生活作为一种"消逝着的东西"没有真正的现实性。"哲学"通过"现实生活"而成就自身，在此"哲学"成为目的，成为新生活的理念、理论范本与源头。在马克思看来，哲学源自生活世界，反思、诊断和批判生活世界的问题之所需，最终又必须回归生活世界，并以这种方式建构出全新的生活世界。为此，笔者曾多次表达马克思哲学的运作路线为生活（问题）—哲学—（新）生活，即在对旧世界的反思和批判中发现新世界，建设新世界。

第六，马克思哲学实现了改变现实世界的生活主体的转换。应该说，任何时代的哲学家都具有改变不合理、"不宜人居"的现实生活世界的理论冲动，换句话说，中外一切思想家、哲学家都或强或弱地希望将自己认为具有现实性和合理性的价值理念和理论方案在现实生活世界中加以对象化，实现自己的世俗主张，这是哲学家生命意志的独特气质。这一意向构成了哲学家的共同特征。

然而，改变世界的意向是一个方面，如何去加以改变、由谁来改变现实生活世界又是另一方面。这两个内在紧密关联的方面，是改变世界的两个相接的环节，并且如何改变世界，谁作为改变世界的主体，决定了改变世界的意向，是改变具有现实性的重要条件。人们若不能确证由谁作为改变生活世界的行动主体，也就无法确证如何改变生活世界，这样改变世界的意向、理论，只能是

---

① 中共中央马克思恩格斯列宁斯大林著作编译局. 马克思恩格斯选集：第1卷 [M]. 北京：人民出版社，2012：1.

一纸空文，只能作为人类思维、观念实验的一种尝试，对现实生活世界的实际改变，既无力也无效。同时，不同的哲学家试图改变世界的途径和实践主体寄托之不同，致使其理论主张在现实生活的改变中所发生的作用亦有巨大的差异。有的将改变世界的希望寄托于集"真"与"善"于一身的伟人或精英上，有的诉诸"新人"的培育，有的则通过个人道德良知的教化等，但都未能真正实现现实生活的实质性改变。究其原因，可以说，他们都未能解除"环境"与"人"的二元对峙逻辑，不懂得"环境的改变和人的活动或自我改变的一致，只能被看作并合理地理解为革命的实践"① 所蕴含的关于"人与环境"的辩证关系，自然也就将改变世界的美好愿望和方案寄托于"救赎""精英""新人"以及道德良知的启蒙与教化上，不懂得现实生活的改变只能通过现实生活的主体的自觉行动方可实现。

在马克思看来，从道德上谴责资本主义，同情"无产阶级"的"苦难"于无产阶级的解放无济于事，从抽象人性视角揭示、批判"资本主义""吃人"的现实，于资本主义现实的改变也只是隔靴搔痒。无论是古代圣贤，还是现代哲人，他们都在一定程度上，洞见了生活世界的诸多"问题"，都试图按照应然的逻辑改变生活世界，但是都因找不到或找不准其价值理论的现实执行者，最终其"理想"无一不落空。马克思通过对资本主义现实生活深刻的历史分析、批判，认为只有在资本主义全面异化了的生活中成长起来的、掌握了现代先进生产力、最具革命性的无产阶级，才是自我解放、解放人类、改变现实生活的真正担待者、执行者。舍此别无他者，这也是试图通过建立"爱的宗教"拯救"人"的费尔巴哈所无法理解的。

马克思不断确证在现代大工业结构体系，以及以此为支撑的资本主义制度中的"无产阶级"，他们为了改变自身的命运而实行的革命运动，才是改变"现存世界"的唯一有效之路。如此，马克思说："德国人的解放就是人的解放。这个解放的头脑是哲学，他的心脏是无产阶级。哲学不消灭无产阶级，就不能成为现实；无产阶级不把哲学变成现实，就不可能消灭自身。"② 这就对"无产阶级"与马克思哲学之间的关系、将马克思哲学与现实生活的改变主体之间的关系予以最鲜明的表达。这一原则关系的确定，成为科学社会主义运动的理论前提。

---

① 中共中央马克思恩格斯列宁斯大林著作编译局. 马克思恩格斯选集：第1卷[M]. 北京：人民出版社，2012：134.
② 中共中央马克思恩格斯列宁斯大林著作编译局. 马克思恩格斯选集：第1卷[M]. 北京：人民出版社，2012：16.

综上可见，马克思哲学超越了传统哲学家仅仅停留于"理念""理想"上的"生产"，注重改变人们审视世界的视角，以及如何看待世界观念的方法，从而在思想、观念和心智中呈现出不同的生活世界的镜像。马克思则在此基础上，强调"哲学"必须依靠"无产阶级"这一具体的历史生活主体，通过革命的实践活动来加以现实化。这样，马克思哲学就实现了理论主体与实践主体、生活主体的有机统一，从而实现了哲学现实化主体的历史性转变。

第七，马克思实现了自身哲学的归宿与命运的自觉。就哲学对自身的历史使命与命运的自觉而言，传统的思辨哲学无不追求要建构一种绝对的、终极的、封闭的真理体系，试图以此一劳永逸地解决所有的问题与困惑，从而将哲学设定为一种凌驾于现实生活之上的永恒神圣物，即便现实生活终结了，那作为绝对真理体系的哲学却并不因此而丝毫受损。或者按照黑格尔的说法，哲学作为一个封闭的圆圈，其结果就是开端，而开端就是目的，因而哲学如"密涅瓦的猫头鹰要等到黄昏到来，才会起飞"①。这样，"作为哲学的哲学"为其自身所设定的命运就是企盼它的永恒在场。在马克思看来，哲学源于生活世界中的现实问题，尤其是源于现实生活中的利益分化与对抗，其最终的目的是解决现实生活中的现实问题。要解决现实问题，哲学就必须转化成人民所掌握的、用以实际地改变现实生活的武器，即消灭哲学作为一种理论与人民现实生活之间的抽象对立状态，消灭哲学作为一种应然与实然之间的抽象对立状态。因此，马克思批判旧哲学，绝不是为了"创造"一种"哲学"，恰恰相反，是为了最终消灭哲学，亦即消灭需要哲学这样一种抽象的理论安慰的现实异化状态。也就是说，对马克思哲学而言，"哲学"完成其理论向现实生活的转化之后，就会自然退场或终结。哲学自身不需要"永恒"，是异化的生活对"哲学"的批判性和超越性的需要，才使哲学具有存在的必要与价值。当生活本身的异化状态渐次被生活自身的历史嬗变而消解时，为了生活主体的自由与解放的马克思哲学，也就完成了其历史使命。至此，马克思哲学也就丧失了其理论的阶级规定性而成为人类自觉审视与超越现存生活的一种科学的方法，共产主义也就成了人类最优化的生活方式。

从以上几个维度来具体分析马克思哲学实现的转向，这表征着马克思哲学是一种人民审视、批判自身生活世界的新世界"观"。马克思哲学给予我们的也正是我们该如何去"观"我们自己的生活世界，进而实际地改变它，实现对自我生活全面而深刻自觉的方法论，因为"我""我们"就嵌入了现实生活世界

---

① 黑格尔. 精神现象学：上卷 [M]. 贺麟，王玖兴，译. 北京：商务印书馆，1979：13.

以及改变生活世界的历史活动之中。如此，马克思强调的是上述诸多环节和因素之间的整体性与一致性。这正如马克思所强调的"生活世界"的整体性与内在逻辑一致性一样。

从自身的展现逻辑来看，马克思哲学从"语词世界"的追进与落实到"生活世界"，从宗教史或精神史走向现实的人及其历史发展，从精英政治和国家史进入大众政治和人民群众创造的历史，从解释世界、为现存事物做辩护、屈从现实，转向改造世界和超越现实，从而实质性地改变了先验主义、理性主义关于人类自我解放的"应然"方案，颠覆了"乌托邦"的思维逻辑，将事实与价值、历史与逻辑、现实与理想等方面有机地统一起来，展现了现实生活不断自我否定、自我扬弃和自我超越的未来性，这正是马克思"生活哲学"所呈现的内在特质。

四

当我们将马克思哲学判定为"生活哲学"时，我们就能够较为本真地把握马克思哲学的本质特征，展现马克思哲学全新的理论面貌，消解和拒斥试图将马克思哲学还原为"传统哲学"的任何理论动向，从而凸显马克思哲学实现的新转向。我们能够据此批判对马克思哲学深度肢解的学术理论，捍卫马克思哲学的理论完整性；能够为马克思哲学从"思辨哲学"走向"生活哲学"这一历史性转向提供根本的保障，从而彰显了马克思哲学之"生活第一性"的原则，进而凸显马克思哲学的个性特质，让马克思哲学的魅力在当代得以激活；能够推进国内马克思哲学研究呼吁"回归生活世界"的理论动向，实质性地将马克思哲学的"现实生活"本质呈现出来，从多维度解读与建构马克思生活哲学的理论，确立马克思哲学研究新的理论范式，实在地推动马克思哲学的研究，彰显马克思哲学与现实生活之间的互动逻辑；能够从马克思生活哲学的内涵维度揭示马克思生活观的内在逻辑，揭示马克思生活哲学视域中"自由与生活"的关系以及现代生活货币化、殖民化等本质特征，进而强调马克思生活解放伦理这一本质性的理论旨趣；能够对马克思生活哲学架构内的"宽容""神圣与世俗""宗教"以及社会生活进行解读，进而展现马克思生活哲学于当代生活的批判性，从而切入现代生活对马克思生活哲学的呼唤。

总之，我们判定马克思哲学为"生活哲学"，就是肯定马克思（主义）哲学以"现实生活"为理论支点，批判生活、改变生活，实现生活的历史性变迁与提升，进而为避免将"现实生活"简单化、常识化提供理论基础和价值依据。

在此，我们必须明确，"现实生活"或"生活"这一范畴在马克思哲学中的本质内蕴，以及在马克思哲学中的地位。可以说，"现实生活"在马克思哲学中是总体性范畴，它涵摄着劳动、生产、实践等范畴，劳动、生产与实践范畴都应该属于"现实生活"，是它的具体化。正是以"现实生活"为"基地"，马克思才促使、保证了马克思哲学超越"思辨哲学"，实现其哲学的历史性转向。

不可否认，人们自己的生活或者人们自己历史性的感性生活是马克思哲学的根本视域。那么，在马克思生活哲学视域中，"现实生活"的基本含义是什么，它具有什么独特的规定性呢？在马克思生活哲学的视域中，"现实生活"有其历史、现实、未来的时间生成性结构，又具有一种"三位一体"或"四位一体"的空间物化结构，即政治生活、经济生活、文化生活、社会生活四位一体所引起的空间物化结构和外现结构。无论是其时间生成性结构，还是其领域展开的空间物化结构，它们都具有以物质生产、生活生产为内在联系的历史生成机制。

第一，马克思哲学语境中的"现实生活"，不能仅仅等同于"物化生活"，不能仅仅等同于有别于思维活动的现实感性生活，否则就把马克思哲学降为一般的唯物主义。就是说，人们不能把现实生活仅仅等同于有别于思维活动、精神活动的一般感性生活，如吃、喝、拉、撒等这些外在的东西。这些外在的东西的确是感性的，但它们是什么样的感性呢？什么样的外在呢？显然，它们都不是自在的感性，而是与人相关的生活实践活动，从而与在这种活动中形成的人与人之间的关系内在地关联着。因此，确切地讲，马克思哲学语境中的"现实生活"是指在近代法权或者物权成为公民权利的社会性关系这一意义上来说的，即是一种现实的权利生活。否定这一点，马克思所讲的"现实生活"就会变成缺乏时代规定、空泛、无内容的抽象概念了。正是基于对现代法权或物权关系的强调，马克思才会在《资本论》中反复地讨论工人的时间被资产者购买、支配以后所产生的社会剥削问题。在这里，"时间"成了一种权利，购买"时间"就是购买对"人"的支配权。如此，马克思哲学视域中的"现实生活"是特指资本主义时代以物权为本质特征，在支配与被支配关系逻辑中的"生活"。

第二，马克思哲学是在工业文明的土壤中，在科学技术的巨大发展的基础上来谈论"我们的""现实生活"的。这种"现实生活"不是远古时代的，也不是前现代的，而是嵌入工业文明之中，奠基于现代科学技术的巨大发展这一基础之上的，即奠基于人类对自身主体能力充分开发与彰显的基础之上的。在这种前提下，马克思所讲的"现实生活"，其本质或价值实质就是人的自由本质的展现和人对自由生活的追求。也就是说，马克思所讲的"现实"是生活本身已经异化成如此这般的现实,是内蕴着必然被超越的"现实",而不是一般意义上的"现存"。

第三,马克思哲学语境中的"现实生活",是后宗教时代的。后宗教时代,宗教虽然在政治、经济、文化等各领域还没有完全退场,还依然作为一种意识形态残存、发挥着作用,但是正如马克斯·韦伯所说,这是一个全面世俗化和不断祛魅的过程。马克思对此直言,一切关系都丧失了神圣性,都变成了"冷冰冰的交易关系"。据此,文艺复兴、启蒙运动、浪漫主义、乌托邦等思潮,尽管都从不同角度对此现实进行了批判,都主张追求自由、尊重个人的权利,都抓住了个人权利神圣不可侵犯这一最基本的时代主题和要旨,但由于它们未能真正地切入现实生活的结构与逻辑中,因而从根本上讲,它们都是非现实的,甚至是反现实的。为了揭示和批判这些理论或思潮非现实甚至反现实的抽象性,为了把握"现实生活"的真本质,马克思从"市民社会"入手,揭示人类的生成、捍卫历史的根基、追问历史的未来。马克思所要讨论的是如何扬弃超越对抗性社会,如何解除因制度囚笼、制度困境的现实生活给人带来的压迫,他要寻求人的未来生存境遇,使人的未来生活状况展现出个人的无限发展空间。从这个意义上讲,马克思秉承了西方自由主义法权理论和个人主义的精神要旨,通过批判现实生活,解除现实生活与个人之间的分裂,实现现实生活的人道化。

第四,马克思哲学视野中的"现实生活",是一个不断被生产、被构造出来的关系网络。人在生产自己物质生活资料的同时,也生产着人的生活世界的各种关系,这一关系就是生产中的分工、私有制,以及由此而延引出来的个体之间、种族之间、阶级之间的各种关系,即由最初的生产关系,到各种政治、法权关系,亦即政治关系、经济关系、精神文化关系和社会关系等等。这些关系既体现着支配与被支配的逻辑,又蕴含每一个人自由而全面发展的可能性。这样,现实生活作为一个关系网络,它大至国家,小到家庭,都成为"人"的不同层面与维度。马克思曾说:"社会结构和国家总是从一定的个人的生活过程中产生的。"其目的就是要批判黑格尔式的思辨哲学,强调国家先验至上的哲学,彻底颠覆传统的理论在个体、社会与国家之间所设定的颠倒关系,从而也颠覆以黑格尔的国家哲学为代表的一切抽象的集体观、社会观和国家观,真正把握现实的个人及其生活与社会组织之间的发生学关系与价值取向,从而表达出马克思哲学予以"个人生活"的突出优先地位。这样,马克思对个人生活的深切关注,构成了其现实生活理论的一个重要特征。

第五,马克思哲学视野中的"现实生活",是现实合目的性与合规律性相统一的生活。这是对黑格尔哲学抽象的理性主体的合规律性和合目的性而言的。

"现实的个人"既是自己生活的"剧中人"又是"剧作者",他们既要在自身的感性活动中发挥能动作用,又要遵循自身活动结果的规律性。规律性和目的性都不能离开人自身现实的活动、自身现实的生活,离开"现实的个人"而一味地强调理性主体的客观性和绝对性,那个抽象的理性主体本身也就失去了其存在的现实性。这样,马克思哲学中的"现实生活"本身就蕴含生活的自我超越,生活的未来性成为马克思哲学现实生活理论重要的维度。

第六,马克思哲学视野中的"现实生活",是指在资本逻辑占统治地位的基础上,经济生活成为社会生活的轴心和基点,从而使社会生活全面展开了历史性生活。随着前现代社会的解体,市民社会逐渐凸显出来,政治生活和经济生活逐渐成为社会生活的主要内容,资本逻辑逐渐取代了传统具有绝对宰制性的权力,并逐渐在后现代社会中被知识逻辑所取代。与这种历史趋势相对应的是人的现实生活的全面展开和现实生活内容的不断丰富和发展。这样,马克思哲学视野中的"现实生活",既表现出多样性、复杂性和各领域生活的相对独立性,同时多样性、复杂性、多维性生活,又呈现出统一的逻辑与整体性结构。如此,马克思才可以断言,全部社会生活在本质上是实践的。

第七,马克思哲学视野中的"现实生活",是以异化劳动为基础而生产出来的全面异化的生活,正如马克思所揭示的在私有制的前提下,人都处于一种对抗性关系之中,其生活全面处于异化状态中。在这里,有产阶级和无产阶级同样表现了人的自我异化。有产阶级在这种自我异化中感到幸福,感到自己被确证,它认为异化是它自己的力量所在,并在异化中获得人生存的外观。无产阶级在异化中则感到自己是被消灭的,并在其中看到自己的无力和非人的生存现实。如此,一方面,人从宰制性的生活中解放出来,人作为人而开始被发现,开始发展和健全起来;另一方面,人又走向了一种单面的、病态的、有待颠覆的生活。马克思所言说的现实生活正是在这样一种大背景、大视野下,人们生活的真实表述与理论再现。

第八,马克思哲学视野中的"现实生活",始终内蕴着其一以贯之的价值立场与价值原则。这就是必须遵循着"以人为本"的价值原则来加以审视、批判与建设生活世界,其目的就是要实现人的自由和解放、实现人的自觉存在。不阐明这一价值立场,"现实生活"就会被等同为、化约为、扭曲为一种被现实权力结构、资本逻辑或物化逻辑所钳制的实证化状态。这样,各种假借尊重"现实"之名而实际上是屈从、维护现存不合理秩序的实证主义态度、犬儒主义态度,就会喧嚣尘上、盛行一时。马克思哲学恰好对以上诸多借用"现实"之名,不承认人的价值、不尊重人的权利、不维护人的尊严的行为进行无情的批判与揭露。

　　总之，马克思生活哲学体现的是现实性、科学性和革命性的统一，它主张对现实生活进行实事求是的科学分析，拒绝实证主义、犬儒主义对现实的屈从与媚俗。它强调对现实的反思、批判与改造，关注人类的未来解放，拒绝纯粹抽象的理论思辨和软弱无力的乌托邦空想。它始终相信现实生活世界内在的张力能够开启在历史进程中不断进行自我展开的生活辩证法，从而推动着人类社会的进步，推动着人类自由与解放的实现。

第二章

马克思生活辩证法的理论个性及其当代在场

一

马克思的辩证法思想，以其超越思辨辩证法纯理论逻辑而指向现实生活的权利关系，以其独特的政治路向体现出对无产阶级的解放、自由与幸福的真实关切与担待而呈现出的未来取向等，彰显了马克思辩证法的整体理论面貌和本质性价值内蕴，凸显了马克思辩证法在西方辩证法理论谱系中丰富而独特的理论个性。如此，马克思辩证法思想的革命，整体性地推进了马克思哲学超越思辨哲学，直面现实生活而运思的生活哲学品质。然而，在目前学界对马克思辩证法的研究中，马克思辩证法所内具的现实批判精神、为生活主体的价值诉求所做的价值合法性维护，以及立足现实生活历史性嬗变的逻辑而展开的对生活未来性建构等个性特征被遮蔽，最终导致人们对马克思辩证法本质判断的错位。关于理论界的诸多误读，笔者认为主要表现在以下几个方面。

第一，将马克思辩证法置于知识论视域中，忽略其原有的价值维度。这一误读的关键在于将马克思的辩证法体系所包含的命题与范畴，视为毫无价值内蕴的知识性命题和形式性概念、范畴，辩证法体系蜕变为一种理论知识系统。对之的把握即是增加一些理论思辨和思维的知识，更进一步说，马克思辩证法成了知识生产的工具与手段，是知识生产的辩证法。

第二，将马克思辩证法囿于观念论视域中，忽略其不可或缺的现实性维度。这一误读将马克思辩证法仅仅视为一种观念运动的内在秩序与逻辑，是观念自我生成、自我扬弃和自我超越的法则。这就彻底抽离了马克思辩证法的现实性基础，悬空了马克思辩证法所承载的现实生活内涵，于是马克思的辩证法蜕变成了观念的凌空舞蹈，成了观念辩证法的另一种形态。

第三，将马克思辩证法限于纯思维逻辑领域中，忽略了其深刻的历史规定。这一误读将辩证法仅视为一种思维方式、思维方法，忽略其思维方式和思维方法所指涉的思维对象的历史性差异，以及该种方法所具有的历史批判性特质。如此，马克思的辩证法便蜕变为没有任何现实内容的抽象的思维形式逻辑。事实上，马克思的辩证法思想的确有一个方法论向度，它是超越感性经验思维和知性思维的辩证思维，强调不停留于对对象和事物的表象和"抽象"的把握上，而是要直达事物，把握对象的本质与变化规则、规律。如此，辩证思维在确认、肯定事物、对象的前提下，侧重对事情、对象和现实生活否定性、未来性的把握，也就是说辩证思维方法在侧重对对象确定性的把握之前提下，着力对对象的不确定性，亦即变动性和发展性的把握。马克思的辩证法思维不但具有思维方法的维度，还具有生活本体的向度。若将马克思的辩证法等同于辩证思维方法，这不仅删除了马克思辩证法丰富的真实内容，而且更为重要的是使马克思辩证法丧失了对现实生活批判与改造的力量。

第四，将马克思辩证法禁锢于板块领域中，忽略其辩证法的整体性。此种误读将马克思辩证法分解为政治生活中的权力辩证法、经济生活中的资本辩证法，以及精神文化和社会生活各个领域中所蕴含的辩证法逻辑。将马克思辩证法简单等同于辩证法在某一领域中的显现，这种做法丧失了对马克思辩证法整体性的把握，大大压缩了马克思辩证法的理论空间与理论视域，是以牺牲马克思辩证法的完整性为代价的。

第五，将马克思辩证法与黑格尔辩证法简单对立或简单等同。这一误读主要是指在马克思辩证法与黑格尔辩证法的关系确认上出现的思维误区。这是二元对峙的思维方式在马克思辩证法和黑格尔辩证法关系处理上的具体表现，也就是说，在此问题上并未真正体现辩证思维。对此，理论界出现了两种截然不同的理论倾向，一方面将马克思辩证法与黑格尔辩证法截然断裂开来，忽略了马克思辩证法与黑格尔辩证法的内在理论渊源，其目的是更加鲜明地凸显马克思哲学的革命性与创新性；另一方面又将马克思辩证法简单等同于黑格尔辩证法的历史性衍生，将二者形式性地等同起来，忽略二者在理论支点、价值立场、理论目的、精神旨趣等层面所具有的内在差异。这一研究倾向的症结在于未能从黑格尔和马克思所直面的现实问题的差异中，即从辩证法的历史形态与整体的意义上深入对马克思辩证法和黑格尔辩证法的关系进行透析。这样既未能解开黑格尔辩证法"神秘"的本意，又未能真正揭开马克思"颠倒"黑格尔辩证法的"秘密"，更未能落实马克思在唯物主义基础上对辩证法展开的独立创造之所在，由此导致一系列对二者关系的外在性结论。

第六，对马克思辩证法的本质类型之判断迷雾重重，导致马克思辩证法的生活本质归宿的缺失与迷失。中国马克思主义哲学研究领域对马克思哲学辩证法的本质判断可谓多样杂陈，形成了所谓的多元研究范式，冠以不同的称谓，如"唯物辩证法""历史辩证法""实践辩证法"或"资本辩证法"等。事实上，这些以不同称谓而构建出来的、蕴含不同研究范式的"马克思辩证法"，就其所展现的理论构架、理论重心、理论取向、精神气质，以及其中所蕴含的理论价值诉求，都存在着或大或小、或明或暗的差异性，但是这种多样化的理论研究生态却并未真正地显示马克思辩证法理论研究的丰富与成熟，而恰好导致人们对"马克思哲学辩证法的本质到底是什么"这一问题缺乏一个具有权威性和涵摄力强的规范性定位。事实上，无论冠以马克思辩证法何种称谓，如若不能真正体现马克思的辩证法立足于现实生活，以把握现实生活的矛盾、解开现实异化生活的困境、批判现实生活的历史性病态、否定"现存的事物"为切入点，从而遵循与凸显"以人为本"的价值立场，确认自由、解放与幸福的现实生活逻辑，我们都可以说未能把握马克思辩证法的真正实质和价值要旨。

第七，将马克思辩证法锁定、滞留于马克思文本之中，缺乏马克思辩证法的当代生活路径。也就是说，在马克思辩证法的研究中出现了唯"本本"至上的经院主义思维，将马克思辩证法仅限定于理性形态中，而未展现其现实生活形态，马克思的辩证法只是"文本辩证法""语词辩证法"，而不是生活世界的辩证法，从而导致马克思辩证法失根断源。在马克思辩证法的研究中，既未能真正切实地从当代中国的现实问题出发，以现实问题的把握为事实起点，也未能以中国社会的矛盾解决为事实与价值的归宿，"中国问题""现实问题"在研究中依然只是作为一个抽象的范畴或概念而存在，如此充满着现实性的马克思辩证法却退缩于理论思辨中，停滞于文本之中。这种研究所透显出来的同马克思辩证法所具有的品质与本真精神有巨大的悖论。本来充满着现实性、具有鲜明生活立场的辩证法，却蜕变成修辞学意义上的"话语革命"，最终导致马克思辩证法与现实生活断裂，在现实生活面前失语。

可见，将马克思辩证法知识化、观念化、思维方法化、条块肢解化以及经院化，这样会导致马克思辩证法与其历史唯物主义、价值论、自由解放理论和幸福论等相关理论脱钩，使马克思辩证理论陷于抽象化和孤立化之境中。马克思辩证法在现实生活中丧失了它应有的批判力、建构力和生命力。存在以上这些弊端的研究，各自所存在的问题虽然不尽相同，但都有一个共同的特点，那就是将现实生活搁置一边，以理论自身的自足性为前提，换句话说，就是只对马克思辩证法做理论的追思，而未对该种理论追思的现实必要性和价值性进一步加以落实，导致马克思的辩证法于现实生活中不在场。通观中国马克思主义哲学的理论论域，人们对马克思辩证法的研究，最为根本的错误就在于没有深切关注到马克思辩证法所具有的真理与价值、理论与生活之间的张力，最终丧失了马克思辩证法内具的批判性与建设性，更未能开出马克思辩证法研究的新路向和新境界，反而使马克思辩证法蜕变、降低为一种思维训练的手段，成了概念的秩序化游戏，被人戏称为"变戏法"。这是对马克思辩证法及其精神的扭曲与亵渎。

二

辩证法是一个具有历史维度的范畴，在不同的哲学体系和不同的历史与理论语境中，其内涵规定是具有差异性的。为了厘清马克思辩证法的特质和理论个性，我们必须开启辩证法的历史维度，分解辩证法的典型形态，透析辩证法这一范畴在不同哲学语境中所蕴含的真义，从比较的视角厘清马克思辩证法所蕴含的深刻的革命性和科学性。

在古希腊时代，辩证法的本义是指"谈话的艺术"。在芝诺处，辩证法一方面是指思维自身矛盾运动和该种运动对对象自身矛盾的接触；另一方面是指通过揭露对方论点中的矛盾而探求问题的方法。苏格拉底认为辩证法具有两层基本含义：第一，通过对话（dialogue）而达及真理的方法，该种方法，即是一种言辞艺术、对话的技巧，一种说服他人的方式；第二，辩证法意味着"正反"，是"自相矛盾"，通过辩论逼出真理的逻辑。[①] 从这一意义上看，在古希腊时期，辩证法既是一种方法，也是一种逻辑，是指在论辩中，揭露议论中存在的矛盾，并克服这些矛盾的方法。辩证法在早期智者派处，是一种据理论证的艺术，而到智者派晚期，辩证法成了一种思维游戏，成为丧失了具有真实所指、真实内涵的概念游戏或玩弄观念的手法，辩证法出现了歧义。辩证法一词最早出现在柏拉图《国家篇》中，柏拉图既继承了辩证法的传统之义，又赋予了辩证法新的内涵，即他认为辩证法是认识理念从一般到个别，又从个别到一般的方法。在亚里士多德的哲学中，辩证法除了具有"研究实体的属性""揭露对象自身中的矛盾"的方法论意义之外，还具有在思维活动中形成概念、下定义和检查定义是否恰当和正确的方法等逻辑的含义。如此，在古希腊时，辩证法的基本含义得到了确认。其后的中世纪，哲学基本上沿用了亚里士多德"形式逻辑"意义上的辩证法。

辩证法在康德哲学中，主要是在消极的、否定的意义上来谈论的。康德延

---

① 姚大志. 什么是辩证法？[J]. 社会科学战线, 2003 (6): 4.

续了西方认识论的传统,将人的认识分为感性、知性和理性三个阶段。认知主体通过先天直观形式和知性范畴有效地表征与建构现象界,构造出感性、知性知识。然而,人的理性按其本性固定要僭越现象界,追求现象之后的本体,即运用只适用于经验世界的感性形式和知性范畴于超验的本体世界中,造成理性自身的幻象。如此,辩证法在康德哲学中具体表现为一种必然的二律背反。"悖论""矛盾"只存在于理性中,试图僭越现象界领域去认知本体之时才会发生。辩证法存在于先验的假象中,在康德看来,这是不正常的。黑格尔批判了康德消极意义上的辩证法,在积极生成的意义上拯救和开发出辩证法丰富的内涵,并将其提升为具有本体论意义的原则,从而在追求同一性的历程中实现了本体论、辩证法和方法论三者的统一。在黑格尔的哲学中,辩证法体现为绝对理念通过存在(论)、本质(论)和精神(论)而展现出范畴的自我生成与自我否定的过程,从而成就了他典型的观念辩证法。按照马克思所说,黑格尔哲学辩证法最为要害的就是他的否定性原则。这一否定性原则,彰显了黑格尔辩证法的生成性、过程性、未来性以及创造性思维特质,也是黑格尔辩证法的精华之所在。对此,恩格斯说道:"黑格尔哲学的真实意义和革命性质,正是在于它彻底否定了关于人的思维和行动的一切结果具有最终性质的看法。哲学所应当认识的真理,在黑格尔看来,不再是一堆现成的、一经发现就只要熟读死记的教条了。"① 然而,"在黑格尔那里,只是概念的自己运动的翻版,而这种概念的自己运动是从来就有的(不知在什么地方),但无论如何是不依任何能思维的人脑为转移的"。② 应该说,辩证法在黑格尔哲学中得到了前马克思时代最为丰富和彻底的开发,形成了辩证法最为完备的理论体系。

辩证法在马克思哲学中具有它独特的理论视域与理论品格。关于马克思的辩证法,有的学者从马克思主义经典文献中梳理和概括出马克思辩证法的五个基本命题:(1)辩证法是关于自然、社会和思维发展的普遍规律的科学(恩格斯);(2)辩证法是毫无片面性弊病的关于发展的学说(列宁);(3)辩证法也就是认识论(列宁);(4)辩证法的本质是批判的、革命的(马克思);(5)辩证法是建立在通晓思维的历史和成就的基础上的理论思维(恩格斯)。③ 笔者认为这种对马克思辩证法采取摘要式的定义,进而脱离这些论断的语境进行抽象

---

① 中共中央马克思恩格斯列宁斯大林著作编译局. 马克思恩格斯文集:第4卷 [M]. 北京:人民出版社,2009:269.
② 中共中央马克思恩格斯列宁斯大林著作编译局. 马克思恩格斯文集:第4卷 [M]. 北京:人民出版社,2009:298.
③ 孙正聿. 辩证法理论的当代反思 [J]. 教学与研究,1997(2):5-11,63.

的讨论，是难以准确地把握与确定马克思辩证法的真义的，因为这样的研究范式，从方法论上就值得商榷。这类解读的方式，既没有遵循马克思哲学研究立足点所实现的转折进路的历史性推进，也没有从整体的视角看待马克思主义理论关注的现实生活世界，忽视了马克思主义理论个别篇章立论的具体语境、针对的具体理论对象，纯粹从文本出发，从命题到命题，重回抽象解读之路，这是与马克思辩证法之真实现实逻辑所彰显出来的精神相悖的。追问、探寻与落实马克思辩证法的真义，必须找准与落实其现实生活基点和逻辑与理论起点。只有这样，我们才能真正明白马克思辩证法理论批判所指向的对象，也才能明确马克思辩证法理论的内涵，从而真实地彰显马克思辩证法的理论个性，从历史的维度确证马克思辩证法所发生的伟大转变，否则我们在讨论马克思辩证法时，就会丧失其理论语境的历史规定性与时代性，导致离开生活历史语境的话语游戏，思维飘逸。

马克思直面现代性生活，正如 Ross Abbinnett 在 *Marxism after Modernity* 一书开篇中所指出的那样，"马克思的思想与现代性的开启具有紧密的联系"，又如戈兰·瑟伯恩所言："马克思主义的根源在欧洲，其对历史的辩证法概念最符合欧洲现代性的发展道路，一条通过支持和反对现代性的势力间完全的内部冲突而产生内部变化的道理。"[1] 如此，我们必须廓清马克思的辩证法与古希腊时期的"天然"辩证法、康德的先验辩证法，尤其是与黑格尔的概念辩证法之现实生活背景的重大差异，从这一意义上，马克思强调他的新唯物主义的立足点不是市民社会，而是人类社会和社会化了的人类。也正是在现代性生活基础上，马克思批判了黑格尔未能触及市民社会的现实矛盾，这样一来，马克思的辩证法就直接指向对现代性的批判[2]这一历史语境，从而使马克思哲学超越资产阶级市民社会的局限，展现出对现存生活世界的批判和对人类社会未来性的建构。马克思辩证法不是"现存的事物""现存世界"的理论注脚或辩护工具，其真正的目的在于把握以大工业生产为基础，以"资本主义""意识形态""技术"和"革命"为关键词的时代之基本特征，从而探索人类全面超越异化生活的可行性路径。也许正因为如此，托马斯·C. 帕特森才会发问："一个多世纪以来，为什么一代又一代的专家、学者热衷于与马克思约会，喜欢追寻他的足迹？因为马克思的精辟见解和思想方法对于认识当代资本主义的社会关系，资本主义

---

[1] 瑟伯恩. 从马克思主义到后马克思主义？[M]. 孟建华, 译. 北京：社会科学文献出版社, 2011：102-103.

[2] ABBINNETT R. Marxism After Modernity: Politics, Technology and Social Transformation [M]. New York: Palgrave Macmillan, 2007: 1.

何去何从等问题有着深刻而持久的意义","俘获全球激进分子的想象力将近一个半世纪的力量是什么？是什么惹得社会科学家和历史学家喋喋不休地议论了一百多年？"① 可以肯定地说，马克思哲学的使命、任务和根本旨趣就是要"揭露具有非神圣形象的自我异化"，彻底颠覆"资本"和"物本"的社会，真正实现"以人为本"，"确立此岸世界的真理"，实现"人民的现实幸福"，而他的辩证法就是为超越"现存的事物"，从而确认和开出生活未来性服务的。这也就使马克思辩证法在"生活面向上"必然超越以往一切的辩证法，包括黑格尔辩证法，形成以唯物史观为基本内涵的新型辩证法，即生活辩证法。

不可否认，马克思是一个黑格尔迷，他在自己的思想成长历程中，无疑是深受黑格尔辩证法影响的。同样的事实是，马克思渐渐地与黑格尔的辩证法分道扬镳了。如此，我们要明确定位与深刻确认马克思辩证法的理论特质与个性，厘清马克思辩证法与黑格尔辩证法的关系，这些就成为研究的重要节点。

马克思在其著作中，对他与黑格尔辩证法的关系，主要在三处集中地加以论述，这为我们深刻地把握二者的关系，进而把握马克思辩证法的理论个性提供了最为直接和可靠的根据。

第一处是在《资本论》第1卷第二版跋中。在此，马克思说道："我的辩证方法，从根本上说，不仅和黑格尔的辩证方法不同，而且和它截然相反。在黑格尔看来，思维过程，即甚至被他在观念这一名称下转化为独立主体的思维过程，是现实事物的创造主，而现实事物只是思维过程的外部表现。我的看法则相反，观念的东西不外是移入人的头脑并在人的头脑中改造过的物质的东西而已。将近30年以前，当黑格尔辩证法还很流行的时候，我就批判过黑格尔辩证法的神秘方面。但是，正当我写《资本论》第一卷时，今天在德国知识界……即把他当作一条'死狗'了。因此，我要公开承认我是这位大思想家的学生，并且在关于价值理论的一章中，有些地方我甚至卖弄起黑格尔特有的表达方式。辩证法在黑格尔手中神秘化了，但这绝没有妨碍他第一个全面地有意识地叙述了辩证法的一般运动形式。在他那里，辩证法是倒立着的。必须把它倒过来，以便发现神秘外壳中的合理内核。"②

第二处是1868年3月6日，马克思写给库格曼的信。在信中，马克思写道："我的阐述方法和黑格尔的不同，因为我是唯物主义者，黑格尔是唯心主义者。

---

① 帕特森. 马克思的幽灵：和考古学家会话 [M]. 何国强, 译. 北京：社会科学文献出版社, 2011：1-3.

② 马克思. 资本论：第1卷 [M]. 中共中央马克思恩格斯列宁斯大林著作编译局, 译. 北京：人民出版社, 2018：22.

黑格尔的辩证法是一切辩证法的基本形式，但是，只有在剥去它的神秘的形式之后才是这样，而这恰好就是我的方法的特点。"①

第三处是在《资本论》（第二册）中的一个注释中，马克思写道："杜林博士在对本著作第一卷所作的评论中指出，我太眷恋于黑格尔逻辑的骨架，即使是在流通的形式中，我也暴露出黑格尔的推理形式。我和黑格尔辩证法的关系很简单。黑格尔是我的老师，自认为已经和这位著名思想家决裂的那些自作聪明的模仿者们的废话，我感到简直是可笑的。但是，我敢于以批判的态度对待我的老师，剥去他的辩证法的神秘外壳，从而在本质上改变它，如此等等。"②

另外，恩格斯对马克思的辩证法与黑格尔的辩证法之间的根本差异，也给予了深刻的揭示。他曾说："我们重新唯物地把我们头脑中的概念看作现实事物的反映，而不是把现实事物看作绝对概念的某一阶段的反映。这样，辩证法就归结为关于外部世界和人类思维的运动的一般规律的科学，这两个系列的规律在本质上是同一的，但是在表现上是不同的，这是因为人的头脑可以自觉地应用这些规律，而在自然界中这些规律是不自觉地、以外部必然性的形式，在无穷无尽的表面的偶然性中实现的，而且到现在为止在人类历史上多半也是如此。这样，概念的辩证法本身就变成只是现实世界的辩证运动的自觉的反映，从而黑格尔的辩证法就被倒转过来了，或者宁可说，不是用头立地而是重新用脚立地了。"③

从以上的引文中，我们可以看到马克思提到了"辩证方法""辩证法""表达方式""阐述方法"这几个关键词，笔者认为马克思正是从这几个方面来分析和厘定自己的辩证法与黑格尔的辩证法之间的原则性分野的。在此基础上，马克思进而对黑格尔的辩证法做出了定性判断，认为黑格尔的辩证法采取了"神秘的形式"，具有"神秘的外壳"，辩证法被黑格尔"神秘化"了。究其原因，黑格尔是一个"唯心主义者"（观念论者），这种唯心主义的特点具体表现为"思维过程，即甚至被他在观念这一名称下转化为独立主体的思维过程，是现实事物的创造主，而现实事物只是思维过程的外部表现"。如此，黑格尔辩证法是"倒立着的"，尽管"他第一个全面地有意识地叙述了辩证法的一般运动形式"。

---

① 中共中央马克思恩格斯列宁斯大林著作编译局. 马克思恩格斯文集：第10卷 [M]. 北京：人民出版社，2009：280.
② 中共中央马克思恩格斯列宁斯大林著作编译局. 马克思恩格斯全集：第50卷 [M]. 北京：人民出版社，2016：35.
③ 中共中央马克思恩格斯列宁斯大林著作编译局. 马克思恩格斯文集：第4卷 [M]. 北京：人民出版社，2009：298.

马克思自己陈述说，他"是一个唯物主义者"，要开掘黑格尔辩证法的"合理内核"即"辩证法的一般运动形式"，要把黑格尔辩证法"倒过来"。在此处，马克思确立了现实生活第一性的原则，生活自身的辩证法是首位的，而在此基础上形成的对生活的辩证思维则是第二位的，从而形成了马克思生活辩证法独特的理论视域与逻辑。

不可否认，马克思解除了黑格尔辩证法的"神秘性"，实现了对黑格尔辩证法的"颠倒"，从而完成了辩证法在现代生活实践基础上的革命。对此，阿尔都塞追问道："马克思对黑格尔辩证法的'颠倒'，究竟颠倒了什么？把马克思的辩证法和黑格尔的辩证法严格区分开来的特殊性究竟是什么？"[1] 在阿尔都塞看来，马克思的辩证法"这种以实践状态出现的辩证法包含着对马克思和黑格尔的关系问题的解答，包含着所谓'颠倒'的真相"[2]。悉尼·胡克对此则说："同黑格尔相反，马克思的辩证方法，主要地适用于人类历史和社会，在这里，马克思做成了黑格尔所没能做的事情。"[3]

同时，从马克思自己的陈述中，我们还必须注意到，马克思主要是从"辩证法"和"辩证方法"两个维度或层面，彻底将自己与黑格尔区别开来。笔者认为"辩证法"是有本体向度的，而"辩证方法"则强调的是一种思维方式、思维方法，是辩证法的思维"形式"。这样，马克思的辩证法对黑格尔辩证法的历史性超越，就是在两个维度上同时展开的。

不可否认，从理论渊源关系上来看，马克思辩证法是在批判继承与改造黑格尔辩证法的基础上开创出来的新辩证法。马克思辩证法绝不是对黑格尔辩证法简单而抽象的继承，也不是仅仅置换辩证法的"本体"支点，通过一次形式性的颠倒而成的。事实上，马克思正是以现代性生活为基础，以无产阶级的自我解放运动和人类的解放为旨归，充分揭示资本运动的生活世界之矛盾而展开辩证法的新创造的。从这一意义上来看，正是马克思辩证法所承载的生活内容导致了它与黑格尔辩证法的截然不同，它们是两种类型不同的辩证法。如此，马克思才会说"我的辩证方法，从根本上说，不仅和黑格尔的辩证方法不同，而且和它截然相反"。在这里，我们还必须澄清何谓马克思说的"从根本上说"以及何谓"截然相反"之真切含义。只有明确了这些，我们才能真正澄明马克思辩证法的独特意蕴。

---

[1] 阿尔都塞. 保卫马克思 [M]. 顾良, 译. 北京：商务印书馆, 2006：155.
[2] 阿尔都塞. 保卫马克思 [M]. 顾良, 译. 北京：商务印书馆, 2006：166.
[3] 胡克. 对卡尔·马克思的理解 [M]. 徐崇温, 译. 重庆：重庆出版社, 1989：66.

所谓"从根本上说",指马克思的辩证法是对生活自身所存在的内在矛盾、异化关系,以及超越非人生活的可能进行探寻的科学,其中蕴含着深刻的价值立场。马克思辩证法与黑格尔辩证法的根本不同,可以从两者辩证法的基础、本质、价值目的等层面来加以厘清。

第一,马克思的辩证法坚持以感性的生活实践为基础,遵循从感性具体—抽象—具体的现实主义逻辑路线,坚持生活第一性的原则,强调一切观念性的逻辑之基础在于生活的逻辑,凸显生活事实本源性与优先性的原则。这是马克思哲学路线从人间到天国的具体表征,也是马克思一直强调他是一个"唯物主义者"之关键所在。马克思的辩证法是唯物主义的辩证法,是真实生活的辩证法,不是虚幻的、依靠概念自身推演而生成的辩证法。如此,马克思的辩证法就是"生活辩证法",具有坚实的生活之根、历史之维。黑格尔哲学因坚持观念至上论原则,他的辩证法是观念自身的否定性逻辑,并非生活世界生成、演变的矛盾与逻辑。如此,黑格尔的辩证方法是先验性的、先在于感性生活实践的,这样在黑格尔的辩证法体系中,现实生活只是观念逻辑的外化、对象化和具体化,现实生活的矛盾与逻辑是观念的矛盾与逻辑的脚本,是他的神圣世界的影子。

第二,黑格尔的辩证法是绝对理念自我扬弃、自我生成的逻辑,本质上是"概念自我否定辩证法",而马克思辩证法是生活的生成、转换与超越的辩证法。如此,我们才能理解,黑格尔的辩证法具有"神秘的形式",而马克思的辩证法则是其"合理的形式"。

第三,马克思的辩证法与黑格尔的辩证法两者的现实效果有着根本的差别。应该说,黑格尔的辩证法也蕴含革命性,但是这种革命性,正如被青年黑格尔所演绎出来的那样,只是话语的革命、语词的革命,只是反对现实生活影子的革命。如此,马克思才在《关于费尔巴哈的提纲》中说:"和唯物主义相反,唯心主义却发展了能动的方面,但只是抽象地发展了,因为唯心主义当然是不知道现实的、感性的活动本身的。"从这一意义上,我们可以说黑格尔的辩证法是无法理解真正的现代生活,即感性活动本身的。如此,他采取神秘形式的辩证法,并且"似乎使现存事物显得光彩",而马克思则始终强调辩证法双重批判的逻辑,马克思的辩证法采取了"合理形态","引起资产阶级及其空论主义的代言人的恼怒和恐怖"。这是马克思辩证法所蕴含的价值事实引发的现实效果,是马克思辩证法内具的批判性与革命性使然,这再次昭示了辩证法所蕴含的价值原则与价值立场。进一步说,黑格尔的辩证法是"使现存事物显得光彩",也就是充满着对现存事物合理性和正当性的辩护,由此表现出其理论的保守性,这也就是恩格斯评价与批判黑格尔时所说的,这位"百科全书式"的人物,如同歌德一样依然"拖着德国庸人的辫子"。马克思的辩证法则是以对"现存的事物"革命化为旨趣,从而使代表"现存的事物"的生活利益主体深感不安和恐惧,体现出对现存世界所具有的深刻的革命性和颠覆性。

第四,黑格尔的辩证法只是构造黑格尔哲学体系的原则,是绝对精神自我嬗变的内在逻辑。黑格尔辩证法具有历史感,但可以肯定地说,这种历史感与现实生活无涉,是属于纯粹精神王国的过程与秩序,是思维逻辑的历史。当然,精神王国似乎也是关乎现实生活的,黑格尔在《哲学史讲演录》中的那段热情洋溢的开讲辞中就说道:世界精神太忙碌于现实,所以它不能转向内心,回复到自身。如此,黑格尔讲哲学史,强调回到内心,正是基于当时德国的现实,人们太过忙碌于现实。黑格尔辩证法的"合理内核"之所以在他生活的时代不能被主流哲学挖掘出来,是与他官方哲学的地位有关,因为要维护现存制度的当政者,不可能主动倡导那隐藏于辩证法之中的革命的思想因子。另外,黑格尔辩证法的弊端是其理论哲学本身的弊端带来的。黑格尔辩证法虽然具有历史感,但这个历史感并非指具有现代性的生活历史性,这是由黑格尔生活的德国乃至整个资本主义社会的发展现状,以及黑格尔哲学的官方地位等因素决定的。可见,黑格尔辩证法服务他的形而上学体系,从而服务基督神学和世俗的权力,是为基督神学和世俗权力的合法性进行辩护的工具。可以说,黑格尔的辩证法是符合当时官方哲学的辩证法,而黑格尔本人在这种辩证法中不在场!马克思的辩证法绝不是为了建立一个完备的理论体系,而是通过辩证法,坚信人类历史的自我否定与超越,从而开启一条无产阶级、人类解放真正的现实之路。这是两种辩证法之目的的根本差异。

第五,正如霍克海默所指出的那样,"尽管黑格尔如此断然拒绝远离尘世存在的直观,但他的学说仍然是一个形而上学体系。他并没有从世俗的启蒙角度去克服此岸与彼岸、有限与无限、尘世国家与神圣国家、知性世界与感官世界、神圣历史与非神圣历史之间的对立"①。可以说,黑格尔辩证法关注的是"神圣世界",描述出了神圣世界的逻辑与矛盾,但他并没有说清楚神圣世界矛盾的世俗归宿,因此黑格尔的辩证法只是"解释世界"。马克思将真正的生活世界作为其思想的起点、支点,并以生活世界为纽带,实现了此岸与彼岸、有限与无限、尘世国家与神圣国家、知性世界与感官世界、神圣历史与非神圣历史,以及实

---

① 曹卫东.赫尔墨斯的口误:从话语政治到诗学交往[M].南京:译林出版社,2009:12.

然与应然之间的内在统一,且统一于我们的感性活动之中,统一于我们的现实生活世界之中。如此,马克思的辩证法关注的是"世俗世界",揭示的是世俗生活世界的矛盾,并且更为重要的是把生活在世俗生活世界中的"人",把受制于资本逻辑的无产阶级,以及受各种异化力量压迫、生活在枷锁中的"人"置于他的辩证法理论观照的视域中,来寻求其解放。

同时,我们还可以看到,康德一直谈"应然",强调应然的先验性。黑格尔谈"应然",将应然置于必然性的逻辑中,马克思也谈应然,但是他们三者谈应然的逻辑方式是不同的。一句话,"应然"于何处?马克思凸显了应然就在实然之中,彼岸就在此岸之中,无限即在有限之内,未来就在对现实生活的否定、扬弃之中。在康德哲学中,此岸、彼岸、有限、无限、实然和应然是截然剥离开的,是断裂的。黑格尔则实现了有限和无限、此岸和彼岸、应然和实然的统一,但他不是"从世俗的启蒙角度",即不是在现实生活之中,而是在观念世界、在观念逻辑中实现了这种统一。因此,霍克海默对黑格尔形而上学的评价是中肯的。在此处,我们可以看到,马克思的辩证法是从思维方式的根本处转向的,从而与康德和黑格尔的辩证法真正地区别开来,解决了"生活未来性"之根的问题,凸出了生活的未来就在否定现存事物之中,而绝不是在现实之外。这也就落实与彰显了生活辩证法的主体维度,从而更加清晰、真实地回答了人类解放何以可能、自由何以可能这些根本的问题,强调解放、自由和幸福就在于改变现存的制度,就在于现存的一切社会关系之历史性批判活动,这是生活自身历史逻辑的必然,而不在于乞求生活世界之外的某种神秘的力量。这样就指明了解放、自由的生成机制和可能性路径,充分表征出马克思辩证法的现实生活之维。

三

从根本上来说,马克思哲学的任务就是超越费尔巴哈哲学从"神本"到"人本"的抽象转向,实现从"资本""物本"向"人本"的生活价值立场的历史性转变,并在深入研究现代生活的基础上,探寻人类自由、解放与幸福的现实之途。马克思的辩证法就是为实现马克思哲学整体的历史性转变服务的,如此,我们则可以说马克思辩证法也就是立足现实生活,通过揭示现代生活的内在矛盾逻辑,通过批判旧的生活世界,创造新的生活世界的辩证法,即生活辩证法。

马克思的生活辩证法具有"生活的辩证法"和"生活的辩证思维方法"两

个维度。"生活的辩证法"是指马克思对现实感性生活的内在矛盾、运行机制、变化发展之规律的揭示,是马克思辩证法的"唯物性"之所指。它昭示着马克思辩证法以现实生活的本质性问题为其理论的历史与逻辑的起点,表征着马克思辩证法独特的价值立场和价值旨趣。"生活的辩证思维方法"则是指马克思为了揭示"生活的辩证法",审视、观照与批判、建构"现实生活"所采取、所遵循的思维原则与方法。"生活的辩证法"与"生活的辩证思维方法"之间既具有"本体"与"方法"的关系,又具有"目的"与"手段"的关系,二者共同构成马克思生活辩证法的内容。

就马克思生活辩证法的本体维度,即"生活的辩证法"而言,其内容主要表现为以下几个方面。

第一,审定、确认生活的前提,揭示生活的静态结构。这是马克思"生活的辩证法"的逻辑起点。对此,马克思说:"我们开始要谈的前提不是任意提出的,不是教条,而是一些只有在想象中才能撇开的现实前提。这是一些现实的个人,是他们的活动和他们的物质生活条件,包括他们已有的和由他们自己的活动创造出来的物质生活条件。"① 在这里,马克思首先反对了浪漫主义和先验哲学对生活、历史前提规定缺乏现实性与历史性的错误,从而确立与强调生活、历史前提的历史规定性和现实真切性,进而提出生活、历史生成的三个不可分割的基本要素,即"一些现实的个人""他们的活动"和"他们的物质生活条件"。其中,"一些现实的个人"表明马克思所指的"生活主体",既有别于抽象的"人"或"类人"和生物学意义上的"自然人",又指示出基于现代性生活基础上的"个人"成为生活主体。"他们的活动"有别于观念的、思维的运动,乃是生活主体("一些现实的个人")创造自己生活的生产活动,也是作为自由自觉的人之最为本质属性的规定,由此凸显了生活主体对自己生活所具有的创造性特质。"他们的物质生活条件"指示着生活的历史性限度和创造的先决条件。就此,马克思清晰地给予了说明,"人们自己创造自己的历史,但是他们并不是随心所欲地创造,并不是在他们自己选定的条件下创造,而是在直接碰到的、既定的、从过去承继下来的条件下创造"②。到此可见,马克思通过对生活生成性前提的剖析,揭示了"一些现实的个人"和"他们的物质生活条件"统一于"他们的活动"的生活基本逻辑。这三要素的有机统一,正是生活

---

① 中共中央马克思恩格斯列宁斯大林著作编译局. 马克思恩格斯文集:第1卷[M]. 北京:人民出版社,2009:516,519.
② 中共中央马克思恩格斯列宁斯大林著作编译局. 马克思恩格斯文集:第2卷[M]. 北京:人民出版社,2009:470-471.

主体、对象和活动生成的生活"三位一体"的基本静态结构。这就为马克思"生活的辩证法"展开奠定了最为坚实的发生学基础。

第二,挖掘社会结构与国家生成和发展逻辑的生活谜底。马克思说:"人不是抽象的蛰居于世界之外的存在物。人就是人的世界,就是国家,社会。"① 然而,"以一定的方式进行生产活动的一定的个人,发生一定的社会关系和政治关系……(而)社会结构和国家总是从一定的个人的生活过程中产生的"②。在这里,马克思基于现实生产活动、基于主体个人之生活交往过程来确认不同层级的社会结构和国家的生成与发展。这就解蔽和颠倒了关于社会结构和国家的先验原则、先验思维,否定了社会结构和国家的神定论逻辑和永恒论的理念,始终将社会结构和国家的发生根植于人不断发生与发展的生活世界中,并用生活关系的变化来解读社会结构和国家,形成了个人的生活与社会结构、国家之间的内生性辩证关系。更为深层的意蕴则是,因生产、个人生活交往过程而生成的社会结构和国家,乃至一切共同体都必须遵循"以人为本"的价值原则,使之真正成为个人存在与发展的支撑和推动力量,而不能反过来成为一种异化的力量,钳制甚至压制个人的存在与发展、自由与解放。如此,马克思在社会结构和国家等问题上,坚持了事实判断与价值判断相统一的历史性原则。这就为我们审视和判断一切社会组织、机构提供了一条根本的价值尺度和方法论原则。

第三,揭示生活世界的基本矛盾及其变化机制,描述"人类社会是一个自然历史过程",解开了生活世界所蕴含的真正秘密。马克思对生活世界的把握,绝不是停留于外在的现象上,而是深入社会存在的内层,全面而系统地描述与剖析生活历史性生成的基本矛盾、基本结构,以及因基本矛盾而引发的生活结构历史性变革与运动,揭示出生活世界生成、变化的内在规律,勾勒出人类社会变化的整体构架,从而整体地观照与判断生活世界的变化历程。马克思说:"人们在自己生活的社会生产中发生一定的、必然的、不以他们的意志为转移的关系,即同他们的物质生产力的一定发展阶段相适合的生产关系。这些生产关系的总和构成社会的经济结构,即有法律的和政治的上层建筑竖立其上并有一定的社会意识形式与之相适应的现实基础。物质生活的生产方式制约着整个社会生活、政治生活和精神生活的过程……社会的物质生产力发展到一定阶段,便同它们一直在其中运动的现存生产关系或财产关系发生矛盾。于是这些关系

---

① 中共中央马克思恩格斯列宁斯大林著作编译局. 马克思恩格斯文集:第 1 卷 [M]. 北京:人民出版社,2009:3.
② 中共中央马克思恩格斯列宁斯大林著作编译局. 马克思恩格斯文集:第 1 卷 [M]. 北京:人民出版社,2009:523-524.

便由生产力的发展形式变成生产力的桎梏。那时社会革命的时代就到来了。随着经济基础的变更,全部庞大的上层建筑也或慢或快地发生变革",并且"无论哪一个社会形态,在它所能容纳的全部生产力发挥出来以前,是决不会灭亡的;而新的更高的生产关系,在它的物质存在条件在旧社会的胎胞里成熟以前,是决不会出现的"①。如此,马克思揭示了人类生活历史的辩证逻辑,揭示了生活世界存在的基础、内在结构、变化的动力、阶段与社会形态发展。这是马克思生活辩证法最为基本的内涵。

第四,生成与彰显现代生活空间辩证法,揭示生活世界是一个有机体。居于现代物质生活的生产而生成的现代生活世界,区别于前现代的一个显著的特点,就在于现代生活世界的空间性得到大大的拓展,并且生活世界的各领域得以充分展开,由此形成了经济生活、政治生活、社会生活和精神生活相对独立的领域。相应地,各个领域生成各自不同的运行原则与价值尺度,于是生活世界呈现出多维度、多向度、多元性、多样态的特征。马克思正是通过对经济生活、政治生活、社会生活和精神生活不同领域的特点、内在矛盾与嬗变的历史规则的解读,具体剖析了现代生活各领域之间的关系,从而将生活辩证法空间维度的内涵加以彰显。在此基础上,马克思在《资本论》第一版序言中提出"现在的社会不是坚实的结晶体,而是一个能够变化并且经常处于变化过程中的有机体"② 的著名论断,并依此展开了对以资本、商品为核心的异化社会、"物性膨胀"的社会、单向度社会的批判,从而昭示着马克思所指向的在未来社会整体发展的历史境遇中,实现人的自由全面发展。

第五,确证生活的时间辩证法,揭示生活是一个不断自我扬弃、自我超越的历史过程。马克思说:"历史不外是各个世代的依次交替。每一代都利用以前各代遗留下来的材料、资金和生产力;由于这个缘故,每一代一方面在完全改变了的环境下继续从事所继承的活动,另一方面又通过完全改变了的活动来变更旧的环境。"③ 具体而言,马克思在多维度、多层面上通过对所有制不同历史形式的勾勒,通过对分工的历史性演变的分析,通过对社会生产方式的嬗变、人类社会形态的历史演变(三阶段论、社会经济形态的五阶段论)以及民族史

---

① 中共中央马克思恩格斯列宁斯大林著作编译局. 马克思恩格斯文集:第2卷 [M]. 北京:人民出版社,2009:591.
② 马克思. 资本论:第1卷 [M]. 中共中央马克思恩格斯列宁斯大林著作编译局,译. 北京:人民出版社,2018:10-13.
③ 中共中央马克思恩格斯列宁斯大林著作编译局. 马克思恩格斯文集:第1卷 [M]. 北京:人民出版社,2009:540.

向人类史跨越的呈现，揭示了生活世界的过程性、阶段性与历史性等时间性特征，从而更深层地从时间维度上敞开了生活不同历史阶段的内在既成与生成、继承与扬弃、连续性与非连续性、现实与未来等的内在关系。

第六，揭示个人演变的历史形态，解除抽象人性论，形成了个人在社会历史发展中的辩证逻辑，确立生活主体的历史辩证法。马克思始终从社会历史形态、从生活世界的历史关系、从个人的生产活动来确定、确认个人的存在与发展，从而形成了马克思个人形态理论。对此，马克思说道："个人怎样表现自己的生活，他们自己就是怎样。因此，他们是什么样的，这同他们的生产是一致的——既和他们生产什么一致，又和他们怎样生产一致。因而，个人是什么样的，这取决于他们进行生产的物质条件。"① 这种生活在一定的物质条件下的个人，其历史性的展开就具体表现为"必然的个人""偶然的个人"和"自由而全面发展的个人"，以及"地域性的个人"和"世界历史性的、经验上普遍的个人"。马克思通过这些不同历史语境中的个人的本质差异、内在历史性否定关系，以及未来形态的解析，既澄清了个人的嬗变历程与变化轨迹，又通过个人的不同形态折射出个人与社会历史关系之间的张力。

第七，揭示生活世界中生活主体与生活客体世界的辩证逻辑。马克思的生活"剧中人"与"剧作者"理论，指向的是对生活主体的主体性、创造性与生活世界变化的客观性、规律性之间关系的解密。生活世界是生活主体在遵循客观尺度、尊重客观条件的前提下，不断按照主体尺度，将主体的本质力量对象化的过程。在这里，目的与手段、主体与客体、物（客体）的尺度与人（主体）的尺度、真理与价值的辩证关系统一于主体创造性的感性活动之中。

第八，揭示辩证法的真正本质是权利，从而表征着马克思辩证法内蕴生活世界真实的权利关系逻辑。马克思说："辩证法不崇拜任何东西，按其本质来说，它是批判的和革命的。"② 为了真正把握马克思的辩证法之本质，我们必须深度追问其中所蕴含的四个问题。问题一：批判和革命的实践主体，即谁之批判、谁之革命？问题二：批判与革命的对象，即批判谁（或"什么"）？革谁（或"什么"）之命？问题三：批判与革命的价值主体，即为谁而批判、为谁而革命？问题四：批判和革命始终围绕着什么核心而展开？这四个紧密关联的问题，构成马克思辩证法的本质内蕴、逻辑路径及其理论空间，尤其重要的是

---

① 中共中央马克思恩格斯列宁斯大林著作编译局. 马克思恩格斯文集：第1卷［M］. 北京：人民出版社，2009：520.
② 马克思. 资本论：第1卷［M］. 中共中央马克思恩格斯列宁斯大林著作编译局，译. 北京：人民出版社，2018：22.

开启了辩证法的主体维度，揭示了辩证法之批判和革命的指向是生活世界的权利关系与权利逻辑，是不同的权利逻辑的博弈以及权利关系的历史性替代与超越。这是生活辩证法之本然，由此深刻表征着马克思辩证法"以人为本"的价值原则，体现出人类文明向人类历史性敞开的真实内涵。这样则可以说，马克思辩证法就是不同的权利主体围绕着权利而展开斗争的生活辩证法。

从以上几个方面的分析中，我们可以清晰地看到，马克思对"生活的辩证法"的揭示和解析，构成了马克思辩证法理论的本体基础。马克思对"生活的辩证法"的揭示，其根本目的则在于为无产阶级的解放和革命的政治必然性奠定理性而科学的判断基础，从而为无产阶级和人类的自由、解放提供信念、信仰支撑。这就充分彰显马克思辩证法的生活归宿和生活革命的内在规定性，这是马克思辩证法独特的理论个性。

马克思"生活的辩证思维方法"维度，是马克思对生活世界进行审视、批判与研究，把握其内在的矛盾和规律，进而建构新的生活世界所应采取的一系列方法与原则，体现着马克思辩证法独特的运思逻辑与思维特质。其主要表征为以下几个方面。

第一，对"现存的事物""现存世界"的否定性批判，呈现着马克思辩证法鲜明的价值立场和未来性生活思维。"辩证法在对现存事物的肯定的理解中同时包含对现存事物的否定的理解，即对现存事物的必然灭亡的理解；辩证法对每一种既成的形式都是从不断的运动中，因而也是从它的暂时性方面去理解。"[1] 马克思辩证法的革命性，最为直接而突出地表现为对"现存的事物"和"现存世界"持否定的、颠覆性的立场，恰如恩格斯所说："这种辩证哲学推翻了一切关于最终的绝对真理和与之相应的绝对的人类状态的观念。在它面前，不存在任何最终的东西、绝对的东西、神圣的东西；它指出所有一切事物的暂时性；在它面前，除了生成和灭亡的不断过程、无止境地由低级上升到高级的不断过程，什么都不存在。它本身就是这个过程在思维着的头脑中的反映。诚然，它也有保守的方面：它承认认识和社会的一定阶段对它那个时代和那种环境来说都有存在的理由，但也不过如此而已。这种观察方法的保守性是相对的，它的革命性质是绝对的——这就是辩证哲学所承认的唯一绝对的东西。"[2]

马克思对"现实的现存事物"侧重从否定性的、必然灭亡的、暂时性的方

---

[1] 马克思. 资本论：第1卷[M]. 中共中央马克思恩格斯列宁斯大林著作编译局，译. 北京：人民出版社，2018：22.

[2] 中共中央马克思恩格斯列宁斯大林著作编译局. 马克思恩格斯文集：第4卷[M]. 北京：人民出版社，2009：270.

面去把握，其目的是要"使现存的世界革命化"。"使现存的世界革命化"是使生活世界彻底改变之原则，而"实际地反对并改变现存的事物"则是改变生活世界的发生学起点。这就体现了马克思生活世界革命的总体性与具体性、原则性与行动性相统一的思维特征，共同要求超越"观念世界"的革命，直达现实生活，这就是实践的唯物主义者在实际的斗争中必须坚持和贯彻的首要的和基本的原则。这样最为直接地表达出马克思通过感性活动对现实生活进行改变的现实主义思维，这与马克思的共产主义思想是内在一致的，正如马克思所说："对实践的唯物主义者即共产主义者来说，全部问题都在于使现存世界革命化，实际地反对并改变现存的事物"①，因为"我们所称为共产主义的是那种消灭现存状况的现实的运动"②。

对"现存世界""现存的事物"所进行的"革命化"和"实际地反对并改变"的行动原则，使马克思哲学改变世界的根本旨趣得以落实，这是马克思辩证法与一切"乌托邦思维"和一切观念论者的根本区别之所在，从而充分体现了马克思辩证法的生活旨归。

第二，二重批判的统一性原则。马克思对生活世界的批判始终坚持着"原本批判"与"副本批判"，"批判的武器"与"武器的批判"相统一的基本原则，形成了马克思独特的"批判的逻辑"，这是马克思辩证法彻底性的具体表现。所谓的"副本批判"，就是运用"批判的武器"，对笼罩在现实生活之上的一切思想、观念和理论展开甄别，厘定与揭示其价值立场和根本旨趣，解除错误的思想、观念和理论对现实生活的扭曲，澄明与把握现实生活世界的真实矛盾状况。"副本批判"就是"解蔽"，这是马克思对生活世界进行批判不可或缺的初始环节。所谓的"原本批判"，就是在"副本批判"的基础上，运用"武器的批判"展开对现实生活的实际改造，从而实现生活的革命。

如若只停留于"副本批判"，而不按照批判的逻辑推进到对现实生活的批判，该种批判无非用"另一种方式来解释存在的东西，也就是说，借助于另外的解释来承认它"，"只是用词句来反对这些词句"，或"仅仅反对这个世界的词句"，仅仅是与这个世界的"影子"在作战，如此就"绝对不是反对现实的

---

① 中共中央马克思恩格斯列宁斯大林著作编译局. 马克思恩格斯文集：第1卷 [M]. 北京：人民出版社，2009：527.
② 中共中央马克思恩格斯列宁斯大林著作编译局. 马克思恩格斯文集：第1卷 [M]. 北京：人民出版社，2009：539.

现存世界"①。同时，如若没有"批判的武器"所展开的对"副本"的批判，该批判则不可能让批判主体增强对各种思想、观念和理论的识别力和对错误思想、观念和理论的批判力，进而对自身的历史使命和任务达到自觉，从而将理论力量转变为改变生活的实践力量。反过来，只有通过"批判的武器"完成对"副本"的批判，我们才能让"批判的武器"掌握群众，从而成为改变世界的物质力量。如此，马克思的辩证法实现了理论主体与实践主体的内在统一。

第三，对思想、观念生成的生活维度考察，形成思想、观念与生活之间的张力。马克思始终遵循"不是意识决定生活，而是生活决定意识"②的根本原则，强调"观念的东西不外是移入人的头脑并在人的头脑中改造过的物质的东西而已"③。这样形成了马克思对思想、观念与理论生活之根的追问，体现出了马克思在生活与意识关系上独特的辩证思维。

马克思始终反对将"思想独立化"的原则，强调我们只有从一种思想、观念生成的物质生活基础与历史语境来加以考察，方可确认该种思想的本质，也才能找到思想、观念发生与变化的动力。马克思说："我们判断一个人不能以他对自己的看法为根据，同样，我们判断这样一个变革时代也不能以它的意识为根据；相反，这个意识必须从物质生活的矛盾中，从社会生产力和生产关系之间的现存冲突中去解释。"④一当如此，"道德、宗教、形而上学和其他意识形态，以及与它们相适应的意识形式便不再保留独立性的外观了。它们没有历史、没有发展"，因为"发展着自己的物质生产和物质交往的人们，在改变自己的这个现实的同时也改变着自己的思维和思维的产物"⑤。可见，马克思彻底地解除了观念论哲学的迷障，找到了思想、观念变化的生活之根，为我们审视思想、观念提供了一条根本的方法论原则。

第四，描述的方法。在马克思批判"思辨哲学"、解蔽各种虚假的理论对现实生活遮蔽和扭曲的历程中，他充分应用描述方法来直面现实生活，让现实生

---

① 中共中央马克思恩格斯列宁斯大林著作编译局.马克思恩格斯文集：第1卷[M].北京：人民出版社，2009：518.
② 中共中央马克思恩格斯列宁斯大林著作编译局.马克思恩格斯文集：第1卷[M].北京：人民出版社，2009：525.
③ 马克思.资本论：第1卷[M].中共中央马克思恩格斯列宁斯大林著作编译局，译.北京：人民出版社，2018：22.
④ 中共中央马克思恩格斯列宁斯大林著作编译局.马克思恩格斯文集：第2卷[M].北京：人民出版社，2009：592.
⑤ 中共中央马克思恩格斯列宁斯大林著作编译局.马克思恩格斯文集：第1卷[M].北京：人民出版社，2009：525.

活呈现真相。马克思说："在思辨终止的地方，在现实生活面前，正是描述人们实践活动和实际发展过程的真正的实证科学开始的地方。关于意识的空话将终止，它们一定会被真正的知识所代替。对现实的描述会使独立的哲学失去生存环境，能够取而代之的充其量不过是从对人类历史发展的考察中抽象出来的最一般的结果的概括。这些抽象本身离开了现实的历史就没有任何价值。"① 同时，人们只要描述出"这个能动的生活过程，历史就不再像那些本身还是抽象的经验论者所认为的那样，是一些僵死的事实的汇集，也不再像唯心主义者所认为的那样，是想象的主体的想象活动"②。可以说，作为揭露现实生活本质的具体手段和方法的描述，它就是"面向事物本身"的方法，就是唯物主义的实证方法。这一方法的本质就是实事求是。描述方法与马克思多次提到的可以"经验的方法来确认"的原则是内在一致的，是马克思辩证法的独特方法。

第五，具体—抽象—具体的本质研究方法。马克思通过研究方法与叙述方法差异的区分，提出了对对象本质和规律揭示和把握的方法论和思维路径，形成了马克思认识对象独特的辩证思维方法。马克思说："在形式上，叙述方法必须与研究方法不同。研究必须充分地占有材料，分析它的各种发展形式，探寻这些形式的内在联系。只有这项工作完成以后，现实的运动才能适当地叙述出来。这点一旦做到，材料的生命一旦在观念上反映出来，呈现在我们面前的就好像是一个先验的结构了。"③ 当然，辩证法作为一种认识现实生活世界的思维方式或思维方法，强调对对象考察的全面性，强调在内部和外部相互关系中把握客体、发现事物的矛盾，提出对立的渗透、历史的考察方法、分析的客观性、考察的具体性等规定，从而抓住事物的内在本质。对此，托马斯·C.帕特森说道："还在早期生涯中，马克思便创立了独特的方法，后来又在写作中不断珩磨、提炼。为了获得对于资本主义社会的日常生活的切实理解，需要用一种框架来澄清问题。或者说需要一个出发点来阐述问题，这种方法类似于剥洋葱，一层层地展现对象的内部结构和各层之间的连接，甚至达到核心，然后把分散的认识重新组合起来，完整地把握对象。技术上要求透过现象看本质，不满于表象，寻找表象下面和后面的原因，包括严格的审查与抽象，本着严谨的态度

---

① 中共中央马克思恩格斯列宁斯大林著作编译局. 马克思恩格斯文集：第1卷 [M]. 北京：人民出版社，2009：526.
② 中共中央马克思恩格斯列宁斯大林著作编译局. 马克思恩格斯选集：第1卷 [M]. 北京：人民出版社，1995：525-526.
③ 马克思. 资本论：第1卷 [M]. 中共中央马克思恩格斯列宁斯大林著作编译局，译. 北京：人民出版社，2018：21-22.

做结论，把通过这一过程获得什么，怎么获得的呈现出来。当认识从感性的具体到达理性的抽象（在头脑中组装对象的分散部分），下一步就要回到思维的具体，在思想中完整地显现对象，对整体与部分的统一，对象内部的动力、结构和矛盾形成更加深刻的认识和更加完满的理解。这就是马克思的辩证法，也就是'马克思的批判与辩证程序'。"①

通过以上的分析，我们可以看出，"生活的辩证法"和"生活的辩证思维方法"，构成马克思生活辩证法两个互含的维度或层面，共同指向现实生活。这就为我们透视人类自身的生产、生活与历史发展，揭示生活的历史、现实与未来向度，探求生活历史内在的法则与规律，得出对人类生产、生活和历史的科学判断和理论，从而为人类的解放提供正确的思维原则、思维方法、价值支撑和信念保证。这就是马克思生活辩证法的理论目的和最为真实的现实价值归宿。

四

马克思生活辩证法超越了思辨辩证法，始终保持与鲜活的现实生活之间的张力，成为能对现实生活发挥实际效果的独特的辩证法理论。我们研究马克思生活辩证法，并非只停留于对马克思文本和言辞的解读上，以及对之理论进行梳理与编排上，而是要在实现理论内化和理论自觉之后，转向"我们的生活"，对"我们的生活"进行一番本质性的审视与观照，抓住生活的真问题、真矛盾，进而把握生活自身嬗变的内在逻辑，找准批判对象的爆破点，确认生活超越的历史新起点，建构生活的新形态。

进一步说，马克思生活辩证法本身就是立足现实生活，对生活世界的矛盾关系以及变化规律进行把握的。这是马克思生活哲学能牵引现实生活的必要前提和基本保障。在此处，马克思生活辩证法所蕴含的批判性是其建设性的前提与基础，而理论批判就是落实和诊断现实生活存在的条件及其存在所具有的局限性。实践批判就是实际地超越旧的生活关系与生活原则，体现生活世界不断开启更为有利于人的存在和发展的新路向，真正实现"以人为本"这一生活世界的第一价值原则。唯有如此，我们才可以说马克思生活辩证法在当代已出场，并且一直在场，这样才使马克思生活辩证法的精神具有时代性。

马克思生活辩证法的精神，就要求将"我们的批判"与"我们的现实"

---

① 帕特森.马克思的幽灵：和考古学家会话[M].何国强，译.北京：社会科学文献出版社，2011：4.

"我们自身的物质环境"紧密联系起来,进而以"革命的实践"来启动"环境的改变和自我改变的一致"。如此,我们就绝不能将"我们的生活"悬置或搁置一边,抽象式地研究马克思的辩证法,而是要直面我们生活世界的问题,持守科学的批判精神,认真而严肃地清理我们生活中所遭遇的不可回避的重大问题,从理论上进行深入的剖析,从实践上加以解决。只有这样,马克思的生活辩证法才不外在于我们的生活,从而也才是我们生活的辩证法。

从马克思生活辩证法视角来看,"改革""公正""市场及其异化逻辑""中国道理"与"中国梦",以及"个体的生活"都成为"我们的生活"的重要主题,必须对之加以深刻的反思与本质揭示,把握其中存在的根本问题与困境,探寻建构新生活的可行之路。

第一,生活辩证法意义上的改革。就当代中国的改革而言,其牵涉生活主体、生活客体、生活活动等多维度所构建的生活世界的一系列本质性问题。从这一视角来看,改革既是对形下的制度、关系和利益结构的调整和改变,也是对形上的观念、思想和心理的改变,既是从生活的单一维度启动,又是向生活世界全面推进的过程。如此,改革承载着多维度、多层面的否定逻辑,必然遭遇"传统"与"新生活"之间从表层直达深层与根本的矛盾与冲突。这既要求生活主体不断进行生活启蒙,实现生活自觉,又要求生活客体世界不断转变与完善,从而让我们的生活世界"适宜人居"。这是生活世界整体性、系统性的变革与跃迁,是直面当代中国历史性问题而展开的对生活本质上具有历史性和超越性的提升,其目的是在不断优化生活世界的关系,激发与不断确证生活主体的主体性,深刻体现着生活世界不断向人敞开,为人的自由、幸福而改变的基本逻辑,凸显"以人为本"的价值原则。唯有如此,改革才符合生活自身不断否定、超越的内在要求,改革也才有不竭的原动力。

就生活的主体维度而言,改革要求生活主体对自身生活进行否定性的批判和超越。它要求生活主体与其传统的生活方式、生活观念、生活原则和生活目标告别,同时要求生活主体确立新的生活观念,建立、确认新的生活方式,建构新的生活原则和重塑新的生活目等。这样,改革之实践活动,就内在要求生活主体改变自我的生活立场、生活观念、生活意识、生活价值原则,提升生活能力。一句话,生活主体必须主动适应改革的需要,实现自我的转变,从而达到与改革的需要相匹配的状态。进而言之,改革要求我们从生活立场和生活思维两个层面来自我改造、自我转变与自我提升。当代中国改革的推进,不仅需要制度的革新,而且更为重要的是需要生活主体的生活启蒙。唯有如此,生活主体才是改革的主体,从而成为改革的推动力量,而不是阻滞力量。然而,就现实的生活主体而言，其在生活世界利益结构中所处的地位和状况的差异，对改革所持守的原则和态度、对改革形成的判断，以及在改革中所起的作用各不相同，甚至迥然相异，生成了改革主体与生活主体之间的角色错位，从而随利益格局的变化，带来了生活主体混乱杂陈的状况，造成在改革的进程中生活主体与改革主体之间的背离。这是当代中国改革面临的重大困境，也是当代中国诸多矛盾之源。

从生活客体视角来看，改革就是要创造一个新的生活世界，衍生出一个新生活不断生成的历史性过程。改革涉及每一个生活主体切身利益的变动，因此，在这一过程中，生活世界为生活主体是否能提供越来越自由的生活环境、越来越多地体现生活主体地位和价值的机遇，是否让生活主体越来越成为生活的主人，而不被生活边缘化，甚至抛弃，这成为我们判断改革成败最为重要的价值原则。这恰如马克思所说，我们"必须推翻那些使人成为被侮辱、被奴役、被遗弃和被蔑视的东西的一切关系"①。这也是建构生活世界的至上原则。

从改革的本质而言，改革是对既定的权利逻辑、权利分配方式与方案，以及由此形成的权利格局的历史性否定与超越，是改革主体不断向自我已有的利益进行的否定性批判，其目标、目的在于实现利益的时代公正性，使更为合理的权利关系、权利原则得以出场而发挥真正的利益调整功能，从而激发最为广大的生活主体对现实生活的创造性，体现出生活主体利益在场的革命性活动。离开生活主体的利益在场，离开了利益的人民性，任何改革都是一种外在于生活实质内涵的形式性变革，这样一来，我们才能深刻地理解改革是一场革命的本质内涵。

当代中国的改革不是自发而生的，而是生活主体自觉于时代、自觉于民族的整体生存境遇而开展的一场深刻的生活革命，其必须性源于生活的自我扬弃的内在辩证法，其艰巨性源于其真正的内涵是因权利而生成的各种关系纠结。当代中国的改革要顺利推进，生活主体与改革主体之间的弥合、整合成为其首要条件。在此基础上，唯有围绕着利益而落实公正的价值原则，改革才与人民群众生活的正当需要、幸福追求具有内在一致性，改革也才是内蕴深度价值关怀的批判与建构相统一的实践。任何与之相悖的传统的思想、观念本质上都是传统的利益格局、主体利益的具象表现，都是我们必须否定、超越的。只有这样，改革才有观念支撑，才有主体生活的自觉。所谓的改革难度、攻坚，只是

---

① 中共中央马克思恩格斯列宁斯大林著作编译局. 马克思恩格斯文集：第1卷 [M]. 北京：人民出版社，2009：11.

围绕着生活主体的权利而展开的权衡,艰难就在于维护谁的利益、舍去谁的利益。这一系列问题,从表层、机制到理念、观念,都必须坚持生活主体的利益公正性原则、基本的原则,否则改革只是既得利益者进行利益重新分配、瓜分的一种借口。我们必须将改革与人民性有机统一起来,体现出改革主体与人民生活主体的内在统一。这是当代中国改革必须解决的最大问题。

第二,生活辩证法意义上的公正。公正问题的当代生成,与改革的启动以及改革的深度推进所引发的整个社会利益结构的变革直接相关联。它具体表现在政治生活、经济生活、社会生活和文化生活等多维度、多层面上,是对原有公正状况的解构,并引发了当代中国社会各层面、各类型的关系与矛盾的结构性变化,导致了社会财富、资源、机会等直接性分配,以及分配机制、方式、程序等一系列的不合理,客观上促使了新特权的生成、弱势群体的扩大,而社会阶层、社会分化和社会不平等依然在不断地衍生,生活世界的各种问题也都因之而生。这致使公正问题成为当今中国社会的一个枢纽性问题,从而成为政治学、社会学、经济学、法学、伦理学和哲学等一系列学科关注的共同问题域,相应地也就形成了多学科、多领域、多视角解读当代中国公正之秘密的学术态势。

在社会公正问题上,我们必须解除道德主义的原则,解蔽"实质公正"和"程序公正"争执的迷障,撇开"社会福利"与"负担的分配"等悖论,同时还必须抛弃"民粹主义"和"均等主义"的思想和观念陷阱,牢牢抓住公平、正义关涉或围绕着社会资源的获取、分配等而引发的基本事实,以及公正是围绕着权利而生成的问题之实质,超越从政治生活、经济生活、社会生活和文化生活任何单一的领域所呈现出的不公正来解密当代中国的公正困境。这就要求我们将公正问题既要嵌入经济、政治、文化、社会诸多层面、领域中,具体追溯与剖析这诸多领域不公正的具体状况、症结,以及公正何以可能出场,同时又必须从生活世界整体观的视角解决多重向度的矛盾之间如何协调的问题,因为公正是生活世界整体性的价值特征,是生活主体对自身生活世界利益关系或权利关系状况的价值评价。这样,从生活辩证法的视角来看,公正本质上乃是在生活世界的权利体系中,不同的生活主体获得与自身的存在和发展需要相匹配的权利。

公正指证的是一个社会利益、权利和机会与不同的生活主体之间的关系状态,它要求生活世界不同的生活主体之间权利关系的正常化和协调化,本质上是指向社会的和谐和有序发展。如此,我们可以说,公正涵摄着生活世界的利益关系和权利矛盾有序化的良性解决,是一个社会持守"以人为本"的价值原则的基本特质,也是一个社会能正常运行的基本价值前提。如此,公正不仅实际地关涉每一个生活主体的生存权利,也直接关涉每一个生活主体最为实际的生存状况、生存品质和发展可能,同时也关涉每一个生活主体在该社会中的生存责任,更重要的是标志着一个社会制度的首要价值和制度伦理。

从马克思生活辩证法的立场来看,当代中国公正问题的出场,事实上蕴含对现存的生活权利关系的批判,是对当下社会不公正事实的揭露和否定,其基本的价值取向是要求建立充满着公正意蕴的社会关系与社会制度,这既是当代中国改革的价值导向,也是"中国道路"必须内具的价值品质。

第三,生活辩证法意义上的市场、市场社会和异化逻辑。不可否认,内蕴"平等、自由、独立、规则、效率"等原则的市场、市场经济,使当代中国的生活世界发生了前所未有的巨大变化,引发了整个社会的急剧转型。一方面,它不仅极大地削弱与渐渐掏空了传统特权、"官本"的权利,以及臣民社会人身依附关系存在的土壤,巨大地激活、激发了当代中国人的生活主体性和个体权利意识,而且在一定程度上可以说,它对当代中国人具有巨大的历史性解放作用;另一方面,市场渐渐溢出了自身的合法边界,市场原则强势介入生活世界的各个领域中,致使市场社会的生成,交易原则、效率标准、利润增长尺度成为主导的甚至是唯一的生活原则,市场假定的理性经济人所追求的效益最大化成为生活的至上标准,实效原则挟持下的生活成为唯一有效的模式,人与人的关系被压缩成了简单的交易关系,恰如马克思所说:"人和人之间除了赤裸裸的利害关系,除了冷酷无情的'现金交易',就再也没有任何别的联系了。……人的尊严变成了交换价值。"① 生活世界被技术理性、市场逻辑全面殖民化,渐渐地物质主义、消费主义湮灭了人的存在价值,整个社会的价值系统发生了激烈的震荡与转变。"一切社会状况不停地动荡,永远的不安定和变动……一切固定的僵化的关系以及与之相适应的素被尊崇的观念和见解都被消除了,一切新形成的关系等不到固定下来就陈旧了。一切等级的和固定的东西都烟消云散了,一切神圣的东西都被亵渎了。"②

从生活辩证法的视角来看,市场、市场社会而引发的一系列变化,导致我们生活其中的生活世界出现了手段与目的的倒置,"物本""资本"和"官本"过度张扬,"人本"缺位。异化生活的强硬在场,人的存在严重受到"物本"

---

① 中共中央马克思恩格斯列宁斯大林著作编译局. 马克思恩格斯文集:第2卷[M]. 北京:人民出版社,2009:34.

② 中共中央马克思恩格斯列宁斯大林著作编译局. 马克思恩格斯文集:第2卷[M]. 北京:人民出版社,2009:34-35.

"资本"和"官本"的多重挤压，社会转型中出现了多重畸形与扭曲，导致一系列价值颠倒的现象。如此，物质财富的生产、积累与人的幸福出现了严重的悖论，衍生出如私德与公德、个体的主体性张扬与共同体虚无化、物性主导与人性退隐等一系列问题的混杂与交错，造成了当今生活世界矛盾重重，掣肘着每一个人的生存与发展。尤其严重的是，市场原则与资本逻辑操纵着、主宰着、支配着生活主体，生活世界各种关系单一化，生活全面表层化、感官化，而生活实质性的深刻与丰富被搁置，生活形式与生活内容出现了颠倒，导致生活主体被不断边缘化的态势。新的宿命论充斥着生活，生活世界处处充满着陷阱，生活危机全面爆发，生活本身亟待被拯救。

面对生活世界的如此境况，我们首要的任务就是必须从根本理念、观念和思维上划定和确认市场的合法边界，对市场、资本的价值进行历史性审定，纠正对市场、资本崇拜或简单否定的思想误区，进而从制度设计上防止市场和资本无限制的僭越，并在此基础上，理性地清理和澄明我们生活世界已经存在及正在生成的各种矛盾与问题。我们必须全面而深刻地反思、批判因市场、资本而引发的生活世界新变化，以及因此而生成的新关系、新矛盾、新特质，从生活的整体价值规范上重塑新生活的原则与尺度，弱化处于强势状态的经济冷暴力，超越各种异化的关系，将生活主体置于生活的轴心地位，解蔽生活的虚假性，还原生活的本真性。这是马克思生活辩证法对当代中国批判性在场的具体表征。

第四，生活辩证法意义上的"中国梦"和"中国道路"。从马克思生活辩证法的视角来看，"中国梦"既是对当代中国现实生活的一种价值检讨与批判，又是一种价值整合、引导与目标追求，因此"中国梦"是对当代中国现实的一种历史性超越，是中国现实的一种未来性构建与展现。如此，"中国梦"本身就具有现实性与未来性、实然性与应然性的内在张力。

"中国梦"绝不是一种思想、观念运动，从而只停留于意识、精神领域中，呈现为精神意向和价值期待，而是一种具有历史规定性的现实改造与建设运动，是必须通过对政治、经济和文化等多领域进行改造的具体生产创造活动，目的是促使中国国家实力得以历史性超越与整体提升，从而在当今世界格局中获得与其存在和发展态势相匹配的影响力。如此，"中国梦"也就具体化为"中国道路"的问题。它首先要解决一个充满着创造活力的中国，一个富强、文明的中国，一个内部和谐、对外和平的中国，一个美丽的中国，何以可能，以及如何将中国向世界呈现等一系列重大问题。如此，我们不仅要更为深入地反思、审查与确认当代中国发展理念、发展制度、发展阶段和发展道路，探索建设与发展的规律，真正实现"五位一体"的协调发展，而且更为重要的是认识在当今全球化时代，在价值多元的历史境遇中，"中国梦"所蕴含的价值取向如何具有人类典范意义，从而凸显"中国梦"所具有的当代性。从这一意义上来看，"中国梦"不仅是中国的，而且是世界的，是民族性与人类性的统一。

"中国梦"并不是一场无主体的，更不是悬空于最广大人民群众现实生活的价值运动。"中国梦"是中华民族之梦，它具有整体性和统一性。同时，它又是中华民族每一个成员的生存与发展之梦，它具有具体性和个体性。在此，我们必须超越对其单纯的宏大叙事的形上路线，将之内化为每一个当代中国人的主体精神与生活价值原则。由此，"中国梦"蕴含着民族整体性与个体性相统一的基本原则。这就是"中国梦"的内在本质规定。

从"中国道路"的探索、选择与确认，到"中国梦"的出场，这是中国现实生活"版本"的历史性升级，充分体现了中国人选择、确定与创造自己生活现实与未来的自主性，中国人必须立足历史与现实，遵循着马克思主义最为基本的现实主义路线，构建具有现实性的未来。在此，主体性与客观性原则、事实与价值原则实现了内在的统一。这就再次确证"中国梦"绝不是一种价值愿景，更不是当代中国的乌托邦。如此，以"中国道路"为载体，以"中国梦"为价值观照，形成了当代中国的行动与价值纲领，这不仅预示着我们的世界观、社会观、发展观、历史观和生活观等一系列观念、思维和心理，都必须顺应要求发生历史性的转变，而且预示着我们必须遵循马克思生活辩证法的基本原则和精神，不断对现存事物进行否定性超越。唯有如此，"中国梦"才会不断从观念、从可能化为生活现实。

面对当代中国生活世界，我们要追问的绝不仅仅是上面提及的四个问题，还有很多问题值得我们去思考。譬如，个体化时代的生活主体性的发挥和价值重塑，具体化为现实的个人的命运、个人权利以及个体的尊严及其价值如何实现和保障等，这些问题都充分彰显当代生活世界的辩证逻辑，同时也表征着马克思生活辩证法的历史性在场。

马克思生活辩证法本身蕴含着理论理性和实践理性在现实感性活动中的统一，这样一来，马克思生活辩证法就绝不是停留于马克思经典的文本中，更为重要的是以现实生活的历史性变化的独特途径和方式，显示出其立足于现实生活，又作用于现实生活的基本品质，从而表征着生活与辩证法的内在统一性。这正是马克思辩证法的当代生命力之所在。

第三章

马克思生活辩证法的内在逻辑

我们检讨与细察冠于马克思"辩证法"的各种称谓("劳动辩证法""实践辩证法""历史辩证法""人学辩证法""生存论辩证法"或"唯物辩证法"等)的具体所指,可以说"它们"都在某一层面、某一维度上揭示与敞开了马克思辩证法的某种特质、某种精神,但是这些称谓都只是对马克思辩证法的一种"片面"呈现,仅切割出一个洞见马克思辩证法的视窗,都未能充分而深透地涵摄与表征出马克思"辩证法"思想的丰富内蕴与理论的广阔空间,更未能充分彰显其批判性品质与超越性逻辑,最终在不同程度上导致了马克思辩证法与生活剥离,丧失了马克思辩证法应有的价值维度。于是,马克思辩证法被钝化为知识论的论证工具与手段,蜕变为修辞学意义上的"话语"衍生与观念、概念演绎,弱化为思维运动的内在逻辑,这一切从根本性的意义上来看,与马克思辩证法是截然相悖的。

鉴于此,笔者认为必须厘清马克思辩证法的现实生活本质规定,充分落实马克思辩证法的现实生活指向与旨趣,强化马克思辩证法的价值维度,凸显马克思"辩证法"本质上是"生活辩证法"。生活辩证法的要义是始终围绕着"权利"这一轴心而运行的根本立场。唯有如此,我们才能完全认识马克思辩证法的内在多维关系及其内在结构,澄明马克思辩证法的内在逻辑,才能真正把握马克思辩证法的实质,证成马克思辩证法与现实生活之间的内生性互动关系,张扬马克思辩证法立足于现实生活、展开现实生活的自我批判,在生活世界中自我扬弃、自我超越,从而不断弱化与消除生活世界与生活主体之间外在性、异在性关系,让生活主体在生活世界的历史性变迁与提升中,获得更大的自由与解放。这便是马克思辩证法的价值旨归。

一

"生活辩证法"的提出,是对黑格尔思辨辩证法的反动。当黑格尔的理性主义和泛逻辑主义达到无以复加之际,克尔凯戈尔以"生活辩证法"来消解黑格尔"思辨辩证法"的抽象性以及该种抽象性所生成的诸多幻象,试图将辩证法与个人的生活、个人的存在关联起来,将"辩证法"延引到个人的存在架构中,成为"人"之存在、生活的重要逻辑,力求解决"哲学与生活事实上有什么关系"这一根本性的问题。可以说,这从哲学路线上拧转了辩证法存在与展开的空间,开启了"辩证法"的新路向。

克尔凯戈尔批判黑格尔思辨哲学热衷于对"存在"所进行的抽象,并试图在抽象思辨和逻辑中,消解与调和"存在"中的矛盾。他以"个人存在"置换黑格尔思辨哲学的"存在"之抽象内涵,展开其生活辩证法。克尔凯戈尔紧扣"个人"存在的理论,以"存在"标识"一个人"自我参与、自我选择与自我实现的生活过程,从而突出人是由有限与无限、自由与必然、永恒与暂时、灵魂与肉体等两极因素所构成的"综合体",但这一"综合体"却是处于不断生成之中的孤独的存在个体。在此,我们注意到,克尔凯戈尔解除了"人"是某种纯粹的思想实体的思维取向,突破了黑格尔由范畴生成所营造出来的"观念王国",突出了孤独的个人的生活的地位,试图将哲学与人的生活紧密关联起来,走出思辨哲学的窠臼。这无疑是一次超越黑格尔哲学的伟大尝试,试图架起哲学与人的生存之间的关系,让外在或悬于生活上的哲学,落根于人之生存活动中。然而,他将人的生活历程勾勒为"审美阶段"到"伦理阶段",再到"宗教阶段"三个阶段,他的生活辩证法相应也分为三个阶段:感性阶段、伦理阶段和宗教阶段。其辩证法的内在推动力是"无理性的心理转变",他强调,人的生活在每一个飞跃的时刻,都是由于人的选择所具有的一种非理性的"畏惧感"即"同情的反感和反感的同情",这大大局限了"生活辩证法"的内涵。这恰如汉娜·阿伦特所指出的那样,克尔凯戈尔哲学的目的"希望强调的是与近代理性、理性的使用相对应的信仰的尊严"。马克思的哲学,在其根本上是有别于克尔凯戈尔哲学的,其目的在于"重新强调与近代历史精神相对立的人类活动的尊严",[①] 从而充分凸显"人类活动"的地位与价值,并依此为基点展开

---

① 阿伦特. 马克思与西方政治思想传统 [M]. 孙传钊, 译. 南京: 江苏人民出版社, 2007: 98.

对"人类活动"辩证法的探寻,建立"生活辩证法"的新形态,形成了马克思生活辩证法具有丰富内涵的内在逻辑。

不可否认,克尔凯戈尔开启的"生活辩证法"之路向,应该说是值得充分肯定的。然而,同样以批判黑格尔辩证法为逻辑起点的马克思,却走上了与克尔凯戈尔截然不同的道路,这无论是从马克思辩证法的现实立足点、内容、理论形态,还是其实质、根本旨趣等方面都能加以甄别。一句话,以马克思辩证法与"现实生活"之间的关系为视角,这样能充分彰显出其独特的理论本质与价值。

二

马克思曾指出,"辩证法,在其神秘形式上,成了德国的时髦东西,因为它似乎使现存事物显得光彩。辩证法,在其合理形态上,引起资产阶级及其空论主义的代言人的恼怒和恐怖,因为辩证法在对现存事物的肯定的理解中同时包含对现存事物的否定的理解,即对现存事物的必然灭亡的理解;辩证法对每一种既成的形式都是从不断的运动中,因而也是从它的暂时性方面去理解;辩证法不崇拜任何东西,按其本质来说,它是批判的和革命的"①。

在这里,笔者认为,应该深度解读马克思所说的"辩证法""在其神秘形式上"和"其合理形态上"所引发的截然不同的结果或效果。"辩证法"在黑格尔手中神秘化了,黑格尔通过其"神秘形式",最终实现了内在矛盾的"调和",而通过理论的和解,实现对现存事物之存在进行合理性、合法性辩护之目的,因此"神秘形式"的"辩证法""使现存事物显得光彩"。马克思的辩证法,则通过"其合理形态",展示了现存事物必然被替代的趋势,"引起资产阶级及其空论主义的代言人的恼怒和恐怖"。如此,马克思已经昭示了"辩证法"在不同的形式上,所显示出来的对"现存事物"不同的价值立场以及所带来的不同效果。这样,两种不同形式所呈现出来的"辩证法",事实上却展示着不同的价值逻辑。关于这一点,我们必须加以廓清。长期以来,我们忽略了辩证法的价值立场,认为辩证法是纯粹客观的,是一种与生活主体无涉的甚至是外在于主体生活的规则、秩序、关系、逻辑和必然的趋势,进而在解读马克思辩证法时,将其本体论基础仅仅视为某种外在客观的存在,而未能把握这种本体论

---

① 马克思. 资本论:第1卷[M]. 中共中央马克思恩格斯列宁斯大林著作编译局,译. 北京:人民出版社,2018:22.

基础恰好就是人的活动或人的生活自身。如此，我们也就很难达到对辩证法予以"合理形态"的呈现，也就难以深刻地把握辩证法与现实生活之间的内在关系。

剥离辩证法的"神秘形式"，揭示其"神秘形式"所固有的保守性与不彻底性，将辩证法落实于现实生活世界之中，使之以"合理形态"进行呈现，从而改变了辩证法存在的合法界域，这才符合马克思辩证法的本意。马克思所谓的辩证法的"合理形态"，本意即是其在生活世界中的自我展开、自我批判与自我超越中所体现出生活世界自身的历史性变革，而绝不是对现实生活的某种抽象而形成的抽象范畴运行与演化的"格式"。生活世界的历史性变革并非某种外在于生活的神秘力量使然，而是生活自身的内在矛盾不断嬗变来引动的，如此，生活世界各种关系才能得以澄明，生活的时间性与空间性以及各生活领域之间存在的历史性张力关系也才得以彰显。唯此，我们才能真正懂得"从不断的运动中""从它的暂时性方面"来理解"现存事物"所体现出来的生活的历史性、现实性与未来性之统一，才能明了否定性、超越性在事物的变化与发展中所具有的价值。从这里，我们可以看到，马克思的辩证法不是先验地设定而凌驾于生活之上的，而是交还给了生活世界本身，从而实现了生活第一性的原则。这正如马克思所说："不是意识决定生活，而是生活决定意识。"①"物质生活的生产方式制约着整个社会生活、政治生活和精神生活的过程。不是人们的意识决定人们的存在，相反，是人们的社会存在决定人们的意识"②，"而人们的存在就是他们的现实生活过程"③。可见，马克思的辩证法，就是对生活自身历史变化的内在矛盾与规律的真切把握，是对生活自身辩证发展的观念映现。从这一意义上说，马克思的辩证法就是"生活辩证法"。

马克思辩证法不是囿于某种先验的范畴逻辑，而是直面生活世界，对生活世界进行深刻的审查与洞见，马克思辩证法的生活特质构成其生活辩证法的本质规定。只有这样，我们才能彻底掀开"辩证法不崇拜任何东西，按其本质来说，它是批判的和革命的"之实质与奥秘。在这里，所谓的"批判的"和"革命的"并非无主体性的生活自发发生的事情，而是生活在一定历史阶段的主体、

---

① 中共中央马克思恩格斯列宁斯大林著作编译局. 马克思恩格斯选集：第1卷 [M]. 北京：人民出版社，2012：152.
② 中共中央马克思恩格斯列宁斯大林著作编译局. 马克思恩格斯选集：第2卷 [M]. 北京：人民出版社，2012：2.
③ 中共中央马克思恩格斯列宁斯大林著作编译局. 马克思恩格斯选集：第1卷 [M]. 北京：人民出版社，2012：152.

主体集团之间利益关系的生死存亡之搏斗,是不同生活主体为权利、生存空间斗争所展现出来的特性。换句话说,这种批判性和革命性就是新的生活世界对旧的生活世界整体性的否定与超越,是以一种权利模式、一套权利分配方案、一组权利结构历史性替代旧的、限制人的生存与发展的另一种、另一套、另一组权利模式、分配方案、权利结构。从这一意义上来看,马克思辩证法最为核心的主旨乃是围绕着生活主体的"权利"而展开的,马克思的辩证法所揭示与表达的是现实生活世界代表着不同价值取向的生活主体之权利变革的本质性特征。唯有如此,我们才能解读出辩证法的批判性与革命性所具有的真实内涵,这才是生活世界内在矛盾关系与变化规律的真实再现。也只有这样,我们才能将辩证法与马克思的自由、解放和幸福等紧密关联起来。

进而言之,辩证法内在于生活世界,构成生活世界的生活主体是现实中一个个有目的、追求着自己利益、诉求着自己生存权利的活生生的人,他们的活动、他们的活动所创造出来的关系构成了现实生活的基本内容。如此,现实生活世界的谜底就是生活主体在一定的历史条件下不断追求与建构自身"生存权利"的活动。这样,不同的生活主体是现实生活内部的各种不同的力量,他们代表着不同的"权利"需要,而生活主体在生活世界中所进行的多维度的权利博弈与角逐,也就构成了现实生活的本质性内容。生活辩证法,就是对生活主体生活权利本质、特征及其变化规则和趋向的历史性解读与本质性把握。事实上,生活的历史性变迁,就其本质而言,就是新的生活主体之权利系统渐次占据历史的主导地位,而展开对旧的权利系统的批判、否定、替代与超越。这一批判、否定、替代与超越的过程,正是马克思辩证法追问的真正着力点。在这里,马克思所说的"现存事物",其底蕴就是由现存的权利规则与取向所构成的现实生活状态,它具有历史暂时性特征,它必然要被更有利于人的存在与发展的新的权利规则与取向所取代,这就是生活世界越来越向人敞开的本质内涵。

概而言之,在黑格尔那里,否定性、批判性只是范畴、观念的自我扬弃与自我生成,辩证法也只是概念与范畴的生成逻辑,是"观念的自我否定"。在马克思这里,这种否定性与批判性代表的乃是生活权利的替代与超越,标志着新生活的生成性特征,是"生活的自我否定"。如此,马克思的辩证法这种立足于现实生活的实际权利而展开的"权利逻辑",成为其对现实生活具有真正改造力的根本前提与基本保证。因为,"马克思思想的实际冲击力,完全在科学以外的领域,超越了学术的、科学的领域。而且,严格地说,他的著作中与学术、科

67

学的领域完全不同的、非科学的那部分，却扎根于现实"①。

三

马克思哲学围绕着"生活权利"而展开的、具有批判性和革命性的"生活辩证法"，实现了对黑格尔哲学辩证法的"颠倒"，展开了辩证法的生活实践路向。路易·阿尔都塞说："这种以实践状态出现的辩证法包含着对马克思和黑格尔的关系问题的解答，包含着所谓'颠倒'的真相。"② 这事实上也就回答了"把马克思的辩证法和黑格尔辩证法严格区分开来的特殊性究竟是什么"③ 的问题。

马克思的生活辩证法首先以对生活的前提进行批判性审查为始端，体现了马克思的辩证法以建构现实生活为出发点的基本立场。马克思说："我们开始要谈的前提不是任意提出的，不是教条，而是一些只有在想象中才能撇开的现实前提。这是一些现实的个人，是他们的活动和他们的物质生活条件，包括他们已有的和由他们自己的活动创造出来的物质生活条件。"④ 在此，马克思首先撇除与批判了对生活前提缺乏历史性和现实性规定的浪漫主义思维和先验规定，强调了生活的前提是"现实的个人""他们的活动"和"他们的物质生活条件"这三个基本要素"三位一体"的特质所形成的生活静态结构以及依此而展开的生活历史性生成关系。在此，马克思确定了"现实生活"的整体性、历史性与不断生成性，更为重要的是确立了现实生活的主体性原则。这样，马克思也就为生活辩证法建立了基本的原则。

在此基础上，马克思生活辩证法因生活世界的生成、嬗变与历史性变迁来展开其自身的逻辑，形成了以"劳动—生产"为基源，以物质生活资料的生产为基础而生成的经济生活、政治生活、社会生活和精神生活等多领域、多层面交错而构成的生活关系逻辑，构成生活的空间性维度，最后显现为生活形态的阶段性与历史性转换、生活从民族史向人类史转换，敞开更为广阔的历史前景，形成生活的时间性维度。以劳动、生产为发源，以生活的时间性和空间性并行

---

① 阿伦特. 马克思与西方政治思想传统 [M]. 孙传钊，译. 南京：江苏人民出版社，2007：81.
② 阿尔都塞. 保卫马克思 [M]. 顾良，译. 北京：商务印书馆，2006：166.
③ 阿尔都塞. 保卫马克思 [M]. 顾良，译. 北京：商务印书馆，2006：155.
④ 中共中央马克思恩格斯列宁斯大林著作编译局. 马克思恩格斯选集：第1卷 [M]. 北京：人民出版社，2012：146.

演化为特征，这样构成了马克思生活辩证法的内在图式。

首先，劳动—生产辩证法。在马克思生活辩证法的结构中，"劳动—生产辩证法"是最为基础和有本源意义的辩证法，因为"劳动—生产"是生活主体自我生成、生活主体得以确认的前提，也是一切社会关系与生活逻辑得以建立的基础。从这一意义来看，"劳动—生产辩证法"构成了马克思生活辩证法的第一层次，也是马克思生活辩证法最基本的内核。

我们知道，文艺复兴以降，人与劳动的关系得以改写，尤其是工业革命以来，劳动的地位得以历史性地提升，正如汉娜·阿伦特所言："我们的世界与从前相比，决定性的相异点是给了劳动以尊严。如今这平凡的劳动具有了怪异的威严，而且这样的事情距今也还没到一个世纪。"同时，"我们说自己生活在劳动者的社会里，就是在'以维持个体生命为目的'的意义上，第一次承认人类的所有活动都是劳动的活动，人类第一次承认自己是在劳动力所有者的社会里生活"①。人类的生活世界已经因劳动的凸显而充满着人的意志、人的本质力量的现实化。人就生活在自己所创造的世界里，人的生活是由自己劳动缔造出来的。

关于现代性生活的这一历史特征，黑格尔已经给予了充分的关注，并在不同时期的不同文本里对"劳动"从不同的层面予以了界说。在《耶拿实在哲学》中，黑格尔第一次比较详细地研究了劳动的意义，他认为："每个人的工作按其内容来说是普遍的劳动，既看到一切人的需要，也能够去满足一个个人的需要；换句话说，劳动是有价值的。单个的个人的劳动和财产，并不是它们对他个人来说所是的那种东西，而是它们对一切人来说所是的那种东西。需要的满足是一切特殊的个人在其相互关系中的一种普遍的依赖关系……每个人虽然是具有需要的个人，却变为一个普遍的东西。"② 在《精神现象学》中，黑格尔说道："个体满足它自己需要的劳动，既是它自己需要的满足，同样也是对其他个体需要的一个满足，并且一个个体要满足它的需要，就只能通过别的个体的劳动才能达到满足的目的。个别的人在他的个别的劳动里本就不自觉地或无意识地在完成着一种普遍的劳动。"③ 在《法哲学原理》中，黑格尔认为："在劳

---

① 阿伦特. 马克思与西方政治思想传统[M]. 孙传钊，译. 南京：江苏人民出版社，2007：44.
② 普兰特. 黑格尔政治哲学中的经济和社会的整体性[M]//中国社会科学院哲学研究所西方哲学史研究室. 国外黑格尔哲学新论. 茹行，译. 北京：中国社会科学出版社，1982：283.
③ 黑格尔. 精神现象学：上卷[M]. 贺麟，王玖兴，译. 北京：商务印书馆，1997：234.

动和满足需要的上述依赖性和相互关系中，主观的利己心转化为对其他一切人的需要得到满足是有帮助的东西，即通过普遍物而转化为特殊物的中介。"①

　　从以上的引文中，我们可以看出，黑格尔从个体发展和人类形成两重视角对劳动的重要性加以了充分肯定与分析。马克思在批判黑格尔的过程中对此也加以肯定与赞誉。因为在黑格尔以前的劳动或实践范畴中，其主要是指道德实践，是属于伦理领域的，而黑格尔的劳动概念，是指生产劳动，是主体和对象之间的关系。更为重要的是，黑格尔把劳动看作人的本质。对此，马克思说道："黑格尔把人的自我产生看作一个过程……他抓住了劳动的本质，把对象性的人、现实的因而是真正的人理解为人自己的劳动的结果"，并"把劳动看作人的本质，看作人的自我确认的本质"②。不可否认，黑格尔哲学的"劳动"是"绝对精神"自我扬弃的一个环节，本质上指的是"精神的劳动"。黑格尔已经从经济劳动关系中预示了"异化劳动"于现代人、现代生活之宿命。

　　马克思充分吸引了黑格尔劳动与人的本质之关系的思想，并更进一步将劳动界定为人的自由自觉的活动，这是人的"类本质"规定，从而确立了人的劳动具有超越种属限制的自主性与自由性特征，使"人"与动物区别开来。在这里，"劳动"成为"人"之为人的标志性尺度。由此，马克思突破了黑格尔的"精神劳动"，凸显了劳动就是人的现实劳动、现实的活动，即是对生活资料的生产。这样，在现实的劳动中，人的本质不仅得以生成，而且人的本质力量不断得以确证。然而，在私有制的条件下，作为人的本质力量对象化的"劳动"却反过来阻滞、压抑着人的存在与发展，导致了"劳动异化"。在此种情况下，"劳动始终是令人厌恶的事情，始终表现为外在的强制劳动，而与此相反，不劳动却是'自由和幸福'"的③。劳动是人的本质规定，劳动是人作为人确证自己最基础的方式，成为人的最为基本的权利。然而，"异化劳动"最终剥夺的是"人"的劳动权利，使"劳动者"在以私有制为依托、为基础而生成的权利结构中，劳动权利不断被剥夺，最后"一无所有"。从这一意义上来看，"异化劳动"所蕴含的是对以私有制度为基础的资本主义生产方式的批判与否定。这也是马克思劳动辩证法最为基本的价值立场。

　　在劳动分工维度，马克思从分工的技术层面和价值层面对之加以分析，并

---

① 黑格尔. 法哲学原理［M］. 范扬，张企泰，译. 北京：商务印书馆，1982：210.
② 马克思. 1844年经济学哲学手稿［M］. 中共中央马克思恩格斯列宁斯大林著作编译局，译. 北京：人民出版社，2000：101.
③ 中共中央马克思恩格斯列宁斯大林著作编译局. 马克思恩格斯全集：第30卷［M］. 北京：人民出版社，1995：615.

始终从价值层面来审视其技术层面，从而揭示了劳动辩证法。马克思分析了在私有制下的分工，一方面提高了劳动效率，创造了大量的物质财富，因为"受分工制约的不同的个人的共同活动产生了一种社会力量，即成倍增长的生产力"①。然而，另一方面，"这种社会力量在这些个人看来就不是他们自身的联合力量，而是某种异己的、是他们之外的强制力量"，"他们不再能驾驭这种力量"②，并且，"人本身的活动对人来说成为一种异己的、同他对立的力量，这种力量压迫着人，而不是人驾驭着这种力量"。更进一步看，在此种分工的境况下，"任何人都有自己一定的特殊活动范围，这个范围是强加于他的，他不能超出这个范围……他只要不想失去生活资料，他就始终应该是这样的"③。同时，在劳动与生产中，人与人的关系在私有制下不断简单化，也在不断畸形化。如此，马克思通过对劳动分工的解析，透视了劳动—生产辩证法内在所生成的悖论。

劳动和生产不仅生产出人的生活所需要的物质财富，而且同时生产着人生活于其中的各种关系。这些被生产出来的"关系"构成"人"活动的场域与条件，如此因劳动、生产而发轫，以此为基点，衍生与构建出人的生活世界。如此，我们可以清楚地看到，在马克思生活辩证法逻辑结构体系中，劳动—生产辩证法为其基础的、发生学意义上的源头。正是在这一意义上，马克思才做出"全部社会生活在本质上是实践的"深刻判断。

其次，生活关系辩证法。在马克思生活辩证法的逻辑中，劳动、生产是启动器与引擎。因人类的劳动、生产，人的生活世界生成了它内在的不同领域，形成了各领域之间特有的关系逻辑，尤其是在现代劳动与生产的基础上生成的现代生活，已经充分而全面地展现了生活世界内在的结构及其各领域之间的张力。换句话说，在劳动、生产基础上生成的经济生活、社会生活、政治生活和精神生活渐次相对独立，形成了生活世界的多维度、多界面，进而彰显各领域之间内在的逻辑。对此，马克思对生活辩证法，从时间和空间两个维度上予以了描述。他说："人们在自己生活的社会生产中发生一定的、必然的、不以他们的意志为转移的关系，即同他们的物质生产力的一定发展阶段相适合的生产关

---

① 中共中央马克思恩格斯列宁斯大林著作编译局. 马克思恩格斯选集：第1卷［M］. 北京：人民出版社，2012：165.
② 中共中央马克思恩格斯列宁斯大林著作编译局. 马克思恩格斯选集：第1卷［M］. 北京：人民出版社，2012：165.
③ 中共中央马克思恩格斯列宁斯大林著作编译局. 马克思恩格斯选集：第1卷［M］. 北京：人民出版社，2012：165.

系。这些生产关系的总和构成社会的经济结构，即有法律的和政治的上层建筑竖立其上并有一定的社会意识形式与之相适应的现实基础。物质生活的生产方式制约着整个社会生活、政治生活和精神生活的过程。"①

近代以降，现代生活已经全面展开，形成经济生活、政治生活、社会生活和精神生活等多维度、多领域和多样态，相应地，各领域在生活世界中的功能亦分化，其定位亦渐次明确，同时各领域运行所遵循的原则、生成的逻辑、评价的尺度也具有相对独立性和彼此的不可替代性。如此，现代生活世界的整体性、统一性，正是以生活领域不断分化、领域相对独立为其前提和基本特征的。现代生活的丰富性、多样性，各领域之间内在的逻辑，以及在丰富性、多样性基础上构成其统一性特质，同时现代生活的巨大震荡与流变构成它的标志性特征。马克思说："生产的不断变革，一切生活状况不停地动荡，永远不安定和变动，……一切固定的僵化的关系以及与之相适应的素被尊崇的观念和见解都被消除了，一切新形成的关系等不到固定下来就陈旧了。一切等级的和固定的东西都烟消云散了，一切神圣的东西都被亵渎了。""这就是资产阶级时代不同于过去一切时代的地方。"② 这一切都标志着现代生活与前现代生活的根本差异。这正是马克思展开对现代生活进行批判的基本事实，也是马克思对各个领域生活进行确证与批判，从而揭示生活关系辩证法的对象。

直面现代经济生活，马克思着力剖析资本的发生、发展与矛盾，以及资本对生活世界秩序与规则的改写与重塑，批判了现代资本主义经济生活中的资本逻辑，从而揭示了资本主义的经济生活辩证法。③ 为此，马克思深度挖掘了资本主义经济生活追求剩余价值的内驱力和目的的实现与资本主义所有制之间的矛盾，解开了资本主义生产、分配、交换与消费等环节中所蕴含的与生产者权利实现之间的悖论，如此，也就掀开了资本在不断否定、不断扬弃自身外在形态的过程中，不仅范导出资本主义的生产逻辑，而且范导出资本主义的价值逻辑，进而全面向生活世界领域扩张。于是，资本逻辑不仅成为现代经济生活的主导性逻辑，而且主宰与操纵着生活世界别的领域，"它按照自己的面貌为自己创造

---

① 中共中央马克思恩格斯列宁斯大林著作编译局. 马克思恩格斯选集：第2卷 [M]. 北京：人民出版社，2012：2.
② 中共中央马克思恩格斯列宁斯大林著作编译局. 马克思恩格斯选集：第1卷 [M]. 北京：人民出版社，2012：403.
③ 白刚. 马克思的资本辩证法：辩证法的革命与革命的辩证法 [J]. 江苏社会科学，2010 (3)：34-39.

出一个世界"。① 事实上，也正因为"资本"渐次溢出自身合法的边界，带来了生活世界全面单一性特质，资本成为资本主义的"核心"，历史性地导演出"商品拜物教""拜金主义"和资本崇拜。如此，在以"物""货币"和"资本"为主轴的资本主义经济生活中，劳动者（人）只是手段，"人"被"资本"奴役而丧失作为人的自由与个性，整个经济生活出现了价值颠倒。如此，马克思说："在资本主义社会里过去支配现在，……资本具有独立性和个性，而活动着的个人却没有独立性和个性。"② 如此，"资产阶级除非对生产工具，从而对生产关系，从而对全部社会关系不断地进行革命，否则就不能生存下去"③。

马克思通过对现代经济生活中"非神圣形象的自我异化"的"资本"的批判，发现了资本主义内在固有的基本矛盾，揭示了资本主义剩余价值规律，揭示了资本主义经济危机规律，从而揭示了资本主义必然被自我否定、被非对抗性的"自由人的联合体"所取代的必然趋向，超越了"物本逻辑""资本逻辑"，真正实现了"以人为本"的价值主张，实现了"人"在经济生活中的"解放"，使人具有独立性与个性，确立人在经济生活中的"此岸真理"。

进一步而言，因"自由竞争以及与自由竞争相适应的社会制度和政治制度、资产阶级的经济统治和政治统治"，建立在资本主义经济生活之上的"政治生活"，以"自由、平等、博爱"为价值宣言与引导，超越了前现代的政治逻辑。然而，无论是其政治理念、政治制度、政治文化还是政治心理、政治情感，无论是政治主张还是政治行为，无论是实行了"三权分立"还是宪政民主，无论是其律法的物权基础还是政治国家的秉性，事实上，这样都只能实现人的"政治解放"，只能解放"臣民"为"公民"，不可能实现"人的解放"。如此，资本主义政治生活只是"资本逻辑"的政治延伸，这样，资本主义政治生活与经济生活之间的特殊性关系，构成了马克思深切关注与彻底批判的生活关系逻辑。

面对资本主义政治生活的形式性与实质性的悖论，马克思揭示了资本主义国家、政权的本质与价值旨归，揭示了民主、自由、平等的历史限度、阶级偏向与虚假性实质，揭示了"阶级的个人"的规定性和阶级斗争的解放实质，揭示了"虚假共同体"与"真实共同体"因利益主体尺度，因利益冲突与剥离而

---

① 中共中央马克思恩格斯列宁斯大林著作编译局. 马克思恩格斯选集：第1卷 [M]. 北京：人民出版社，2012：404.
② 中共中央马克思恩格斯列宁斯大林著作编译局. 马克思恩格斯选集：第1卷 [M]. 北京：人民出版社，2012：415.
③ 中共中央马克思恩格斯列宁斯大林著作编译局. 马克思恩格斯选集：第1卷 [M]. 北京：人民出版社，2012：403.

产生的种种幻象等,构成马克思生活辩证法在政治领域中的具象显示。

在后宗教时代的现代生活领域中,意识形态的复杂性与多元性,折射出该时代精神生活的冲突与矛盾,也显现出意识形态更为隐秘的特质。马克思从意识形态与现实生活之间的关系视角,批判了超历史语境抽象和观念决定论的方法论原则,揭示了意识形态的本质内涵及其演变的内在特征。马克思首先确立了"不是意识决定生活,而是生活决定意识"这一审视意识形态的根本原则,并依此强调"道德、宗教、形而上学和其他意识形态,以及与它们相适应的意识形式便不再保留独立性的外观了。它们没有历史,没有发展,而发展着自己的物质生产和物质交往的人们,在改变自己的这个现实的同时也就改变着自己的思维和思维的产物"①。这就从意识形态的现实规定上对之性质加以了界定,解除了意识形态无根而独立存在与演化的错误观点。在此基础上,马克思进一步追问了在一个时代精神生活领域内,意识形态生态的内在构成逻辑。对此,他指出:"统治阶级的思想在每一时代都是占统治地位的思想……占统治地位的思想不过是占统治地位的物质关系在观念上的表现,不过是以思想的形式表现出来的占统治地位的物质关系。"②同时,随着现实生活的变化,意识形态领域也相应会变化,这样,马克思始终坚持的意识形态与现实生活之间的张力关系确定了意识形态的演变,直言在对抗性社会中,在"特殊利益"与"普遍利益"依然处于割裂、对抗的社会里,占统治地位的意识形态以"共同利益""普遍利益"之名,行"特殊利益"、阶级利益之实其具有遮蔽性、虚假性和欺骗性。因为,"占统治地位的将是越来越抽象的思想,即越来越具有普遍性形式的思想。因为每一个企图取代旧阶级统治的新阶级,为了达到自己的目的不得不把自己的利益说成是社会全体成员的共同利益"③。如此,在观念上的表达就是"赋予自己的思想以普遍性的形式,把它们描绘成唯一合乎理性的、有普遍意义的思想"④。这个阶级"从一开始就不是作为一个阶级,而是作为全社会的

---

① 中共中央马克思恩格斯列宁斯大林著作编译局. 马克思恩格斯选集:第 1 卷[M]. 北京:人民出版社,2012:152.
② 中共中央马克思恩格斯列宁斯大林著作编译局. 马克思恩格斯选集:第 1 卷[M]. 北京:人民出版社,2012:178.
③ 中共中央马克思恩格斯列宁斯大林著作编译局. 马克思恩格斯选集:第 1 卷[M]. 北京:人民出版社,2012:180.
④ 中共中央马克思恩格斯列宁斯大林著作编译局. 马克思恩格斯选集:第 1 卷[M]. 北京:人民出版社,2012:180.

代表出现的；它俨然以社会全体群众的姿态反对唯一的统治阶级"①。然而，随着现实生活世界的自我否定，社会的对抗性生存被超越，"只要不再有必要把特殊利益说成是普遍利益，或者把'普遍的东西'说成是占统治地位的东西，那么，一定阶级的统治似乎只是某种思想的统治这个假象当然就会自行消失"②。如此，马克思就清晰地勾勒出了意识形态演化的内在法则与规律，揭示了意识形态，进而揭示了精神生活的内在辩证法。

按照马克斯·韦伯的说法，现代生活是一个祛魅而全面世俗化的过程，在此历程中，"社会生活"作为一个具有独立性与自主性的领域渐渐生成，构成了现代生活的一块"飞地"，从而使现代生活世界的政治、经济和文化保持着内在的紧张。马克思通过对经济生活、政治生活、社会生活和精神生活不同领域的特点、内在矛盾与嬗变的历史规则的解读，具体剖析了现代生活各领域之间的关系，从而将生活辩证法空间维度的内涵得以彰显。

最后，生活历史辩证法。马克思通过揭示生活的"劳动—生产"辩证本质，透析生活空间维度的内在关系，进而探索生活的历史性维度，发现生活历史的辩证法，为人类反思、审视与建构新的生活，从必然向自由迈进提供了坚实的价值原则和奠定了方法论基础。

马克思在探讨生活历史辩证法时，首先对以前的历史观进行了清理并对其错误进行了揭示。在他看来，"迄今为止的一切历史观不是完全忽略了历史的这一现实基础，就是把它仅仅看成与历史过程没有任何关系的附带因素。因此，历史总是遵照在它之外的某种尺度来编写的；现实的生活生产被看成是某种非历史的东西，而历史的东西则被看成是某种脱离日常生活的东西，某种处于世界之外和超乎世界之上的东西"③。如此，马克思强调："历史不外是各个世代的依次交替。每一代都利用以前各代遗留下来的材料、资金和生产力；由于这个缘故，每一代一方面在完全改变了的环境下继续从事所继承的活动，另一方面又通过完全改变了的活动来变更旧的环境。"④ 正是基于此，马克思说："把

---

① 中共中央马克思恩格斯列宁斯大林著作编译局. 马克思恩格斯选集：第1卷［M］. 北京：人民出版社，2012：180.
② 中共中央马克思恩格斯列宁斯大林著作编译局. 马克思恩格斯选集：第1卷［M］. 北京：人民出版社，2012：181.
③ 中共中央马克思恩格斯列宁斯大林著作编译局. 马克思恩格斯选集：第1卷［M］. 北京：人民出版社，2012：173.
④ 中共中央马克思恩格斯列宁斯大林著作编译局. 马克思恩格斯选集：第1卷［M］. 北京：人民出版社，2012：168.

经济的社会形态的发展理解为一个自然史的过程。"① 这是人类生活的内在继续与扬弃、超越的真实逻辑。

在此基础上，马克思通过揭示所有制形式②、社会生产方式③和社会形态④等的历史性变革与变迁，以及生活从民族史向世界史、人类史转换和提升的进程，从而彰显马克思生活辩证法的时间维度。

---

① 马克思．资本论：第1卷［M］．中共中央马克思恩格斯列宁斯大林著作编译局，译．北京：人民出版社，2018：10．
② 马克思根据分工的不同，勾勒了前资本主义的所有制之不同形式，即部落所有制、古典古代的公社所有制和国家所有制、封建的或等级所有制，并对每一种所有制形式的历史特质进行了分析。中共中央马克思恩格斯列宁斯大林著作编译局．马克思恩格斯选集：第1卷［M］．北京：人民出版社，2012：148-151．
③ "大体说来，亚细亚的、古代的、封建的和现代资产阶级的生产方式可以看作社会经济形态演进的几个时代。"中共中央马克思恩格斯列宁斯大林著作编译局．马克思恩格斯选集：第2卷［M］．北京：人民出版社，2012：3．
④ 马克思在《1857—1858年经济学手稿》中阐释了他的社会形态理论："人的依赖关系（起初完全是自然发生的），是最初的社会形态，在这种形态下，人的生产能力只是在狭窄的范围内和孤立的地点上发展着。以物的依赖性为基础的人的独立性，是第二大社会形态，在这种形态下，才形成普遍的社会物质交换、全面的关系、多方面的需求以及全面的能力体系。建立在个人全面发展和他们共同的社会生产能力成为他们的社会财富这一基础上的自由个性，是第三阶段。"中共中央马克思恩格斯列宁斯大林著作编译局．马克思恩格斯全集：第46卷：上［M］．北京：人民出版社，1979：104．

第四章

马克思生活哲学的批判向度

马克思生活哲学的"批判",非康德"批判哲学"论域中以"明确前提,划清边界",以达理性自明与确认为内涵和主旨的"批判",也非黑格尔抽象思辨意义上,将辩证法之批判性内隐于保守性之中的"批判",更不是青年黑格尔主义者将"批判"停驻于语词间,进行修辞学意义上的词句"批判"。直言之,马克思是通过"理论批判"来揭示现存的生活世界在本质上是一个"颠倒的世界",人们必须"使现存世界革命化,实际地反对并改变现存的事物",来完成对生活世界本身的否定性扬弃与超越。如此,马克思辩证法的"批判性",绝不停留于"批判的武器"上,而是必须通过"掌握群众"转换为"武器的批判",变成"物质力量",从而粉碎生活世界的枷锁,将现实生活中活生生的人的解放、自由和幸福内置于批判之中,使其成为彻底批判现实生活世界的价值指向与价值归宿。

马克思生活哲学的批判向度,在笔者看来,必须明确"批判"的本质内涵、批判的方法论和批判的主体,直言之,"何谓批判""如何批判",以及"谁来批判"三个基本问题,由此构成马克思生活哲学的批判逻辑。

一

罗伯特·L.海尔布隆纳将"辩证法"以几种虽有联系但不同的方式来加以描述:"它是一种获得知识的态度;它是一种强调了根本的、不可或缺的变化本质的存在观;是一种社会存在观,揭示出社会存在是'矛盾对立'的统一;它是一种形成概念的方法。"[①] 不可否认,海尔布隆纳充分剥离与展示了辩证法所承载的多维度空间,但是他依然将辩证法囿于知识论、认识论等思维和观念领

---

① 海尔布隆纳. 马克思主义:支持与反对[M]. 马林梅,译. 北京:东方出版社,2014:31.

域中，将辩证法作为"获得知识态度"、揭示"存在观"，以及"形成概念的方法"的"手段"，未能关注到辩证法，尤其是马克思生活哲学之辩证法所具有的价值维度。这无疑弱化、忽略抑或无视马克思生活哲学之"辩证法"对生活世界所具有的批判性向度，如此，他所描述的"辩证法"，同以批判和改造现实生活为目标的马克思生活辩证法，具有本质的区别。

毋庸置疑，马克思生活哲学之批判性，是在承接和超越青年黑格尔主义者，尤其是鲍威尔和卢格等人的批判性基础上发展起来的。"马克思继承了鲍威尔的批判传统"，"从鲍威尔那里获得了主体性批判的策略"，又"受到卢格的影响改变了批判的目标"。①马克思改变与重新确立了"批判的目标、批判的主体以及批判的目的"，形成了以"现实生活"为批判对象、以"无产阶级"为批判主体、以"人民的现实幸福"为批判目的的崭新批判方案，实现了批判的历史性转向。对此，马克思说："废除作为人民的虚幻幸福的宗教，就是要求人民的现实幸福。""因此，真理的彼岸世界消逝以后，历史的任务在于确立此岸世界的真理。人的自我异化的神圣形象被揭穿以后，揭露具有非神圣形象的自我异化，就成了为历史服务的哲学的迫切任务。于是，对天国的批判变成对尘世的批判，对宗教的批判变成对法的批判，对神学的批判变成对政治的批判"②。

在此，马克思针对费尔巴哈，从"世界被二重化"这一事实出发，以揭露"人的自我异化的神圣形象"为任务，以否定有神宗教，建立爱的宗教为目的，以"异化"逻辑倒置被宗教颠倒了的"人"与"神"之主客地位与关系来进行"宗教批判"的不彻底性，指出其不彻底性。这就在于"他做的工作是把宗教世界归结于它的世俗基础"，批判仅停留于对"颠倒的世界意识"的本质揭露上，而未能对"颠倒的世界"本身进行批判，未能"从发现神圣家族的秘密在世俗家庭之后"，强调"世俗家庭本身就应当在理论上和实践中被消灭"。③一句话，费尔巴哈虽然对宗教展开批判，但是"只是用词句来反对这些词句，……绝对不是反对现实的现存世界"，如此，这种"批判所能达到的唯一结果，是从宗教

---

① 莱文.马克思与黑格尔的对话[M].周阳，常佩瑶，译.北京：中国人民大学出版社，2015：100，105，104.
② 中共中央马克思恩格斯列宁斯大林著作编译局.马克思恩格斯文集：第1卷[M].北京：人民出版社，2009：4.
③ 中共中央马克思恩格斯列宁斯大林著作编译局.马克思恩格斯文集：第1卷[M].北京：人民出版社，2009：500.

史上对基督教做一些说明，而且还是片面的说明"①，"他没有批判现在的爱的关系"②，如此，对现实生活未有任何的触动，他的"批判"，本质上仅是对脱离现实生活的宗教意识、宗教观念的批判而已。

鉴于此，马克思首先明确其所要批判的对象，已不再是"人的自我异化的神圣形象"，而是"具有非神圣形象的自我异化"，其批判是为人类追求解放、自由和幸福的"历史服务"，由此确立起新批判的总纲领，这标志着马克思开展有别于其他一切批判的生活世界批判。

马克思生活哲学的批判性，从理论和实践两个维度展现出来，由此构成了马克思的"副本"与"原本"、"批判的武器"与"武器的批判"的双重批判逻辑。在理论维度，表征为通过"描述"而"揭露"，从"副本"深入"原本"，体现为理论批判的彻底性；在实践维度，通过对"现象"批判直抵"本质"的批判，即通过"开火""炸开""砸碎""粉碎""推翻""颠覆""消灭""代替"等来表达对"现实生活"的改造、改变，表征批判的革命性。如此，马克思生活辩证法的"批判性"，就落实于对现实生活的彻底改造性，由此从"批判"的视角确立起甄别、判断真假马克思主义者的重要尺度。这样，则可以说，一切不以"改造"现实生活为目标的批判，都不具有批判的彻底性，都是虚假的批判。同理，一切不以人的解放、自由和幸福为目的的批判，就是不彻底的批判，就是虚假的批判。总之，一切不能服务于现实生活之改造的理论，本质上是不彻底的理论。这种不彻底的、虚假的批判，在理论上就是以不同的方式对"现存事物"予以"解释"，本质上是对"现存事物"的历史合法性做永恒性的"辩护"。在实践上，这种批判就是对"现存事物"做出原则性的妥协或让步，以"改良"置换"革命"，继续维系着"枷锁"对人的宰制。

马克思对生活世界批判的彻底性，在理论上就是表征为"抓住事物的根本"，"但是，人的根本就是人本身"③。如此，可以说，一种体现批判彻底性的理论，其彻底性并非理论逻辑上的深奥和玄妙，也非理论体系内部的逻辑自洽与圆融，就其要旨而言，在于该理论真正反映和彰显了主体的尺度、人的价值主张，真正表达了人民群众的利益诉求和根本意愿，体现了人的解放、自由和

---

① 中共中央马克思恩格斯列宁斯大林著作编译局. 马克思恩格斯文集：第1卷 [M]. 北京：人民出版社，2009：516.
② 中共中央马克思恩格斯列宁斯大林著作编译局. 马克思恩格斯文集：第1卷 [M]. 北京：人民出版社，2009：530.
③ 中共中央马克思恩格斯列宁斯大林著作编译局. 马克思恩格斯文集：第1卷 [M]. 北京：人民出版社，2009：11.

幸福追求。从这一意义上来看，理论的彻底性，其关键就是理论主体的人民性，理论主体价值立场的人民性。马克思对生活世界批判的彻底性，通过理论的彻底性而锻造出理论的革命性。这便是马克思建立在唯物史观基础上的解放、幸福理论之事实性与价值性、科学性和革命性的统一。在实践上，其就是要"使人能够作为不抱幻想而具有理智的人来思考，来行动，来建立自己的现实；使他能够围绕着自身和自己现实的太阳转动"①，就是要"在实践中证明自己思维的真理性，即自己思维的现实性和力量，自己思维的此岸性"②。其要"使现存世界革命化，实际地反对并改变现存的事物"③，就是"向德国制度开火！一定要开火！"，就是在"搏斗式的批判"中，"给敌人以打击"④，就是"必须推翻那些使人成为被侮辱、被奴役、被遗弃和被蔑视的东西的一切关系"⑤，就是要"推翻这种存在的东西"⑥，就是要"消灭私有制"⑦，就是"要消灭资产者的个性、独立性和自由"，就是要"剥夺利用这种占有去奴役他人劳动的权力"⑧，就是"他们的目的只有用暴力推翻全部现存的社会制度才能达到"⑨。马克思在不同的语境中所使用的这些充满着批判性、革命性和战斗性的词语，充分表达了马克思生活哲学、辩证法具有的批判性，落实于具体的生活现实中，即是"改造"。在这一意义上，批判与改造是等值的。

有一种观点认为，"在黑格尔之前，没有一个伟大的思想家敢于如此果断地将哲学置入生活的洪流中。他们都站在岸边，把在洪流之上架起一座永恒的桥

---

① 中共中央马克思恩格斯列宁斯大林著作编译局．马克思恩格斯文集：第1卷［M］．北京：人民出版社，2009：4.
② 中共中央马克思恩格斯列宁斯大林著作编译局．马克思恩格斯文集：第1卷［M］．北京：人民出版社，2009：500.
③ 中共中央马克思恩格斯列宁斯大林著作编译局．马克思恩格斯文集：第1卷［M］．北京：人民出版社，2009：527.
④ 中共中央马克思恩格斯列宁斯大林著作编译局．马克思恩格斯文集：第1卷［M］．北京：人民出版社，2009：6.
⑤ 中共中央马克思恩格斯列宁斯大林著作编译局．马克思恩格斯文集：第1卷［M］．北京：人民出版社，2009：11.
⑥ 中共中央马克思恩格斯列宁斯大林著作编译局．马克思恩格斯文集：第1卷［M］．北京：人民出版社，2009：549.
⑦ 中共中央马克思恩格斯列宁斯大林著作编译局．马克思恩格斯文集：第1卷［M］．北京：人民出版社，2009：45.
⑧ 中共中央马克思恩格斯列宁斯大林著作编译局．马克思恩格斯文集：第1卷［M］．北京：人民出版社，2009：47.
⑨ 中共中央马克思恩格斯列宁斯大林著作编译局．马克思恩格斯文集：第1卷［M］．北京：人民出版社，2009：66.

梁看作自己的任务"①。此判断之视野若加以拓展，将马克思的哲学纳入其中再加以判断，我们势必会看到，马克思在生活与哲学、生活与辩证法的关系问题上，不仅不同于黑格尔将哲学置入生活的洪流之中，作为密涅瓦黄昏时才起飞的猫头鹰，以绝对理念的否定逻辑，以抽象思辨的辩证法，溶解、吞噬"生活"，成就"作为哲学的哲学"，而且遵循生活第一性的原则，将哲学、辩证法作为批判生活的手段，还使它们成为新生活的"高卢雄鸡"。如此，马克思将历史生活中的人，包括哲学家，都界定为历史的"剧中人"和"剧作者"双重角色的统一，进而否定以生活旁观者身份出场的任何哲学，实现了哲学、辩证法与生活世界之间的深度统一。这一统一的逻辑就在于"解放的头脑是哲学，它的心脏是无产阶级。哲学不消灭无产阶级，就不能成为现实；无产阶级不把哲学变成现实，就不可能消灭自身"②。如此，马克思将生活世界的改造、无产阶级的解放与哲学的"消灭"统一于现代生活的场域之中。

阿伦特将马克思作为后黑格尔哲学时代，与克尔凯戈尔和尼采一起，终止柏拉图开启的西方哲学的人，尤其是西方政治思想传统的人。她认为，"传统，作为政治思想的传统从柏拉图开始，止于马克思"。"传统的终结也带来了黑格尔以后的哲学的三次飞跃：克尔凯戈尔从怀疑到信仰的飞跃、马克思从理论到实践的飞跃、尼采的从超感觉领域到感觉的生活的飞跃。这三个飞跃都是自灭的。信仰由于不合理被放弃了；活动因为成了意识形态被废除了；感觉因为成了没有意义的东西被无视了"③。阿伦特更鲜明地指出，"马克思思想的实际冲击力，完全在科学以外的领域，超越了学术的、科学的领域。而且，严格地说，他的著作中与学术、科学的领域完全不同、非科学的那部分，却扎根于现实"④。

不可否认，马克思的哲学、辩证法的确是扎根于"现实"，扎根于现代社会，与马克斯·韦伯一样，"他们所关心的都是某种人类的'解放'问题"。然而，有别于马克斯·韦伯关注的"对人类最后的'尊严'的拯救"，马克思则

---

① 洛维特. 从黑格尔到尼采 [M]. 李秋零，译. 北京：生活·读书·新知三联书店，2006：174.
② 中共中央马克思恩格斯列宁斯大林著作编译局. 马克思恩格斯文集：第1卷 [M]. 北京：人民出版社，2009：18.
③ 阿伦特. 马克思主义与西方政治思想传统 [M]. 孙传钊，译. 南京：江苏人民出版社，2012：214.
④ 阿伦特. 马克思主义与西方政治思想传统 [M]. 孙传钊，译. 南京：江苏人民出版社，2012：214.

更"关乎无产阶级的命运"①，如此，卡尔·洛维特进一步认为，"马克思所关注的基本问题……是环绕我们周围的现实性。我们被置入这种现实性之中，并且马克思对资本主义生产过程的批判性分析一开始所采取的形式就是以生产过程中人自身的异化为红线而对市民的世界进行批判。对作为黑格尔主义者的马克思来说，市民—资本主义的世界代表着一种特殊的'非理性的'现实性，并且它作为人的世界的那种非人性，是一个对人来说颠倒的世界"②。这一非人性的、颠倒的世界，在马克思看来，本质上是"资本具有独立性和个性，而活动着的个人却没有独立性和个性"③。在这个全面异化的世界里，"有产阶级和无产阶级同是人的自我异化。但有产阶级在这种自我异化中感到自己是被满足的和被巩固的，它把这种异化看作自身强大的证明，并在这种异化中获得人的生存的外观。而无产阶级在这种异化中则感到自己是被毁灭的，并在其中看到自己的无力和非人的生存的现实"④。马克思对现代社会、资本主义生活世界的全面异化特征的揭示，恰如雅克·阿塔利所说："资本主义在异化和剥削劳动者的同时自掘了坟墓。通过使工人被生产出来的物品外化，用金钱刺激他们的狂热，资本主义实现了对工人的异化，由此创造出一个'幻灭'的世界，在这个世界里，每个人都被自己消费和生产的商品存在本身所异化。"⑤

面对全面异化与对立的生活世界，马克思对之予以历史批判，其目的就是要改造、替代它。对此，马克思说："代替那存在着阶级和阶级对立的资产阶级旧社会的，将是这样一个联合体。"马克思以"联合体"来替代由"对抗"关系构成的"社会有机体"，从而实现"每个人的自由发展是一切人的自由发展的条件"⑥。如此，马克思通过批判、改造资本主义，向人类敞开了一个崭新的生活世界。这个世界恰如雅克·阿塔利所解读的："是一种向着个人自由不断胜利、不断创造的方向一直发展下去、最终使每个人的全部愿望都能得以实现的

---

① 洛维特. 韦伯与马克思以及黑格尔与哲学的扬弃[M]. 刘心舟，译. 南京：南京大学出版社，2019：8.
② 洛维特. 韦伯与马克思以及黑格尔与哲学的扬弃[M]. 刘心舟，译. 南京：南京大学出版社，2019：57.
③ 中共中央马克思恩格斯列宁斯大林著作编译局. 马克思恩格斯文集：第1卷[M]. 北京：人民出版社，2009：46.
④ 中共中央马克思恩格斯列宁斯大林著作编译局. 马克思恩格斯全集：第2卷[M]. 北京：人民出版社，1957：44.
⑤ 阿塔利. 卡尔·马克思：世界的精神[M]. 刘成富，陈玥，陈蕊，译. 上海：上海人民出版社，2018：277.
⑥ 中共中央马克思恩格斯列宁斯大林著作编译局. 马克思恩格斯选集：第1卷[M]. 北京：人民出版社，1995：294.

'运动'。……自由和平等将能够和谐共存,这将是一种现实的而非理论的权利平等以及个人自由的平等。"[1]

如此,从批判对象视角来看,马克思从早期承续"宗教批判"转向批判现实生活中的"政治"与"法",到后来对"意识形态""异化劳动""市场经济""商品""货币""资本""资本主义生产方式"等进行的全面批判,正是马克思所强调的要揭露"非神圣形象的自我异化"的历史展开,由此构成马克思生活哲学批判的理论图景。

当然,"批判"若只停留于"理论"层面,囿于"观念领域",未将"批判的武器"转化为"武器的批判",未能从"理论批判"落实为"实践批判"。一句话,未将"批判"落实为具体的改造,则是空想社会主义与科学社会主义的本质区别。从这一意义上来讲,马克思生活哲学的"批判",即是"改造"为归宿和价值目的,实现"哲学"与"生活"的历史性互动与互生。

二

针对西方"重新发现"马克思,试图将马克思定位为资本主义病榻旁的大夫,歪曲、否定马克思生活哲学、辩证法的彻底批判性,我们必须更准确地把握马克思生活哲学、辩证法深刻的批判性内涵,张扬马克思生活哲学的批判精神。

马克思在《〈黑格尔法哲学批判〉导言》中对"批判"的真正内涵予以明确表达。他说:"批判不是头脑的激情,它是激情的头脑。它不是解剖刀,它是武器。它的对象是自己的敌人,它不是要驳倒这个敌人,而是要消灭这个敌人。"[2] 马克思在此强调了批判"不是解剖刀",而是"武器",批判的目的,不是"要驳倒",而是"要消灭敌人",这就充分凸显了马克思的"批判"突破观念领域,以改造现实生活为其价值旨归。

马克思在《资本论·第一版序言》中指出,"在政治经济学领域内,自由的科学研究遇到的敌人,不只是它在一切其他领域内遇到的敌人。政治经济学所研究的材料的特殊性质,把人们心中最激烈、最卑鄙、最恶劣的感情,把代表

---

[1] 阿塔利. 卡尔·马克思:世界的精神 [M]. 刘成富,陈玥,陈蕊,译. 上海:上海人民出版社,2018:278.
[2] 中共中央马克思恩格斯列宁斯大林著作编译局. 马克思恩格斯文集:第 1 卷 [M]. 北京:人民出版社,2009:6.

私人利益的复仇女神召唤到战场上来反对自由的科学研究"①。由此，他指出，研究和分析资本主义的经济形式，"既不能用显微镜，也不能用化学试剂。……必须用抽象力来代替"②。这再次表明，马克思在研究资本主义经济形式和生产方式时，超越了实证主义的认知原则和庸俗经济学的价值立场，将"事实性"与"价值性"，"科学性"与"真理性"统一于对政治经济学、资本主义市场经济和现代生活世界的"批判"之中。

马克思指出，"批判已经不再是目的本身，而只是一种手段。它的主要情感是愤怒，它的主要工作是揭露"③。如何对现实生活中的问题予以揭露？马克思提出了其独特的方法——"描述"。我们由此可以很清晰地看到由"描述"而展开的"揭露"，以"揭露"而进行的"批判"的推进逻辑："描述"→"揭露"→"批判"。

在对德国制度进行批判时，马克思正是以"描述"来揭露德国的现实境况的。他说："批判的主要工作是揭露"，"这是指描述各个社会领域相互施加的无形压力，描述普遍无所事事的沉闷情绪，描述既表现为自大又表现为自卑的狭隘性，而且要在政府制度的范围内加以描述"④，以及"应当把德国社会的每个领域作为德国社会的羞耻部分加以描述"⑤，以使"不让德国人有一时片刻去自欺欺人和俯首听命。应当让受现实压迫的人意识到压迫，从而使现实的压迫更加沉重；应当公开耻辱，从而使耻辱更加耻辱……"⑥。

马克思以"描述"对生活世界的真实"景象"予以揭露，根本上是透过生活之复杂的现象，让生活现实之真实予以敞开而使之内在本质得以呈现，如此，则可以说马克思对生活世界予以批判和揭露所采用的方法论，则是超越黑格尔"精神现象学"的"生活现象学"。

马克思的"生活现象学"，通过"描述"，首先彰显马克思的批判、揭露所

---

① 马克思. 资本论：第1卷 [M]. 中共中央马克思恩格斯列宁斯大林著作编译局，译. 北京：人民出版社，2018：10.

② 马克思. 资本论：第1卷 [M]. 中共中央马克思恩格斯列宁斯大林著作编译局，译. 北京：人民出版社，2018：8.

③ 中共中央马克思恩格斯列宁斯大林著作编译局. 马克思恩格斯文集：第1卷 [M]. 北京：人民出版社，2009：6.

④ 中共中央马克思恩格斯列宁斯大林著作编译局. 马克思恩格斯文集：第1卷 [M]. 北京：人民出版社，2009：6.

⑤ 中共中央马克思恩格斯列宁斯大林著作编译局. 马克思恩格斯文集：第1卷 [M]. 北京：人民出版社，2009：7.

⑥ 中共中央马克思恩格斯列宁斯大林著作编译局. 马克思恩格斯文集：第1卷 [M]. 北京：人民出版社，2009：6-7.

遵循的"唯物主义"客观性原则，进而在"客观性"原则之基础上，揭示"现存事物"之命运，厘清现实生活通过批判所具有的"未来性"特征。这样，"描述"在遵循客观性的基础上，将生活世界的"实然性"与"应然性"统一起来，由此"描述"为客观真实、全面准确、深刻系统地认识现实，进而批判和改造现实予以了方法论的保证。

马克思揭示资本主义生产方式的历史起源，确证资本主义制度的历史进步性和历史合法性，解剖资本主义生产方式的本质、内在矛盾、经济危机及其被替代的历史必然性，揭露资本主义工厂制度的剥削程度，掌握无产阶级的成长、成熟及其革命状况。可以说，这都充分遵循了生活现象学的方法论，他很好地运用"描述"的方法，把握历史"现象"，进而解蔽"现象"，发现其隐藏于现象中的秘密，创造性地建构其"政治经济学批判"的科学理论体系。

譬如，《资本论》开篇就直言："资本主义生产方式占统治地位的社会财富，表现为'庞大的商品堆积'。"[①] 在此，马克思将资本主义生产方式特点的整体性与抽象性，以最直观的社会财富"现象"，即"庞大的商品堆积"呈现于世。于此，马克思化内在本质为外在现象、化抽象规定性为具体实在性、化生产事实为生活事实、化"现实"为"现存"，如此，从这一最常见、最普遍存在的现象——"商品"入手，即是从"描述"与生活具有直接相关性的"事实"入手，径直达到对"商品拜物教及其秘密"的解构。

同样，他通过对从简单的"物物交换"到"一般等价物"，再到"货币"出现的历史过程的"描述"，揭示了"货币"的产生与本质，揭露了"拜金主义"之拜物教实质。

他通过对"货币"转换为"资本"的过程的"描述"，对"资本原始积累"历程和大量事实的"描述"，对"资本分化与运行过程"的"描述"，揭示了"资本"的本质和"剩余价值生产"的秘密，揭露了资本宰制"人"的历史境遇。

他对工厂法的规定、对工人实际生产状况进行"描述"："按照工厂法的定义，延长工作时间就是迫使未成年者每天工作的时数超过法律所允许的时数。这有各种各样的方法：或者在早晨6点钟以前开工，或者在下午6点还不收工，或者缩短工人法定的用餐时间。在一天中，蒸汽机开动3次，即在造成开工时，以及在早饭和午饭复工时；这样，就有6次可以偷去5分钟的机会，一天总共

[①] 马克思. 资本论：第1卷［M］. 中共中央马克思恩格斯列宁斯大林著作编译局，译. 北京：人民出版社，2018：47.

可以偷去半个小时。每天延长5分钟的工作，一周一周积累起来，一年就是两天半，但是延长工作时间的骗人伎俩远远超过了这个范围。"① 他通过"工厂视察员的报告毋庸争辩地证明了：英国工厂制度中的卑劣现象正随着这个制度的增长而增长。为了抑制工厂主的残酷贪欲而制定的法律不过是骗人的东西，因为这些法律的措辞就使它们本身的规定完全归于无效，并且使负责执行它们的人无能为力；工厂主和工人之间的对立在迅速接近那种爆发真正社会战争的限度"②。马克思揭露资本家对工人残酷剥削和工人与资本家之间对立的客观事实，从而批判资本主义追逐利润的生产和非人性。

如此，马克思一贯遵循其"生活现象学"的"描述"方法，在《资本论》第二卷、第三卷中，马克思通过对大量事实的"描述"，揭露资本主义的内在矛盾与危机，将早期思想中锐利的批判锋芒与刚毅的批判风格，化为对现实与历史更朴实、更朴素地描述，从而让被"描述的事实"，表现出对"生活世界"的解释力与批判力。

马克思始终坚持"实践的思维"原则，通过"描述"的方法，解除与终止了以黑格尔为代表的思辨哲学之神秘性与空洞性，彰显了马克思生活哲学以"描述"为批判手段，从而保证其对生活世界的批判超越修辞学话语而具有真切的"实证性"，这充分表征出马克思生活哲学批判的生活、实践路向。正因为如此，马克思说道："在思辨终止的地方，在现实生活面前，正是描述人们实践活动和实际发展过程的真正的实证科学开始的地方。关于意识的空话将终止，他们一定会被真正的知识所代替。对现实的描述会使独立的哲学失去生存环境，能够取而代之的充其量不过是从对人类历史发展的考察中抽象出来的最一般的结果的概括。这些抽象本身离开了现实的历史就没有任何价值。"③ 在此，我们须深切地注意马克思强调"描述人们实践活动和实际发展过程"和"对现实的描述"作为自身哲学把握生活及其历史的独特方法，获得其"真正的知识"，生成其"真正的实证科学"，从而超越"思辨哲学"。

马克思的"生活现象学"方法，尤其是以揭露现象、事实之真的"描述"方法与手段，以其对"现象"描述之事实性、客观性和现实性，保证了解蔽、

---

① 中共中央马克思恩格斯列宁斯大林著作编译局. 马克思恩格斯全集：第12卷 [M]. 北京：人民出版社，1962：198.
② 中共中央马克思恩格斯列宁斯大林著作编译局. 马克思恩格斯全集：第12卷 [M]. 北京：人民出版社，1962：199-200.
③ 中共中央马克思恩格斯列宁斯大林著作编译局. 马克思恩格斯文集：第1卷 [M]. 北京：人民出版社，1995：526.

揭露"现象"之本质的可靠性、可检验性和有效性，从而确证与支撑了马克思生活哲学批判的合理性、合法性与正当性。

如此，"批判"→"揭露"→"描述"，体现了马克思"生活现象学"的方法论，从原则到具体方法的推进与落实，于此，"唯物主义"和"辩证法"方法论原则在马克思生活哲学中得以高度的统一。

三

在马克思生活哲学的语境中，批判从来都是批判者的批判，是批判者从理论和实践两个维度展开的批判，是从"批判的武器"推进到"武器的批判"，最终指向现实生活的批判，是通过"批判的武器"掌握群众而实际地改变现存事物的批判。简言之，马克思生活哲学的批判，最终通过"批判者"而将批判实践化、现实化与生活化，从而彰显马克思生活哲学之批判最终必须落实于现实生活之改造的本质内涵上。

不可否认，空想社会主义者，从私有制、人性、道德等维度和层面对资本主义之"恶"予以了揭露与批判，他们不仅"抨击现存社会的全部基础"，提出了"关于未来社会的积极的主张，例如消灭城乡对立，消灭家庭，消灭私人营利，消灭雇佣劳动，提倡社会和谐……所有这些主张都只是表明要消灭阶级对立"，但是，"他们拒绝一切政治行动，特别是一切革命行动，他们想通过和平的途径达到自己的目的，并且企图通过一些小型的、当然不会成功的试验，通过示范的力量来为新的社会福音开辟道路"[1]。如此，马克思把他们称之为"批判的空想社会主义者"。批判的空想社会主义者之"空想"，不仅在于"这些发明家""不能看到无产阶级解放的物质条件"，"以幻想的条件"代替"解放的历史条件"，而且在更根本的意义上，"看不到无产阶级方面的任何历史主动性，看不到它所特有的任何政治运动"[2]，因此，他们认为"无产阶级的逐步组织成为阶级要由一种特意设计出来的社会组织来代替"[3]。一句话，在他们未来社会主义的设计中，他们未能确立真正的历史与生活的"批判者"，在他们的

---

[1] 中共中央马克思恩格斯列宁斯大林著作编译局. 马克思恩格斯文集：第2卷［M］. 北京：人民出版社，2009：63.

[2] 中共中央马克思恩格斯列宁斯大林著作编译局. 马克思恩格斯文集：第2卷［M］. 北京：人民出版社，2009：62.

[3] 中共中央马克思恩格斯列宁斯大林著作编译局. 马克思恩格斯文集：第2卷［M］. 北京：人民出版社，2009：62-63.

批判理论中，现实生活的真正"批判者"，无疑是缺位的。

马克思说："革命需要被动因素，需要物质基础。"① 在这一个命题中的"被动"二字，马克思以"黑体"加以突出，且说"革命"需要这个"被动因素"，这个"被动""被动因素"，到底指的是什么？

在鲍威尔看来，"群众""无产阶级"，只会注重物质利益因而没有改变历史的"自我意识"，不能成为创造历史的主体，因此他认为"群众""无产阶级"在历史中、在革命中只是"被动的"因素，改变历史现实的希望只能寄托于他们这些高明的批判家、"自由人"身上。正是基于此，鲍威尔猛烈攻击共产主义，因为马克思的"共产主义"正是把政治和社会的希望都寄托于"群众""无产阶级"身上。

对鲍威尔等人，无视、蔑视"无产阶级""群众"的历史主体性的观点，马克思曾尖锐地指出："布鲁诺先生所发现的'精神'与'群众'的关系，事实上不过是黑格尔历史观的批判的、漫画式的完成，而黑格尔的历史观又不过是关于精神和物质、上帝和世界相对立的基督教德意志教条的思维表现。在历史的范围内，在人类本身的范围内，这种对立表现为代表积极精神的少数杰出人物与代表精神空虚的群众、代表物质的人类其余部分相对立。"②"'批判'认为自己并不是通过群众体现出来，而仅仅是通过一小撮杰出人物即鲍威尔先生及其门徒体现出来的。……一方面是群众，他们是消极的、精神空虚的、非历史的、物质的历史因素……"③

马克思指出被鲍威尔贬低为无"自我意识"、只具有"被动性"而不能成为历史创造主体的"群众""无产阶级"，正是"革命"真正不可或缺的因素！被鲍威尔视为"被动的""要素"，在马克思看来却恰好是"革命""历史"的"主动性"因素，是批判和改造现实生活的"主体"。这不仅体现了马克思与布鲁诺·鲍威尔关于"群众""无产阶级"在"革命"即历史创造活动中的地位、作用等的不同立场、认知和判断，而且标示着马克思与鲍威尔"无产阶级观""群众观"的根本分野，更为重要的是马克思确立了"无产阶级""人民群众"历史创造主体论，在更深层次上，解除了鲍威尔及一切空想主义者所主张的

---

① 中共中央马克思恩格斯列宁斯大林著作编译局．马克思恩格斯文集：第1卷［M］．北京：人民出版社，2009：12．

② 中共中央马克思恩格斯列宁斯大林著作编译局．马克思恩格斯全集：第2卷［M］．北京：人民出版社，1957：108．

③ 中共中央马克思恩格斯列宁斯大林著作编译局．马克思恩格斯全集：第2卷［M］．北京：人民出版社，1957：109．

"拯救论"和"精英论",提出了"无产阶级""人民群众"的自我解放理论。一言以蔽之,从根本上,马克思找到、确认了现存事物的批判者:"无产阶级"。

正因为马克思确认了"无产阶级",作为现实生活的批判主体,"批判的武器"、科学的"理论"才能通过"说服"而"掌握群众",也才能转化为"武器的批判",成为改变现实生活的物质力量。如此,马克思生活哲学批判的彻底性,通过批判者的批判活动,才落实与体现为对现实生活的改造。正因为如此,马克思才说:"工人们组织这些团体,就表明他们非常彻底而广泛地理解从他们的合作中所产生的那种'豆大的''不可比拟的'力量。但是这些群众的共产主义的工人,例如在曼彻斯特和里昂的工场中做工的人,并不认为用'纯粹的思维'即单靠一些议论就可以摆脱自己的主人和自己实际上所处的屈辱地位。他们非常痛苦地感觉到存在和思维、意识和生活之间的差别。他们知道,财产、资本、金钱、雇佣劳动以及诸如此类的东西远不是想象中的幻影,而是工人自我异化的十分实际、十分具体的产物,因此也必须用实际的和具体的方式来消灭它们,以便使人不仅能在思维中、意识中,而且也能在群众的存在中、生活中真正成其为人。"①

马克思生活哲学批判与超越传统的"群众群氓观",树立了科学的"群众历史观",实现了"群众观"的历史与价值转向。由此,马克思强调"历史活动是群众的事业,随着历史活动的深入,必将是群众队伍的扩大"②。他指出:"要想站起来,仅仅在思想中站起来,而现实的、感性的、用任何观念都不能解脱的那种枷锁依然套在现实的、感性的头上,那是不行的。可是绝对的批判从黑格尔的'现象学'中至少学会了一种技艺,这就是把现实的、客观的、在我身外存在着的链条变成只是观念的、只是主观的、只是在我身内存在着的链条,因而也就把一切外部的感性的斗争都变成了纯粹观念的斗争。"③ 如此,马克思要对现实世界进行"搏斗式的批判"。正基于此,阿伦特说:"所谓大众,是个特定的被蔑视的范畴,哲学把握的复数性拒绝这种东西。马克思却正认为这样的大众把哲学的继承者这样的荣光头衔摘取到手了。通过这样的大众完成他的

---

① 中共中央马克思恩格斯列宁斯大林著作编译局. 马克思恩格斯全集:第2卷[M]. 北京:人民出版社,1957:66.
② 中共中央马克思恩格斯列宁斯大林著作编译局. 马克思恩格斯全集:第2卷[M]. 北京:人民出版社,1957:104.
③ 中共中央马克思恩格斯列宁斯大林著作编译局. 马克思恩格斯全集:第2卷[M]. 北京:人民出版社,1957:105.

社会理论。"①

也正是因为无产阶级作为现实社会的"批判者"得以确立,"改变世界",从而"确立此岸世界的真理"的理论主体、实践主体和价值主体才得以统一。马克思生活哲学作为人类解放、自由和幸福的哲学,以其批判与超越现代生活的鲜明哲学个性立于后黑格尔哲学谱系之中。

马克思生活哲学,通过"描述"而揭露,通过"揭露"而"批判",通过"批判"而改造,通过改造而实现人的解放、自由与幸福,由此构成马克思生活哲学批判性推进的内在逻辑,从而实现马克思生活哲学批判性之"事实性"与"价值性"、"理论性"与"实践性"、"科学性"与"革命性",以及"现实性"与"未来性"的内在统一。

---

① 阿伦特. 马克思主义与西方政治思想传统 [M]. 孙传钊, 译. 南京:江苏人民出版社, 2012:195.

第五章

马克思生活哲学的批判及批判方法论

马克思之所以能整体性地超越黑格尔哲学和费尔巴哈哲学，实现从传统的"镜像哲学"向"生产哲学"、从"解释哲学"向"改造哲学"、从"思辨哲学"向"生活哲学"的历史性变革，实现哲学的理论形态与价值主旨从"世界何以可能"转向"人类解放何以可能"，进而彰显生活哲学独特的理论逻辑、实践逻辑和价值逻辑，究其根本，是因为马克思始终直面现实生活，直击现代人的历史境遇，揭露资本主义五光十色"意识形态"的虚假性，展开对"政治""法""商品""货币""资本"的"批判"，进而促使马克思哲学超越传统的形而上学，彻底实现哲学在现代意义上的生活转向。如此，"批判"就构成了马克思生活哲学生成、出场与在场的最关键维度，成为其哲学塑造科学性与革命性、现实性与未来性品质的内在保证。

马克思透过澄清"何谓批判""批判什么""怎样批判""为谁批判"和"谁来批判"五个重大命题，使其哲学内蕴的批判方法、批判谱系和批判精神构成了具有内在秩序的逻辑整体，进而深刻诠释了马克思生活哲学鲜明的价值立场和价值取向。

一

阿尔都塞提出所谓"认识论的断裂"，把马克思思想强行切割为"不成熟—成熟"两个相互对立的历史阶段，并将青年马克思的批判简单地指认为费尔巴哈范式的批判，这无疑严重弱化了马克思哲学的独立批判性或批判的独立性。阿尔都塞说："马克思青年时代的著作简直浸透了费尔巴哈的思想。在1842年至1844年间，不仅马克思所使用的术语是费尔巴哈的术语（异化、类存在、整体存在、主谓'颠倒'等），而且更重要的显然是他的哲学总问题在本质上也是费尔巴哈的总问题。《论犹太人问题》和《黑格尔法哲学批判》这些文章只有在费尔巴哈总问题的背景下，才能够被理解。马克思思考的主题虽然超出了费尔巴哈直接关心的问题范围，但两人的理论格局和理论总问题却还是一样的。"①

实际上，青年马克思的"批判"尽管依托、借助于费尔巴哈哲学的范畴抑或更根本的批判范式，然而其批判的对象、目的和方法却呈现出与费尔巴哈截然不同的指向和原则。显然，阿尔都塞忽略了马克思的"批判"与费尔巴哈"批判"的异质性，消解了马克思哲学独立的批判取向与批判精神。阿尔都塞认为，"当马克思意识到费尔巴哈对黑格尔的批判是'发自黑格尔哲学内部'的一种批判时，当马克思意识到作为哲学家的费尔巴哈虽然'推倒'了黑格尔大厦的主体，但依然保留了这一大厦的基础和结构，即黑格尔哲学的理论前提时，马克思就同费尔巴哈分手了。在马克思看来，费尔巴哈依然站在黑格尔的土地上，他虽然批判了黑格尔，但依然是黑格尔的俘虏，他不过是用黑格尔自己的原则去反对黑格尔罢了。他并没有改弦更张。马克思对黑格尔进行的真正批判恰恰意味着马克思做到了改弦更张，就是说马克思放弃了费尔巴哈力图摆脱而没摆脱的那个哲学总问题"②。

于此，我们可以清晰地看到阿尔都塞勾勒的马克思精神的嬗变历程，即从马克思依据和借助于费尔巴哈的哲学范式，展开对黑格尔哲学、对德国现实的批判，到超越费尔巴哈哲学、直接对黑格尔哲学和德国现实进行批判。阿尔都塞显然丢失了马克思批判黑格尔哲学的现实生活维度，也就无法理解马克思何以能够超越黑格尔观念论哲学。在这个意义上，阿尔都塞未能从整体上真正透析与凸显马克思生活哲学内具的彻底批判精神，恰如卡尔·洛维特所揭示的：从马克思生活哲学独立出场的实施路径和内在逻辑来看，正是"理论与实践的辩证法不仅说明了马克思对唯心主义的精神哲学的批判，而且也说明了对费尔巴哈的唯物主义哲学的批判"③。美国学者诺曼·莱文也敏锐地指证了阿尔都塞对马克思生活哲学批判性的忽略和弱化。他指出"马克思继承了鲍威尔的批判传统"④，"从鲍威尔那里获得了主体性批判的策略"⑤，又"受到卢格的影响改

---

① 阿尔都塞. 保卫马克思 [M]. 顾良, 译. 北京: 商务印书馆, 2022: 28-29.
② 阿尔都塞. 保卫马克思 [M]. 顾良, 译. 北京: 商务印书馆, 2022: 32.
③ 洛维特. 从黑格尔到尼采 [M]. 李秋零, 译. 北京: 生活·读书·新知三联书店, 2006: 126.
④ 莱文. 马克思与黑格尔的对话 [M]. 周阳, 常佩瑶, 译. 北京: 中国人民大学出版社, 2015: 100.
⑤ 莱文. 马克思与黑格尔的对话 [M]. 周阳, 常佩瑶, 译. 北京: 中国人民大学出版社, 2015: 105.

变了批判的目标"①。然而，尽管如此，马克思并没有简单地沿袭鲍威尔的"批判传统"，因为"马克思还想证明（也许首先是向他自己证明），在鲍威尔的概念和他自己的概念之间不再有任何共同之处。或者更明确地说，他们之间已出现了一道鸿沟，因而他进行尖锐的批判，极力贬低鲍威尔及其著作，运用一些侮辱性的词句并对鲍威尔理论加以讽刺。马克思认为，这样不仅可以勾销他本人哲学上的往事，完全抛弃鲍威尔的基本上是批判的方法"②。

显然，从直接性来看，马克思生活哲学之批判性虽然承接于鲍威尔、卢格的批判精神、批判气质，然而马克思重新确立了批判的历史语境、对象、目的、主体，以及批判的方法。具体而言，形成了以"现实生活"为轴心的批判对象，以"副本批判"和"原本批判"、"批判的武器"和"武器的批判"相统一的"二重"批判为原则，以"生活现象学"为总体批判方法，以"无产阶级"为批判的主体，以生活自身的内在否定逻辑，以自由、解放为尺度，以实现"人民的现实幸福"为批判的目的，从而生成了崭新的批判方案与批判纲领，实现了批判的历史性转向，由此彰显了马克思生活哲学内蕴的批判性与建构性、理论性与实践性、现实性与未来性内在统一的批判逻辑与批判精神。

在《莱茵报》时期，马克思批判的出场直击现实问题，形成了关涉人民现实生活、物质利益和权利的相关法令的批判文本系列，如《评普鲁士最近的书报检查令》《第六届莱茵省议会的辩论——关于出版自由和公布等级会议记录的辩论》《第六届莱茵省议会的辩论——关于林木盗窃法的辩论》和"论离婚草案"、"莱比锡总汇报"的查封、"摩塞尔记者的辩护"等。从这些早期批判的具体对象来看，其取向恰如罗森所说："马克思当时讨论的问题与时事有关。"③这些文本表明，马克思的批判不再停留于抽象的观念领域，而是直指现实生活的政治与法权制度，鲜明地将批判与现实生活的改变内在关切起来。如此，马克思的批判所呈现出的巨大现实张力，已迥异于鲍威尔和费尔巴哈的"批判"，彰显出了自身独特的价值取向。

马克思的批判从来都不是单向度的，而是在唯物史观理论基地的构建中，对当时的官方政令、法令，以及包括黑格尔哲学、费尔巴哈哲学、鲍威尔思想，

---

① 莱文. 马克思与黑格尔的对话 [M]. 周阳, 常佩瑶, 译. 北京: 中国人民大学出版社, 2015: 104.
② 罗森. 布鲁诺·鲍威尔和卡尔·马克思 [M]. 王谨, 等译. 北京: 中国人民大学出版社, 1984: 5.
③ 罗森. 布鲁诺·鲍威尔和卡尔·马克思 [M]. 王谨, 等译. 北京: 中国人民大学出版社, 1984: 252.

乃至古典政治经济学、空想社会主义，以及各种社会主义思潮等在内的一切思想加以批判。如此，马克思的"副本批判"构成了一个问题明晰、方法自觉、逻辑严密和价值凸显的"批判谱系"，即呈现出由《黑格尔法哲学批判》《论犹太人问题》《〈黑格尔法哲学批判〉导言》《神圣家族——或对批判的批判所做的批判。驳布鲁诺·鲍威尔及其伙伴》《德意志意识形态——对费尔巴哈、布·鲍威尔和施蒂纳所代表的现代德国哲学以及各式各样先知所代表的德国社会主义的批判》《哲学的贫困——答蒲鲁东先生的〈贫困的哲学〉》《资本论——政治经济学批判》等组成的批判系列。

以鲍威尔、费尔巴哈为核心的青年黑格尔派尽管对"宗教"和政治展开过批判。但是他们没有区分现实生活的枷锁与意识、观念领域中的枷锁的本质区别，仅仅将"观念、思想、概念，总之，被他们变为某种独立东西的意识的一切产物，是人们的真正枷锁，就像老年黑格尔派把它们看着是人类社会的真正镣铐一样，那么不言而喻，青年黑格尔派只要同意识的这些幻想进行斗争就行了"①。青年黑格尔派的批判或批判运动"都是在纯粹思想领域中发生的"②，他们以为批判了观念、思想和精神，就批判了"一切"，并以此沉醉在极端保守和狭隘的思辨王国中。马克思揭露了青年黑格尔派的批判其实只是修辞学意义上的"批判"，其最终必然沦落为"哲学叫卖"。"青年黑格尔派的意识形态家们尽管满口讲的都是所谓'震撼世界的'词句，却是最大的保守派。……他们仅仅反对这个世界的词句，那么让他们就绝对不是反对现实的现存世界。"③ 显然，青年黑格尔派本质上就是一群"披着狼皮的羊"④。

马克思从两个层面总结了青年黑格尔派的"批判"。首先，马克思指认了：

---

① 中共中央马克思恩格斯列宁斯大林著作编译局. 马克思恩格斯文集：第1卷 [M]. 北京：人民出版社，2009：515.
② 中共中央马克思恩格斯列宁斯大林著作编译局. 马克思恩格斯文集：第1卷 [M]. 北京：人民出版社，2009：513.
③ 中共中央马克思恩格斯列宁斯大林著作编译局. 马克思恩格斯文集：第1卷 [M]. 北京：人民出版社，2009：516.
④ 在《德意志意识形态》中，马克思非常明确地指出"天真的幼稚的空想构成青年黑格尔派哲学的核心"。他们把理想当作现实，并沉溺于自己的幼稚幻想之中，虽然费尔巴哈、鲍威尔、施蒂纳各执一端，但不切实际是他们共同的特征，他们的思想是黑格尔哲学碎片化的存在，是典型的柏拉图主义的遗绪；马克思在"序言"中明确指出，"本书第一卷的目的就是要揭穿这些自称为狼、别人也把他们看成是狼的绵羊，指出他们的咩咩叫声只不过是以哲学自觉的形式来重复德国市民的概念，而这些哲学评论家们的夸夸其谈只不过反映出德国现实的贫乏"。中共中央马克思恩格斯列宁斯大林著作编译局. 马克思恩格斯全集：第3卷 [M]. 北京：人民出版社，1960：15.

"这些哲学家没有一个想到要提出关于德国哲学和德国现实之间的联系问题,关于他们所作的批判和他们自身的物质环境之间的联系问题。"① 其次,马克思进一步指明:"意识的一切形式和产物不是可以通过精神的批判来消灭的,不是可以通过把它们消融在'自我意识'中或化为'怪影''幽灵''怪想'等来消灭的,而只有通过实际推翻这一切唯心主义谬论所由产生的现实的社会关系,才能把它们消灭。"② 恰如,他在指出费尔巴哈批判宗教的局限性时所言:"自从发现神圣家族的秘密在于世俗家族之后,世俗家族本身就应该在理论上和实践中被消灭。"③ 正是在世俗秘密的揭露和批判中,马克思突破、超越了青年黑格尔派批判的局限性。

马克思深刻剖析了青年黑格尔的批判仅仅停留于"副本"的偏狭,强调"批判的武器当然不能代替武器的批判,物质力量只能用物质力量来摧毁"的批判原则④。如此,马克思的批判不囿于"副本批判",而是在对标示"副本批判"的法哲学和国家哲学批判的基础上,进一步将"批判"推进对现实政治、法权制度的批判,深入对"市民社会"、私有制、商品、货币、资本和雇佣关系的批判。由此,"原本批判"与"副本批判"作为"批判"的辩证统一的整体,构成了马克思批判的完整谱系与逻辑,彰显了马克思生活哲学彻底的批判性和批判的彻底性。

二

从马克思生活哲学批判逻辑的推进路径可见,马克思首先对费尔巴哈的宗教批判予以定位,指出"就德国来说,对宗教的批判基本上已经结束;而对宗教的批判是其他一切批判的前提"。"反宗教的斗争间接地就是反对以宗教为精神抚慰的那个世界的斗争。"⑤ 他进而指明批判的历史性转向及其批判的价值主

---

① 中共中央马克思恩格斯列宁斯大林著作编译局. 马克思恩格斯文集:第1卷[M]. 北京:人民出版社,2009:516.
② 中共中央马克思恩格斯列宁斯大林著作编译局. 马克思恩格斯文集:第1卷[M]. 北京:人民出版社,2009:544.
③ 中共中央马克思恩格斯列宁斯大林著作编译局. 马克思恩格斯文集:第1卷[M]. 北京:人民出版社,2009:500.
④ 中共中央马克思恩格斯列宁斯大林著作编译局. 马克思恩格斯文集:第1卷[M]. 北京:人民出版社,2009:11.
⑤ 中共中央马克思恩格斯列宁斯大林著作编译局. 马克思恩格斯文集:第1卷[M]. 北京:人民出版社,2009:3.

旨。马克思说："真理的彼岸世界消逝以后，历史的任务就是确立此岸世界的真理。人的自我异化的神圣形象被揭穿以后，揭露具有非神圣形象的自我异化，就成了为历史服务的哲学的迫切任务。于是，对天国的批判变成对尘世的批判，对宗教的批判变成对法的批判，对神学的批判变成对政治的批判。"① 于此，马克思明确地研判了与费尔巴哈哲学截然不同的批判对象、批判目的及其引发的批判转向，由此构成马克思生活哲学的批判宣言。

首先，批判对象的确立。我们如果说费尔巴哈的批判指向"人的自我异化的神圣形象"，揭露"人的自我异化的神圣形象"的秘密，那么马克思的批判则是锁定"非神圣形象的自我异化"，要"揭露具有非神圣形象的自我异化"的本质。所谓的"非神圣形象的自我异化"，就是人置身于其中，由政治、法律、市民社会，或国家、社会、商品、货币、资本等所构成的现实生活世界，即"此岸世界"。如此，马克思展开的则是对现实生活世界现存事物进行批判。

其次，批判目的的阐明。我们如果说费尔巴哈的批判是为了揭露"真理的彼岸世界"的虚假性，那么马克思的批判则是为了确立"此岸世界的真理"。人类所追求的幸福——生活之"真理"，宗教曾以"虚幻花朵"的形式予以呈现。宗教允诺的幸福恰恰表明人类所追求的生活真理、幸福不具有现实性，即不在现实生活世界中，只存在于彼岸世界和精神信仰之中。费尔巴哈在人本学意义上，通过"异化"图式揭示了"人与神"的"颠倒"关系，"神圣家族"的人本性刺破和解构了宗教所允诺的幸福的虚幻性，颠覆了"真理彼岸世界"的神本立场，确立了人本立场的价值合法性。对此，费尔巴哈"满怀激情地宣告，新的理论发现将使人从枷锁下解放出来。费尔巴哈在向人类讲话。他撕破了世界史的面纱，破除了迷信和谎言，发现了人的真实，并把它交回给人"②。可见，费尔巴哈宗教批判的积极意义是宣告了"真理的彼此世界消逝"。然而，马克思的批判早已不再停留于费尔巴哈式的"宗教批判"上，而是将批判矛头直指现实生活世界中发端于生活、又反制于生活的异化关系和异化物，消灭一切人造的历史性枷锁，"确立此岸世界的真理"，"使人不抱幻想，使人能够作为不抱幻想而具有理智的人来思考，来行动，来建立自己的现实；使他能够围绕着自身和自己现实的太阳转动"③，继而向人敞开真正通向现实生活世界的自由、

---

① 中共中央马克思恩格斯列宁斯大林著作编译局. 马克思恩格斯文集：第 1 卷 [M]. 北京：人民出版社，2009：4.
② 阿尔都塞. 保卫马克思 [M]. 顾良，译. 北京：商务印书馆，2022：26.
③ 中共中央马克思恩格斯列宁斯大林著作编译局. 马克思恩格斯文集：第 1 卷 [M]. 北京：人民出版社，2009：4.

解放和幸福之路。

最后，证成批判的现实生活转向。马克思在现代意义上确立了批判的对象和批判的目的，实现了哲学的现实生活转向，即从"对天国的批判变成对尘世的批判，对宗教的批判变成对法的批判，对神学的批判变成对政治的批判"。这表征马克思告别费尔巴哈的宗教批判，直面现代社会的异化性关系及其对生活真理的扭曲，将颠倒了的关系再颠倒过来，扬弃异化的生活，成就幸福的生活，从而确立"此岸世界的真理"。

进言之，马克思生活哲学的"批判"，不是青年黑格尔式的"概念"置换，而是揭示生活与历史的发生，澄明其本质，确证其价值，证成其合理性，超越其局限，在构建生活未来性的历史过程中，将生活的真理、人民的幸福落实于生活自身的否定辩证法中。如此，马克思的批判"已经不再是目的本身，而只是一种手段。它的主要情感是愤怒，它的主要工作是揭露"①，这里"涉及内容的批判是搏斗式的批判"。"在同这种制度进行的斗争中，批判不是头脑的激情，它是激情的头脑。它不是解剖刀，它是武器。它的对象是自己的敌人，他不是要驳倒这个敌人，而是要消灭这个敌人"②。马克思发出批判檄文："向德国制度开火！一定要开火！"③ 如此，马克思揭露了"批判"的本质或实质，即"批判"就是"战斗"、就是"改造"、就是"颠覆"、就是"消灭"，即马克思所宣告的："实际上，而且对实践的唯物主义者即共产主义者来说，全部问题都在于使现存世界革命化，实际地反对并改变现存的事物。"④ 于此，"批判"由道德的"绝对命令"升格为革命的"绝对命令"："必须推翻使人成为被侮辱、被奴役、被遗弃和被蔑视的东西的一切关系。"⑤ 由此充分彰显了马克思生活哲学批判深刻的实践性，以及实践性基础上的价值旨趣与价值逻辑，即确立以自由、解放和幸福为价值轴心的"此岸世界的真理"。

在此，我们必须强调马克思是从理论和实践两个维度展开"批判"的，若

---

① 中共中央马克思恩格斯列宁斯大林著作编译局. 马克思恩格斯文集：第1卷 [M]. 北京：人民出版社，2009：6.
② 中共中央马克思恩格斯列宁斯大林著作编译局. 马克思恩格斯文集：第1卷 [M]. 北京：人民出版社，2009：6.
③ 中共中央马克思恩格斯列宁斯大林著作编译局. 马克思恩格斯文集：第1卷 [M]. 北京：人民出版社，2009：6.
④ 中共中央马克思恩格斯列宁斯大林著作编译局. 马克思恩格斯文集：第1卷 [M]. 北京：人民出版社，2009：527.
⑤ 中共中央马克思恩格斯列宁斯大林著作编译局. 马克思恩格斯文集：第1卷 [M]. 北京：人民出版社，2009：11.

只停留于"理论的"批判上,缺乏实践的批判与对生活世界的革命性改造,则不是真正的马克思的批判。我们只有将马克思从"副本"——思想、观念、理论的批判推进到"实践批判"——生活与历史的批判,才能真正标识马克思批判的彻底性。从"理论"贯彻至"实践",即从"观念"深入"生活世界"的批判,才是马克思批判的彻底性所在。

三

费尔巴哈"批判"的不彻底性,不仅受制于其价值立场,还受制于其"直观"(感性直观与理智直观)方法论。马克思"批判"的彻底性,除了价值立场有别于费尔巴哈等青年黑格尔派外,其关键在于马克思实现了批判的方法论变革,形成了马克思批判现实生活世界独特的批判方法论。这一独特的批判方法论,其总体原则有别于黑格尔的"精神现象学",可称之为"生活现象学"。

马克思的批判方法论统一于"生活现象学",具体表现为"描述—揭露"方法、"抽象力"方法、"事后之思"的方法、"社会有机体"方法、实践诠释学方法、阶级分析方法等具体的方法。这些方法,从多维度展现马克思生活哲学的批判精神的穿透力和强度,实际地构成马克思生活哲学的批判力。

第一,"描述—揭露"方法。所谓的描述方法,就是"面向事物本身",表征唯物主义的客观性原则和辩证法的历时性与超越性原则的统一。"描述"方法的实质,就是以客观呈现的方式,解蔽被各种理论、学说遮蔽的现实"真实"与真实的现实,让现实的"事实"自行敞开,让"事实"本身说话,释放"事实"本身的说服力,促使生活主体对自我的生活世界之真实状况进行掌握,实现对生活主体的生活启蒙,从而使其成为改造其生活的自觉主体。一言以蔽之,描述方法,就是"揭露"现实之真实本质,如实地掀开被遮蔽的现实矛盾,就是"实事求是"的方法。如此,"批判"的"主要工作是揭露",而"揭露"则通过"描述"。马克思说:"揭露","这是指描述各个社会领域相互施加的无形压力,描述普遍无所事事的沉闷情绪,描述既表现为自大又自卑的狭隘性,而且要在政府制度的范围内加以描述"。[①] 于此,具有工具理性逻辑的"描述"必然进展到具有价值理性逻辑的"揭露",即"不让德国人有一时片刻去自欺欺人和俯首听命。应当让受现实压迫的人意识到压迫,从而使现实的压迫更加沉重;

---

① 中共中央马克思恩格斯列宁斯大林著作编译局. 马克思恩格斯文集:第1卷[M]. 北京:人民出版社,2009:6.

应当公开耻辱,从而使耻辱更加耻辱。应当把德国社会的每个领域作为德国社会的羞耻部分加以描述……"① 这样,马克思通过"描述"而"揭露",通过"揭露"而"批判",通过"批判"而"改造",从可操作性上完成对生活世界的批判,从而彰显了马克思生活哲学批判的价值旨归。

第二,马克思在其批判现实生活的过程中,广泛运用"描述"方法,以写实之笔法,以翔实的事实材料,抑或以大量的统计数据②,直切地把批判对象的"现象"与"本质"、静态结构与动态趋向呈现出来,融价值性于事实性之中,贯通着马克思生活哲学批判的现实性与革命性,以此充分彰显马克思生活哲学批判向度独特的运思逻辑和价值立场。

第三,"抽象力"方法或从"抽象"到"具体"方法。内容决定方法,方法是内容的灵魂。批判、研究对象的特殊性决定了方法的独特性。马克思在研究资本主义生产方式及各种经济形式时,充分运用了"抽象力"方法。马克思指出:"分析经济形式,既不能用显微镜,也不能用化学试剂。二者都必须用抽象力来代替。"③ 这就是说,《资本论》使用的方法同自然科学使用的实验方法是不相同的,因为《资本论》的研究对象是社会经济关系,它既不能使用显微镜,也不能使用化学试剂,而只能运用抽象力思维,穿越层层幻象或虚假形式,进而直抵本质。如此,所谓的"抽象力"方法,即是占有研究材料,通过缜密剥离、透析对象,从而深度把握对象的本质及其变化规律。对此,马克思指明:"研究必须充分占有材料,分析它的各种发展形式,探寻这些形式的内在联系。只有这项工作完成以后,现实的运动才能适当地叙述出来。这点一旦做到,材料的生命一旦在观念上反映出来,呈现在我们面前的就好像是一个先验的结构了。"④ 显然,运用抽象力方法对现实生活进行深度把握,从"感性"的现实生活入手,经由"抽象"达及"具体",从而深刻把握事物的本质及其规律,并以此揭示资本主义经济形式的发生、发展和必然被替代的历史逻辑,粉碎资本

---

① 中共中央马克思恩格斯列宁斯大林著作编译局.马克思恩格斯文集:第1卷[M].北京:人民出版社,2009:6.
② 关于马克思的此方法,马克思曾明确地说,当有人"认为我的研究方法是严格的实在论的,而叙述方法不幸是德国辩证法的"时,他回答:在《政治经济学批判》序言中,"我说明了我的方法的唯物主义基础"。马克思.资本论:第1卷[M].中共中央马克思恩格斯列宁斯大林著作编译局,译.北京:人民出版社,2018:20.
③ 马克思.资本论:第1卷[M].中共中央马克思恩格斯列宁斯大林著作编译局,译.北京:人民出版社,2018:8.
④ 马克思.资本论:第1卷[M].中共中央马克思恩格斯列宁斯大林著作编译局,译.北京:人民出版社,2018:21-22.

主义制度永恒存续的意识形态神话。

第四,"事后之思"方法。马克思受黑格尔"使往昔的时代重新复活,使过去和现状发生联系"① 思想的影响,提出了"事后之思"的历史研究方法。"对人类生活形式的思索,从而对这些形式的科学分析,总是采取同实际发展相反的道路。这种思索是从事后开始的,就是说,是从发展过程完成的结果开始的"②。对此,马克思举例予以说明。他说:"给劳动产品打上商品烙印,因而成为商品流通的前提的那些形式,在人们试图了解它们的内容而不是了解它们的历史性质(这些形式在人们看来已经是不变的了)以前,就已经取得了社会生活的自然形式的固定性。因此,只有商品价格的分析才导致价值量的决定,只有商品的货币表现才能导致商品的价值性质的确定。"③

"事后之思"牢牢立足于生活世界的当下性,把现实生活、"事后""完成的结果"视为历史性生活在更高视域的"复活"和再现,以此把握生活世界运动的内在本质、特征和规律,进而直击和统驭人类生活的未来性。如此,从现实生活出发去"考察过去的历史","这种正确的考察同样会得出预示着生产关系的现代形式被扬弃之点,从而预示着未来的先兆,变易的运动"④。马克思正是通过"事后之思"的方法,才能通观事物("商品")之发展进程与趋向,并深刻地把握其本质与规律,确证其存在的合理性与必然被替代性、被超越性,从而对该事物做出批判性的审断。

第五,"人体解剖"反查法。"人体解剖"反查法,或称之为"人体解剖"与"猴体解剖"的关系法,是"事后之思"方法的进一步深化。这表明马克思审查人类历史,尤其是古代的某种制度"形式",对其本质加以揭示时,以剖析高级的发展形式或完成形态而确定低级形式的特质,从而达到对其低级形式的准确定位。"人体解剖"反查法是一种整体、历史、动态地把握某一事物的本质内涵、基本特征与属性的方法。对此,马克思指出:"已经发育的身体比身体的细胞容易研究些。"⑤

---

① 黑格尔. 历史哲学 [M]. 王造时,译. 上海:上海书店出版社,2001:7.
② 马克思. 资本论:第1卷 [M]. 中共中央马克思恩格斯列宁斯大林著作编译局,译. 北京:人民出版社,2018:93.
③ 马克思. 资本论:第1卷 [M]. 中共中央马克思恩格斯列宁斯大林著作编译局,译. 北京:人民出版社,2018:93.
④ 中共中央马克思恩格斯列宁斯大林著作编译局. 马克思恩格斯文集:第8卷 [M]. 北京:人民出版社,2009:110.
⑤ 马克思. 资本论:第1卷 [M]. 中共中央马克思恩格斯列宁斯大林著作编译局,译. 北京:人民出版社,2018:8.

在这里，马克思将"货币形式"喻为"已经发育的身体"，把"简单价值形式"比喻为"身体的细胞"，"劳动产品的商品形式，或者商品的价值形式，就是经济的细胞形式"①。对此方法，马克思做了进一步的澄清："人体解剖对于猴体解剖是一把钥匙。反过来说，低等动物身上表露的高等动物的征兆，只有在高等动物本身已被认识之后才能理解。因此，资产阶级经济为古代经济等等提供了钥匙。"② 于此，马克思表明，着力对成熟的、典型的、各种特征都完全展开了的对象进行研究，将能更充分地把握事物历史发展的内在逻辑，尤其是经济形式、经济制度关系的内在演变逻辑。如此，我们将"古代经济"或未曾充分展开的经济形式纳入现代资本主义经济的架构中，对之反观、反审，将更能揭示其隐秘的本质，从而予以更准确的历史判断。

第六，"社会有机体方法"。马克思在用"有机体"类比和剖析资本主义社会时有两层意涵：其一，从宏观结构上看，资本主义社会表征为"要素—结构—功能—系统"完备的动态体系，主要包括由物质结构（资本、土地、科学技术）与人口结构（劳动力）构成的经济基础及其上层建筑（主要是国家机器与意识形态），以及驱动资本主义社会发展运动和灭亡的资本逻辑。其二，从微观结构上看，资本主义社会也可以类比为数量庞大的"商品细胞"构成的生命有机体。马克思通过构建"显微解剖学"，把最细小的"商品细胞"作为"解剖对象"，观察"细胞的病症"，诊断资本主义"有机体"内部畸变，从而揭示其生长、发育、衰亡和死亡的内在规律。

就前者而言，马克思在批判资本主义时，首先确证了"资本主义"这一批判对象本身不同于以往社会制度的特点。资本主义社会，一方面由于"资产阶级除非对生产工具，从而对生产关系，从而对全部社会关系不断地进行革命，否则就不能生存下去"。由此必然呈现出"生产的不断变革，一切社会状况不停地动荡，永远的不安定和变动。……一切固定的僵化的关系以及与之相适应的素被尊崇的观念和见解都被消除了，一切新形成的关系等不到固定下来就陈旧了。一切等级的和固定的东西都烟消云散了，一切神圣的东西都被亵渎了"③的时代特征；另一方面，又如马克思所指证的"现代的社会不是一个坚实的结

---

① 马克思. 资本论：第1卷 [M]. 中共中央马克思恩格斯列宁斯大林著作编译局，译. 北京：人民出版社，2018：8.
② 中共中央马克思恩格斯列宁斯大林著作编译局. 马克思恩格斯选集：第2卷 [M]. 北京：人民出版社，1995：23.
③ 中共中央马克思恩格斯列宁斯大林著作编译局. 马克思恩格斯选集：第2卷 [M]. 北京：人民出版社，1995：275.

晶体，而是一个能够变化并且经常处于变化过程中的有机体"①。正因如此，马克思对资本主义从其要素、结构和功能相结合的整体性、变化性高度对该有机体的政治、经济、意识形态等维度展开批判，揭示其内在矛盾的对立性和对抗性，揭露其政治本质的阶级性，经济秘密公开的、无耻的、露骨的剥削性和意识形态的虚假性，从而宣告其合法性的破产与必然被替代的历史逻辑。

就后者而言，马克思认为，商品作为资本主义的经济细胞，蕴含资本主义生产关系及其全部矛盾的萌芽。如此，人们对资本主义有机体的整体把握必须从"商品"这一最细微的事物入手。马克思指出："对资产阶级社会说来，劳动产品的商品形式，或者商品的价值形式，就是经济的细胞形式。在浅薄的人看来，分析这种形式好像是斤斤于一些琐事。这的确是琐事，但这是显微解剖学所要做的那种琐事。"②"商品细胞"问题的根源是劳动二重性及其抽象劳动背后的剥削性社会关系，核心表现为资本家对工人剩余价值的榨取。"商品细胞"的增殖过程也是资本"吸血鬼"不断吮吸工人"活劳动"的过程，最终导致"商品细胞"的过剩，产生"有机体"的癌变与衰亡。如此，马克思"显微解剖学"构建了一套"社会病理学"，诊断了资本主义有机体的症候与病史，揭露其病症和病根，从而从整体历史过程中客观揭示了资本主义"有机体"的完整生命周期。

第七，阶级分析方法。马克思的"阶级分析方法"，从历史的主体视角，简化生活—历史的关系，达到对历史关系发展脉络的清晰钩沉，揭示了人类社会内在利益矛盾和变化格局，更进一步揭示了资产阶级的革命性、历史进步性衰变为保守性、反动性和腐朽性的历史。马克思阐明了无产阶级在全面异化的生存境遇中，只有通过暴力推翻全部现存的社会制度，才能在失去"锁链"的同时赢获整个世界，人类才能获得现实的自由、幸福与解放，才能终结人类"史前史"，促人类从"生活之美"跃进至"美的生活"之境。

第八，实践诠释学方法。马克思突出运用其实践诠释学方法，对现实生活展开实践批判。理论联系实际、理论指导实践、理论反思实践是实践诠释学的要义。以实践的目的、规模、路径、方式、举措、效果之内在逻辑为依托，着力从"目的"与"效果"的比较视角反查、决定与调节其他诸环节，进而在实

---

① 马克思. 资本论：第1卷 [M]. 中共中央马克思恩格斯列宁斯大林著作编译局，译. 北京：人民出版社，2018：10-13.

② 马克思. 资本论：第1卷 [M]. 中共中央马克思恩格斯列宁斯大林著作编译局，译. 北京：人民出版社，2018：8.

践中不断调整实践的规模、方式、举措等，从而不断优化实践路径，达成良好的实践效果，由此构成马克思生活哲学改造世界的实践智慧，同时以此展开对各种社会主义思潮的批判，揭露其理论偏狭、实践所潜含的价值陷阱。

当然，马克思生活哲学的批判方法论，除了上述的方法，还有如历史与逻辑相统一的方法或历史语境方法等，一并构成马克思生活哲学的"批判武器"。"批判"非马克思独具，但由"何谓批判""批判什么""怎样批判""为谁批判"和"谁来批判"等要件而展开的批判，不仅彰显了马克思哲学具有全面性和纵深性的批判空间，而且贯彻了马克思生活哲学批判的价值立场、理论取向和实践旨趣，尤其是以"描述"而"揭露"、以"揭露"而"批判"、以"批判"而"改造"的内在逻辑，支撑着马克思生活哲学批判向度的内在品质，充分彰显了以人民的自由、解放和幸福为价值底蕴的马克思生活哲学的批判精神。

第六章

马克思生活哲学的批判逻辑

我们将马克思生活哲学的批判理论，置于西方批判理论的谱系中，尤其是后黑格尔哲学的思想语境中，可清晰地洞见马克思生活哲学批判的历史进路与转向，以及对传统批判理论的历史性超越，呈现出其独特的运思逻辑和价值旨趣，彰显其批判理论鲜明的个性。为此，本章从批判精神的秉承、批判对象的确认、批判方法的创造和批判目的的确证等维度，揭示马克思生活哲学内蕴的批判逻辑，对深度把握马克思生活哲学的本质特征，无疑具有重要的理论意义。

一

在后黑格尔哲学的诸多德国哲学家中，作为青年黑格尔派重要成员的布鲁诺·鲍威尔和费尔巴哈，在批判宗教的过程中，无疑是高扬了批判精神。马克思继承了二者的批判精神，克服了二者的批判局限性，进而重新确立了批判方案，实现了批判的历史性转向，创造了马克思生活哲学崭新的批判逻辑。

布鲁诺·鲍威尔以"自我意识"为关键词，将批判局限于纯粹的观念领域中，突出通过"精神批判"而实现自由，且以"批判者"自居，无视作为批判主体的"群众"，或将"群众"仅仅视为"批判"的"消极"因素或消极力量。正如马克思所揭示的，"批判的因素被排斥于群众之外，同样，群众的因素也被排斥在批判之外。所以批判认为自己并不是通过群众体现出来，而仅仅是通过一小撮杰出人物即鲍威尔先生及其门徒体现出来的"[1]。因为"群众，他们是消极的、精神空虚的、非历史的、物质的历史因素"[2]。如此，布鲁诺·鲍威尔将批判视为批判者的特权，从而以救世主的面貌凌驾于批判活动之上。然而，其

---

[1] 中共中央马克思恩格斯列宁斯大林著作编译局. 马克思恩格斯全集：第2卷[M]. 北京：人民出版社，1957：109.
[2] 中共中央马克思恩格斯列宁斯大林著作编译局. 马克思恩格斯全集：第2卷[M]. 北京：人民出版社，1957：109.

批判仅仅囿于与现实生活相脱离的纯粹观念、精神领域中，因此其批判同其他的青年黑格尔主义者一样，"都没有离开哲学的基地"①。如此，马克思一语道破其所存在的根本问题："这些哲学家没有一个想到要提出关于德国哲学和德国现实之间的联系问题，关于他们所作的批判和他们自身的物质环境之间的联系问题。"②

马克思秉承布鲁诺·鲍威尔的批判精神，吸纳他关于"批判"与"自由"内在关联的价值取向，超越其批判的精英立场之偏狭，突出作为批判主体"群众"的积极性和主体性，改写了批判的价值立场和理论基础，以批判的"群众史观"置换了"精英史观"，从而以唯物史观置换了唯心史观。从批判的维度来看，马克思通过《论犹太人问题》和《神圣家族》对布鲁诺·鲍威尔的"批判的批判"展开了"批判"③，厘清了布鲁诺·鲍威尔批判的实质，确立了有别于鲍威尔的批判路向。米夏埃尔·宽特指出："布鲁诺·鲍威尔采用的是宗教哲学—政治路径"，而"卡尔·马克思采取的是本质主义—人本主义路径"④。"马克思与鲍威尔不同的地方还在于他用一种本质主义—人类学原则代替了鲍威尔作为基础原则的自我意识，该本质主义—人类学原则是马克思从费尔巴哈那里接受的。"⑤

费尔巴哈立足人本学立场，以"异化"为批判范式，揭示了宗教的人本秘密。然而，费尔巴哈受制于其直观方法和"不了解'革命的''实践批判的'活动的意义"⑥，因此，"他做的工作是把宗教世界归结于它的世俗基础。他没有注意到，在做完这一工作之后，主要的事情还没有做"。因为在马克思看来，"世俗基础使自己从自身中分离出去，并在云霄中固定为一个独立王国，这一事实，只能用这个世俗基础的自我分裂和自我矛盾来说明，因此，对于这个世俗

---

① 中共中央马克思恩格斯列宁斯大林著作编译局. 马克思恩格斯选集：第1卷［M］. 北京：人民出版社，2012：143.
② 中共中央马克思恩格斯列宁斯大林著作编译局. 马克思恩格斯选集：第1卷［M］. 北京：人民出版社，2012：145-146.
③ 米夏埃尔·宽特认为，在1843—1846年，马克思与布鲁诺·鲍威尔展开了三个回合的论争，马克思独立或与恩格斯合著《论犹太人问题》《神圣家族》和《德意志意识形态》对之展开了批判. 宽特. 卡尔·马克思哲学研究［M］. 熊至立，译. 北京：商务印书馆，2021：1-2.
④ 宽特. 卡尔·马克思哲学研究［M］. 熊至立，译. 北京：商务印书馆，2021：16.
⑤ 宽特. 卡尔·马克思哲学研究［M］. 熊至立，译. 北京：商务印书馆，2021：17.
⑥ 中共中央马克思恩格斯列宁斯大林著作编译局. 马克思恩格斯选集：第1卷［M］. 北京：人民出版社，2012：133.

基础本身应当在自身中、从它的矛盾中去理解，并且在实践中使之发生革命"①。如此，马克思首先揭示并肯定了费尔巴哈"反宗教的批判的根据是人创造了宗教，而不是宗教创造了人"②，并以此高扬人本价值。同时，马克思对费尔巴哈的宗教批判予以了积极定位，鲜明地指出在德国"对宗教的批判是其他一切批判的前提"③。"反宗教的斗争间接地就是反对以宗教为精神抚慰的那个世界的斗争"④。在此基础上，马克思进一步指出："废除作为人民的虚幻幸福的宗教，就是要求人民的现实幸福。"⑤ 如此，马克思指明"对宗教的批判"，"要求抛弃关于人民处境的幻觉，就是要求抛弃那需要幻觉的处境"。进而强调"使人不抱幻想，使人能够作为不抱幻想而具有理智的人来思考，来行动，来建立自己的现实；使他能够围绕着自身和自己现实的太阳转动"⑥。

正是基于此，马克思将宗教纳入现实生活世界视域中，强调正是"这个国家、这个社会产生了宗教"，表明宗教是"一种颠倒的世界意识"，因为"这个国家、这个社会"，就是"颠倒的世界"⑦。"卡尔·马克思把政治和宗教都视为源于市民社会结构的异化现象"，指明"主体身上的天国与尘世、政治与市民二重性在结构上没有区别，都与人的非异化状态不相容"⑧。如此，马克思解构了费尔巴哈人本学立场的局限性，超越了从人性和人的心理、情感视角揭示宗教本质与秘密的简单化与表层化，将"宗教"置于现代生活的历史境遇、人类追求自由解放和幸福的历史境遇中，做出"宗教是人民的鸦片"⑨ 的深刻判断。

无论是布鲁诺·鲍威尔以"自我意识"而展开的精神批判，还是费尔巴哈

---

① 中共中央马克思恩格斯列宁斯大林著作编译局. 马克思恩格斯选集：第 1 卷 [M]. 北京：人民出版社，2012：134.
② 中共中央马克思恩格斯列宁斯大林著作编译局. 马克思恩格斯选集：第 1 卷 [M]. 北京：人民出版社，2012：1.
③ 中共中央马克思恩格斯列宁斯大林著作编译局. 马克思恩格斯选集：第 1 卷 [M]. 北京：人民出版社，2012：1.
④ 中共中央马克思恩格斯列宁斯大林著作编译局. 马克思恩格斯选集：第 1 卷 [M]. 北京：人民出版社，2012：2.
⑤ 中共中央马克思恩格斯列宁斯大林著作编译局. 马克思恩格斯选集：第 1 卷 [M]. 北京：人民出版社，2012：2.
⑥ 中共中央马克思恩格斯列宁斯大林著作编译局. 马克思恩格斯选集：第 1 卷 [M]. 北京：人民出版社，2012：2.
⑦ 中共中央马克思恩格斯列宁斯大林著作编译局. 马克思恩格斯选集：第 1 卷 [M]. 北京：人民出版社，2012：1.
⑧ 宽特. 卡尔·马克思哲学研究 [M]. 熊至立，译. 北京：商务印书馆，2021：18.
⑨ 中共中央马克思恩格斯列宁斯大林著作编译局. 马克思恩格斯选集：第 1 卷 [M]. 北京：人民出版社，2012：2.

以人的"类本质"为理论原点和以异化逻辑为机理而展开的宗教批判，这些本质上都是对"副本"的批判，都未能超越主观精神领域，都未能深入对"颠倒的世界"本身的批判。如此，从肯定费尔巴哈宗教批判范式的革命性意义到渐次突破费尔巴哈囿于人本学和宗教批判本身的局限性，马克思最终扬弃了布鲁诺·鲍威尔和费尔巴哈的批判范式，宣告马克思生活哲学批判的出场。

马克思以结束和开启并在的思维总结道："真理的彼岸世界消逝以后，历史的任务就是确立此岸世界的真理。人的自我异化的神圣形象被揭穿以后，揭露具有非神圣形象的自我异化，就成了为历史服务的哲学的迫切任务。于是，对天国的批判变成对尘世的批判，对宗教的批判变成对法的批判，对神学的批判变成对政治的批判。"[①] 于此，马克思从"批判"的任务、目的与对象等层面，清晰地超越了青年黑格尔派，尤其是费尔巴哈的宗教批判，直呈马克思生活哲学"批判"的历史转向。于此，我们可以透析马克思生活哲学批判内蕴的思维和价值逻辑。

首先，从批判的价值旨趣来看，"真理的彼岸世界"，肯定的是"神本价值"，通过批判澄明，"真理的彼岸世界"依然只能是"虚幻的幸福"，而要确立的"此岸世界的真理"，张扬的则是"人本价值"，通过批判而追求的则是"人民的现实幸福"。如此，从价值立场的高度，通过"批判"，使"真理的彼岸世界""消逝"而退场，"确立此岸世界的真理"，使"生活真理"出场。这样，马克思将"批判"作为实现人的自由、解放和幸福的"手段"。对此，恰如马克思所说："批判已经不再是目的本身，而只是一种手段。"[②] 由此，马克思从"手段"与"目的"的关系维度，呈现出马克思生活哲学批判的价值意蕴。

在此，我们须注意的是费尔巴哈"人本"与马克思"人本"之别。总的来说，费尔巴哈的"人本"相对"神本"而言，将人从"神"下面解放出来，使人成为"神"。如此，费尔巴哈的"人"，在恩格斯看来还带有神学光环。其对宗教的批判称为以人的"类本质"而展开的宗教人类学，而马克思的"人本"相对"物本""资本"而言，突出将人从"物役"中解放出来，从"颠倒的生活逻辑中"解放出来，成为自由的人。因此，马克思基于"人本"而建立的可称之为历史人类学。

[①] 中共中央马克思恩格斯列宁斯大林著作编译局. 马克思恩格尔选集：第1卷 [M]. 北京：人民出版社，2012：2.
[②] 中共中央马克思恩格斯列宁斯大林著作编译局. 马克思恩格尔选集：第1卷 [M]. 北京：人民出版社，2012：4.

其次，从批判的对象来看，马克思生活哲学批判的对象是"具有非神圣形象的自我异化"。"具有非神圣形象的自我异化"，一方面指证了批判对象的本质是"自我异化"；另一方面指证了批判对象的"非神圣性"。具有这两个特征的"对象"，从早期批判的"政治""国家""法"，到成熟时期的"商品""货币""资本"等，由此构成马克思生活哲学批判现代生活世界的对象域、对象群，这既构成马克思批判的历史进路，又表征马克思批判现实生活的深化。如此，马克思将批判锁定于颠倒的现实生活世界中，从而有别于青年黑格尔对精神、宗教的批判，由此表征马克思生活哲学的批判域。于此，他展现的是"揭露"。

最后，基于批判的价值立场与批判对象、领域的厘清，从批判的转向视角来看，马克思生活哲学的批判对象，不再是"天国""宗教""神学"，而是"尘世""政治""法"。"宗教已经不是世俗狭隘性的原因，而只是它的表现。因此，我们用自由公民的世俗桎梏来说明他们的宗教桎梏"①。于此，表征出马克思生活哲学批判的指向和重心不再是"神圣家族"，而是"世俗家族"，进而彰显马克思生活哲学批判的价值目的。

不可否认，马克思生活哲学的批判一经出场，就展现出与传统批判理论的异质性，鲜明地标示其独特的理论个性和价值逻辑，从而构成审视马克思生活哲学理论大厦的独特视域。

二

彻底性，是马克思生活哲学批判的重要品质。其彻底性，表征为其批判决不囿于、停滞于"副本批判"，而是从"副本"批判，深入"原本批判"，也绝不仅仅满足于"批判的武器"，而是将"批判的武器"，落实于"武器的批判"，从而强调"必须推翻使人成为被侮辱、被奴役、被遗弃和被蔑视的东西的一切关系"②。如此，马克思生活哲学的批判实质和方法，就是以生活—历史现象学的"描述"而"揭露"、通过"揭露"而"改变"或"改造"现实生活世界，确立其"生活真理"，即实现人的自由、解放和幸福。由此，马克思在批判青年黑格尔诸位哲学家时明确指出"哲学家们只是用不同的方式解释世界"，突出

---

① 中共中央马克思恩格斯列宁斯大林著作编译局. 马克思恩格斯全集：第1卷[M]. 北京：人民出版社，1956：425.
② 中共中央马克思恩格斯列宁斯大林著作编译局. 马克思恩格尔选集：第1卷[M]. 北京：人民出版社，2012：10.

"问题在于改变世界"①，进而指出"实际上，而且对实践的唯物主义者即共产主义者来说，全部问题都在于使现存世界革命化，实际地反对并改变现存的事物"②。

按照批判不断深化、落实的原则，马克思从批判"副本"，即批判以德国黑格尔为代表的国家哲学、法哲学，费尔巴哈为代表的宗教哲学，以亚当·斯密、大卫·李嘉图、威廉·配第等重商主义、重农学派为代表的英国古典政治经济学，以及英法空想社会主义思潮入手，到批判以工业革命、政治革命和社会革命为基础所生成的、导致现代社会异化生活之私有制、雇佣劳动制度、分工与生产制度、阶级关系等，揭露资本主义生产的本质与内在结构性矛盾，揭示资本主义制度的产生、发展和必然被超越的历史逻辑，完整地展现出马克思生活哲学批判的逻辑图景。

第一，马克思以曾经作为"第三等级"的资产阶级为历史主体，指明通过工业革命、政治革命，颠覆传统社会，取得统治地位，建立了以"资本"为价值本位的现代社会。如此，马克思从社会关系的价值坐标与价值尺度、生产力发展水平、人类历史的生成等多维度，表征出"资产阶级在历史上曾经起过非常革命的作用"③，证成资本主义的历史进步性与历史合法性，为马克思生活哲学的批判确立了可靠的历史起点。

第二，通过对资本主义的发生史，尤其是对资本主义"原始积累"④和对"工场手工业"到"机器和大工业"⑤演进历史具体而细腻的个案剖析，不仅揭示了历史生活的客观前提，即"我们开始要是谈的前提不是任意提出的，不是教条，而是一些只有在臆想中才能撇开的现实前提。这是一些现实的个人，是他们的活动和他们的物质生活条件，包括他们已有的和由他们自己的活动创造出来的物质生活条件。因此，这些前提可以用纯粹经验的方法来确认"⑥，而且

---

① 中共中央马克思恩格斯列宁斯大林著作编译局. 马克思恩格尔选集：第1卷[M]. 北京：人民出版社，2012：136.
② 中共中央马克思恩格斯列宁斯大林著作编译局. 马克思恩格尔选集：第1卷[M]. 北京：人民出版社，2012：155.
③ 中共中央马克思恩格斯列宁斯大林著作编译局. 马克思恩格尔选集：第2卷[M]. 北京：人民出版社，2012：33.
④ 马克思. 资本论：第1卷[M]. 中共中央马克思恩格斯列宁斯大林著作编译局，译. 北京：人民出版社，2018：820-875.
⑤ 马克思. 资本论：第1卷[M]. 中共中央马克思恩格斯列宁斯大林著作编译局，译. 北京：人民出版社，2018：367-541.
⑥ 中共中央马克思恩格斯列宁斯大林著作编译局. 马克思恩格尔选集：第2卷[M]. 北京：人民出版社，2012：146.

揭示了人类社会发展的内在逻辑,即"历史不外是各个世代的依次交替。每一代都利用以前各代遗留下来的材料、资金和生产力;由于这个缘故,每一代一方面在完全改变了的环境下继续从事所继承的活动,另一方面又通过完全改变了的活动来变更旧的环境"①。如此,马克思不仅大尺度地勾勒人类历史的脉络,而且从历史观的高度敞开了"异化和扬弃异化是同一条道路"的历史法则,从而为超越资本主义奠定了客观的历史基础和提供了科学依据。

第三,马克思从分工与社会生产力的关系视角,批判与揭示了资本主义分工创造的巨大社会生产力于人的异化关系,即导致社会生产力不依赖人的意志为转移,且凌驾于人之上的异化状态。对此,马克思指出:"受分工制约的不同个人的共同活动产生了一种社会力量,即成倍增长的生产力。因为活动本身不是自愿地而是自然形成的,所以这种社会力量在这些个人看来就不是他们自身的联合力量,而是某种异己的、在他们之外的强制力量。"②"这些力量本来是人们的相互作用产生的,但是迄今为止对他们来说都作为完全异己的力量威慑和驾驭着他们。"③ 在此基础上,马克思进一步揭示了分工对人生存状况的压迫。对此,马克思指出:"只要分工不是出于自愿,而是自然形成的,那么人本身的活动对人来说就成为一种异己的、同他对立的力量,这种力量压迫着人,而不是人驾驭着这种力量。原来,当分工一出现之后,任何人都有自己一定的特殊的活动范围,这个范围是强加于他,他不能超出这个范围:……只要他不想失去生活资料,他就始终应该是这样的人。"④ 人受制于生产分工和社会分工而成为职业动物、"城市动物"或"乡村动物"⑤。

第四,在此基础上,马克思揭示了资本主义私有制"使人变得如此愚蠢与片面",进而揭示"雇佣劳动"制度的奴役性,从而揭示资本主义社会全面对立性的关系和全面异化的生活。对此,马克思指出:资本主义的"劳动表现为同人格化为资本家的价值相对立的,或者说同劳动条件相对立的他人的劳动;财

---

① 中共中央马克思恩格斯列宁斯大林著作编译局. 马克思恩格尔选集:第1卷[M]. 北京:人民出版社,2012:168.

② 中共中央马克思恩格斯列宁斯大林著作编译局. 马克思恩格尔选集:第1卷[M]. 北京:人民出版社,2012:165.

③ 中共中央马克思恩格斯列宁斯大林著作编译局. 马克思恩格尔选集:第1卷[M]. 北京:人民出版社,2012:169.

④ 中共中央马克思恩格斯列宁斯大林著作编译局. 马克思恩格尔选集:第1卷[M]. 北京:人民出版社,2012:165.

⑤ 中共中央马克思恩格斯列宁斯大林著作编译局. 马克思恩格尔选集:第1卷[M]. 北京:人民出版社,2012:185.

产同劳动之间,活劳动能力同它的实现条件之间,对象化劳动同活劳动之间,价值同创造价值的活动之间的这种绝对的分离——从而劳动内容对工人本身的异己性;上述这种分裂,现在同样也表现为劳动本身的产品,表现为劳动本身的要素的对象化,客体化"①。更深刻地说,因为"商品内在的使用价值和价值的对立,私人劳动同时必须表现为直接社会劳动的对立,物的人格化和人格的物化的对立,——这种内在的矛盾在商品形态变化的对立中取得发展了的运动形式"②,由此导致工人与工人之间、资本家与资本家之间、工人与资本家之间,以及人与自然之间完全处于对立性的关系之中。在此基础上,又由于"生产与生产者相对立,生产对生产者漠不关心。实际的生产者表现为单纯的生产手段,物质财富表现为目的本身,因此,这种物质财富的发展是与个人相对立的,是以牺牲个人为代价的"③。"活劳动只不过是这样一种手段,它使对象化的死的劳动增殖价值,赋予死劳动以活的灵魂,但与此同时也丧失了它自己的灵魂,结果,一方面把已创造的财富变成了他人的财富,另一方面只是把活劳动能力的贫穷留给自己。"④因此,"在资产阶级社会里,将军或银行家扮演着重要的角色,而人本身则扮演着极卑微的角色一样,人类劳动在这里也是这样"⑤。

对资本主义社会人的生活沦陷为全面异化状态,马克思曾予以深刻的揭示,他说:在资本主义社会中,"有产阶级和无产阶级同是人的自我异化。但有产阶级在这种自我异化中感到自己是被满足的和被巩固的,它把这种异化看作自身强大的证明,并在这种异化中获得人的生存的外观。而无产阶级在这种异化中则感到自己被毁灭,并在其中看到自己的无力和非人的生存的现实"⑥。"工人在这里之所以从一开始就站得比资本家高,是因为资本家的根就扎在这个异化过程中,并且他在这个过程中找到自己的绝对满足,但是工人作为这个过程的

---

① 中共中央马克思恩格斯列宁斯大林著作编译局. 马克思恩格斯文集:第8卷[M]. 北京:人民出版社,2009:100.
② 马克思. 资本论:第1卷[M]. 中共中央马克思恩格斯列宁斯大林著作编译局,译. 北京:人民出版社,2018:135.
③ 中共中央马克思恩格斯列宁斯大林著作编译局. 马克思恩格斯全集:第49卷[M]. 北京:人民出版社,1982:98.
④ 中共中央马克思恩格斯列宁斯大林著作编译局. 马克思恩格斯文集:第8卷[M]. 北京:人民出版社,2009:110.
⑤ 马克思. 资本论:第1卷[M]. 中共中央马克思恩格斯列宁斯大林著作编译局,译. 北京:人民出版社,2018:57-58.
⑥ 中共中央马克思恩格斯列宁斯大林著作编译局. 马克思恩格斯全集:第2卷[M]. 北京:人民出版社,1957:44.

牺牲品却从一开始就处于反抗的关系中，并且感到它是奴役过程"①。随后，马克思更为深刻地揭示了在资本主义生产中，从"消费"的角度将工人视为"工具"，降格为"动物"。马克思指出："工人对生活资料的消费本身，实际上可以包括在（包含在）劳动过程中，正像例如机器对辅助材料的消费包含在劳动过程中一样；所以，工人不过表现为资本所购买的一种工具，这种工具为了执行它在劳动过程中的职能也需要消费，也需要加上一定份额的生产资料作为自己的辅助材料。这种情形的程度大小，取决于对工人剥削的规模和残酷性。"②"实际上，就辅助材料及其消费来看，工人和机器的差别，在实践中可以归结为动物和机器的差别"③。在资本主义生产中，"工人不过是人格化的劳动时间。一切工人之间的区别都化成'全日工'和'半日工'的区别了"④。在此基础上，马克思从工人的居住境况直观地描述工人全面异化生活的惨淡。他说："人又退回到洞穴中居住，等等，然而是在一种异化的、敌对的形式下退回到那里的。……穷人的地下室住所却是敌对的、'具有异己力量的住所，只有当他把自己的血汗献给它时才让他居住'；他无权把这个住所看成自己的家园，而只有在自己的家园，他才能够说：这里就是我的家；相反，他是住在别人的家里，住在一个每天都在暗中监视着他，只要他不交房租就立即将他抛向街头的陌生人的家里。"⑤马克思甚至把这种住所称之为"停尸房"，"他必须为这停尸房支付租金"，"他甚至连动物的需要也不再有了"⑥，可见，资本主义私有制对工人的压迫剥削之深，使穷人越来越穷，在资本面前，工人毫无尊严可言。如此，"社会不是把你一脚踢出门外，而是创造一些条件，使你在这个社会里难以生存下去，结果，你会心甘情愿地离开它"⑦。

---

① 中共中央马克思恩格斯列宁斯大林著作编译局．马克思恩格斯全集：第49卷［M］．北京：人民出版社，1982：49．
② 中共中央马克思恩格斯列宁斯大林著作编译局．马克思恩格斯全集：第49卷［M］．北京：人民出版社，1982：42-43．
③ 中共中央马克思恩格斯列宁斯大林著作编译局．马克思恩格斯全集：第49卷［M］．北京：人民出版社，1982：43．
④ 马克思．资本论：第1卷［M］．中共中央马克思恩格斯列宁斯大林著作编译局，译．北京：人民出版社，2018：281．
⑤ 中共中央马克思恩格斯列宁斯大林著作编译局．马克思恩格斯文集：第1卷［M］．北京：人民出版社，2009：233．
⑥ 中共中央马克思恩格斯列宁斯大林著作编译局．马克思恩格斯文集：第1卷［M］．北京：人民出版社，2009：225．
⑦ 中共中央马克思恩格斯列宁斯大林著作编译局．马克思恩格斯全集：第2卷［M］．北京：人民出版社，1957：123．

第五，马克思从批判"异化劳动"至批判"拜物教"系列，剥离被"物"遮蔽的人与人之间的关系，从而揭示以物的依赖关系为基础的人的相对独立阶段，即资本主义社会生活彻底异化的生成逻辑与本质。对此，伊格尔顿指出："在马克思眼中，资本主义社会无论怎样以自己的现代性为傲，它都充满着奇异的幻景和拜物教的狂热，以及一戳就破的肥皂泡般的神话和盲目的崇拜。"①

在《1844年经济学哲学手稿》中，马克思从"人同自己的劳动产品、自己的生命活动、自己的类本质相异化"以及"人同人异化"② 四个维度，揭示了"异化劳动"本质上是"存在与本质、对象化与自我确证、自由与必然、个体与类之间"③ 的分裂与对立，从而从现代生活异化的发端处，揭示了异化生活的发生机理，揭露了生活世界殖民化的客观事实。

在此基础上，马克思揭穿了资本主义"商品拜物教""货币拜物教"和"资本拜物教"的生成及其神秘本质，从而构成马克思对资本主义的三大批判。

在马克思看来，"拜物教"，是"感觉欲望的宗教"④，表征着人成为自身感觉和欲望的奴隶，最终被感觉和欲望的对象"物"主宰。"商品拜物教"，是最没有想象力的宗教，表明商品作为"物"，本为人与人关系的载体，却遮蔽了人与人的关系，人被商品主宰，正如马克思所说："最初一看，商品好像是一种简单而平凡的东西。对商品的分析表明，它却是一种很古怪的东西，充满形而上学的微妙和神学的怪诞。"然而，被生产的物品"一旦作为商品出现，就转化为一个可感觉而又超感觉的物"⑤。为此，马克思进一步揭示了"商品拜物教的性质及其秘密"。马克思指出："商品形式的奥秘不过在于：商品形式在人们面前把人们本身劳动的社会性质反映成劳动产品本身的物的性质，反映成这些物的天然的社会属性，从而把生产者同总劳动的社会关系反映成存在于生产者之外的物与物之间的社会关系。由于这种转换，劳动产品成了商品，成了可感觉而

---

① 伊格尔顿. 马克思为什么是对的 [M]. 李杨，译. 北京：新星出版社，2011：18.
② 中共中央马克思恩格斯列宁斯大林著作编译局. 马克思恩格尔选集：第1卷 [M]. 北京：人民出版社，2012：58.
③ 中共中央马克思恩格斯列宁斯大林著作编译局. 马克思恩格斯文集：第1卷 [M]. 北京：人民出版社，2009：185.
④ 中共中央马克思恩格斯列宁斯大林著作编译局. 马克思恩格斯全集：第1卷 [M]. 北京：人民出版社，1956：113.
⑤ 马克思. 资本论：第1卷 [M]. 中共中央马克思恩格斯列宁斯大林著作编译局，译. 北京：人民出版社，2018：88.

又超感觉的物或社会物。"① 这表明"人们自己的一定的社会关系","在人们面前采取了物与物的关系的虚幻形式"。"我把这叫作拜物教。""劳动产品一旦作为商品生产,就带上拜物教性质,因此拜物教是同商品生产分开的。"② 于此,马克思总结道:"商品世界的这种拜物教性质,像以上分析已经表明的,是源于生产商品的劳动所特有的社会性质。"③ 如此,"一旦我们逃到其他的生产形式中,商品世界的全部神秘性,在商品生产的基础上笼罩着劳动产品的一切魔法妖术,就立刻消失了"④。

马克思通过商品的"交换价值""一般等价物""货币"的历史演进,揭示与批判"货币拜物教"的本质。对此,马克思指出:"货币主义的幻觉是从哪里来的呢?是由于货币主义没有看出:金银作为货币代表一种社会关系,不过这种关系采取了一种具有奇特的社会属性的自然物的形式。"⑤ 他进而指明"正是商品世界的这个完成的形式——货币形式,用物的形式掩盖了私人劳动的社会性质以及私人劳动者的社会关系,而不是把它们揭示出来"⑥。

在此基础上,马克思对"货币拜物教"的生成和本质予以进一步深入分析。他说:在资本主义商品生产和交换中,"毫不相干的个人之间的互相的和全面的依赖,构成他们的社会联系。这种社会联系表现在交换价值上,因为对每个个人来说,只有通过交换价值,他自己的活动或产品才成为他的活动或产品;他必须生产一般产品——交换价值,或本身孤立化的,个体化的交换价值,即货币。另一方面,每个个人行使支配别人的活动或支配社会财富的权力,就在于他是交换价值的或货币的所有者。他在衣袋里装着自己的社会权力和自己同社会的联系"⑦。

---

① 马克思. 资本论:第1卷[M]. 中共中央马克思恩格斯列宁斯大林著作编译局,译. 北京:人民出版社,2018:89.
② 马克思. 资本论:第1卷[M]. 中共中央马克思恩格斯列宁斯大林著作编译局,译. 北京:人民出版社,2018:90.
③ 马克思. 资本论:第1卷[M]. 中共中央马克思恩格斯列宁斯大林著作编译局,译. 北京:人民出版社,2018:90.
④ 马克思. 资本论:第1卷[M]. 中共中央马克思恩格斯列宁斯大林著作编译局,译. 北京:人民出版社,2018:93.
⑤ 马克思. 资本论:第1卷[M]. 中共中央马克思恩格斯列宁斯大林著作编译局,译. 北京:人民出版社,2018:101.
⑥ 马克思. 资本论:第1卷[M]. 中共中央马克思恩格斯列宁斯大林著作编译局,译. 北京:人民出版社,2018:93.
⑦ 中共中央马克思恩格斯列宁斯大林著作编译局. 马克思恩格斯文集:第8卷[M]. 北京:人民出版社,2009:51.

资本主义市民社会所遵循的原则，无疑将"货币拜物教"推向极致，形成了资本主义"唯利是图"的价值逻辑。"资本主义制度的逻辑就是只要有利可图，即便反社会也在所不惜"①，诚如马克思所揭示的"实际需要、利己主义就是市民社会的原则"。"实际需要和自私自利的神就是钱。""钱蔑视人所崇拜的一切神并把一切神都变成商品。钱是一切事物的普遍价值，是一种独立的东西。因此它剥夺了整个世界——人类世界和自然界——本身的价值。钱是从人异化出来的人的劳动和存在的本质；这个外在本质却统治了人，人却向它膜拜。"②这样导致的结果必然是"在私有财产和钱统治下形成的自然观，是对自然界的真正的蔑视和实际的贬低"③。

马克思通过"货币""劳动力商品"，以及"资本"的循环运动，展开对"资本拜物教"的揭露与批判。对此，马克思指出："在论述资本主义生产方式甚至商品生产的最简单的范畴时，在论述商品和货币时，我们已经指出了一种神秘性质，它把在生产中由财富的各种物质要素充当承担者的社会关系，变成这些物本身的属性（商品），并且更直截了当地把生产关系本身变成物（货币）。一切已经有商品生产和货币流通的社会形态，都有这种颠倒。但是，在资本主义生产方式下和在构成其占统治地位的范畴，构成其起决定作用的生产关系的资本那里，这种着了魔的颠倒的世界就会更厉害得多地发展起来。"④"随着相对剩余价值在真正的特定的资本主义生产方式下的发展，——与此同时劳动的社会生产力也发展了，——这些生产力以及劳动在直接劳动过程中的社会联系，都好像由劳动转移到资本身上了。因此，资本已经变成了一种非常神秘的东西，因为劳动的一切社会生产力，都好像不为劳动本身所有，而为资本所有，都好像是从资本自身生长出来的力量"⑤。

拜物教，是生发于资本主义生产的一种独特的意识形态，其独特性就在于它是在资本主义中必然产生的关于经济对象的各类颠倒的意识形态的总称。除"商品拜物教""货币拜物教""资本拜物教"之外，马克思还研究与揭示了

---

① 伊格尔顿. 马克思为什么是对的 [M]. 李杨，译. 北京：新星出版社，2011：16.
② 中共中央马克思恩格斯列宁斯大林著作编译局. 马克思恩格斯全集：第1卷 [M]. 北京：人民出版社，1956：448.
③ 中共中央马克思恩格斯列宁斯大林著作编译局. 马克思恩格斯全集：第1卷 [M]. 北京：人民出版社，1956：448-449.
④ 马克思. 资本论：第3卷 [M]. 中共中央马克思恩格斯列宁斯大林著作编译局，译. 北京：人民出版社，2018：936.
⑤ 马克思. 资本论：第3卷 [M]. 中共中央马克思恩格斯列宁斯大林著作编译局，译. 北京：人民出版社，2018：937.

"生息资本拜物教""地租拜物教"等形式的拜物教，从而揭露了资本主义社会关系的物化本质。

第六，批判资产阶级意识形态，揭露其虚假性、欺骗性，构成马克思生活哲学批判逻辑不可或缺的重要维度。

资本主义意识形态，就是资产阶级编造出来的"关于自身的幻想和思想"①，其根本就在于它用虚假的普遍利益来掩盖特殊的阶级利益，进而欺骗被统治阶级、无视被统治阶级的利益。对此，马克思揭示："在资产阶级统治时期占统治地位的概念则是自由、平等等。"②"占统治地位的将是越来越抽象的思想，即越来越具有普遍性形式的思想。因为每一个企图取代旧统治阶级的新阶级，为了达到自己的目的不得不把自己的利益说成是社会全体成员的共同利益，就是说，这在观念上的表达就是赋予自己的思想以普遍性的形式，把他们描绘成唯一合乎理性的、有普遍意义的思想。"③

简言之，资本主义的"意识形态虚假性"，在认识论上主张"观念是世界的造物主"，在方法论上"用歪曲的形式把自己的特殊利益冒充为普遍的利益"，在价值论上要论证其"自我存在的永恒性"，在功能上规训与奴役人的精神，操控和改造"人性"，不断消解人的主体性，彰显物性，在本质上则是以形而上学思维为表征，以消灭个性、追求共性的同一性逻辑为根本目的。

马克思将资本主义意识形态纳入枷锁系列予以揭示与批判，构成马克思生活哲学完整批判逻辑的重要维度。如果说物质的枷锁，使人贫困，生产及其关系的枷锁，使人遭受奴役，那么意识形态的观念枷锁，则使人遭遇欺骗、愚弄与操纵。

三

资产阶级"唯利是图"，"它使人和人之间除了赤裸裸的利害关系，除了冷酷无情的'现金交易'，就再也没有任何别的联系了。……总而言之，它用公开

---

① 中共中央马克思恩格斯列宁斯大林著作编译局. 马克思恩格斯文集：第1卷［M］. 北京：人民出版社，2009：551.
② 中共中央马克思恩格斯列宁斯大林著作编译局. 马克思恩格斯文集：第1卷［M］. 北京：人民出版社，2009：552.
③ 中共中央马克思恩格斯列宁斯大林著作编译局. 马克思恩格斯文集：第1卷［M］. 北京：人民出版社，2009：552.

的、无耻的、直接的、露骨的剥削代替了由宗教幻想和政治幻想掩盖着的剥削"①。资本主义颠覆了等级和特权，然后又确立了金钱的权威。金钱成为一切权威的权威。如此，以"商品""货币"和"资本"为主体的资本主义，从物象、制度，乃至其价值体系，都贯彻着利益至上的价值准则，一切以"利益"为最高原则，"利益"成为资本主义时代的关键词，构成链接一切之纽带。人被降格为工具，进而被物、资本宰制，生活世界充斥着资本的冷暴力。马克思对资本主义的批判，从对其内在结构性矛盾的揭示以及必然被替代的科学判断，到该种制度下"不宜人居"境况的揭露，再到对为资本主义辩护的意识形态的批判，充分体现马克思生活哲学批判的价值旨趣。

就资本主义社会内在矛盾的嬗变及其渐次丧失历史合法性的现实命运，马克思指出："资产阶级的生产关系和交换关系，资产阶级的所有制关系，这个曾经仿佛用法术创造了如此庞大的生产资料和交换手段的现代资产阶级社会，现在像一个魔法师一样不能再支配自己用法术呼唤出来的魔鬼了。"② 如此，"资产阶级用来推翻封建制度的武器，现在却对准资产阶级自己了"③。同时，"资产阶级不仅锻造了置自身于死地的武器，它还产生了将要运用这种武器的人——现代的工人，即无产者"④。如此，马克思对资本主义的批判，最终落实于这一具有鲜明价值内蕴的时代命题上："代替那存在着阶级和阶级对立的资产

---

① 中共中央马克思恩格斯列宁斯大林著作编译局. 马克思恩格斯文集：第 2 卷 [M]. 北京：人民出版社，2009：34. 可参阅马克思写于 1847 年 12 月底的《工资》一文所揭示的："第一，由于这一点，一切宗法制的东西都消失了，因为只有商业即买卖才是唯一的联系，只有金钱关系才是企业主和工人之间的唯一关系。第二，旧社会的一切关系一般脱去了神圣的外衣，因为它们变成了纯粹的金钱关系。同样，一切所谓最高尚的劳动——脑力劳动、艺术劳动等都成为了交易的对象，并因此失去了从前的荣誉。全体牧师、医生、律师等，从而宗教、法学等，都只是根据他们的商业价值来估价了。这是多么巨大的进步呵！在未来的社会组织中，任何体力劳动都会无限轻易，无限简单。第三，由于一切成了出卖的对象，工人就认定，一切他们都能摆脱，都能割弃；因此，他们就第一次摆脱了对一定关系的依附。既不缴纳产品，也没有那种仅仅是一定等级（封建等级）的附属品的生活方式了，工人可以随便处理自己的钱了，这是一个优点。"中共中央马克思恩格斯列宁斯大林著作编译局. 马克思恩格斯全集：第 6 卷 [M]. 北京：人民出版社，1961：659-660.

② 中共中央马克思恩格斯列宁斯大林著作编译局. 马克思恩格斯文集：第 2 卷 [M]. 北京：人民出版社，2009：37.

③ 中共中央马克思恩格斯列宁斯大林著作编译局. 马克思恩格斯文集：第 2 卷 [M]. 北京：人民出版社，2009：37.

④ 中共中央马克思恩格斯列宁斯大林著作编译局. 马克思恩格斯文集：第 2 卷 [M]. 北京：人民出版社，2009：38.

阶级旧社会的，将是这样一个联合体，在那里，每个人的自由发展是一切人的自由发展的条件。"①

为此，马克思提出必须"废除资产阶级的所有制""消灭私有制"②；必须"消灭……这种占有的可怜性质"，因为"在这种占有下，工人仅仅为增殖资本而活着，只有在统治阶级的利益需要他活着的时候才能活着"③，因为雇佣劳动制度"这种经济关系既是资产阶级生存及其阶级统治的基础，又是工人遭受奴役的根由"④；必须"把资本变为公共的、属于社会全体成员的财产"，把"已经积累起来的劳动"，当作"只是扩大、丰富和提高工人的生活的一种手段"；⑤必须打碎束缚人的一切物化和观念的锁链，从而使人成为人自身，在现实生活世界中真正贯彻与实现"人是人的最高本质"⑥的价值原则。因为，"'历史'并不是把人当作达到自己目的的工具来利用的某种特殊的人格。历史不过是追求着自己目的的人的活动而已"⑦。

当"人的本质"，只能在幻想中实现，而"人的本质不具有真正的现实性"⑧时，马克思就超越宗教批判，将批判直指人生活于其中的现实，就批判"颠倒的世界"，批判"人的自我异化非神圣的形象"，即国家与社会、政治与法，这是马克思生活哲学展示批判的总原则；当人受制于"资本"，无论是无产者还是资产者，都成为"资本增值"的工具时，马克思批判"资本"、批判雇佣劳动制度、批判市民社会；当资产阶级意识形态为"资本主义剥削制度"进行合法性辩护的时候，马克思批判资产阶级意识形态，揭露其虚假性与欺骗

---

① 中共中央马克思恩格斯列宁斯大林著作编译局．马克思恩格斯文集：第2卷［M］．北京：人民出版社，2009：53．
② 中共中央马克思恩格斯列宁斯大林著作编译局．马克思恩格斯文集：第2卷［M］．北京：人民出版社，2009：45．
③ 中共中央马克思恩格斯列宁斯大林著作编译局．马克思恩格斯文集：第2卷［M］．北京：人民出版社，2009：46．
④ 中共中央马克思恩格斯列宁斯大林著作编译局．马克思恩格斯文集：第1卷［M］．北京：人民出版社，2009：712．
⑤ 中共中央马克思恩格斯列宁斯大林著作编译局．马克思恩格斯文集：第2卷［M］．北京：人民出版社，2009：46．
⑥ 中共中央马克思恩格斯列宁斯大林著作编译局．马克思恩格斯文集：第2卷［M］．北京：人民出版社，2009：11．
⑦ 中共中央马克思恩格斯列宁斯大林著作编译局．马克思恩格斯全集：第2卷［M］．北京：人民出版社，1957：118-119．
⑧ 中共中央马克思恩格斯列宁斯大林著作编译局．马克思恩格斯文集：第1卷［M］．北京：人民出版社，2009：1．

性……这既构成马克思生活哲学批判的推进路径,又彰显马克思生活哲学批判的运思特点和价值逻辑。如此,马克思生活哲学立足现代社会,面向生成的世界历史,遵循历史辩证法,超越政治解放而追求人类自由、解放和现实的幸福,这便是马克思生活哲学批判的价值真谛。

第七章

马克思的"生活真理论"及其当代价值

从马克思理论体系的内在逻辑与精神主旨来看,马克思的"真理论"是自由、解放和追求幸福理论的内在价值支点,是洞见马克思理论价值主张的重要维度。如此,我们对马克思的"生活真理论"的探讨,首先必须超越科学主义真理符合观的局限、神学真理神定观的错误、理性主义真理同一观的片面、实用主义真理有用观的狭隘以及存在主义真理解蔽观的偏执,将"生活真理论"置于马克思自由、解放与幸福追求的历史与现实视域中来加以审视与确定,方可揭示马克思哲学之真理的本质规定与丰富的内涵,从而透显出马克思哲学之"真理"的独特旨趣。

一

在后黑格尔哲学、费尔巴哈的理论场域中,在批判宗教对人民幸福追求虚幻允诺之基础上,针对现代生活世界的全面异化,马克思提出追求"人民的现实幸福"是其真理之历史与价值使命的观点。对此,马克思说道:"废除作为人民的虚幻的幸福的宗教,就是要求人民的现实幸福。"[①] 在此基础上,马克思进一步明确其理论任务与价值主张。他说:"真理的彼岸世界消逝以后,历史的任务就是确立此岸世界的真理。"[②] 在此,"真理的彼岸世界"和"此岸世界的真理"的本质区别,构成了马克思"真理"的具体语境。所谓的"真理的彼岸世界",意指人民的幸福及其追求,在"彼岸世界"以"宗教"的方式,以非现实性的虚幻逻辑而展开,其结果必然是"虚幻的幸福"。"虚幻的幸福"之关键就在于它立足"神本主义"价值立场,在"神""人"关系上,始终遵循着

---

① 中共中央马克思恩格斯列宁斯大林著作编译局. 马克思恩格斯文集:第1卷 [M]. 北京:人民出版社,2009:4.
② 中共中央马克思恩格斯列宁斯大林著作编译局. 马克思恩格斯文集:第1卷 [M]. 北京:人民出版社,2009:4.

"神"是主词、"人"是"宾词","神"宰制着"人"的价值原则。此价值逻辑及其追求幸福的路线,一经被费尔巴哈以"宗教"乃是"人的本质之异化"予以解蔽,也就宣告了"真理的彼岸世界"的破产,最终"消逝"。"真理"不能空场,追求幸福生活构成人之永恒指向。这样,马克思则秉承着德国古典哲学探寻"真理"之使命,破除"彼岸世界"而转换了"真理"出场与实现语境,突出与强调在"此岸世界"确立"真理"。于此,马克思将"人的自由和解放"根植于现实生活"之中",开启探寻真理的现实之径,从而实现了追求"真理"之历史性转向,建构了人类自由、解放、幸福的现实"生活真理论"。马克思如此清晰地表征出其始终围绕着"人类自由、解放、幸福"之主轴而展开运思的理论与价值逻辑,将德国古典哲学的"真理"诉求,从抽象的理性王国、虚幻的"彼岸世界"移位于"现实生活世界"中。正是在这一意义上,马克思解除了德国哲学的观念决定论关于自由、解放、幸福的先验主义路线,破除了幸福的"天启""天赋"的"神本"价值逻辑,突出在"此岸世界"中追求的"现实幸福",形成了与"德国哲学从天国降到人间"截然相反的路线,即"我们是从人间升到天国"①。

从自由、解放和幸福追求的历史进程来看,马克思、恩格斯"强烈地意识到自己继承前人的思想遗绪,接受了前人交下来的未竟课题和成就,进而检讨自己进一步的拓展和方向。……在他们的心目中,德国古典唯心主义是人类思想在当时所能到达的高度;人类的自由与解放,已经由这套哲学提供了形式的答案;他们则志在为这套形式的答案发展出一个现世的、此岸的陈述"②。马克思亦正是在近代西方启蒙主义、浪漫主义和普罗米修斯式的人文主义的三种思潮的精神谱系③中,以批判现实生活世界普遍存在的"异化"为手段,以实现人的自由、解放和幸福为"原动力"、为目的,建构现实生活世界的"真理"。

---

① 中共中央马克思恩格斯列宁斯大林著作编译局.马克思恩格斯文集:第1卷[M].北京:人民出版社,2009:525.
② 钱永祥.纵欲与虚无之上[M].北京:生活·读书·新知三联书店,2002:80.
③ "启蒙主义要在人的理想中建立成熟和自主,结果却是规模越来越庞大、手法越来越细致的理性管理和社会工程;浪漫主义追求人和自然及社会共同体的复合,追求一个圆融统一的个体的出发,结果却是个人在民族理念中的消失,或者是个人在感性甚至虚无主义中的放纵;普罗米修斯式的人文主义让人的地位与天地齐,结果却是人的傲慢,以放肆的欲望为动机,凭仗肤浅短视而有限的理智能力,在地球表面用人和大自然为材料,进行肆无忌惮的实验与挥霍糟蹋。马克思主义在这三项理想的激发下诞生,随着这三项理想在近代世界中的奥德赛行程转折发展。"钱永祥.纵欲与虚无之上[M].北京:生活·读书·新知三联书店,2002:84.

如此，马克思在"此岸世界"要确立的"真理"，迥异于"彼岸世界"，重塑与宣告了"以人为本"的价值立场的合理性与正当性，直指确立"此岸世界"的"真理"的价值内涵，即以现实的人的现实幸福为其任务与宗旨，开掘与架设起追寻"真理"的现实之途。

马克思以"确立此岸世界的真理"为其总体任务和根本使命，同时也就在明确了以"现实生活"为实现"真理"的界域之后，进一步规定了实现幸福追求的"真理"之对象、方式与路径，从而展现出马克思"生活真理论"独特的理论逻辑、实践逻辑与价值意蕴。

就真理的对象而言，马克思说："人的自我异化的神圣形象被揭穿以后，揭露具有非神圣形象的自我异化，就成了为历史服务的哲学的迫切任务。"① 如此，马克思哲学所言之"真理"，就蕴含于"揭露具有非神圣形象的自我异化"，还原"生活世界"全面异化的本质，将生活世界颠倒的逻辑再颠倒过来之中。"具有非神圣形象的自我异化"，在马克思看来，则具体表征为国家、法、政治等一切"虚假共同体"，以及商品、货币、资本等系列。在现代社会中，这些世俗生活中的诸多要素生成、带来了人民的"现实的苦难"，如此，人民要追求"真理"，获得自身的幸福，首先必须正确认知、判断现实的苦难所凝成的"枷锁"，揭穿其生成的历史及其本质。这就为追求"真理"，获得现实的幸福指出了正确之路。

就实现真理的方式与路径而言，马克思针对阻碍人民获得生活真理之对象差异，为我们提供了"批判""推翻"和"革命化"的独特的方式与道路，其根本在于"使人能够作为不抱幻想而具有理智的人来思考、来行动、来建立自己的现实，使他能够围绕自身和自己现实的太阳转动"②。为了实现这一目的，马克思不仅主张"副本"批判，解除一切"解释哲学"为异化现实或现实的异化所做出的辩护，径直指向其"原本"的批判，改造现实生活，而且突出强调从"批判的武器"，通过掌握"群众"而实现"武器的批判"，最终"必须推翻那些使人成为被侮辱、被奴役、被遗弃和被蔑视的东西的一切关系"③。

马克思的生活真理论，将费尔巴哈的"人创造了宗教，而不是宗教创造人"

---

① 中共中央马克思恩格斯列宁斯大林著作编译局. 马克思恩格斯文集：第1卷 [M]. 北京：人民出版社，2009：4.
② 中共中央马克思恩格斯列宁斯大林著作编译局. 马克思恩格斯文集：第1卷 [M]. 北京：人民出版社，2009：4.
③ 中共中央马克思恩格斯列宁斯大林著作编译局. 马克思恩格斯文集：第1卷 [M]. 北京：人民出版社，2009：11.

的"人本主义"价值主张,提升到"不是意识决定生活,而是生活决定意识"的历史唯物主义高度。① 直言之,马克思承"神本"批判,持"以人为本"的价值立场、原则和尺度,开启了对"物本""资本"及其"意识形态"的彻底批判,突出地表征了马克思的"生活真理"绝不在繁复而抽象的理性逻辑的自我否定之中,不是以"理论理性"出场,亦不是在"天国",以"爱的"宗教方式获得,而是在"批判""现实生活"之中出场,在使"现存世界革命化"中得以实现。

二

马克思不仅将"生活真理"与"此岸世界"本质关联,锁定了"真理"的价值内蕴,而且更为明确地指示出"生活真理"的本质特征与丰富属性。

马克思曾说:"人的思维是否具有客观的真理性,这不是一个理论的问题,而是一个实践的问题。人应该在实践中证明自己思维的真理性,即自己思维的现实性和力量,自己思维的此岸性。"② 这是马克思对真理的特征及其属性较为集中而明确的阐述。在此,马克思首先对"真理"予以了性质规定,厘清了"真理"的问题域归属,强调"真理""不是一个理论问题,而是一个实践的问题",在此,马克思通过"不是……而是……"的否定—肯定式,不仅鲜明地表达了"真理"不归属于"理论",通过逻辑推演而先验地"建构"与确认,从而达成理论逻辑中的自洽与圆融,而且必须在感性的生活实践中去"证明""自己思维的真理性""自己思维的现实性和力量""自己思维的此岸性"。如此,在马克思哲学中,"真理"不是一个抽象的"范畴"或"名词",而是一个"动词",是要在人们的现实生活中展现其对生活本身的改造力,从而使"真理"在生活世界中得以显现和在场。这是把握马克思哲学"生活真理论"的关键。

进而言之,马克思在此所指称的"真理性",并不能简单地归并为科学主义真理观中指证一个判断,一种思想、观念和理论"符合客观"之规定性,而是指在一定历史条件下生活的人民改造自身的现实生活,从而追求自由与解放、实现幸福生活的"真理"。它是人的本质力量在现实中的实现,是人的现实解放与现实幸福。如此,就其内涵而言,马克思哲学的"真理"乃是对人"现实苦

---

① 中共中央马克思恩格斯列宁斯大林著作编译局. 马克思恩格斯文集:第1卷[M]. 北京:人民出版社,2009:525.

② 中共中央马克思恩格斯列宁斯大林著作编译局. 马克思恩格斯文集:第1卷[M]. 北京:人民出版社,2009:500.

难"的解除,确立人的主体地位,"使人能够作为不抱幻想而具有理智的人来思考,来行动,来建立自己的现实;使他能够围绕着自身和自己现实的太阳转动"①,始终将人作为"目的",从而使人自主、自由而全面地发展。对此,马克思说:"对私有财产即人的自我异化的积极的扬弃,因而是通过人并且为了人而对人的本质的真正占有,因此,它是人向自身、也就是向社会的即合乎人性的人的复归"②,"使人的世界即各种关系回归到人自身"③。这就敞开了马克思"生活真理论"的价值原则与实现路径,确证了马克思"生活真理论"的丰富内涵和属性。

具体言之,马克思关于人民的自由、解放和幸福之"生活真理",内具其现实性、价值性、可实现性(现实性),以及在此基础上的崇高性和深厚的人文性等多重属性与丰富品质,由此生成马克思"生活真理论"的独特规定性。

第一,"生活真理"的现实性。马克思生活真理的现实性,是建立在马克思唯物史观的基础上的,从而保证其真理之科学性品质。生活真理的"现实性",具体表征为客观性、真实性和历史逻辑性。

就其客观性而言,其指证着马克思的"生活真理",并非基于先验逻辑或某种既定的原则推演而建构的"理想",亦非一切虚幻的宗教式的幸福允诺,更不是在"语辞"革命中兑现的,而是以一定的"历史前提"为起点,遵循生活自身的否定性逻辑,直面生活之"枷锁"和"苦难"而展开否定性、革命性批判,重建使人民获得现实解放与现实幸福的"现实生活"。马克思谈及共产主义时说:"共产主义对我们来说不是应当确立的状况,不是现实应当与之相适应的理想。"④ 如此,"我们开始要谈的前提不是任意提出的,不是教条,而是一些只有在臆想中才能撇开的现实前提。……这些前提是可以用纯粹经验的方法来确认"⑤ 的。马克思的"生活真理"所立足的历史境遇,正是生活世界从"民族史"生成为"人类史"进程中的"现代社会"这一真切的客观历史现实。对

---

① 中共中央马克思恩格斯列宁斯大林著作编译局. 马克思恩格斯文集:第1卷[M]. 北京:人民出版社,2009:4.
② 中共中央马克思恩格斯列宁斯大林著作编译局. 马克思恩格斯文集:第1卷[M]. 北京:人民出版社,2009:185.
③ 中共中央马克思恩格斯列宁斯大林著作编译局. 马克思恩格斯文集:第1卷[M]. 北京:人民出版社,2009:46.
④ 中共中央马克思恩格斯列宁斯大林著作编译局. 马克思恩格斯文集:第1卷[M]. 北京:人民出版社,2009:539.
⑤ 中共中央马克思恩格斯列宁斯大林著作编译局. 马克思恩格斯文集:第1卷[M]. 北京:人民出版社,2009:518-519.

此，马克思说："无产阶级只有在世界历史意义上才能存在，就像共产主义——它的事业——只有作为'世界历史性的'存在才有可能实现一样。"① 如此，马克思强调真理的"客观性"，与撇开历史而将"真理"作为一种内在观念的自我扬弃的区别，从而直呈马克思之真理的历史生活客观性状态与事实性特质。

"生活真理"之"真实性"，其意是表明人民的"解放和幸福"，不是想象性或感受性的思维、心理或情感"事件"，而是一个可经验的"生活事实"。这一"事实"的内涵规定就在于生活在一定历史生产、生活条件下的人民的本质力量在现实生活中，而不是在想象中，更不是在虚幻中得以实现的，因为"只有在现实的世界中并使用现实的手段才能实现真正的解放"②。在此，突出的"解放"并非简单的"解脱""幸福"亦非"幸福感"，从而将"生活真理"与单纯的主观诉求所呈现的"愿景"相区别。

"生活真理"之"历史逻辑性"，则更为鲜明地表明马克思所强调的"生活真理"，并非悬于生活历史变迁之"道"，相反，正是遵循着生活自身否定与超越之历史必然逻辑，踏着历史发展的步伐，以客观现实的生产方式、关系及其制度的变革为切入点与依托点，以唯物史观为理论指针，从而将"人民的解放和幸福"置于人类历史的进程中，在充分肯定资本主义现代社会的历史进步性之基础上，揭露其制度的内在矛盾，从而开启人民解放和幸福之新形态。如此，"生活真理"的现实性内蕴着生活唯物主义原则与生活、历史辩证法的内在统一，彰显了马克思"生活真理"的科学性品质。

第二，"生活真理"之"价值性"。如前所述，马克思正是通过批判生活世界占主导地位的"神本""物本"和"资本"之价值原则致使生活世界"主—奴"关系颠倒的价值逻辑张扬、凸显生活主体之"人"的价值本体地位，实现价值立场的反转，从而确立生活真理"以人为本"的价值立场，遵循"人是目的"的价值原则，并始终将"人"作为生活的出发点和归属点，进而以落实"每一个人"的解放、自由和幸福之状况，作为衡量一定历史阶段的生产、生活及其制度合法性的根本尺度，这无疑是马克思生活真理观内蕴的价值革命。如此，马克思的"生活真理论"，将"人本"之价值立场、原则和尺度根植于现代生活、历史的变革之中，以批判全面异化的生活为手段，以"现实的个人"的解放和幸福作为"生活真理"的根本价值旨趣，维护与张扬人的权利与利益、

---

① 中共中央马克思恩格斯列宁斯大林著作编译局. 马克思恩格斯文集：第1卷 [M]. 北京：人民出版社，200：539.
② 中共中央马克思恩格斯列宁斯大林著作编译局. 马克思恩格斯文集：第1卷 [M]. 北京：人民出版社，2009：527.

尊严与自主、自由与幸福，现实地满足与实现人民幸福的价值主张，从而与"神本"的倒置真理，进而与以抽象"类人"为基点而持守的抽象人道主义划清了本质界限。

第三，"生活真理"的可实现性，更为具体地印证着生活真理的历史性特质。它表明人民的解放和幸福，并非停留于解放的意向和幸福的观念之中，也绝不是一种永远不可成为现实的抽象可能性，而是在一定的历史条件下，以解除现实的压迫、超越生活的苦难，使幸福生活的追求现实地向人民敞开，落实和呈现人民具体的生活样态。为此，马克思说道："'解放'是一种历史活动，不是思想活动，'解放'是由历史的关系，是由工业状况、商业状况、农业状况、交往状况促成的。"① 这样，"生活真理"的可实现性，以"消灭现存状况的现实的运动"② 之样式而出场，以"使现存世界革命化，实际地反对并改变现存的事物"③ 为路径而使自由、解放和幸福成为人民生活的"现实"。这样，马克思的"生活真理"的可实现性，就内在于否定和扬弃"现存世界"历史性进程，从而解除了乌托邦解放之终极性思维。

同时，"生活真理"的可实现性，凸显了马克思之"真理"立足于否定与超越的生活辩证法，再次确证了真理的现实性与历史条件性，从而否定了真理的主观性和抽象性路向。

第四，"生活真理"的崇高性，指称着"生活真理"承载与显现着生活主体之最高、最根本和最彻底的价值诉求，具有在世俗生活中的超越性和神圣性特征。它预示并指示着生活的未来性，这将激发生活主体全部的热忱与生命活力而为之努力。如此，生活真理不仅彰显着深刻的主体性，而且还内蕴着深厚的崇高性。其崇高性本质上即是生活主体，作为解放和幸福的实践主体，在追求解放和实现幸福中对其所承担的历史任务与使命的高度自觉与积极践行，生成一种超越个体的深厚情怀，正如马克思所说："作为德国人，你们应该为德国的政治解放而奋斗；作为人，你们应该为人的解放而奋斗。"④ 如此，"生活真理"的崇高性即是对植根于生活现实性之中的未来性、生活世俗性中的神圣性

---

① 中共中央马克思恩格斯列宁斯大林著作编译局. 马克思恩格斯文集：第1卷 [M]. 北京：人民出版社，2009：527.

② 中共中央马克思恩格斯列宁斯大林著作编译局. 马克思恩格斯文集：第1卷 [M]. 北京：人民出版社，2009：539.

③ 中共中央马克思恩格斯列宁斯大林著作编译局. 马克思恩格斯文集：第1卷 [M]. 北京：人民出版社，2009：527.

④ 中共中央马克思恩格斯列宁斯大林著作编译局. 马克思恩格斯文集：第1卷 [M]. 北京：人民出版社，2009：21.

之集中表达，从而实现了理论主体、实践主体和价值主体的内在统一。这样，马克思"生活真理论"就与解放之"拯救论""精英论""英雄论"和幸福之"恩典论"区分开来。

第五，马克思"生活真理"在其现实性、价值性、可实现性、崇高性之基础上，生成其深厚的人文性或文明性。"生活真理"之人文性或文明性以现实性为依托，以价值性为基本内涵和根本指针，以崇高性为品质，表征出通过粉碎枷锁和奴役、改变生活世界而使之向人的解放和幸福彻底敞开，真正遵循和贯彻"人是目的，不是手段"的原则，一切"为了人"，真正地尊重人、满足人、发展人，从而与野蛮的生产、生活的关系与制度相别，使现实生活世界成为人生活的幸福家园，由此彰显出马克思"生活真理"所涵括、承载的深厚而真切的人类情怀，从而有别于一切"乐土""天堂"设构和一切所谓"悲天悯人"的思想、学说。

从以上的分析可见，"生活真理"以唯物史观为基础，遵循着"以人为本"的价值原则，着力于现存的生活世界之改造，使人民获得现实的幸福，这构成了马克思"生活真理论"的独特运思路线。马克思的"生活真理论"不仅实现了真理的现实性、价值性、可实现性、崇高性与人文性的内在统一，而且体现了生活唯物主义与生活辩证法、生活的主体性与对象性、事实性与价值性、理论逻辑与实践逻辑，以及生活之世俗性与神圣性、现实性与未来性的内在，从而标示着马克思"生活真理论"于人类真理谱系中的独特思维方式、价值逻辑与实践品格。

三

在当代中国的历史语境中，马克思"生活真理论"展现为现实的、鲜活的生活图景，生成马克思真理的实践形态与生活样态，在历史与现实交织中践行、凸显着马克思"生活真理论"的理论路线与价值主张，始终将人民对"美好生活的向往"落实于建设与发展之中，充分体现了马克思"生活真理论"的人民性、实践性与现实性。

马克思"生活真理论"，在当代中国最为现实的出场方式是中国特色社会主义建设的实践，最为深刻的在场方式则是"坚持以人民为中心，不断实现人民对美好生活的向往"[1]，由此生成贯彻和体现马克思"生活真理论"的当代中国

---

[1] 习近平：在庆祝改革开放40周年大会上的讲话［EB/OL］．中国政府网，2018-12-18．

版本。

习近平总书记在"实现中华民族伟大复兴的必由之路"的讲话中,总结性地指出:"我们党90多年来之所以得到人民拥护和支持,从根本上说,就是因为能始终代表中国最广大人民根本利益,就是坚持群众是真正的英雄,尊重人民首创精神,最广泛动员和组织人民投身到党领导的伟大事业中来。在前进征途上,只要我们党始终坚持人民利益高于一切,紧紧依靠人民,就能永远立于不败之地。""我们对中国特色社会主义的自信,来源于实践、来源于人民、来源于真理。"如此,我们"要在深入把握中国特色社会主义科学性和真理性的基础上",坚定"四个自信"①。习近平总书记的讲话,表征着在中国特色社会主义建设实践中,自觉遵循着马克思"生活真理论"的理论逻辑与价值逻辑。这是建设中国特色社会主义取得惊人成就,铸成"中国故事",从而成为坚定"自信"、不断改革与发展的"底气"的全部秘密。

具体而言,马克思"生活真理论"的中国样态,从其实践逻辑与价值轨迹来看,始终以"不断增强人民的获得感、幸福感和安全感"为其根本的价值目标,切实彰显其真理的本质内涵。依此,我们不断深化对三大规律的认识,增强执政和建设中遵循规律的自觉性、主动性,确保真理追求的科学性、客观性和可实现性,"做到老百姓关心什么、期盼什么,改革就要抓住什么、推进什么,通过改革给人民群众带来更多获得感"②。我们以"什么地方人民感觉不幸福、不快乐、不满意,我们就在哪方面下功夫"为实现"生活真理"之手段,将真理的价值尺度具体落实于生活世界的方方面面,使其成为改革现实生活,追求与实现"真理"的宏观与微观动力,从而体现以"人民为主体"来践履"生活真理"的价值取向,由此构成了马克思"生活真理"视域中主体与客体、目的与手段、理论与实践、历史与现实相统一的建设与发展逻辑。这就从出场路径、在场方式,以及其内蕴的价值主张与实践路向等多维度上表征着马克思"生活真理论"的当代价值。

马克思"生活真理论"在当代中国所展现的实践路径,构成了马克思主义中国化内在的、深层的精神实质,正是从这一意义上,我们才能正确把握新时代提出"人民日益增长的美好生活需要和不平衡不充分的发展之间的矛盾"作为主要矛盾的科学性与深刻性,才能体会"改革是一场深刻革命"所承载的丰

---

① 习近平.习近平总书记系列重要讲话读本[M].北京:学习出版社,2016:39-40.
② 习近平主持召开中央全面深化改革领导小组第二十三次会议[EB/OL].新华网,2016-04-18.

富内涵，才能深切地把握"中国主张"的时代价值和世界意义，从而更深透地理解"在当代中国，坚持中国特色社会主义理论体系，就是真正坚持马克思主义"[1] 的科学论断。

---

[1] 习近平. 习近平总书记系列重要讲话读本 [M]. 北京：学习出版社，2016：26.

第八章

马克思主义信仰的本质及其特征

在人类信仰谱系中,"马克思主义信仰",因其独特的价值逻辑和运思逻辑而有别于一切其他信仰,包括宗教信仰,成为"信仰"家族中的新范式。然而,由于长期以来囿于将"信仰"归于或等同于宗教信仰之单一、狭隘的思维定式,人们对"马克思主义信仰"的研究存在比附化、抽象简单化,甚至错误的倾向,严重扭曲、遮蔽了内蕴着科学性与真理性、现实性与未来性、个体性与人类性相统一的马克思主义信仰之特质。为凸显马克思主义信仰的独特性,我们必须深究"马克思主义信仰"产生的现实基础,明确"马克思主义信仰"的主体,在此基础上深度厘清"马克思主义信仰"的本质内蕴及其特征。

一

马克思主义信仰,立足现代社会全面异化的"苦难"现实,指向超越现代社会苦难之未来。如此,我们必须将"马克思主义信仰"置于"现实"与"未来"的历史逻辑中,从"现实"—"信仰"—"未来"的内在关联层面,方可真正彰显"马克思主义信仰"批判现实、超越现实、指向未来的价值支撑与精神引导功能。

如此,我们必须将"马克思主义信仰"置于宗教信仰世俗化的历史语境中,置于唯物史观的理论架构中,置于人类的自由、解放、幸福何以可能的历史探寻中,置于无产阶级的"阶级意识"生成的过程中,置于各种社会主义思潮对无产阶级产生影响的理论语境中,置于中华民族谋求民族复兴和中国人民追求美好生活的历史进程中,置于当代价值多元化、信仰多样化的文化生态中,置于建构中国人民精神家园的当代生活场域中,唯有如此,"马克思主义信仰"所承载的丰富内涵及其本质特征,才得以澄明。为此,我们必须明确以下几方面。

首先,"马克思主义信仰",不是将"马克思主义"作为"绝对真理"而教条化。因为,"马克思的整个世界观不是教义,而是方法。它提供的不是现成的教条，而是进一步研究的出发点和供这种研究使用的方法"①。1886年11月29日，恩格斯在给自己的老朋友、美国工人运动重要活动家弗里德里希·阿道夫·左尔格的信中写道："德国人一点不懂得把他们的理论变成推动美国群众的杠杆；他们大部分连自己也不懂得这种理论，而用学理主义和教条主义的态度去对待它，认为只要把它背得烂熟，就足以满足一切需要。对他们来说，这是教条，而不是行动的指南。"② 从此可见，恩格斯切实否定将马克思主义教条化，从而将"马克思主义"作为膜拜的信条之倾向。由此，我们清晰地指示出"马克思主义信仰"，并非将"马克思主义"作为"信仰"的对象。因为一旦将"马克思主义"作为信仰的对象，我们事实上就将"马克思主义"作为"绝对真理"而与其内具历史性与现实性、理论性与直接的实践性相统一的品质相割裂，进而将"马克思主义"悬置于现实生活之外，从而从根本上背离马克思主义的精神实质与价值旨趣。如此，"坚持"与"发展"相统一，才是对待"马克思主义"正确的立场和态度。

其次，"马克思主义信仰"，不是"马克思主义+信仰"，而是作为一种独特"信仰"类型而存在，它标示着对马克思主义通过批判现代全面异化的生活，向人类敞开未来幸福生活。如此，马克思主义信仰，所表达的则是基于历史内在逻辑，人类对超越因资本所生成的现实苦难，获得自由、解放和幸福的不可动摇的信念与追求。这种信仰的现实表达即为"共产主义理想"。如此，"马克思主义信仰"构成"共产主义理想"的理论与价值支撑。

再次，"马克思主义信仰"，所表达的是无产阶级自我解放和追求幸福的坚定信念，从这一意义上，"马克思主义信仰"的信仰主体，首先是"无产阶级"。如此，"马克思主义信仰"，表征为无产阶级自觉追求自由解放和幸福的"阶级意识"。正是在这一意义上，恩格斯指出"共产主义是关于无产阶级解放的条件的学说"③。

最后，"马克思主义信仰"，是生活在全面异化、对抗性社会的"人类"对现代社会充满内在矛盾的生活样态的批判性超越，体现了追求解放与幸福生活的"人类意识"，由此彰显"马克思主义信仰"的人类视野与人类情怀。

---

① 中共中央马克思恩格斯列宁斯大林著作编译局. 马克思恩格斯文集：第10卷 [M]. 北京：人民出版社，2009：691.
② 中共中央马克思恩格斯列宁斯大林著作编译局. 马克思恩格斯文集：第10卷 [M]. 北京：人民出版社，2009：557.
③ 中共中央马克思恩格斯列宁斯大林著作编译局. 马克思恩格斯选集：第1卷 [M]. 北京：人民出版社，2012：295.

马克思的真正工作，是聚焦于"此岸世界"，揭露"人的异化的非神圣形象"，即对我们置身于其中的社会组织国家、商品货币资本等加以批判，超越充满对抗性和异化的现代社会，彻底改变"资本具有独立性和个性，而活动着的个人却没有独立性和个性"①的现实，从而"使人不抱幻想，使人能够作为不抱幻想而具有理智的人来思考，来行动，来建立自己的现实；使他能够围绕着自身和自己现实的太阳转动"，即"确立此岸世界的真理"②。于此，马克思所说的"苦难"，并非宗教意义上的"苦难意识"，而是资本逻辑宰制下的真实的现实的苦难。

如此，马克思通过揭示、批判资本主义全面异化生活，确立具有现实性的共产主义理想。其深刻性就在于立足人类的现代生活，超越地缘、民族史、地缘史，走向具有世界历史、人类历史高度，从人类整体性历史生成之进程，将人类作为一个生活共同体来加以审视、反观，历史地批判与扬弃现代异化生活，揭示人类未来生活的自由、幸福，即美的生活之必然性。于此，美的生活之丰富性，不是生活在某一种状态下的片面美，更不是生活主体对生活中的某一种特殊状态的感受性的、体验式的美感。它意蕴着该种生活类型、生活方式，即人的现实存在方式就是美！这就是人类幸福的生活。这便是"马克思主义信仰"的真正指向。

如此，"马克思主义信仰"，从其功能和价值指向来看，正是为了人类现实地从商品、货币和资本枷锁所构成的苦难现实生活中解放出来，自觉去追求自由而美好的幸福生活。从这一意义上而言，马克思主义信仰，正是对美好生活或幸福生活何以可能的范式或实践追求方式的坚定信念，是对美好幸福生活必然成为现实的笃定信从。由此而言，马克思主义信仰，不是将马克思主义的某个理论观点、某个思想、某个判断作为静态的尊奉和信仰的对象，而是信仰马克思主义的理论和实践学说所揭示的人类的幸福生活。如此，马克思主义信仰，并非仅仅遵循主体尺度，按照主观欲求，抑或依据某种先验道德原则而建构的乌托邦，而是对由马克思主义的理论逻辑、实践逻辑和价值逻辑支撑的美好生活的信仰。

进而言之，马克思主义信仰的实质就是要谋求与实现人民的现实幸福。对马克思主义理论的信崇、对共产主义理想的执着，只是马克思主义信仰的具体

---

① 中共中央马克思恩格斯列宁斯大林著作编译局. 马克思恩格斯选集：第1卷 [M]. 北京：人民出版社, 2012：415.

② 中共中央马克思恩格斯列宁斯大林著作编译局. 马克思恩格斯选集：第1卷 [M]. 北京：人民出版社, 2012：2.

表现，并不是它的实质。马克思主义信仰的实质就是人民自己要实现自己的幸福生活，即"通过人并且为了人而对人的本质的真正占有；因此，它是人向自身、也就是向社会的即合乎人性的人的复归"①。于此，我们追思马克思对现代社会全面异化生活的批判以及对人类乌托邦思维和彼岸世界真理的批判性超越，解构包括宗教在内的一切乌托邦的抽象性和虚设性，摒弃先验主义的理性逻辑的抽象演绎，使这种信仰发挥出强大的价值引导作用及引领力量，从而形成根植于现实生活中的理论逻辑与实践逻辑。

马克思直面现代社会的历史性变革，始终坚持以实现人民的现实幸福为其理论出发点和价值归宿，这样也就揭示了马克思主义信仰正是基于现代社会的历史解放性和自由主体性、科学性与真理性的统一，由此超越抽象的人道主义的狭隘性，呈现出立足现实、指向未来美好幸福生活的独特信仰范式。该种信仰范式，在人类生活之历史性、现实性和未来性内在统一的基础上，展现出清晰的思维逻辑和价值底蕴。如此，在人类的信仰谱系里，马克思主义信仰在理论基础、本质内蕴、价值归宿和未来指向等多层面、多维度上都凸显出独特理论的品质和价值逻辑，从而使马克思主义信仰区别于一切乌托邦宗教信仰和形形色色的各种各样信仰体系，成为立足现代社会而展开的对幸福和美好生活之未来性的追求与信仰，从而彰显其对现实生活深刻的批判性和超越性。

我们聚焦马克思主义信仰，甄别其历史前提、理论基石、运思原则、思维特质，就能更充分地看到实现人民的现实幸福是它的出发点或是它的价值归宿，也就能更清楚地剥离出他的思维运行逻辑和价值内涵，从而使我们能真正厘清融事实性与价值性、科学性与真理性、现实性与未来性、理论性与实践性于一体的马克思主义信仰的本质内涵与基本特征。

二

"马克思主义信仰"始终围绕着人类的解放、幸福何以可能的问题而展开。然而，宗教信仰亦对人类幸福做出了允诺，尽管只是虚幻的。如此，我们将"马克思主义信仰"置于与"宗教信仰"比较的视域中，将更为明晰地彰显"马克思主义信仰"的本质特征。

第一，二者的理论基础不同。"马克思主义信仰"，是以唯物史观为其理论

---

① 中共中央马克思恩格斯列宁斯大林著作编译局. 马克思恩格斯文集：第1卷[M]. 北京：人民出版社，2009：185.

基础的，植根于人类历史发展的内在规律中，坚定地相信"两个必然"。因此，"马克思主义信仰"，本质上是一种科学信仰，而一切宗教信仰的理论基础则是精神史观，即唯心史观，因此宗教信仰则是一种非科学的迷信。如此可见，"马克思主义信仰"与宗教信仰的本质区别，乃是科学与非科学、无神论与有神论，由此彰显二者是性质截然不同的"信仰"。

第二，二者的价值立场和价值逻辑不同。宗教信仰，从其价值立场来看，坚持与主张神本价值，凸显的是神本逻辑。马克思主义信仰坚持以人为本的价值立场，充分彰显信仰的人民性，以此表明，马克思主义信仰是人民的信仰，是人民为了幸福的信仰。简言之，宗教信仰从其价值逻辑来看是以神作为其价值本位的，而在马克思主义信仰体系里面，始终坚持人本价值立场，张扬信仰的人民性。正因为如此，马克思主义不仅主张"理论一经掌握群众，也会变成物质力量。理论只要说服人，就能掌握群众"[1]，而且强调"必须推翻使人成为被侮辱、被奴役、被遗弃和被蔑视的东西的一切关系"[2]。

第三，二者凸显与着力的界域不同。宗教信仰主要是指向彼岸世界，表征为对彼岸世界中完美幸福生活的一种尊崇与追求。宗教对完美幸福生活的承诺，在马克思看来，恰好是虚幻的花朵，是一种虚幻的承诺。马克思主义信仰追求的恰好是此岸世界的真实幸福，着力对我们的生活世界进行批判与改造。简言之，宗教信仰主要将人的幸福推向彼岸世界，马克思主义信仰将人的幸福置于对现实生活世界的批判和对未来世界的建构之中。在此，未来幸福的生活，并外在于现实生活世界，这就超越了西方传统的应然与实然的外在对峙逻辑，呈现出实然与应然、现实与未来的内在生成性关系。如此，马克思主义信仰，作为一种引导力量、解放力量，不外于生活，而是内蕴于对生活本身展开的批判与超越上，并由此生成生活的未来形态。这就是马克思所指出的在批判旧世界中，发现和建构新世界。

第四，二者的目的不同。宗教信仰，不仅让人回避，甚至逃避世俗的"苦难"与"枷锁"，而且给人的精神套上"枷锁"，其根本目的是让人皈依上帝，从而消解人的独立性和主体性，以所谓的"彼岸世界的真理"替代"此岸世界的真理"。如此，宗教信仰则是以瓦解人为现实幸福而斗争的意志，放弃现实生活中的幸福为代价的。马克思主义信仰，恰好要求人民直面现实生活中真实的

---

[1] 中共中央马克思恩格斯列宁斯大林著作编译局. 马克思恩格斯文集：第1卷[M]. 北京：人民出版社，2009：9-10.

[2] 中共中央马克思恩格斯列宁斯大林著作编译局. 马克思恩格斯文集：第1卷[M]. 北京：人民出版社，2009：10.

苦难，粉碎、解除人民世俗生活的枷锁与桎梏，以"此岸世界的真理""人民的现实幸福"替代虚幻的"彼岸世界的真理"，激发、激活人的主体性，展现人的主体性，张扬人的主体性，使人真正成为追求现实幸福的生活主体。简言之，宗教信仰是消解人的主体性的信仰，马克思主义信仰则是激发、彰显人的主体性的信仰。

第五，二者所蕴含的关系逻辑不同。宗教信仰中始终遵循的神主人奴的关系逻辑，在这一异化性的关系中，"人"始终只是上帝眷选的被动"对象"，人受神的支配，始终处于依附与从属地位，成为神眷顾的对象。如此，在宗教信仰中，凸显的是神的意志和神的主宰，"人"则丧失其独立性和自主性。马克思主义信仰，突出人的主体性，强调"人"是历史的"剧中人"与"剧作者"的统一，突出人在尊重历史规律的前提下，充分发挥人的主观能动性，从而从根本上表明历史不外是人创造自己的生活、追求与创造自己的幸福的历史。

第六，二者所承诺的幸福之本质不同。一切宗教信仰给人承诺的幸福，都是虚假的幸福，均是基于神的拯救论、救赎论或恩典论，都是以承受现实生活的苦难为代价的，因此即使宗教信仰对世俗有反抗或反动，也是消极的、有限的。马克思主义信仰强调的是作为现实生活主体的人，通过批判和改造导致现实生活苦难的社会关系和社会制度实现自我解放，获得现实的幸福，从而表征幸福就是人的本质在现实中的实现，具有真正的现实性。如此，宗教信仰中的幸福，本质上是拯救论、救赎论、恩典论，是通过弥赛亚而设构的幸福。马克思主义信仰强调的是生活主体的自我解放，因此是支撑生活主体自我追求自由、解放和幸福的革命活动的信仰。

第七，二者坚持的原则不同。我们如果说宗教信仰将世界二重化，将神人二元化，进而将彼岸世界与此岸世界、现实与信仰对峙，将价值、幸福归于彼岸世界和神，那么马克思主义信仰则将彼岸世界与此岸世界、神圣与世俗，统一于现实的生活世界中，揭示现实与未来内在的历史联系，从而突出生活的一元性，聚焦现实生活之"问题"，确证信仰的现实基础，确认信仰何以必需、信仰何以可能。如此，马克思主义信仰解除了宗教信仰所设构的神人、彼岸与此岸二元对峙的逻辑，坚持生活第一性的原则，突出以人为本的价值主张，强调对现实生活世界的回归和对新生活的创造。

第八，二者的精神主旨不同。宗教信仰突出神的意志，表现人对神及神的旨意的膜拜、迷信式的信从，对宗教教义、教条绝对笃信不疑，因此宗教信仰，内在要求人放弃理性追问、搁置怀疑，一切寄托于神。马克思主义信仰蕴含着理性原则、科学精神，要求生活主体坚持唯物主义和辩证法的基本原则，运用生活现象学的方法论,不断追问坚持什么、超越什么、发展什么、展现什么,从而蕴含着不断否定、改变现存事物的运思逻辑。于此,马克思说:"实际上,而且对实践的唯物主义者即共产主义者来说,全部问题都在于使现存世界革命化,实际地反对并改变现存的事物。"①

第九,宗教信仰,是对"终极真理"的信仰。《圣经》虽然重版无数次,但是从来没有改变过它的信条、教义,如此则可以说宗教的信仰是对死的教条、死的理论、死的学说的尊崇,即对"终极真理"的尊崇。马克思主义信仰则是对生活超越性与未来性中所蕴含的幸福与美好坚信不疑、坚定不移。如此,宗教信仰是外在于不断变化的现实生活,是一种静态的精神固守,而马克思主义信仰,是内置于生活自身的否定与超越的历史逻辑中,参与我们生活的构造,成为生活的一部分。如此,马克思主义信仰不是作为一个终极真理而出场,而是在与现实生活的张力中以不断发展的理论、观点和思想作为"批判的武器",以一种发展着的、活的理论而指导人们对生活的历史性改造,指向美好幸福的生活,从而使马克思主义信仰与现实生活实现内在统一。正因为如此,马克思主义信仰主张"只要在现实的世界中并使用现实的手段才能实现真正的解放",强调"'解放'是一种历史活动,不是思想活动,'解放'是由历史的关系,是由工业状况、商业状况、交往状况促成的"②。

第十,宗教信仰将信仰囿于人的精神生活维度中,从人的心理、情感、道德等层面来强调人的精神、价值皈依和幸福的寄托。马克思主义信仰,则不局限于人的精神生活,它涵括着人生活的整体性,以及对生活的整体性革命。因此,马克思主义信仰镶嵌于人的生活的结构体系里面,渗透在方方面面,或者说溶解在生活的整体之中,指向人的生活整体性变革。

当然,"信仰",无疑是表现为人的精神层面,彰显人的精神追求与向往。但是信仰发生之基础及其功能,绝不仅仅满足或停滞于人的精神、心理或情感需要。如此,马克思主义信仰的空间不能够局限于观念领域、心理情感层面,而应该把它放在人类的历史或我们创造自身生活的历史进程中。这样,"马克思主义信仰"就绝不仅仅作为一种观念的精神力量,而是作为一种现实化的主体力量,引导新生活的构造。如此,我们就可以说,"马克思主义信仰"是对现实生活的整体性观照与批判性超越,从而指向新生活,寓意着人们的幸福之现实

---

① 中共中央马克思恩格斯列宁斯大林著作编译局.马克思恩格斯文集:第1卷[M].北京:人民出版社,2009:155.

② 中共中央马克思恩格斯列宁斯大林著作编译局.马克思恩格斯文集:第1卷[M].北京:人民出版社,2009:154.

性与未来性。

第十一，宗教信仰所强调的是信徒的精神皈依，所承诺的幸福是一种精神皈依式的虚幻的幸福。马克思主义信仰所追求和要实现的是对现实苦难的超越，是遵循历史逻辑的现实幸福，而不是对现实苦难的投射与逃避。由此可见，马克思主义信仰立足被资本宰制的现实生活与现实生活中的人，指向在现实中实现人民的生活幸福，而绝不是追求一种幸福感、一种碎片化的幸福感。因为，碎片化的、偶时性的幸福感，恰表明生活本身的整体不幸福。这种幸福感也不是有的学者置于需要与满足的逻辑里，指证人的需要的满足，而是指在现实生活中人的本质得以现实的实现，从而也就是"人和自然界之间、人和人之间的矛盾的真正解决，是存在与本质、对象化与自我确证、自由和必然、个体和类之间的斗争的真正解决"①。

第十二，宗教信仰，以"神"为始点，以"神"为终点，其思维运行是一个封闭式的"圆圈"。如此，宗教信仰追求内在精神的自洽与自足，形成其独特的神性逻辑。马克思主义信仰，以全面异化的现代生活为起点，以超越或"代替那存在着阶级和阶级斗争的资产阶级旧社会"，而建立能使"每个人的自由发展是一切人的自然发展的条件"的"联合体"②为目标，超越"必然王国"而取道"自由王国"，结束人类的史前史，真正进入"人类社会"。如此，马克思主义信仰，始终向人类未来敞开，不具有历史终结性，恰如生活本身所具有的待完成性、开放性和未来性一般。由此，我们可以说马克思主义信仰，正是基于现代生活的矛盾及其矛盾的解决之内在所需。

如此，通过比较，我们可以清楚地呈现马克思主义信仰，马克思主义信仰从理论基础、价值立场、价值目的及思维逻辑等方面，有别于宗教信仰，这样可以彰显马克思主义信仰独特的理论逻辑、价值逻辑与实践逻辑。

同时，马克思主义信仰，以其科学性与革命性、真理性与价值性的内在统一，在人类价值谱系中，独树一帜，成为超越"以物的依赖性"为特征的现代社会之历史向标，成为人民追求现实幸福，追求自由、解放的精神支撑和价值导航。

---

① 中共中央马克思恩格斯列宁斯大林著作编译局. 马克思恩格斯文集：第1卷［M］. 北京：人民出版社，2009：185.
② 中共中央马克思恩格斯列宁斯大林著作编译局. 马克思恩格斯文集：第1卷［M］. 北京：人民出版社，2009：422.

三

马克思主义信仰在中国落根，从根本上而言，一方面源于中华民族对一百多年来民族苦难的深刻觉醒和自我解救的内在需要；另一方面则在于马克思主义信仰优于其他理论、主义和信仰，能真正引导中华民族从一百年的苦难中获得重生。在这一意义上，马克思主义信仰在中国的命运，是由中国的历史与现实需要决定的，恰如马克思指出的"理论在一个国家实现的程度，总是取决于理论满足于这个国家的需要的程度"①。

在价值多元化、信仰多样化的历史语境中，马克思主义信仰，以其内蕴的科学性、人民性而彰显其真理性和崇高性，释放出巨大的精神感召力和现实引导力，标示其优于其他信仰，成为追求自由、解放和幸福的中国人民自觉的选择，从而成为中国人民的信仰。

抽象地说，信仰是一个人的完整、一个族群的自觉、一个政党的自主，乃是一个国家自为的重要尺度与标志。马克思主义信仰，于个人，成为人生价值最高指向；于族群，成为遵循历史逻辑而追求自由、解放的科学理论与价值引导；于政党，成为其治国理政的价值总纲领；于国家，成为其从"站起来""富起来"到"强起来"的精神支撑与批判的武器。进而言之，马克思主义信仰，于个人，将马克思主义信仰内化为个人的信仰，那"这个人"就成为一个真正的马克思主义者、真正的共产主义战士；于族群，那这个族群就成为有科学信仰的民族、一个向着现实的美好幸福生活奋进的民族；于政党，将马克思主义信仰作为自己的旗帜，凝聚民族的心力完成民族的伟大复兴，这个政党就是带领人民追求美好生活、依靠人民创造美好生活的先进政党；于国家，那这个国家是富强、民主、文明、和谐、美丽的现代化国家。

马克思主义信仰，不是与现实历史相脱离的道义乌托邦，而是与现实历史发展紧密相关，并通过对现实生活世界的历史性批判与改造而彰显其存在方式与历史的价值，因此马克思主义信仰又呈现出鲜明的现实性和社会历史性。马克思主义信仰的现实性，就具体落实于对当代中国人民建设中国特色社会主义的伟大实践之中。马克思主义信仰的出场和在场所呈现出的历史规定性及其历史价值，则具体表征为为人民谋幸福、为民族谋复兴，从而呈现革命必胜、解

---

① 中共中央马克思恩格斯列宁斯大林著作编译局. 马克思恩格斯选集：第1卷 [M]. 北京：人民出版社，2012：11.

放必能、幸福必成的内在价值逻辑。如此，我们则可以说，"马克思主义信仰"内在于中国人民追求美好生活的历史之中，具体落实与体现于中国人民百年来艰苦卓绝的奋斗中，正是在这一意义上，马克思主义信仰，正是"我们的"信仰。

"人民有信仰，民族有希望，国家有力量"，标示着马克思主义信仰与中国人民追求美好幸福生活的内在张力与现实价值，切实彰显马克思主义信仰的人民性和人民信仰马克思主义的真理性。如此，以马克思主义信仰为价值指针和人生导航的人民，才能在追求美好幸福生活之征途上，永远心怀希望之光；以马克思主义信仰武装起来的民族，才能在民族复兴的伟大征程中，不惧艰难困苦，勇于创新而不断超越、不断发展，永不言败。同时，具有笃定马克思主义信仰的政党领导的国家，才会自觉而主动地承担其历史责任与使命，贡献中华民族的智慧，构建"人类命运共同体"，践行人间正道。如此，唯有笃定马克思主义信仰，才能坚持和发展马克思主义，以中国特色社会主义，生动展现21世纪马克思主义和人类文明的新形态。

第九章

马克思主义信仰的思维逻辑

在人类的信仰谱系中,马克思主义信仰在理论基础、本质内蕴、价值归宿和未来指向等多层面、多维度上凸显其鲜明的思维逻辑和价值意蕴,从而有别于一切乌托邦、宗教信仰和其他形形色色的信仰体系。其以批判和扬弃现代异化生活为起点,展开对幸福而美好生活之未来性的构建与追求,展现出马克思主义信仰对现实生活的深刻批判性和历史超越性,以此彰显马克思主义信仰之科学性与真理性、事实性与价值性、现实性与未来性、个体性与人类性相统一、实践逻辑与理论逻辑相一致的本质特征。

一

直面充满内在矛盾的现代生活,深刻揭示与批判现代异化的生活关系,是马克思主义信仰生成的历史基点。对现代全面异化的生活展开批判,并非始于马克思主义,马克思主义对现代异化生活的批判之独特处,正是在于以唯物史观为其理论基础,在充分肯定现代社会的历史进步性之基础上,揭示与批判其内在的本质矛盾,从而建构与确立起对现代社会全面异化的生活具有超越性、未来性的科学信仰,由此构成马克思主义信仰的鲜明个性。在当时的历史语境中,马克思主义信仰不仅从根本上有别于宗教信仰,而且有别于"封建的社会主义""小资产阶级的社会主义"和"德国'真正的'社会主义"等构成的"反动的社会主义"的信仰,具有先进的时代性特征。

通过揭示、批判资本主义社会的内在矛盾,确立具有现实性的共产主义信仰,其深刻性在于超越地缘史、民族史,基于人类史之生成,以"人类"立场来审视、反观、批判现代异化生活,从而构建人类未来的自由美好的生存理想。

"由于开拓了世界市场,使一切国家的生产和消费都成为世界性的了","由于一切生产工具的迅速改进,由于交通的极便利,把一切民族甚至最野蛮的民族都卷到文明中来了"①。如此，人类生活的时空坐标、价值尺度的深刻变化，开启了从地域史向全球史，"民族史"向"人类史"的历史性转换，人类主体力量得以前所未有的彰显，主体地位得以历史性的提升。然而，"这些力量本来是由人们的相互作用产生的，但是迄今为止对他们来说都作为完全异己的力量威慑和驾驭着他们"②。因此，批判全面异化的现代生活，构建超越"地域性的共产主义"的人类解放之途，构成了马克思主义信仰的现实基点和未来指向。

马克思主义信仰对资本主义异化生活之"实然"的否定性批判，正是以对其加以历史性肯定为前提的，从而生成超越资本主义之未来"应然"，有别于当时盛行的各种思潮对资产阶级种种"罪状"之控诉。因为，当时盛行的各种思潮无视甚至否定资本主义社会的历史合法性与进步性，因而对资产阶级社会的批判也只是情感宣泄式的、道德谴责性的，最终落入空乏无力的"诅咒"中，根本无视资本主义社会的全面异化对超越异化之历史必要。因为其价值立场是"反动的"，所以他们的理想和信仰追求也必然"是空想的"。③ 事实上，以"法国和英国的贵族"为代表的"封建的社会主义"者，虽然能"写一些抨击现代资产阶级社会的作品"，但是他们"进行的只是文字斗争"，"只是为了被剥削的工人阶级的利益才写对资产阶级的控诉书。他们用来泄愤的手段是唱唱诅咒他们的新统治者的歌，并向他叽叽咕咕地说一些或多或少凶险的预言"④。他们"半是挽歌，半是谤文，半是过去的回音，半是未来的恐吓；它有时也能用辛辣、俏皮而尖刻的评论刺中资产阶级的心，但是由于完全不能理解现代历史的进程而总是令人感到可笑"⑤，又因他们本质上是仇视"革命的无产阶级"，最后走向与基督教社会主义携手、混杂。"基督教社会主义，只不过是僧侣用来使贵族的怨愤神圣化的圣水罢了"⑥。同样，"小资产阶级的社会主义"，虽然"非

---

① 中共中央马克思恩格斯列宁斯大林著作编译局. 马克思恩格斯文集：第2卷［M］. 北京：人民出版社，2009：35.
② 中共中央马克思恩格斯列宁斯大林著作编译局. 马克思恩格斯文集：第1卷［M］. 北京：人民出版社，2009：542.
③ 中共中央马克思恩格斯列宁斯大林著作编译局. 马克思恩格斯文集：第2卷［M］. 北京：人民出版社，2009：57.
④ 中共中央马克思恩格斯列宁斯大林著作编译局. 马克思恩格斯文集：第2卷［M］. 北京：人民出版社，2009：54.
⑤ 中共中央马克思恩格斯列宁斯大林著作编译局. 马克思恩格斯文集：第2卷［M］. 北京：人民出版社，2009：54-55.
⑥ 中共中央马克思恩格斯列宁斯大林著作编译局. 马克思恩格斯文集：第2卷［M］. 北京：人民出版社，2009：56.

常透彻地分析了现代生产关系中的矛盾。它揭穿了经济学家的虚伪的粉饰"①，但就其内容和目的，则是为了逆历史前进的趋势，"企图恢复旧的生产资料和交换手段，从而恢复旧的所有制关系和旧的社会，或者是企图重新把现代的生产资料和交换手段硬塞到已被它们突破而且必然被突破的旧的所有制关系的框子里去"②。其所追求的目标是"工场手工业中的行会制度，农业中的宗法经济"，最后其揭露之"批判性"，只是蜕变为"怯懦的悲叹"而已。"德国的或'真正的'社会主义"，则是"直接代表了一种反动的利益，即德国小市民的利益"③，其"使命就是充当这种小市民的夸夸其谈的代言人"④。他们在现实中"把社会主义的要求同政治运动对立起来，用诅咒异端邪说的传统办法诅咒自由主义、诅咒代议制国家，诅咒资产阶级竞争、资产阶级的新闻出版自由、资产阶级的法、资产阶级的自由和平等，并且向人民群众大肆宣扬，说什么在这个资产阶级运动中，人民群众非但一无所有，反而会失去一切"⑤。所以，它最后的必然归宿和运思逻辑是"给这些小市民的每一种丑行加上奥秘的、高尚的、社会主义的意义，使之变成完全相反的东西。它发展到最后，就直接反对共产主义的'野蛮破坏的'倾向，并且宣布自己是不偏不倚地超乎任何阶级斗争之上的"⑥。

与此等"反动的社会主义"相别，马克思从生产力、人类交往和价值坐标之变迁等事实维度，确证了以资产阶级为主导的现代社会之历史合法性和历史进步性。如此，马克思不仅确立了马克思主义信仰的历史前提、历史起点，以及依此所据的时代内涵，而且呈现出马克思主义信仰所基于的历史高度、所具有的历史合法性，以及其依此所呈现出来的未来性。这就超越了"反动的社会主义"之狭隘性、落后性与反动性，使马克思主义信仰深深植根于现代社会的历史深处而具有了科学真理性和时代先进性。

要言之，立足现代社会生产力的高度发展，以及人类的普遍交往，从而

---

① 中共中央马克思恩格斯列宁斯大林著作编译局. 马克思恩格斯文集：第2卷［M］. 北京：人民出版社，2009：56.
② 中共中央马克思恩格斯列宁斯大林著作编译局. 马克思恩格斯文集：第2卷［M］. 北京：人民出版社，2009：57.
③ 中共中央马克思恩格斯列宁斯大林著作编译局. 马克思恩格斯文集：第2卷［M］. 北京：人民出版社，2009：59.
④ 中共中央马克思恩格斯列宁斯大林著作编译局. 马克思恩格斯文集：第2卷［M］. 北京：人民出版社，2009：60.
⑤ 中共中央马克思恩格斯列宁斯大林著作编译局. 马克思恩格斯文集：第2卷［M］. 北京：人民出版社，2009：59.
⑥ 中共中央马克思恩格斯列宁斯大林著作编译局. 马克思恩格斯文集：第2卷［M］. 北京：人民出版社，2009：60.

"使每一个民族都依赖于其他民族的变革","地域性的个人为世界历史性的、经验上普遍的个人所代替"①,这就表明"无产阶级只有在世界历史意义上才能存在,就像共产主义——它的事业——只有作为'世界历史性的'存在才有可能实现"②。这样凸显马克思主义信仰直面现代社会的二重性特征及其本质悖论,现实地构建人类的解放与自由之希望图景。

二

马克思主义信仰,既不是纯粹思维和精神王国之事,也不是封闭的主观心理游戏,而是立足于现代异化的生活现实,以人类历史演变的内在矛盾和规律为支点,以对现代性生产逻辑和资本逻辑的批判为着力点,以人类的解放、自由和幸福为价值归宿,从而展示马克思对人类未来和谐、美好而幸福生活的历史性预构,由此深度彰显了马克思主义信仰的价值逻辑与深厚的人类情怀。

基于唯物史观,马克思主义信仰解构了一切乌托邦的抽象性、虚设性、虚幻性和终极性思维,摒弃了先验主义外在于历史的抽象逻辑演绎。如此,其深入现代社会生产与生活的本质和矛盾,揭示生活历史、现实和未来向度之内在的否定性逻辑,钩沉生活之历史性承接与超越,从而确立马克思主义信仰的历史基础、确证马克思主义信仰之本质规定,彰显马克思主义信仰以实现人民的现实幸福为根本出发点和落脚点的价值立场和价值取向,形成立足于现实,指向美好而幸福的未来生活之独特信仰范式,凸显马克思主义信仰之科学性与革命性、真理性与价值性的统一,成为引动、支撑人民追求现实的幸福生活之强大的精神力量,从而与"保守的或资产阶级的社会主义"和"批判的空想的社会主义和共产主义"等思潮和信仰区别开来。

从本质上而言,"保守的资产阶级的社会主义"之信仰,就是对无产阶级革命的反动、对"改良"的推崇,是对现存的资本和雇佣关系之基础上的资产阶级社会终极完美性的信仰。"保守的资产阶级的社会主义"之信仰以所谓一切"为了工人阶级的利益"③ 为"标识",它的价值主张和理论宣言,无疑具有其

---

① 中共中央马克思恩格斯列宁斯大林著作编译局. 马克思恩格斯文集:第 1 卷 [M]. 北京:人民出版社,2009:538.
② 中共中央马克思恩格斯列宁斯大林著作编译局. 马克思恩格斯文集:第 1 卷 [M]. 北京:人民出版社,2009:539.
③ 中共中央马克思恩格斯列宁斯大林著作编译局. 马克思恩格斯文集:第 2 卷 [M]. 北京:人民出版社,2009:61.

难以甄别的迷惑性和欺骗性。"批判的空想的社会主义和共产主义"虽然"抨击现存社会的全部基础",提出了"关于未来社会的积极的主张"①,"他们也意识到,他们的计划主要是代表工人阶级这一受苦最深的阶级的利益","看到了阶级对立,以及占统治地位的社会本身中瓦解因素的作用。但是,他们看不到无产阶级方面的任何历史主动性,看不到它所特有的任何政治运动",② 于是他们"拒绝一切政治行动,特别是一切革命行动;他们想通过和平的途径达到自己的目的,并且企图通过一些小型的、当然不会成功的实验,通过示范的力量来为新的社会福音开辟道路"③。他们之所以"激烈地反对工人的一切政治运动,认为这种运动只是由于盲目地不相信新福音才发生的",则在于他们的"这些主张本身还带有纯粹空想的性质",④ 其所倡导的即是"普遍的禁欲主义和粗陋的平均主义"⑤。正因为如此,他们所确立和追求的"信仰"对现存社会虽具有"批判的成分",但是他们是以抽象的人性论为基础的。以唯心史观为支点的信仰,沉溺于道德的诉求和宗教的福音中,在残酷的现实生活面前显得尤为软弱与苍白,成为前马克思主义信仰之"乌托邦"思维的典型信仰范式。

马克思在充分检讨社会主义思想史、信仰史和现实生活历史的基础上,批判宗教史观、英雄史观等多种形式的唯心史观,摒弃反动的、保守的、空想的社会主义信仰之反动性、狭隘性和抽象空想性等弊端和局限性,以唯物史观为指导,以现代社会为历史起点,遵循着现实主义路线与价值主张,展开对现实生活深度批判、颠覆和超越,从而确立起批判性、革命性与建构性、超越性和未来性的内在统一,将科学性和彻底革命性有机结合,构建历史、现实与未来完备一致的信仰体系,由此彰显马克思主义信仰对现实生活的批判与超越,高扬自由、解放与人民的现实幸福之价值主张。

马克思主义信仰的确立,改变了信仰的建构与确立的传统路径,实现了信仰方法论的自觉。从本质上说,马克思主义信仰,是一种超越精神史、观念史、

---

① 中共中央马克思恩格斯列宁斯大林著作编译局. 马克思恩格斯文集:第2卷[M]. 北京:人民出版社,2009:63.
② 中共中央马克思恩格斯列宁斯大林著作编译局. 马克思恩格斯文集:第2卷[M]. 北京:人民出版社,2009:62.
③ 中共中央马克思恩格斯列宁斯大林著作编译局. 马克思恩格斯文集:第2卷[M]. 北京:人民出版社,2009:63.
④ 中共中央马克思恩格斯列宁斯大林著作编译局. 马克思恩格斯文集:第2卷[M]. 北京:人民出版社,2009:64.
⑤ 中共中央马克思恩格斯列宁斯大林著作编译局. 马克思恩格斯文集:第2卷[M]. 北京:人民出版社,2009:62.

心理情感史的现实生活之信仰。信仰,从其表现形式来看,无疑是生活主体在精神、观念和心理、情感等层面表现出对现实生活的超越,表征生活主体对生活未来性的坚定信念和崇高的追求,但是信仰之"根"、之"目的"、之"实现方式与途径",以及信仰所内具的批判性、引导性力量,恰好不在于"信仰"本身。如此,我们就必须解构信仰观念论、信仰精神论和信仰心理论的"偏见"和思维定式,将"信仰"植根于现实生活之中,恰如马克思所言:"宗教已经不是世俗局限性的原因,而只是它的现象。""我们不把世俗问题化为神学问题,我们要把神学问题化为世俗问题。""我们现在要用历史来说明迷信"①,"我们不是到犹太人的宗教里去寻找犹太人的秘密,而是到现实的犹太人里去寻找他的宗教的秘密"②。"宗教本身是没有内容的,它的根源不是在天上,而是在人间"③。因为,"宗教里的苦难",是"现实的苦难的表现"④。如此,马克思主义信仰解蔽了"信仰"的精神、观念、心理和情感自足论,将"信仰"置于坚实的现实生活之中,凸显马克思主义信仰之生活转向,实现了审视、建构信仰之方法论的自觉。

马克思主义信仰,颠覆了"神本主义"的价值立场,确立了以实现人民的现实幸福的价值取向,置换了信仰的内在价值原则、价值尺度与价值目的,形成了马克思主义信仰新型的价值逻辑,实现了人类信仰价值观的历史性转向。马克思主义信仰则是始终坚持人民的价值立场,遵循以人民的现实幸福为价值尺度与原则,在唯物史观基础上确立超越异化的生活样态,解放"世俗人",从而成为人民追求解放与自由的信仰。直言之,马克思主义信仰,批判了宗教信仰的神本主义价值底蕴,超越了抽象的"人本主义"的狭隘性,落实与高扬了以实现人民的现实幸福为根本的价值主张。

三

面对因资本而生成的新"枷锁"与"牢笼",我们如果说尼采哲学的主旨

---

① 中共中央马克思恩格斯列宁斯大林著作编译局. 马克思恩格斯文集: 第1卷 [M]. 北京: 人民出版社, 2009: 2.
② 中共中央马克思恩格斯列宁斯大林著作编译局. 马克思恩格斯文集: 第1卷 [M]. 北京: 人民出版社, 2009: 49.
③ 中共中央马克思恩格斯列宁斯大林著作编译局. 马克思恩格斯文集: 第10卷 [M]. 北京: 人民出版社, 2009: 4.
④ 中共中央马克思恩格斯列宁斯大林著作编译局. 马克思恩格斯文集: 第1卷 [M]. 北京: 人民出版社, 2009: 4.

是"重估一切价值",那么马克思则着力"重建一切价值",追问"人类的自由与解放""人民的现实幸福何以可能"和人类"美的生活"何以建立,从而展开对"现实生活"的批判,建构人民对现实幸福生活、美的生活的信仰。何谓"人民的现实幸福",马克思曾有过诸多详尽的论述和阐释。就其基本原则而言,"人民的现实幸福"是"人的本质力量的现实实现""对私有财产即人的自我异化的积极的扬弃,因而是通过人并且为了人而对人的本质的真正占有,因此,它是人向自身、也就是向社会的即合乎人性的人的复归。……是人与自然之间、人和人之间的矛盾的真正解决,是存在和本质、对象化与自我确证,自由和必然、个体和类之间矛盾的真正解决。它是历史之谜的解答。"① 人民从外在客体分工的局限性中解放出来,劳动不再是强加的,这样,"任何人都没有特殊的活动范围,而是都可以在任何部门内发展"②。从其现实性和历史表征而言,马克思主义信仰就是"要废除资产阶级的所有制""消灭私有制"③"剥夺利用这种占有去奴役他人劳动的权利"④,建立超越对立性、对抗性社会制度的新的"联合体",从而实现"每个人的自由发展是一切人的自由发展的条件"⑤。如此,马克思主义信仰所追求的价值目标,是使"每一个人"都得以自由而全面的发展。人民对"现实幸福"的追求,从发展的权利来看,是"每一个人"对其自由和发展的公正的信仰。所以,马克思主义信仰之根本要旨就在于结束人类的史前史,开始真正的"人类史",从"必然王国"跃进到"自由王国",从而促使人的本质力量能在现实中得以实现,充分张扬每一个人的生活之解放、自主与自由,超越在资本逻辑宰制下"被侮辱、被奴役、被遗弃和被蔑视"的生存苦难,最终使人能按照"美的尺度"来创造自己的幸福生活。

在马克思主义信仰体系中,其以"人民的现实幸福"为其出发点和价值旨归,更为鲜明地表征了马克思主义信仰之信仰主体、信仰的本质与目标、信仰之现实生活基础以及实现路径与手段,从而更为明晰地表征马克思主义信仰独

---

① 中共中央马克思恩格斯列宁斯大林著作编译局. 马克思恩格斯文集:第1卷[M]. 北京:人民出版社,2009:185.
② 中共中央马克思恩格斯列宁斯大林著作编译局. 马克思恩格斯文集:第1卷[M]. 北京:人民出版社,2009:537.
③ 中共中央马克思恩格斯列宁斯大林著作编译局. 马克思恩格斯文集:第2卷[M]. 北京:人民出版社,2009:45.
④ 中共中央马克思恩格斯列宁斯大林著作编译局. 马克思恩格斯文集:第2卷[M]. 北京:人民出版社,2009:47.
⑤ 中共中央马克思恩格斯列宁斯大林著作编译局. 马克思恩格斯文集:第2卷[M]. 北京:人民出版社,2009:53.

特的价值立场和价值内蕴，成为人民追求现实幸福之科学指引和强大的精神导向。马克思指明了实现"人民的现实幸福"之现实路径，彰显了马克思主义信仰的现实批判性特征，凸出了马克思主义信仰所遵循的现实主义路线。在马克思主义信仰的价值逻辑中，马克思主义实现"人民的现实幸福"，决不是依靠神的恩典与先知的启示，亦不是等待英雄和精英来拯救，也不是回归内心以自我之忏悔而获得救赎，更不是遵循所谓的"破执"而"放下"，而是通过揭露、批判与改造现实生活之积极方式。批判现代生活及其内在的关系，超越现实生活之异化，追求幸福生活的总体原则，就是"必须推翻使人成为被侮辱、被奴役、被遗弃和被蔑视的东西的一切关系"，真正实现尊重人、满足人，维护人的主体地位和价值本体地位，实现人民的解放、生活的和谐与幸福，使人民的生活呈现出最为优化、美好的方式。

进而言之，追求幸福生活，就是通过揭露"具有非神圣化形象的自我异化"，即批判"法""政治""商品""货币""资本"，真正"使现存世界革命化，实际地反对并改变现存的事物"，①从而"确立此岸世界的真理"。由此，马克思主义的信仰，不仅突出了对现代社会的全面性批判，让人民从异化生活的枷锁中解放出来，这是人民获得自由与幸福的唯一可行之路，而且还明确地规定了幸福生活的主体并非抽象的"某一个（类）人"，而是现实生活中的"每一个人"。如此，现实生活之幸福，就内在于现实的个人对其现实生活的批判和对未来生活的超越性建构之中，这构成了马克思主义信仰追求与实现美的、幸福的生活的重要内核。

马克思主义信仰，植根于现代生活中，批判与超越了一切信仰主义和思辨哲学的先验主义路线，遵循着现实主义的历史思维，强调和提出马克思主义信仰立足"我们的现实生活"，从既定的历史条件，而不是从某种先验的设定、理性教条或想象出发。这就充分体现了马克思主义信仰的现实性和历史性，清晰地展示出马克思主义信仰将人民追求的解放、自由和幸福生活，置于人类生活的一定历史条件下，从生活之自我否定和自我扬弃的历史逻辑确证该种信仰的现实可实现性，从而形成标识该种信仰现实化的历史限度。因为，"'解放'是一种历史活动，不是思想活动，'解放'是由历史的关系，是由工业状况、商业状况、农业状况、交往状况促成的。"② 马克思指出："共产主义对我们来说不

---

① 中共中央马克思恩格斯列宁斯大林著作编译局. 马克思恩格斯文集：第1卷[M]. 北京：人民出版社，2009：52.
② 中共中央马克思恩格斯列宁斯大林著作编译局. 马克思恩格斯文集：第1卷[M]. 北京：人民出版社，2009：527.

是应当确立的状况，不是现实应当与之相适应的理想。我们所称为共产主义的是那种消灭现存状况的现实的运动。这个运动的条件是由现有的前提产生的。"① 在此，马克思以"不是……不是"的双重否定式强调承载人民现实幸福之"共产主义"，并非可以按照"应然""应当"的抽象先验逻辑而加以推演、确立起来的生活"状况"和"生活理想"，而是必须落实于"消灭现存状况的现实的运动"之中。这样表明马克思主义信仰绝不是处于"我的""我们的"生活中，而恰好内在镶嵌于"我的""我们的"生活结构之中，成为我们生活的超越性和未来性向度。这样，马克思主义信仰，以现实生活中的"个人"为主体，以"改造世界"为手段和中介，以"无产阶级"及其政党、社会主义组织、制度为依托，催生生活关系的革命性变革，从而实现人民的现实幸福。

同时，更为重要的是马克思主义信仰，其不仅消解了以往一切"信仰"的终极性思维，而且在秉承了乌托邦对现实、现存事物的批判性之基础上，积极扬弃了乌托邦思维的超历史性，彰显了马克思主义信仰的历史性与过程性，尤其重要的是凸显了对我们置身于其中的现实生活之历史性批判思维与超越性思维。

马克思主义信仰，从现实实践维度来看，建立超越对立性、对抗性社会制度的"联合体"，其目的是实现"每个人的自由发展"。如此，作为"人民的现实幸福"之价值依托的共产主义之历史生成与确认，正是依据现代生活内在的矛盾，通过生产制度的内在革命，从而实现生活类型的历史性转变与提升，即以生产、生活革命论为先导，实现对现代性生活的整体性的历史跃升。这就为马克思主义信仰确立了现实的起点、明确了历史的任务，从而表征"现实的幸福"，并不在抽象的"未来"，而是根植于"我们"对当下现实生活的批判与革命之中。这就确保了马克思主义信仰的历史合法性，从而超越了自然人性信仰观的"永恒性"、先验理性信仰的超验性和先在性，以及精神偶像崇拜的神秘性，充分确证了马克思主义信仰的科学性和深刻的历史性，从而彰显了马克思主义信仰所具有的真理品格与实践品质。

马克思主义信仰，以当代中国的历史性在场方式，就是坚持与发展马克思主义，建设中国特色社会主义的伟大实践。其中，"为人民谋幸福，为民族谋复兴，为世界谋大同"，则是马克思主义信仰于当代中国的现实的、历史的和实践的表达，进而言之，坚持"以人民为中心"的发展理念，以满足人民对美好生

---

① 中共中央马克思恩格斯列宁斯大林著作编译局. 马克思恩格斯文集：第 1 卷 [M]. 北京：人民出版社，2009：539.

活的追求，不断增强、提升人民的获得感、幸福感和安全感。马克思主义信仰，具体表征为"人民有信仰"，表明马克思主义信仰内在于我们的时代、我们的生活，是"我们的"信仰，从而以超越式的希望图景，成为我们追求自由、解放和美好幸福生活的价值引领与不竭动源。

第十章

人民的解放与幸福：马克思主义的价值真谛

"人民的解放"或"人民的现实幸福"是马克思主义理论的深层价值诉求。马克思主义"解放—幸福论"，以批判全面异化的"现实生活"为始点、以"以人为本"为价值尺度，以"人民的"解放与幸福为价值指向与归宿，实现了人类解放、幸福范式的转换，从而为人类的自由、解放和幸福开启了一条现实的可行之途。

一

透析人类解放谱系及其历史逻辑，"解放"从其直接性而言，即是解除与瓦解使人的生存沦于奴役或罪恶状态的压迫性或束缚性力量或情境，亦即打碎马克思所说的"枷锁""锁链"，使感性的现实生活不断向人"敞开"，展现出"人的存在与发展"之"希望"向度；从其根本性而言，则是解除人之有限性、异化性的生存境域对人的压迫与宰制，粉碎内在、外在的一切"枷锁"对人的禁锢，从而使人的自由和善性生活以历史性召唤"出场"。一句话，解放所指向的则是使人的生活世界向人敞开的历史进路和希望的向度，这便是马克思"解放"之内在的本质和根本性的旨趣。

"解放"，是生活主体对自身现实生活所展开的一场革命。它所凸显的是对一切限制与压迫的历史性"反动"，内在证成着对"现存生活"之"实然"的颠覆与超越。由此，"解放"构成"人"对既定生活样态的解构、重构与超越之内在恒常性指向，成为"史前史"人类生活之永不衰竭的"历史冲动"，并由此构成人类生活内在价值之"必然"指向。从这一意义上来看，人类的历史本质上是一部不断解除其遭遇和嵌于其中的禁锢与桎梏，从而追求与解放自我或实现自我解放的历史，使"人的尺度"在生活世界中得以不断映显与肯定，让生活世界更"适宜人居"，这便使"解放"具有了人类历史不断趋向文明的深度意蕴。

在"枷锁""锁链"与"解放"的悖论逻辑中,"解放"对生活主体而言,其本质规定就在于从生活的现实性中不断地开出体现、巩固和丰富主体性的多重可能性与未来性向度,使生活主体超越"苦难"的生活处境,从而获得"现实的幸福"。这便构成"解放"与"幸福"深度关联的历史生活逻辑。

马克思指出:"'解放'是一种历史活动,不是思想活动,'解放'是由历史的关系,是由工业状况、商业状况、农业状况、交往状况促成的",因为"只有在现实的世界中并使用现实的手段才能实现真正的解放",[①] 由此指证出马克思解放理论的历史规定与现实之途。在此基础上,马克思以"现实的个人"从"必然的个人""有个性的个人"和"偶然的个人",以及"自由发展"的"个人"为主线,揭示"解放"的历史与未来镜像。

二

以"解放"为关键词,追溯与检讨前马克思主义的诸种解放理论,既勾勒人类解放之历史形态,审视解放理论的历史范式与进路,呈现出马克思解放理论之历史承接和逻辑起点,也更明晰地揭示马克思主义解放理论的历史任务、现实路径与价值主张。

"解放"的第一历史样态,即"美德解放范式"。它因古希腊二元世界观之内在的张力而引发。在古希腊的思想、文化和生存语境中,人首先受"意见"支配、引导而执着,或偏执于世界的幻象或幻象的世界,从而沉溺于肉体的享乐,受控于情欲、激情,从而导致与城邦生活的背离。然而,"至善"美德生活,构成了"幸福"之"枷锁"。如此,在古希腊的生活语境中,"解放"之所指示的深层主旨是要求人从"幻象世界"回到"理念世界"、从"可见世界"进到"可知世界"、从"意见"转向"真理"、从末端之"肉体"回归本源之"魂灵",以"理智"控制、主宰"情欲"或"激情",以"城邦公共生活"的正义消解个体生活的"不训从"。这正是希腊解放精神打破生存枷锁、实现"真正人的生活"的目标和内在要求之所在。在此,消解"意见"、幻象世界、肉体、情欲和"私人生活"对人的辖制,跃进到过一种内具"德性"("美德":智慧、勇敢、正义与节制)的生活,这正是"认识你自己"所要达成的解放目的。如此,按照"美德"之要求而塑型的应然规范性的生活,成为古希腊时期

[①] 中共中央马克思恩格斯列宁斯大林著作编译局. 马克思恩格斯选集:第1卷[M]. 北京:人民出版社,2012:154.

人之"解放"的真切内容和价值要义,也构成古希腊人超越俗世生活样态的具体指向。这样,古希腊时期的解放与幸福,正是基于外在性生活与内在性生活、偶然性与必然性生活、暂时性与永恒性生活、应然与实然生活、个体性与整体性生活之历史悖论及其悖论之解决的初级形态。

"解放"的第二种历史形态,即"神学解放范式"。它是基于中世纪世俗生活与神圣生活,即"此岸"与"彼岸"二元分离与对立的历史境域,基督教"神本主义"价值观主宰的时代,人之现世世俗生活陷于"原罪"深渊及其肉欲之"恶"所导致的罪性生存中。如此,世俗生活中的每一个戴罪之身,何以可能得到救赎或拯救,苦难的俗世生活何以得以摆脱与超越,就成为获得"解放"的根本主题和追求"幸福"之要旨。

在此种生活语境中,所谓的"人之解放",即是以信仰为手段,以神恩救赎为路径,以神之恩典或"爱"为内涵,以在神性的规定下获得人存在与生活的真实意义为目的,从而表征着"解放"本质上是人对自身"原罪"的"救赎"和对世俗生活的解脱。这样,"神学解放范式"呈现其运思规则:在生活之世俗性与神圣性二重逻辑中,以贬斥、边缘、消解甚至牺牲人的世俗生活为"代价",以"原罪"之救赎为本质内涵,以催生和确立人及其生活的神圣性皈依为其唯一指向与旨趣,从而以彼岸世界之神圣性吞噬世俗生活的俗世性来彰显神性生活、信仰生活的唯一合法性,从而确立"解放"的尺度,彰显"幸福"之真义。

简言之,解蔽"神学解放范式"所谓的"解放"可见,其"解放"之指向的"枷锁"是"原罪"与"世俗生活"的羁绊,而"解放"的逻辑是人承认自我的"原罪",从而放弃"自由意志"、放弃"世俗生活",以神性生活、信仰生活为其唯一正当生活及其人的生活、生命意义之终极皈依。如此,此种"解放",是套上更为沉重"枷锁"的虚幻式、虚假式、倒置式的"解放"。因为在这里,"世俗生活"中的"人",是以"构建宗教想象的一切福音"来"反对死亡和命运,从而神秘地到达顶点"。"宗教的想象力完全是幻想的,但是蕴含着人性的核心,最终都与摆脱邪恶的拯救有关,都与'自由王国'有关"[①]。如此,马丁·路德在十六世纪初即使施行"宗教改革",但就其对人之现实的"解放"而言,亦恰如马克思所评述的那样:"路德战胜了虔信造成的奴役制,是因为他用信念造成的奴役制代替了它。他破除了对权威的信仰,是因为他恢复了信仰的权威。他把僧侣变成了世俗人,是因为他把世俗人变成了僧侣。他把人

[①] 布洛赫.希望的原理:第1卷[M].梦海,译.上海:上海译文出版社,2012:19.

从外在的宗教笃诚解放出来，是因为他把宗教笃诚变成了人的内在世界。他把肉体从锁链中解放出来，是因为他给人的心灵套上了锁链。"① 如此，马丁·路德之类的"宗教改革"，同样未改变"神学解放范式"之"解放"的虚幻与倒置的本质，此乃"人类解放"之歧路，也正是在这一意义上，马克思借赫斯之命题，再次表达了"宗教是人民的鸦片"之判断。

"解放"的第三种形态，即"启蒙的人道解放范式"。在启蒙运动和现代性全面世俗化运动的进程中，"神学解放范式"所承载和传递下来的价值取向，并不是对人的世俗生活予以支持和肯定，而是从根本上予以否定与瓦解，如此构成启蒙时代"解放"所要颠覆与摧毁的"对象"，正是中世纪作为人之意义本源和价值归宿的"上帝"。在中世纪以神的谱系为最高价值原则而被视为人之"枷锁"的"世俗生活"，则是新的"解放"运动之真正意趣所在，一句话，"人"要从"神"的桎梏中解救出来，"世俗生活"要从"信仰生活"的笼罩中解救出来，真正凸显"世俗生活"的正当合法的价值与主导地位，从而实现生活逻辑的反转。如此，"启蒙的人道解放范式"，以树立、确认和肯定俗世生活的自由、幸福为其根本和权威原则，由此对宗教禁欲主义、蒙昧主义以及教会的权威偶像予以普遍质疑、批判和否定，而在基督教神本价值逻辑中的人之"原罪"或"罪恶"禀性，则被转换到对人的自由、平等和利己本性的抽象规定的逻辑界面上。"人"对终极意义的超越性追求，转向为对服务于现世生活的成功业绩的追逐，进而被个人世俗生活的幸福所替代，"个性解放"成为"人的解放"在该时代的主题。于此，否定神本价值，张扬人道原则、人本价值，确认个人的合法地位，肯定世俗生活的正当性，从而肯定与凸显"人本""人道""个体""世俗"和"理性"，并使这些成为普遍的价值取向，这构成此阶段人类解放主题的历史尺度和标准。

"启蒙的人道解放范式"，以粉碎"神"对"人"之世俗生活的宰制和"个性"的压制，颠覆"神本""神道"与"人本""人道"被倒置的价值逻辑，恢复"世俗生活"的正当性和权威为目的，在"神"与"人"的二元关系中，肯定人的主体地位，张扬人的主体性，开辟与敞开了"人的解放"之现实"正途"。

然而，以"祛魅"为手段，以"启蒙"为目的的"启蒙的人道解放范式"，虽然通过批判揭穿基督教的蒙昧主义和对人性的扭曲、摧残，恢复了此岸"现

---

① 中共中央马克思恩格斯列宁斯大林著作编译局. 马克思恩格斯选集：第 1 卷 [M]. 北京：人民出版社，2012：10.

世生活"的合法性，肯定了人的感性欲求之合理、合法价值，客观上促进了个体的发育，引动了近世个体主义的萌发。由于其所持守的抽象人道主义价值理念和对人之感性欲求的过度肯定，此"解放"不仅失之于表泛与肤浅，而且渐次走向"禁欲主义"的反面。

"解放"的第四种形态，即"抽象理性的解放范式"。在启蒙解放的基础上，"理性解放"开掘出更深、更内在的路向，这集中而突出地表现在法国十八世纪唯物主义者和德国古典哲学家将"理性"落定为人的本体规定，将"上帝"纳入理性谱系和价值逻辑之中，重新定位"上帝"。如此，以"理性"消解、替代"上帝"，瓦解"上帝"的至上性，树立"理性"的权威，人之意志自由、理性之创造，成为人证成自我的重要尺度，此乃"抽象理性解放范式"敞开的"解放"之真正秘密。康德已将"上帝"从"理论理性"的视域中驱逐，将其搁置于"实践理性"领域中，仅将之作为一个理念"假定"而"存在"，实现了以"理性"进取和宗教"退守"为特征而构成的一种"妥协"；费希特则更加彻底，他确立了人之"自我"的本体论、生存论地位与意义，并把人的"有限性"与"超越性"、"世俗性"与"神圣性"内在统一并还原于人"自身"之中，将"我"置于"主体"地位，并未为"上帝"留位；黑格尔则将"宗教"降为"绝对理性"自我实现过程中的工具性环节，以理性的内在嬗变扬弃了"上帝"的外在性；施特劳斯则通过解构"耶稣"作为精神领袖的神圣权威性，揭开了宗教神圣的面纱，不仅从根本上动摇了传统基督神学的信仰，而且颠覆了神圣世界，开辟了通往现实世界的道路；费尔巴哈更甚，直言"人是人的最高本质"，"人创造了宗教，而不是宗教创造了人"，"上帝"不过是人异化了的"类本质"而已，直接回复了"人的权威"，高扬"反"宗教的理性旗帜，如此，"人的解放"，就是将"人"从"宾词"置换为"主词"，从"受造物"提升为"创造者"，并且更进一步弘扬"人是目的，不是手段"的价值命题；施蒂纳以"唯一者"替代费尔巴哈的"类人"，极度张扬人之主体性，突出个人的"创造力"，这无疑在深度和广度上解除了虚幻的生活之"神性"，超越了以恢复"感性欲求"，进而倡导"世俗生活"的正当性为目标的"启蒙人道解放范式"，深化与拓展了人的"解放"之理论视域与可能，进一步预示着人之解放的现实指向。这样对"宗教偶像"的拷问与批判，转向对人的自由证成、权利的维护、创造力的展现等多维度来确定人之所以为人的标识与尺度。

不可否认，正是由于人之"理性"得以"复活"，现实生活必将按照理性逻辑而加以构造，由此在政治生活、经济生活、公共的社会生活，以及信仰生活等多维度、多领域上全面展示，彰显"理性"的建构力量，形成了近代现世世俗生活的强劲理性逻辑,产生了巨大的历史效果,生成了文明的新型类型,并且在世俗性上将"人"从依附状态、从血缘宗法、从狭隘的地缘等"天然的桎梏"中"解放"了出来。"理性"及其权威的确立,不仅成为资本主义社会的支撑点,而且成为资本主义现代社会获得巨大历史进步的原动力,为"人的解放—幸福"提供了更为广阔的生活空间。

然而,以抽象人性论为根据,以"理性"权威的确认,即理性功能的张扬为本质内涵的"解放",其自身潜存着不可逾越、不可克服的悖论。在这一历史进程中,消解和替代了"上帝"的"理性",渐渐地僭越了自己的合法边界,成了现存事物存在与否之最后的"根据"与尺度。于此,"理性"无限膨胀而终成新的"上帝"。随着资本主义生产体系的扩展与发展,"工具理性"与"价值理性"渐次剥离、分离,"理性"蜕变为"工具理性"而成为社会构造的至上支配力量与原则,"拜物教"替代了"拜神教"。在此,"拜物教",作为一种没有想象力的宗教,主导、宰制着整个生活世界,导致整个生活世界全面物化。由此,以"非神圣形象的自我异化"[①]为本质内涵的物化及其物化的奴役,成为渗透于现代人生活世界中无处不在的"枷锁"。进一步说,"工具理性"与物化奴役的交织,使现代社会成为马克斯·韦伯所指证的"铁笼"。如此,无论是在理论上将人定位为"感性存在"或"理性存在",抑或将"人"规定为"感性的人"或"理性的人"以及将人进一步解构为"理性经济人""政治人",抑或"法人""信仰的人"等,这本质上都是在开启人的多层面、多维度,深入地"肢解""人",使人成为"片面的人",或如马尔库塞所说的"单向度的人"。这样,人的完整性之理性建构与追求,与人之片面性生存现实之间形成巨大的历史悖论,亦是此历史阶段的"解放"之后所生成的、必然遭遇的、新的"枷锁"或生活困境。

同时,曾具有革命性和进步性的"启蒙理性",渐次丧失了其批判性而趋于保守、落后抑或反动。这样,"理性权威"的确立,使"理性"生成为市民社会生活的一切具体规则和法则之后的支配性原则,恰如恩格斯所指出的"这个永恒的理性实际上不过是正好在那时发展成资产者的中等市民的理想化的知性而已"[②],也就成为限制人进一步解放、发展与追求幸福的新障碍。如此,"抽象理性的解放范式"打开了"潘多拉盒",解放了人的"理性",释放了被囚禁

[①] 中共中央马克思恩格斯列宁斯大林著作编译局.马克思恩格斯选集:第1卷[M].北京:人民出版社,2012:2.

[②] 中共中央马克思恩格斯列宁斯大林著作编译局.马克思恩格斯文集:第9卷[M].北京:人民出版社,2009:272.

的理性创造力，建造了以"理性"为轴心的现代资产阶级生产逻辑、制度架构和价值谱系，"上帝"被"理性"替代，神圣被世俗瓦解，上帝被资本边缘，进而被谋杀了，最终"上帝死了"，至此导致了更为严重的物役的普遍化、广泛化和深度化，呈现"过去支配现在""资本具有独立性和个性，而活动着的个人却没有独立性和个性"①的生活图景。"人"被彻底物化，进而蜕变为"人死了"的价值悲疾，于是"人的解放"成为新的历史主题。

"解放"的第五种形态，即"社会主义乌托邦解放范式"。这是一场跨越三四个世纪而展开的持续对资本主义现代社会之"罪恶"即"枷锁"所进行的批判运动。从早期的乌托邦主义者直至19世纪空想社会主义者，他们在揭示与批判现代社会物化之"恶"及其"私有制"之"罪"中，建构超越现代社会的"完美乌托邦"，这便是"社会主义乌托邦解放范式"的精神主旨，从而成为马克思主义人类解放范式的前奏。

"启蒙解放"和"理性解放"的历史潮势，打破了封建制和宗教迷信的"枷锁"，摧毁了天国虚假的"上帝"与尘世的"特权"，成就了"市民社会"，并以抽象形式赋予人以尊严，历史地推进了"人的解放"，从而带来了资本主义狂飙突进式的发展态势，然而也带来了"解放"之内在的历史悖论，生成了现实生活世界更为深重的"枷锁"。在此历史境遇中，"枷锁"具体显现为表层物化系列之"奴役"，而其深层则是生活世界完全受"私有制""资本"绑架和操纵，构成了"冷暴力"系列的最后谜底。这样导致了生活世界中"物"与"人"的对立、对抗，呈现了"物"宰制"人"、"见物不见人"的景象，对此，马克思对人的生存境遇予以了深刻的本质揭示："以物的依赖性为基础的人的独立性"，在"独立性"与"个性"上呈现"资本"与"活动着的个人"的彻底倒置。

直面"私有制""资本"所生成的生活之"恶"，早期乌托邦主义者以具象性的未来生活图景呈现其摧毁资本主义奴役的解放诉求，19世纪空想社会主义者从理论形式上论证"乌托邦解放"的合法性、合理性和现实的具体指向性，由此构成了对资本主义现实进行批判与解放的历史形态。无论是早期的社会主义者，还是19世纪的空想社会主义者，他们对基于资本主义私有制和生产制度而产生的诸多"恶果"展开道德的、人性的批判，并提出多种多样的社会改造理论与实施方案，从而以建构新的社会与生活形态，来否定"现存社会"，展现

---

① 中共中央马克思恩格斯列宁斯大林著作编译局. 马克思恩格斯选集：第1卷 [M]. 北京：人民出版社，2012：415.

出人类摆脱苦难、粉碎"枷锁"、谋求解放与幸福的解放之途。其中最为典型的表达方式是乌托邦式的解放与幸福诸图像。

"乌托邦"是"解放"意愿、诉求之最为直观的呈现,而蕴存于其中的"乌托邦精神",本质上是颠覆"现存"世界、粉碎"枷锁",从而实现人的自我解放、追求幸福生活之精神,正如罗纳德·克雷所言:"乌托邦的作用在于激励人们摆脱历史的束缚,反对常规,打破事物的既定秩序。乌托邦思想从本质上就具有'颠覆性',它使人们敢于想象,不受任何限制。"[1] 同时,"乌托邦"本质上是"对更好的生存或生活方式的渴望的一种表达",它"包括摆脱极度的贫困与饥饿"。正因为如此,"以想象的、空想的和现实的方式重构社会,都成为一种迫切需要",从而表征着"乌托邦"以"整体性地构思着可能的未来"来展示其独特的"解放"指向。[2]

然而,"乌托邦"之为"乌托邦",正是将"实然"与"应然"二元对峙,"历史过程"与"终极"割裂,生活解放之"主体"与"客体"剥离,只是基于"应然",而不是立足于"实然",只是突出"终极性"对现实社会的超越与解放,而不是以历史性的、从否定"现存事物"并使之"革命化"为始端。不是基于现实的利益结构与矛盾,而是遵循着抽象的人道主义价值原则;不是采取现实的革命运动的方式,而是诉诸人性,试图消解人的贪欲;不是以生活的否定辩证法为依托而建构未来"共同体",而是以"实验"之"样本"来表达关于未来社会的愿望;不是被解放者的自我解放,而是期待社会精英的拯救……如此,"乌托邦"之其抽象性、空想性,在现实解放之途上就必须蜕化为贫乏、柔弱、苍白与无力的愿景,在美好的企望与残酷的现实之博弈中,"解放"的冲动最终沉陷、受困、消解于"枷锁"之中。

"解放"以历时性而展开的五种形态或范式,即古希腊"美德解放范式"对美德生活的追寻、中世纪"神学解放范式"对弥赛亚救世福音的信仰、近代"启蒙的人道解放范式"和"抽象理性的解放范式"中呈现出的市民社会个性解放的膨胀激情,以及"社会主义乌托邦解放范式"中表征出的不成熟的无产阶级对社会主义的渴求,构成前马克思主义解放谱系与人类自我解放的历史逻辑,展示出人类的解放意识、解放行动对人类历史的人道化取向。

"解放"相对于"枷锁","幸福"印证着"苦难";"解放"是粉碎"枷

---

[1] 克雷.美国的试验地[M]//张穗华,主编.大革命与乌托邦.北京:中国对外翻译出版公司,2003:131.

[2] LEVITAS R. Utopia as Method: The Imaginary Reconstitution of Society [M]. Bristol: University of Bristol UK, 2013: Introduction 11-13.

锁"，从而获得"自由"与"幸福"。如此，"解放"本身只是手段，不是目的，"解放"之目的是让"人"获得生活之"幸福"或"幸福的生活"。于是，"解放"与"幸福"形成生活辩证法之"手段"与"目的"的关系。

三

如果说费尔巴哈对"有神宗教"的批判，其目的是建立人本宗教，让"人"从神的"枷锁"中解放出来，在"爱"中获得"解放与幸福"，那么马克思批判宗教，其目的是解构"神圣家族"的世俗秘密，解除宗教对世俗生活的遮蔽，真正地消解"世俗家族"对人的宰制，消灭现实生活中的"枷锁"，让人不仅从"虚幻的幸福"中，而且从现实生活的桎梏中解放出来，从而获得"现实的幸福"，恰如马克思所言："废除作为人民的虚幻幸福的宗教，就是要求人民的现实幸福。"① 在此，马克思实现了解放与幸福的批判性转向，确立了"人民的现实幸福"乃是粉碎"枷锁"所不懈追求的现实目标，这是马克思"人类解放—幸福"理论之价值旨趣。

进而言之，马克思在近世"宗教解放"和"政治解放"之后，直面资本主义现代社会所生成的新"枷锁"及其生成枷锁的"机制"，拷问"现实生活"，明确了解放、幸福的真义，厘清了解放、幸福的历史起点与历史面向，落实了解放、幸福的现实主体与客体、手段与路径，指出了解放、幸福的尺度与目标等，从而为"人的解放与幸福何以可能"提供了科学的方案，由此形成了马克思主义以人民的"解放"和"现实幸福"为价值指向而对现实生活予以批判、改造的解放和幸福范式。

首先，马克思在批判宗教、解构宗教幸福允诺之虚幻本质之后，明确指出"真理的彼岸世界消失以后，历史的任务就是确立此岸世界的真理"②。在此，马克思确立了"解放"的价值指向，是"确立此岸世界的真理"，这是相对于"彼岸世界"以虚幻的形式得以显现于"此岸世界"即现实生活中的"真理"而言的。此处的"真理"，在马克思主义语境中本质上是指"人民的现实幸福"。如此非常清晰地呈现马克思主义的总体任务和价值总纲：在"此岸世界"即现实生活中追求人民的解放，确立人民的幸福。

---

① 中共中央马克思恩格斯列宁斯大林著作编译局. 马克思恩格斯文集：第1卷［M］. 北京：人民出版社，2009：4.
② 中共中央马克思恩格斯列宁斯大林著作编译局. 马克思恩格斯文集：第1卷［M］. 北京：人民出版社，2009：4.

马克思所说的"真理的彼岸世界",是指人的"幸福"存在于"人的本质在幻想中的实现"①之"宗教"中,这是以消解世俗生活的正当性为前提、为根本的。如此,在马克思看来,"彼岸世界"的"真理",将"幸福"规定为对"原罪"的救赎和对"上帝"的皈依,这一价值逻辑既是现实生活世界幸福之缺失的确证,也是对现实生活苦难的消极逃逸和想象性补充所获得的精神慰藉。这样,"彼此世界"中的"幸福"("真理"),遵循与贯彻着"神本主义"的价值逻辑,其"真理"或"幸福"具有在虚幻性基础上的神秘性、神圣性,此等"幸福"只是"幸福"的幻象。从"人的解放与幸福"这一意义上,马克思说"宗教是人民的鸦片",则是从功能视角,对宗教的本质性判断。这样在彼岸世界、在宗教中去寻求人之"解放"与"幸福",无异于饮鸩止渴。

"确立此岸世界的真理"之历史任务,向我们敞开了马克思以"此岸世界"为视域,立足现实生活本身而确立"真理",摒弃了"彼岸世界"之"真理"的价值取向和路径,颠覆了"神本主义"的价值原则,重建"以人为本"的现实解放与幸福。同时,我们也相应明确了"谁来确立""为谁确立"以及"如何确立""真理"的一系列相关问题,由此构成了马克思主义解放和幸福理论的理论逻辑与实践逻辑、历史逻辑与现实逻辑的内在统一。

其次,马克思在回答人民的"解放"与"现实幸福"何以可能之"历史之谜"时,提出了实现人民之解放和幸福的手段和现实途径,以及批判和革命的"对象",这是马克思"生活真理"的进一步落实与深化。为此,马克思首先从总体原则上予以了陈述。马克思说:"人的自我异化的神圣形象被揭穿以后,揭露具有非神圣形象的自我异化,就成了为历史服务的哲学的迫切任务。"② 这是"确立此岸世界真理"之前提性工作,进而强调、侧重"必须推翻使人成为被侮辱、被奴役、被遗弃和被蔑视的东西的一切关系"③。在此,马克思直指对表象、关系制度进行彻底批判与"推翻",从而开启真正"人的解放"的现实之路。

在现代社会的历史语境中,真正使人"被侮辱、被奴役、被遗弃和被蔑视"的"东西"和"一切关系",正是"具有非神圣形象的自我异化",是弥散于生

---

① 中共中央马克思恩格斯列宁斯大林著作编译局. 马克思恩格斯文集:第1卷[M]. 北京:人民出版社,2009:3.
② 中共中央马克思恩格斯列宁斯大林著作编译局. 马克思恩格斯文集:第1卷[M]. 北京:人民出版社,2009:4.
③ 中共中央马克思恩格斯列宁斯大林著作编译局. 马克思恩格斯文集:第1卷[M]. 北京:人民出版社,2009:11.

活之中的"商品""货币"和"资本"这些"人造物",以及其背后不断生产、制造出"物象"的关系及其机制、制度,即异化的分工与劳动、虚假共同体,以及以私有制为基础的一切对抗性社会制度。这些"自我异化"所形成的正是马克思所说的"世俗家族"。

面对宰制生活世界的重重物役与制度性"枷锁",马克思要求我们聚焦"现实生活",对之加以"描述""揭露"与"批判",即"描述各个社会领域相互施加的无形压力,描述普遍无所事事的沉闷情绪,描述既表现为自大又表现为自卑的狭隘性,而且要在政府制度的范围内加以描述",通过描述"应当让受现实压迫的人意识到压迫,从而使现实的压迫更加沉重;应当公开耻辱,从而使耻辱更加耻辱"①,从而实现"对天国的批判变成对尘世的批判,对宗教的批判变成对法的批判,对神学的批判变成对政治的批判"② 的批判转向,进而推进资本关系、资本运行逻辑的持续而深度的"批判",为人的解放和幸福开创出现实的可行之路。

关于实现人的解放和幸福而展开的"批判"的路向,马克思始终强调必须坚持"副本批判"与"原本批判"相结合、理论批判与实践批判相统一的基本原则。唯有如此,我们才能将人的解放与幸福置于踏实的生活世界中,推动生活形态不断否定与扬弃,解构生活世界与人之解放、幸福之二元对峙的历史悖论。

最后,马克思遵循解放的历史逻辑,超越"政治解放"的局限性,实现"人的解放",从而使现实的"每一个人"获得自由的发展,实现自己的本质力量,即获得现实生活的幸福。

关于资产阶级完成"政治解放"的积极历史功绩与解放价值,马克思予以充分的肯定,如他所言:"政治解放当然是一大进步;尽管它不是一般人的解放的最后形式,但在迄今为止的世界制度内,它是人的解放的最后形式。不言而喻,我们这里指的是现实的、实际的解放。"③ "人在政治上得到解放,就是用间接的方法,通过一个中介尽管是一个必不可少的中介而使自己得到解放。"④

---

① 中共中央马克思恩格斯列宁斯大林著作编译局. 马克思恩格斯文集:第1卷[M]. 北京:人民出版社,2009:6-7.
② 中共中央马克思恩格斯列宁斯大林著作编译局. 马克思恩格斯文集:第1卷[M]. 北京:人民出版社,2009:4.
③ 中共中央马克思恩格斯列宁斯大林著作编译局. 马克思恩格斯文集:第1卷[M]. 北京:人民出版社,2009:32.
④ 中共中央马克思恩格斯列宁斯大林著作编译局. 马克思恩格斯文集:第1卷[M]. 北京:人民出版社,2009:29.

"政治解放不是彻头彻尾、没有矛盾的人的解放方式"①,因为"政治人"还"只是抽象的、人为的人,寓意的人、法人"②,还不是"现实的类存在物"③。如此,马克思指出:"只有当现实的个人把抽象的公民复归于自身,并且作为个人,在自己的经验生活、自己的个体劳动、自己的个体关系中间,成为类存在的时候,只有当人认识到自身'固有的力量'是社会力量,并把这种力量组织起来因而不再把社会力量以政治力量的形式同自身分离的时候,只有到了那个时候,人的解放才能完成。"④ 在此,马克思不仅指明了"人之解放和幸福"的真切内涵,还指证了解放与幸福的实质。

"人民的解放与现实幸福",既是马克思主义所追求的最高的"生活真理",也是马克思主义信仰的实质之所在。

---

① 中共中央马克思恩格斯列宁斯大林著作编译局. 马克思恩格斯文集:第1卷[M]. 北京:人民出版社,2009:28.
② 中共中央马克思恩格斯列宁斯大林著作编译局. 马克思恩格斯文集:第1卷[M]. 北京:人民出版社,2009:46.
③ 中共中央马克思恩格斯列宁斯大林著作编译局. 马克思恩格斯文集:第1卷[M]. 北京:人民出版社,2009:37.
④ 中共中央马克思恩格斯列宁斯大林著作编译局. 马克思恩格斯文集:第1卷[M]. 北京:人民出版社,2009:46.

02

| 下 篇 |

第一章

"个人主义的谱系"的底细

一

捷克学者丹尼尔·沙拉汉所著的《个人主义的谱系》(*Toward a genealogy of Individualism*)一书,是深度解读"个人主义"(individualism)或"个人"的一本好著作。笔者之所以说它"好",是因为该著作从学理上对"个人主义"或"个人"出场的历史进行了系统而全面的分析,对"个人主义"在西方文化语境中的历史演变及其现代命运做了系统的勾勒与理性的审视。同时,对变化与大转型中的当代中国,对在"集体主义"价值观中浸润成长的"我们",其文化意识中对"个人主义"总是不自觉地带有道德主义的先验评断,这种评断带有整体性和武断性,从而无形中一次一次吞噬了"个人",个人权利的合法性,总是一次一次遭遇质疑、否定和侵袭,"个性"的存在被道德化为一种对"(虚假)集体"的"背离"或"背叛",正如作者在中文版序言中所说的,"互惠性观念是中国文化传统所固有的"。

然而,"个人"在现实生活变化强劲的特定语境中,在早已成为不争"事实"的今天,"个人"与"集体"的关系,纠缠着中国人的心智,在价值平台上相互掣肘,令"个人"常常无所适从。另外,不可否认的是,"个人主义"价值观不仅仅在观念层面,而且在现实政治、经济、社会交往和文化领域中早已冲出了"集体主义"的栅栏,似乎已经成为一种彪悍的立场。如此,反思早已泛滥的"个人主义",真正明白"个人主义在西方的发展过程中发挥了不可或缺的作用,但是它却有点像一种快要耗尽、乃至于衰竭的力量",对建构当代中国人的价值系统,乃至为"个人主义"对当代中国予以一个恰当的、理性的定位,是有裨益的。

当代中国生活世界中的"个人",整体说来,依然是符号性的,尚不见有真正实质性的内涵。因为在现代性意义上的"个人",并非悬空的"个人",而必须是产权意义上的"个人"。如此,一切别的权利才有成长和发展的前提,产权乃是其他一切权利之依附、之根据。这样,"个人主义"的发展与拓现空间仍然具有历史的正当性和合法性。其实,就中国的实际状况而言,我们要做的不是限制"个人主义",而是要充分开拓和发扬"个人主义"。因为唯有这样,在个人主义价值立场引动下生成的当代"个人"才具有形成新型"真实集体"("真实共同体")之可能。一个由尚未真正生成的现实的个人所构成的社会和国家,亦不可能是真正的国家和社会,如此也不可能解构那些"虚假集体"借"集体主义"之名,暗通"私人"的咄咄怪事,从而为保障个人的权利实现、维护个人的尊严提供最为广阔的现实空间和深厚的文化土壤。从这意义上来看,我们阅读丹尼尔·沙拉汉所著的《个人主义的谱系》就绝不仅仅是从思维中穿越西方"个人主义"在其历史中走出的每一个环节和阶段,而是需要我们直面当代中国现实,审视现实生活中的"个人"实际存在的样态,从而历史性地促进"个人主义"价值观获得其历史合法的地位。

  中国人的生存,无疑负着沉重而幽深的历史传统。这样深厚的历史传统所形成的现实与生存意识,总是深刻地镶嵌着家国天下、带上集体至上的思维,如此以"集体"为本位,以"整体主义"为价值归宿的生存法则,无疑对历史的我们,曾经发挥过重大的支撑作用,这是无可否认的,也是不争的事实。然而,在今天市场经济利益主体越来越个体化的时代,现实生活中的"你""我""他",会时常真切地体味到"个人"在强大的社会机制面前仍然非常渺小与柔弱,人们时常真切无奈地感叹在"个人"与"集体"的利益博弈中,"个人"被巨大的社会集体埋没与吞噬。面对这样的生存事实,我们却很少从深层次去理性甄别与梳理如此的存在困境之根源和症结。事实上,"集体"已经历史性地异化,已经远远疏离于"个体",最终蜕变为控制、操纵和主宰"个人意志"的"工具"而已,"集体主义"最后蜕变为"集权主义"。按照马克思的历史理性原则和集体的内在价值要求,我们有理由、有根据、合法地对如此的集体加以否定和扬弃,因为"个人"是一切"集体"最终的价值归宿,也是"集体"之合法性的最终支持和根据,"个体"或"个人"价值的不可忽略性和价值主体性,是现代社会确立起来的根本价值原则。

  从现代生活的历史境遇来审视、来反观,"个人主义"价值观,并非对"集体主义"的简单否定,而是对"集体主义"的合法性超越,该种价值观无疑对当代中国人具有巨大的解放作用。这样,"个人主义"在当代中国的合法性与正当性,并不是几个人、几许既得利益者、利益集团,即某种"集体"所能把控、贬损、边缘和批判的，因为它的价值正是以市场为主体的强硬生成，尽管生成之路是如此的艰辛与痛苦。如此，我们才能真正让"责任""义务"等与"权利"等值的"东西"登场。在这样的意义上，"个人主义"价值观，绝不是对"集体主义"的简单对抗，而是要求我们从"个人"的立场和视角，重新审视不同层级的"集体"，对之进行价值审定，从而确立其存留的根据，建立新型的基于"个人"基础上的真正集体。

本书作者将"个人"进行了比较深入的解析和划分，他强调时代呼唤着"实质性的个人"替代"形式性的个人"，"内涵性的个人"驱逐"外在性的个人"。"真正的个人"成为判断这个时代、检查各种制度、审查各种规则"以人为本"的最根本的尺度。

作者指出，当西方社会的"个人主义"发挥出它巨大的历史功效之时，却走向了它的反面，导致了社会的原子主义，这样清理"个人主义"的历史生成，确证其历史价值，反思、再判"个人主义"固有的历史局限，成为他们必须直面的课题。然而，真正的"个人主义"于中国还未真正"出场"并发挥其巨大的历史推动作用。因为在当代中国，一方面，"个体主义"从未获得其正当性和普遍的价值认同；另一方面，其却已遭遇先验道德判断予以了否定。如此，"个人主义""胎死腹中"，这不能不说是时代的悲剧。

恰如马克思当年在历史地判断和诊断德国时所说的那样，他们不仅受资本主义发展之苦，还承受着资本主义不发达之苦。事实上，就当代中国而言，我们一方面受着虚假"个人主义"之苦，另一方面承受着超现实的、后现代个人主义之苦。如此多元混杂的价值体系，让人们不置可否，生存迷茫，缺乏具有历史深度的价值主张来有效地引导生活。事实上，今天的中国不是"个人主义"太多、太盛、太强、太广，而是"个人主义"正处于发育阶段，尚未正式登场，成为生活价值系统的主角。

二

作者在《导论》中，直接分析了"个人主义"研究的模式，并对之进行了划分。他认为，研究"个人主义"主要有两种模式，即常规式的（normal），此又称为传统的研究模式和"转换生成（transformational）"的模式。在此基础上，作者进一步对两种模式进行细致地分析与探索。

在作者看来，常规式的研究模式，其要义在于将"个人主义"看成是西方传统中既有的事情（a given），也就是一种既定的事实，从而表达出"一整套能够以带有传统意味的言语加以分析、讨论的社会与哲学态度"①。这一模式，从文本上具体体现在史蒂文·卢克斯（Steven Lukes）的《个人主义》（*Individualism*）、戴维·里斯曼的《重新审视个人主义》（*Individualism Reconsidered*）和《个人主义论集》（*Essays in Individualism*）等著作中，从而彰显出对"个人主义"的辩护、批评，以及客观的分析。在作者的立场和视野中，该种模式具有其自身的优点，而最为主要的优点在于"它能够揭示和探索弥漫于我们社会和私人生活中的个人主义所具有的一些特点，特别是那些被人们微妙地接受，但是却常常无法言表的、与个人主义的思想结构相伴随的信念"②，但是该种传统的研究模式却具有其自身难以超越的局限和不足。对此，作者概括为"该种研究模式不免带有某种心理学上的天真。比如，卢克斯和迪蒙就完全无视弗洛伊德关于个人主义可能和无意识或绝对的、原生的自恋（absolute, primary narcissism）有关这一想法"③。如此，这一关于"个人主义"的传统研究模式，自然也就带着它固有的问题而被新的研究范式取代。

在转换生成研究模式看来，传统常规式的研究模式，无疑是幼稚、肤浅和天真的，既然如此，那就必须另辟蹊径，这样在"个人主义"的研究中，自然也就转向了与传统研究模式截然相反的"转换生成模式"。如此，正如作者所说，这种新的研究模式中的一些基本的要素，代表了"它们和关于个人的传统讨论之间发生的最重要的偏离"④。

在判断传统研究模式存在不足和浅薄等方面，转换生成模式内部，虽然基本上是一致的，但是"转换生成的各种替代方案在很多方面却彼此存在着重要的差异"⑤。为此，作者认为有必要将这内部具有差异性的方案进行更为缜密的清理。作者依据转换生存模式内部的差异，将其划拨为两个不同的阵营，以便剥离他们之间的不同特点。问题的复杂性在于，这两个阵营的差异似乎并非单质性的，因为有差异性的方案既然同属于一个总体的转换生成模式，彼此之间自然有交叉与重叠。虽然如此，但还是可以"以其成员对马克思主义或者后结构主义/后现代主义的倾向"来加以区分，该种模式形成了两个阵营。

具体而言，以詹姆斯（Jameson）、阿尔都塞（Althusser）、哈贝马斯（Habermas）和法兰克福学派（the Frankfurt School）为代表的属于一个阵营。

---

① 沙拉汉. 个人主义的谱系 [M]. 储智勇, 译. 长春: 吉林出版集团有限公司, 2009: 1.
② 沙拉汉. 个人主义的谱系 [M]. 储智勇, 译. 长春: 吉林出版集团有限公司, 2009: 2.
③ 沙拉汉. 个人主义的谱系 [M]. 储智勇, 译. 长春: 吉林出版集团有限公司, 2009: 2.
④ 沙拉汉. 个人主义的谱系 [M]. 储智勇, 译. 长春: 吉林出版集团有限公司, 2009: 3.
⑤ 沙拉汉. 个人主义的谱系 [M]. 储智勇, 译. 长春: 吉林出版集团有限公司, 2009: 3.

以拉康（Lacan）、福柯（Foucault）和德里达（Derrida）为代表的属于另一个阵营。

如此，作者就将研究"个人主义"的模式清晰地做出了交代，为我们提供了理解作者所透析的"个人主义"的理论平台。在此基本上，作者进而落实转换生成研究模式所具有的诸多特质。

作者认为，转换生成研究模式的研究者们是以批判传统研究模式的"个人观念"为前提而开始其研究与追问的。因为在他们看来，传统研究模式的"个人观念"是"一种虚构，是以一些未经分析的、关于个人自由的意识形态的假定为基础的"，如此，转换生成模式的研究者们就"否定了存在一个原始的普遍的'自我'"①，因为"这一自我超然于它周围的一切事物而存在，并根据对于实现某种独特的个人表达这一目标的独特而个别的特殊性理解来自由做出选择"②，这样一种"自我"，事实上是不存在的。

转换生成模式的研究者们认为，"所有潜在的影响，从权力关系到无意识，从资本主义到语言与叙述所具有的令人难以捉摸的性质，在我们称作'自我'的意识体的生命中如此突出，并且如此与之纠缠在一起，以至于从表面上论述自我的任何探讨都是一种不牢靠的实践"。在现实生活中，"离散的个体，从个人意义和历史意义（随时光流逝、因为发展进程而'被解放了的'实体）来看，都是一种构成物——一种物化（a reification）"，这样一种个体生存的事实，"一旦受到系统分析的冷眼审视之时，它就在我们眼前溶解了"。这就是传统常规研究模式最为致命的问题。直言之，转换生成模式的研究者们要矫正传统常规研究模式的根本问题是将"个人"作为一种脱离现实与历史关系规定的"抽象个体"，将这种"抽象的个体"归还于该个体具体的历史生活语境中。唯有如此，人们对"个人"的把握才是真实的。

如此，转换生成模式的研究者们，尽管有其内部的差异，但是都通过自己的方式，致力于消解"个人"概念，即"把通过消解个人概念——常常是指个人主体（the individual subject）——本身来转换当代关于个人的讨论，当作自己的使命"③。

作者注意到，转换生成模式的研究者们在消解常规模式研究关于"个人概念"的过程中，显现出一个共同点，那就是将关注点集中于"个人"生活的

---

① 沙拉汉. 个人主义的谱系［M］. 储智勇，译. 长春：吉林出版集团有限公司，2009：3.
② 沙拉汉. 个人主义的谱系［M］. 储智勇，译. 长春：吉林出版集团有限公司，2009：3-4.
③ 沙拉汉. 个人主义的谱系［M］. 储智勇，译. 长春：吉林出版集团有限公司，2009：4.

"权力关系"上。通过对个体生存世界权力关系的解读，我们可以透视人类历史发展与个体的自由之间的悖论，正如作者所揭示的那样，"尽管在表面上看起来，历史似乎一直是一部个人的解放史，而实际上我们最好还是把它描述成一个关于个人受到限制（personal confinement）的故事，当社会发展出更多更好的手段来维护它对于个体的权力时，这个故事就出现了"①。

这种通过社会历史与个人关系的真实检讨，让我们对历史进化论的"进化"观念产生了质疑，个人的自我确证与自我解放之路到底何以可能，就成了一个必须追问的问题！

作者在文书中，首先通过对两种研究模式的比较分析，使我们得知，"个体"成为两种研究模式差异性的起点、焦点，这样就展开了两条具有不同前景的研究路向。

三

人类的生活就是不断地"造神"或不断地"话神"，然后再不断地以更新造出来的"神"来消解曾经的、历史的"神"。如此，人类在不断地"造神运动"中，一次次找到生活的最终根据与依托，这一系列具有历史性的造神以及被造出来的神，显示与凝练着人类最高的价值诉求，形成一个个时代最为根本的精神理念，也构造出"神"的谱系。在这样的历史事实面前，作者认为如果"要把个人主义观或神权统治拒斥为资产阶级的或者其他什么的'虚构之物'，就是无视人类经验的另一个本质特点：人类依靠自己的神话为生"②。如此看来，"神"乃是人类摆脱自身"虚无"的另一条宿命之路。"造神"，也就成为人类自我拯救的独特方式。

毋庸置疑，在对个人出场的社会逻辑和社会制度的分析中，作者注意到经典马克思主义的解释，并认为这是一种不可忽略的思潮。在经典马克思主义的视域中，"自我强迫的社会（the society that impose itself）是以阶级（一种'集体'）为基础的，恰当的反应是撕去以阶级为基础的社会压迫（这种压迫处于所有权力关系的核心）的假面具"③。马克思进而从意识形态的视角，解读与批判了"个人主义"的思维，但并未挖掘出它的现实之根。正如作者指出的那样，

---

① 沙拉汉. 个人主义的谱系［M］. 储智勇，译. 长春：吉林出版集团有限公司，2009：5.
② 沙拉汉. 个人主义的谱系［M］. 储智勇，译. 长春：吉林出版集团有限公司，2009：5.
③ 沙拉汉. 个人主义的谱系［M］. 储智勇，译. 长春：吉林出版集团有限公司，2009：5.

马克思"认为资产阶级意识形态从来没有分析过它自己的一些前提"①,并没有深度解读出"个人兴起这样宏大的人文主义叙事,是建立在各种站不住脚的前提之上的,其中相当重要的则是这一假定,即相对(以及越来越)微小的一部分人口的智识和社会演化——西方传统——代表了历史上人类智识发展的全部"②。雅各布·布克哈特(J. Burckhardt)在《意大利文艺复兴时期的文化》(*Civilization of the Renaissance*)一书中说:关于"个人"兴起这样宏大的人文主义是一种虚构,这在很大程度上并不是因为个人兴起的真正性质。按照福柯的看法,不是它表面看起来的那种事物的反面,而是因为该叙事是建立在一些资产阶级的假定之上,并且围绕着这些假定展开的,这些假定却无法经受现实直接的事实挑战。

然而,与马克思主义对个人兴起的历史把握相区别的一条路则表达出另外的思考,这些与马克思主义的思考有分歧的,主要是后现代主义或后结构主义者们。譬如,"福柯从来就没有说明。比方说,这些权力关系的源头在哪里——是在个人当中、在社会当中,还是在个人结成社会的过程当中;他并不一定认为权力关系是一件坏事情;他也不认为撕去它们的假面具就一定会带来人类精神的解放"③。这样,在作者看来,马克思主义者对资产阶级个人主体的批评,是以对一个可知事实的坚定信念为基础的,而这个可知事实又是以一些可定义的原则(阶级斗争的事实,这种斗争的物质基础,斗争的辩证运动的原则等)为基础的,后现代、后结构主义对"主体意识"的批评,却是以一种更激进的认识论为转变的,实际上是以对认识论本身的消解为基础的。

作者认为,审视"个人主义"必须弄清楚西方传统的实质,否则无以真正解读出"个人主义"所蕴含的真正价值。在作者看来,"西方传统在很大程度上,是建立在拥有特权的少数人对多数人的剥削基础之上的。这一剥削最初是在其自身领域(西方)之内,并最终在全球范围内展开",依此来审视,"我们可以看到,人们赋予西方传统的这种特权地位,是一种'冰山一角'的现象:西方人文主义传统知识作为一个更加宏大的叙事方案的一个极其微小的特征被揭示出来,这一更加宏大的叙述方案一直都被不公平地以黑格尔的方式完全颠倒了"④。然而,就西方语境本身以及根据全球历史来看,西方传统源于一群相

---

① 沙拉汉. 个人主义的谱系 [M]. 储智勇,译. 长春:吉林出版集团有限公司,2009:9.
② 沙拉汉. 个人主义的谱系 [M]. 储智勇,译. 长春:吉林出版集团有限公司,2009:9.
③ 沙拉汉. 个人主义的谱系 [M]. 储智勇,译. 长春:吉林出版集团有限公司,2009:5.
④ 沙拉汉. 个人主义的谱系 [M]. 储智勇,译. 长春:吉林出版集团有限公司,2009:10.

对优秀的特权精英这一事实,并没有因此排除它具有影响或者具有真实价值(truth value)的可能性,从这一视角来看,作者对从西方传统中生成的"个人主义"是给予肯定的。

事实上,在作者看来,"个人主义"并非空穴来风,也非水中浮萍,它作为一种价值观、一种"技术",是具有其历史生成语境的,正如作者所说,"个人主义"是为了回应一种普遍的需要而发展起来的技术……取代那些等级、精英式的呆板社会结构,人们逐渐采取了一种自我激发、自我指向(self-directing)的策略,这一策略把一件强大的工具交给人类自由处理,这件工具就是"个人的主动性"(personal initiative)。历经两三千年的时期,这一工具使这些人种不仅能开发自己的才干,而且也能开发可以利用的自然资源,这种开发已经发展到了这样一种程度,以至于人类今天有能力在与它所处的环境的均衡当中来养活和维持自己,而在几千年前的游牧时期,它一度是以一种更松散、更偶然、更本能的方式来实现这一点的[1]。从作者这一阐释来看,作者对"个人主义"探幽的思维触角直达远古,而不仅仅局限于现代性的历史逻辑变革中,这就让我们在更为广阔的人类生活时间—空间系列和历史平台中,追溯"个人主义"的背景及其演变轨迹,挖掘出"个人主义"的不同形态,以及在不同形态中,具有差异性的内涵,这就更为深刻地挖掘出现代"个人主义"的历史根源,以及更为深刻地揭示与定位"个人主义"历史性谱系的价值。

正是在这一意义上,作者深刻地洞见到"如果我们试图通过把个人主义严格描绘成一种用以证明少数镇压多数为正当的自我存续的理性化行为(a self-perpetuating rationalization)来反对非人注意的缺陷的话,我们就忽略了这一事实,即它在很大程度上增加了我们作为一个物种可资利用的诸多可能性,并且以真正辩证的方法,在培育——比方说对人类尊严日益增加的尊敬和人权——这样一些事实时,散播下了它自身毁灭的种子。换言之,如果我们以一种片面的方法来描述个人主义的话,那么,我们实际上不过是采用了关于有限代表价值(limited representational value)的另一个神话,而且恰恰是在我们有机会从我们据以为生的神话提供过给我们的力量当中做出'挑选和抉择'的时候"[2]。"个人主义"具有自身不可否认的历史价值,到今天,"个人主义"还给我们留下多少"遗产"供我们来"享用"呢?

当然,"个人主义",像一切技术一样,也有自己的局限性。在其局限性之

---

[1] 沙拉汉. 个人主义的谱系 [M]. 储智勇,译. 长春:吉林出版集团有限公司,2009:12-13.
[2] 沙拉汉. 个人主义的谱系 [M]. 储智勇,译. 长春:吉林出版集团有限公司,2009:14.

中最为要紧的，在作者看来则是"由于它大量利用了人类经验的一个特点——个人的主体性，它便忽略了其他一些特点，而这些特点本来就会为它提供关于人类经验的一种更加平衡的观点"①。

"神话"不可或缺、不可亵渎，对"神话"，人类唯有的权力，就是不断地再造与摒弃。如此，在此种意义上，我们"要摒弃'纯粹'范畴（纯粹资产阶级的虚构或者纯粹认识论的伪造）意义上的主观个人的概念，或者该概念所源出的个人主义遗产，就意味着要接纳另一个神话作为批评这个神话的手段，而另一个神话的缺陷在很长的时间里却恰恰是被相同的信奉者的热忱盖住了"。在"个人主义""神话"漫过西方之后的今天，我们该如何真正直面"个人主义"在中国上演的"神话"呢？这恰好是当代中国人已经正在遭遇的重大的生存问题。

人类在缔造"个人主义"这一历程中，解构了虚假集体主义的面具及其伪善的本质，成就了在历史境遇中的"个人"，突出了"个人"的自由、尊严、价值与权利，从而使人类的生活解除了血缘宗法、地缘边界、职业角色，包括等级、身份等一切静态固化的枷锁的禁锢，使"个人"在历史、社会的舞台上获得了正当性和合法性。今天，我们无论是以道德主义的原则，还是以抽象的思维，对"个人主义"贬斥与指责，都不可否认"个人主义"的历史性登台、出场。毫无疑问，它给人类生活价值带来了新景象、新格局、新态势，正如作者所说，"个人主义的兴起，确实是一幅令人激动的景象，它已经向人类展开的那些机会是光彩夺目的"②。如此，"探寻个人主义的谱系就是一个令人鼓舞的过程"③。

四

如此看来，"个人主义"范畴，无疑充满歧义。人们一直以来在不同的层次上，以各种不同的方式在使用它，而且彼此之间存在着巨大的差异性。在"集体主义"文化浸润下的"我们"，每当提及"个人主义"都会不自觉地将之与"自利""自私"或各种形式的"利己主义"关联起来，甚至简单等值，并在消极的意义上来加以拒斥，然而"通常的用法——至少在美国——往往是把'个

---

① 沙拉汉. 个人主义的谱系 [M]. 储智勇, 译. 长春：吉林出版集团有限公司, 2009：13.
② 沙拉汉. 个人主义的谱系 [M]. 储智勇, 译. 长春：吉林出版集团有限公司, 2009：5.
③ 沙拉汉. 个人主义的谱系 [M]. 储智勇, 译. 长春：吉林出版集团有限公司, 2009：5-6.

人主义'当作一个有着积极含义的术语"①。

关于"个人主义"的讨论和意义的确定,我们不能仅仅局限于消极或积极这样的二元思维格局之中,受这样两种思维定式的导引,从而误读"个人主义"充满着丰富性与复杂性的内涵,正如作者所指出的那样:"实际上,'个人主义'这个术语打开了一个意义的迷宫,这个迷宫远远超越了纯粹的积极含义和消极含义的分歧。"②

既然如此,究竟什么是"个人主义"呢?

作者引用科林·莫里斯(Colin Morris)关于"个人主义"的观点来展开他的讨论。莫里斯在《个人的发现:1050—1020》(Discovery of the Individual:1050—1020)一书中写道:"个人主义的核心在于我们最初的心理体验:在我的存在和他人的存在之间的一种明显的差别感。这种体验的重要性由于我们对人类自身价值的信仰而大大增加了。人文主义也许并不是和个人主义同等的事物……但是他们至少是第一代的堂表兄姐妹,因为对于人类尊严的尊重,天然伴随着对人类个体的尊重。"③沙拉汉应该说是认同科林·莫里斯关于"个人主义"的基本内涵的。如此,沙拉汉才会说:"实际上,他把这种感受确认为个人主义的基础可能完全是正确的。"④莫里斯给"个人主义"所做出的界说和描述,为我们提供了一个可以瞥见与洞识"个人主义"的复杂性,也正是因为莫里斯描述中为我们提供的、可瞥见的"每一个出入口,都确实属于一个意义的网络,正是这个意义的网络构成了'个人主义'"⑤。沙拉汉认为,不能将"个人主义"与"人文主义"简单等同起来,因为个人主义"同样容易导致机会主义(opportunism)"。沙拉汉趋于将个人主义作为"人文主义的一种形式"⑥,这样更加恰当些和稳妥些。

在此基础上,沙拉汉对迪蒙、史蒂文·卢克斯、戴维·里斯曼和瓦特等人对"个人主义"的描述和分析逐一进行了检讨,从而厘定"个人主义"的真正内涵。

首先,路易·迪蒙在《论个体主义:人类学视野中的现代意识形态》(Essays on Individualism:Modern Ideology in Anthropological Perspective)中从政治视角来

---

① 沙拉汉.个人主义的谱系[M].储智勇,译.长春:吉林出版集团有限公司,2009:17.
② 沙拉汉.个人主义的谱系[M].储智勇,译.长春:吉林出版集团有限公司,2009:18.
③ 沙拉汉.个人主义的谱系[M].储智勇,译.长春:吉林出版集团有限公司,2009:18.
④ 沙拉汉.个人主义的谱系[M].储智勇,译.长春:吉林出版集团有限公司,2009:19.
⑤ 沙拉汉.个人主义的谱系[M].储智勇,译.长春:吉林出版集团有限公司,2009:19.
⑥ 沙拉汉.个人主义的谱系[M].储智勇,译.长春:吉林出版集团有限公司,2009:19.

讨论和处理"个人主义"。沙拉汉认为,"迪蒙的讨论围绕着一个本质上是政治领域的问题展开,这个问题即个人主义是否能够同自由民主制中的现代社会责任观念相容。迪蒙得出结论:个人主义是西方文明在文化上独有的特点,他并不一定具有普遍的适用性"。在沙拉汉看来,迪蒙的分析是有根据、有价值的,但是迪蒙的分析过分偏向和倚重,凸显了对"社会制度的压倒性关注",这样所带来的一个结果,是"个人已经从这一讨论中消失了",直接地说,迪蒙的讨论,最终使个人、个人主义溢出了论域,这就不得不使人联想到这种在西方文化传统中具有独特意味的"个人主义"所具有的合法性。

其次,史蒂文·卢克斯在《个人主义》一书中,对"个人主义"进行了语言衍变的讨论,并试图分析他所谓的"个人主义的基本观念",即人的尊严、自主、隐私和自我发展等。

卢克斯的四观念说,同迪蒙一样,都是将"个人主义"置于政治领域中,对之进行政治分析,但这显然是远远不够的。这也表明仅仅从政治的视角,也是难以对"个人主义"的本质内涵加以透析的。

如此,沙拉汉,推出了另一位"个人主义"研究者:戴维·里斯曼。

对戴维·里斯曼的研究,在沙拉汉看来,从根本上来说,其并没有帮助我们拓展与"深化关于个人主义及其谱系或者它在当代世界里正在发生变化的地位的理解"[①]。沙拉汉继续点评道:"作为对个人主义在西方自由民主传统中所具有的持续价值的一个不妥协的主张,'重新审视个人主义'(Individualism Reconsidered)一文针对里斯曼认为'群体主义(groupism)'侵犯的事物来为个人主义辩护,'群体主义'的侵犯是一种趋势,这种趋势高估了人类的社会性,以至于无视甚或压制了人性中的个人层面。"[②] 里斯曼对"个人主义"的分析,正是立足于他关于"个人主义"偏好的制高点上,即"我坚持认为,任何意识形态,无论多么高贵,都不能证明为了群体的需要而牺牲个人是正当的",如此一来,"个人之间的区别,与每个人应当置于他人的价值一道,导致了对一个建立在互不侵犯原则基础之上的原子化社会的肯定"[③]。

可以说,路易·迪蒙、史蒂文·卢克斯和戴维·里斯曼对"个人主义"的分析,都是拘于政治视域,导致了对"个人主义"内涵解读的偏颇。

当理论视角的偏向对社会制度和政治哲学有压倒性关注之时,关注点"转

[①] 沙拉汉. 个人主义的谱系 [M]. 储智勇, 译. 长春: 吉林出版集团有限公司, 2009: 22.
[②] 沙拉汉. 个人主义的谱系 [M]. 储智勇, 译. 长春: 吉林出版集团有限公司, 2009: 22.
[③] 沙拉汉. 个人主义的谱系 [M]. 储智勇, 译. 长春: 吉林出版集团有限公司, 2009: 22.

向个人视角本身",是十分必要的和有意义的。

迪蒙虽然在这条转向的路上,通过探讨基督教促成"出世的和入世的"关注之间的差别,从而在研究"个人主义"路向上启动了转向,做出过努力,但是他"很快就把这种区别归入特别'政治范畴'的、私人自我和社会责任之间的辩证法当中"①。卢克斯虽然讨论区分了"伦理个人主义"和"认识论个人主义",但是他却认为只有将二者的区别置于与平等和自由的关系中加以确定,"个人主义"才有了自身的价值和意义。如此,卢克斯依然陷于旧有政治分析的视角中,而未能实现"个人主义"研究新路径的真正开启。

在沙拉汉看来,真正实现这一转向的人是伊恩·瓦特(Ian Watt)。

瓦特在《小说的兴起》(Rise of the Novel)一书中,"在很大程度上增进了我们关于个人主义的理解"②。因为"瓦特将我们带到了我们有理由认为是个人主义之核心的事物那里,也就是个人主义据以建立的基本假定:追求真理是一项彻底的个人事务这一信念"③。同时,一个同等重要的事情是,瓦特对"个人主义"的描述所做出的理论贡献还在于,它"使我们超越了纯粹的自利个人主义……并揭示了个人主义何以在西方的神话当中享有如此尊荣的地位的一个主要原因"④。

在瓦特的视野里,"作为一种打破旧习的态度,个人主义将个人从传统的束缚中解放出来;而作为一种道德态度,它并不只是把自己建立在个人的自利的基础上,而是建立在他所断言的在个人、他或者她的唯一性以及世界的道德结构之间所具有的至关重要的联系这一基础之上"⑤。

在此讨论的基础上,沙拉汉提出他自己关于个人主义的立场和基本理论倾向。他将"个人主义看成是一个信仰体系,在这个体系当中,个人不仅被赋予了直接的地位和价值,而且也成为真理的最终裁断者"⑥。

最后,沙拉汉为《个人主义的谱系》一书亮出了自己的底牌,为我们展现出思考和研究"个人主义"的历史之路和理论导标。

他指出,"本书把个人主义看作一个信仰体系,它使我们的个性成为识别真理和实现道德价值的工具。在个人主义的根基处,乃是莫里斯所谓的各个存在

---

① 沙拉汉. 个人主义的谱系[M]. 储智勇,译. 长春:吉林出版集团有限公司,2009:24.
② 沙拉汉. 个人主义的谱系[M]. 储智勇,译. 长春:吉林出版集团有限公司,2009:25.
③ 沙拉汉. 个人主义的谱系[M]. 储智勇,译. 长春:吉林出版集团有限公司,2009:25.
④ 沙拉汉. 个人主义的谱系[M]. 储智勇,译. 长春:吉林出版集团有限公司,2009:26.
⑤ 沙拉汉. 个人主义的谱系[M]. 储智勇,译. 长春:吉林出版集团有限公司,2009:26.
⑥ 沙拉汉. 个人主义的谱系[M]. 储智勇,译. 长春:吉林出版集团有限公司,2009:28.

着差异的'心理体验'以及置于这种差异之上的价值。但是使个人主义成为这样一种哲学完形的催化剂,是个人关于真理性质所作的这样一种假定,即他或者她无须在自我的范围之外寻求帮助就可以接近真理"①。

沙拉汉很谨慎地告诉我们:"我在这里提供的分析,既不打算成为个人主义之衰亡的一个庆典,也不打算成为关于个人主义之衰微的一个哀悼。它只是理解个人主义衰落过程的一个尝试,并试图去发现一些方法——运用这些方法,我们就能把对个人主义的理解整合进关于我们自身的知识体系当中去。"②

五

在"个人主义"的研究中,历史视野的确认是十分重要的,因为将"个人主义的谱系"的历史触角伸展到不同的时代,也就会呈现"个人主义"发生、发展的不同理论图景,"个人主义"的谱系也就会展现出不同的理论面貌。然而,在具体的研究中,"将个人主义的历史先驱分离出来并加以确认"也实在是十分难以处理的一个"难题"。这一确定,厘定古代世界个人主义的原始形态:"模拟—我",更是需要耐心和实证资料的。

经过沙拉汉的检讨和清理,我们发现"卢克斯几乎没有审视文艺复兴之前的证据,莫里斯差不多没有理会希腊人,而迪蒙则忽视了古希伯来人。只有《社会科学百科全书》既论述了希腊传统,也论述了希伯来传统,但是它很大程度上是根据个人在社会中的作用——社会赋予个人正当性(validity)的程度——来展开论述的"③。通过清理,沙拉汉总结"研究者们羞于致力于这样一些问题:自我甚至意识这些概念本身是如何产生的,以及这些概念是在何时产生的"④。在这样的评断中,沙拉汉也就表达出自己在"个人主义的谱系"的追溯中所展开的历史空间。如此,我们就应该通过追问"像自我概念这样的事物的演进在古希腊和希伯来传统中是如何发生的"这样的一个问题作为探寻"个人主义的谱系"的入手处。对"个人主义的谱系"的追索,对"内在自我"的拷问,在沙拉汉看来,采用心理学的方法,要比采取抽象理性与哲学的逻辑猜想所提供的思路要更加明智、更加有效。

在对"个人主义谱系"的历史性清理中,沙拉汉借用了弗洛姆对偶像和神

---

① 沙拉汉.个人主义的谱系[M].储智勇,译.长春:吉林出版集团有限公司,2009:29.
② 沙拉汉.个人主义的谱系[M].储智勇,译.长春:吉林出版集团有限公司,2009:30.
③ 沙拉汉.个人主义的谱系[M].储智勇,译.长春:吉林出版集团有限公司,2009:31.
④ 沙拉汉.个人主义的谱系[M].储智勇,译.长春:吉林出版集团有限公司,2009:31.

明的实质分析,看到了"人"的"自我"再现与投射的方式。

沙拉汉认为,"弗洛姆断定,古希伯来人建立了一个传统,该传统培育了一种对人类和历史的高度发达的理解"①,并且"古希伯来人禁止制造偶像,由此不仅消除了形成一种片面人性观的可能性,而且同时使我们得以形成一种对他们自己神明的、内在理想化的概念化过程"②。虽然,古希伯来人,禁止制造偶像,但是事实上,在他们的生活中却存在着"真实的"偶像,这一"偶像""成了古希伯来人个体存在的支配性力量——一种他们能够据以评价自身个体行为的内在标准"③。

在沙拉汉看来,弗洛姆的心理分析,在"个人主义的谱系"历程中具有两个方面的重要价值。

其一,弗洛姆认为,在很早的阶段,古希伯来人就发展出了把理想化的概念化(idealized conceptualization)过程当成认识论景观(the epistemological landscape)的独特特征的能力,也就是一种具体化(reification)的能力,即一个理想化的一神论形象变成了内在的抽象。对此,沙拉汉认为,"这样一种抽象的理想化过程的形成,似乎就代表着向自我概念形成迈出的重要一步"④。

其二,弗洛姆提出了与现代个人主义相伴的"道德律令"(the moral imperative)的先声之物,这一先声之物就是"神"。对此,沙拉汉说:"古希伯来人所进行的具体化过程既不是武断的,也不是某种理性训练的组成部分。它包含在一种人们深切体会到的宗教传统之中,这一传统试图去解释宇宙,并把一种道德化的构造归因于它,把一个理想化的抽象物确立为一个神,而这个神对个人日常生活具有重要意义,这本身就带有强烈的道德暗示……同时,这样抽象的理想化过程的形成带有一种道德律令。"⑤

但是,从弗洛姆的具体分析中,我们很难找到关于"自我概念"的线索。这样,对"个人主义"的探究之路还需要继续前行,我们必须"弄清自我概念的出现是如何有助于为个人的首要位置奠定基础的"⑥。

心理学者朱利安·杰恩斯在《意识在两院制头脑崩溃过程中的起源》(The Origin of Consciousness in the Breakdown of the Bicameral Mind)一书中,就直接聚

---

① 沙拉汉.个人主义的谱系 [M].储智勇,译.长春:吉林出版集团有限公司,2009:32.
② 沙拉汉.个人主义的谱系 [M].储智勇,译.长春:吉林出版集团有限公司,2009:33.
③ 沙拉汉.个人主义的谱系 [M].储智勇,译.长春:吉林出版集团有限公司,2009:33.
④ 沙拉汉.个人主义的谱系 [M].储智勇,译.长春:吉林出版集团有限公司,2009:34.
⑤ 沙拉汉.个人主义的谱系 [M].储智勇,译.长春:吉林出版集团有限公司,2009:34.
⑥ 沙拉汉.个人主义的谱系 [M].储智勇,译.长春:吉林出版集团有限公司,2009:35.

焦于"古代人类思想各个过程的演进是如何为自我概念的出现奠定基础的"①这一问题上。

"在杰恩斯看来,古希伯来人创造了一个抽象而理想化的神,这等同于创造了真实世界的一个模拟——思想里的一个空间——这个空间成了迈向意识的第一步"②。在沙拉汉看来,杰恩斯对"自我意识"起源的讨论,事实上已经获得了个人主义先兆的一些萌芽与起步,在"个人主义的谱系"研究上迈出了十分重要的一步。

这十分重要的一步,乃是杰恩斯提出的"神明隐喻"中所蕴藏的,"它使希腊人拥有了自我指称的力量,模拟'我'(the analog 'I')出现了"③。这样,通过杰恩斯的探究,"模拟'我'(the analog 'I')"在个人主义谱系中确立了其独特的起始地位。

在古代世界里,杰恩斯还发现了"模拟意识转变的一些其他迹象:时间指涉的情趣恶化和可简化,以及对未来更频繁的提及"④。这些都表明需要"发明一种模拟自我"才是可能的。

杰恩斯认为,"主体意识思想第一个真正的陈述是梭伦(Solon)做出的"。梭伦提出了"认识你自己"这一劝勉,事实上表达了认识自己的真实概念,要求一个人"把自己看作处于一个想象的空间里"。如此,"在梭伦的时代,希腊人已经进入了'现代的主体时代'"⑤。

通过研究,我们发现,"在荷马时代的希腊人和摩西时代的希伯来人都已经创造了一种'空间',这种'空间'最终将会成为主体意识"⑥。这就为个人的历史性登台、出场做好了准备。

沙拉汉通过对弗洛姆和杰恩斯"关于古希腊人和古希伯来人的分析,解读出古代世界那些个人主义先驱的性质问题",并对之加以概括和总结。

首先,在西方传统的最早阶段,个人可能是"有意识的",没有任何"具体化"、可简化的自我概念。这就表明,他们仍然还缺乏反思能力,缺乏能够使他们内省的词汇场,如此只有一个"模拟—我"。

其次,"模拟—我"出现的触发机制虽然很难确认,但是无论如何,通往

---

① 沙拉汉.个人主义的谱系[M].储智勇,译.长春:吉林出版集团有限公司,2009:35.
② 沙拉汉.个人主义的谱系[M].储智勇,译.长春:吉林出版集团有限公司,2009:36.
③ 沙拉汉.个人主义的谱系[M].储智勇,译.长春:吉林出版集团有限公司,2009:39.
④ 沙拉汉.个人主义的谱系[M].储智勇,译.长春:吉林出版集团有限公司,2009:40.
⑤ 沙拉汉.个人主义的谱系[M].储智勇,译.长春:吉林出版集团有限公司,2009:41.
⑥ 沙拉汉.个人主义的谱系[M].储智勇,译.长春:吉林出版集团有限公司,2009:42.

"模拟—我"出现的道路，也许是在公元前第一个千年之初，经历了二三百年中相对不长的一个时期之后。

最为重要的是，这种"模拟—自我"（the analog self）的出现，看来是与古代自我使用隐喻的能力成正比的。隐喻在《荷马史诗》和《旧约》这些文献中的出现代表了词汇场的发展结果，在这个词语场里，"模拟—自我"开始得以演化和成长。隐喻是"想象自我"的第一步，"自我"则是最终的隐喻，随之而来的是"主体意识"，即那种把主体看作意识中心的能力。其他一些精神性的表达似乎同样是出现的自我所特有的：精神过程的空间化、对抽象名词不断增加的依赖、欺骗的能力以及从事占卜的趋势。

最后，因为"模拟自我"的出现是可能进行有意识的选择的一个前提，而且模拟自我的先驱本身是深深根植于一些精神与宗教中的，人类自我概念的产生，由此并不是一个价值中立的事件。

沙拉汉通过对古代世界的"个人主义"出场形式的诊断和审定，突出了"模拟—我"这个核心语词，厘清了"模拟—自我"与主体、主体意识、自我意识等之间的关系。

六

古罗马的衰败，导致了人们对"原始整体"依靠的"虚脱状态"，这样"无疑往往会迫使个人不得不依靠他或她自己的资源，自我成了一种主要的生存方式"，正是在此种状况下，"基督教填补了破碎而乏味的古代世界里的一个空白"①。

总的说来，由于犹太传统的僵化和当时家庭、国家等社会形势的崩溃，以及希腊理性主义的影响，基督教由此出现。基督教废除了犹太教传统的形式，使人和神的沟通成为心理上的，而非身体上的，成为隐喻的，而非文字的，成为内在的，而不是外在的，基督教所具有的出世特征和个体化的特征都促进了个体自我的成长。最为关键的是，基督教道成肉身、本体同一的教义使西方个人自我出现了一个新的层次，即超越的层次：从古代的"模拟—我"向"外在授权的自我"跃迁与推进。

从古代世界向基督教世界的转化过程中，基督教是如何导致"个人主义"的兴起的，以及最终如何以"个人主义"兴起的方式改变了"自我"，这些是

---

① 沙拉汉. 个人主义的谱系［M］. 储智勇，译. 长春：吉林出版集团有限公司，2009：49.

需要进一步详尽加以追溯的。为此,沙拉汉十分细致地清理了在基督教的境遇中,个人主义、个人出场的历史。

美国学者 Michael Allen Gillespie 所著的 *The Theological Origins of modernity* 一书,从中世纪的历史嬗变和思想史的流变中,淘出了"个人"是如何一步一步从"神"的统摄之下逃离出来的。作者以唯名论与现代性起源之关系为切入点,以人文主义者彼特拉克和个人之发现为起点,展开对现代性及其个人生成的历史挖掘,进而突出人文主义和对人的神化与颂扬。在此基础上,作者通过路德与信仰风暴、前现代之内在诸多矛盾、笛卡尔探寻真理之路、霍布斯恐惧的智慧,以及启蒙之诸矛盾与现代性危机等,不仅追究"个人"及现代性生成的历史之源,而且更为重要的是从神之谱系中探寻出个人和现代性的精神胚胎与现实发育,如此展示了"个人"的生成轨迹和思想推进。Michael Allen Gillespie 对"个人"生成的分析,尤其是对在基督文化中个体发育、生成史的内在追寻与沙拉汉在基督文化背景下"个体"的出场历史探秘,有几方面相近之处。

沙拉汉认为,杰恩斯对基督教的分析,为我们提供了一种探索从古代世界向基督教世界转向过程中"个人主义""个人"兴起的重要方法。

"杰恩斯认为,对'模拟自我'(the analog self)的出现有巨大贡献的是一个历史发展,是书写方式的出现(杰恩斯非常恰当地把它描述成一种隐喻的工具)(a kind of metaphoric tool),特别是法典的撰述。"[1]

基督教自身的演化,带来了"个人主义"内在精神气象和走向的变化,导致了个人形态的变化。由于律法是希伯来传统的全部基础,这样随着律法的撰述,促使了"权威"具体化和客观化。同时,"随着一种成为文化根基的法律传统的发展,一种'沉浸于情感经验当中'的宗教演化成了一种关于主题意识的道德",在此折射出"一种更为复杂的模拟自我"[2]。这就向基督教视域中的"个人主义"或"个人"迈出了十分重要的一步。

沙拉汉对"个人主义的谱系"解读中,通过对路易·迪蒙的判断与研究,认识到基督教传统中的"出世"特征,同时"基督教传统中更加私人化和个体化的性质"[3] 导致了基督教与"个人主义"之间的关系超越了常识性的认知与判断。正是在此,"基督教本身在最终赋予我们现代意识及其个人主义偏好、偏见(bias)的分层化过程中,代表着另一种力量"[4]。这另一种力量,本质上则

---

[1] 沙拉汉. 个人主义的谱系 [M]. 储智勇,译. 长春:吉林出版集团有限公司,2009:50.
[2] 沙拉汉. 个人主义的谱系 [M]. 储智勇,译. 长春:吉林出版集团有限公司,2009:52.
[3] 沙拉汉. 个人主义的谱系 [M]. 储智勇,译. 长春:吉林出版集团有限公司,2009:52-53.
[4] 沙拉汉. 个人主义的谱系 [M]. 储智勇,译. 长春:吉林出版集团有限公司,2009:53.

是增加了模拟自我的世俗化特征。这一特征"不仅设置了一个来世,把存在夹在来世自身和诞生之间,由此强调了个体生命的短暂,而且为人类历史本身确立了一个尽头:末日审判"。通过"末日审判","天地创造将会完成,并把自身消融于不朽的光荣大赦当中"①,由此获得精神的解放,也在此让我们看到"自我的一个新层次的出现,超越性的层次"。这一层次是一种"对模拟自我继续扩张进程的一种授权"②,该种自我扩张,本质上乃是"自我实现",这样在奥古斯丁和基督教时代生成了一种新型的"自我模式",即"内在授权的自我"(the authorized self)。就此,沙拉汉说道:"这一新授权的自我和它的产生确实深深地植根于早期基督教传统当中,它们并不是我们在近代文献中发现的为了自我的缘故而生成的自我创造。"③

在对"个人主义的谱系"中的"自我"生成历史的追问中,沙拉汉还特别提醒我们必须注意我们曾经忽略的一个重要方面,那就是必须关注基督教传统中的"团体传统"(the communal tradition)的重要性,特别是在基督教的早起岁月中。基督教的"团体传统",客观上使"基督教徒与基督之间的关系并不仅仅是一种普通的个人对个人的关系,而因基督徒与基督之间的一体化关系,基督因此也就和所有其他的信徒融为一体。这样,个人与基督的融合不仅赋予个人以精神上的正当性,它也使他和所有其他经历了同样融合的人成为一体了"④,就这样,在基督教传统中的"团队传统",不但没有抑制基督教的个人主义革新,反而有助于这些革新的广泛传播。

同时,沙拉汉还发现,"精神在基督里的交流非但没有限制基督教传统中个人主义化(individualization)的范围,实际上还扩大了它,因为它消除了古代世界最强有力的一个团体性特点:一个人由于自己群体所属的不同神谱而感受到的差异"。如此,"随着这一认同标准被所有精神间的交流排除在外,个人主义化的潜力无法估量地增加了"⑤,而传教的热情,不仅仅使基督教广布世界,而且对一种更私人化和个体化的一整套态度和行为都一并传播下去。

这便是沙拉汉在基督教文化架构内的分析,"个人主义的谱系"中"自我"成长的实际状况,正如沙拉汉所总结的那样,关于基督教对西方文明里形成中

---

① 沙拉汉.个人主义的谱系[M].储智勇,译.长春:吉林出版集团有限公司,2009:54.
② 沙拉汉.个人主义的谱系[M].储智勇,译.长春:吉林出版集团有限公司,2009:56.
③ 沙拉汉.个人主义的谱系[M].储智勇,译.长春:吉林出版集团有限公司,2009:58.
④ 沙拉汉.个人主义的谱系[M].储智勇,译.长春:吉林出版集团有限公司,2009:60.
⑤ 沙拉汉.个人主义的谱系[M].储智勇,译.长春:吉林出版集团有限公司,2009:62.

的自我概念的贡献，我们可以把我们的关系总结成如下几方面。①

①撰制法律所表达的行为道德法典的客观化过程，成了希伯来人法律传统的发展基础。该法律传统在更大程度上继续朝着依赖个人这一方向演化。

②当文士、法利赛人使法律传统渐渐僵化之时，当家庭、国家等社会形式塌陷，并与希腊理性主义的影响结合在一起时，基督教导致先前的传统激进分离。

一种：确立了个体自我的精神性以及自我判断的能力的宗教产生了。人与神沟通的方式超越了外在的形式，愈加内在化，以及基于隐喻能力提出的要求而产生的"个人词汇场"在增加。

另一种：正是基督教的这些特点，在个人与神交流的过程中，同它们对个人主动性角色的含蓄承认结合在一起的时候，这就导致了"自我授权"的可能性；一种"更高级的"自我发展起来了，而这种发展是以同样分有了"神性的自我"所固有的那些要素的培养为基础的。

一言以蔽之，个人主义的基础——"个人"是真理的最终决断者。这种信念——是由基督教稳固建立起来的。

基督教为发现自我和道德秩序、个人和神之间的一致提供了基础，而在这个过程中，它确立起了个人主义可以据以建立的一些前提。

基督教个人主义的个体自我的生成与出现，从其内在的精神气象上培育了一个渐次不可弱视、不可忽略、不断成长的"自我"，这为中世纪和文艺复兴的"自我"在道德宇宙中的合法地位，提供了必要的思想胚胎和精神准备。

七

欧洲中世纪与文艺复兴时代，是充满着各种戏剧性矛盾的时代。在这样的时代中，我们从"个人主义"的发育历程来审视，将会看到它们与古代世界之间内在的承接关系与新型的转向。

沙拉汉之所以将中世纪和文艺复兴搁置在一起，对"个人主义"加以检讨，在他看来，是因为"这两个时期之间存在诸多相似性"。"这两个时期正是'模拟—我'出现的时期，以及紧随着因为基督教而变得可能的、能够自由决定和外在授权的自我诞生的时期"。进而言之，"这两个时期都同样开启了一个进程，他们将把伴随新秩序的'一些法则'统一化，以及最终法典化"，但是尽管如

---

① 沙拉汉. 个人主义的谱系 [M]. 储智勇, 译. 长春：吉林出版集团有限公司, 2009：63.

此,"这两个时期无疑有着不同的秩序:前者代表着人类自我概念的最终出现,后者代表着自我概念向道德和精神的——以及最终心理的——自我创造的容器的演化过程"①。

在基督教中,隐喻性特点构成了宏大的神话结构据以建立的基础,这个结构为早起基督教提供了更加容易传播的讯息,由此确保了基督教的革新将会传播开来,并扎根于一个比它最初时要广阔得多的领域当中。然而,在基督教内部进行的宗教改革过程中,"携带着一些种子,这些种子将在它最繁盛的时候产生出个人主义"②。

众多研究者对中世纪的分析和评论中,都显现与证明了中世纪"个人已经开始获得他或她应得的尊敬,在人的行为里,他们找到了自己的方向",但是尽管如此,莫里斯认为"中世纪并不代表着一种完全客观化的自我的出现"③。

莫里斯认为,在中世纪对个人的看法中,最有启示的内容,或许正是那些涉及个人生活道德性质的方面。这一点,与对"忏悔过程中反省的重要性""心灵忏悔"的强调直接相关。心灵的忏悔,无疑是具有深层的道德意义的。"就个人在道德决策中的作用而言,中世纪看法的最后两个特征,代表了对真正的基督徒的被外在授权自我的神话,这两个特征就是——把罪之赦免确立在个人的真诚当中,以及在决定人类是否有罪是要考虑个人意图的作用这种心理学的理解所具有的复杂性"④。这样,"中世纪最终把精神更新和道德辨别的力量转让给了个人,个人由此被完全外在授权了"。在此种条件下,"一种完全而真实的个人主义——个人是左右真理的裁断者的信念——的出现,缺乏的只是一种世俗化的影响,一种将会把上帝完全抛弃或者至少会使他变得如此遥不可及,以至在个人的真理探求过程中几乎没有或者根本没有意义的东西"⑤。就这样,"个人主义"在基督教的内部悄然启动,并发生一系列有利于个人主义向历史深度开进的思路,但是在中世纪,这种"外在授权的自我"萌发,只是个人主义新生的开端,正是这一端倪,开出了个人主义发展的新天地。对此,沙拉汉说:"在个人走上被完全内在授权的自我确证之路以前,西方文明似乎举行了一个个体的成年庆典。"⑥

---

① 沙拉汉. 个人主义的谱系 [M]. 储智勇, 译. 长春: 吉林出版集团有限公司, 2009: 65.
② 沙拉汉. 个人主义的谱系 [M]. 储智勇, 译. 长春: 吉林出版集团有限公司, 2009: 67.
③ 沙拉汉. 个人主义的谱系 [M]. 储智勇, 译. 长春: 吉林出版集团有限公司, 2009: 68.
④ 沙拉汉. 个人主义的谱系 [M]. 储智勇, 译. 长春: 吉林出版集团有限公司, 2009: 71.
⑤ 沙拉汉. 个人主义的谱系 [M]. 储智勇, 译. 长春: 吉林出版集团有限公司, 2009: 72.
⑥ 沙拉汉. 个人主义的谱系 [M]. 储智勇, 译. 长春: 吉林出版集团有限公司, 2009: 72.

文艺复兴，是一个时代整体性转换格局的时期，关于这一时期，人们可以从多层面、多维度加以描述与构建其特质，这样文艺复兴就必然呈现出多样性的突变。沙拉汉总结，文艺复兴可以"看作一个文艺的繁荣；看作科学方法的诞生；看作封闭思想和迷信的漫漫长夜之后启蒙思想的回归；看作一个政治才干和暴政交替更迭的时期；甚至看作现代世界的一个先兆……""这些观点都含有真理的要素，但是，如果它们声称自己是关于文艺复兴的真实意义的最终论断的话，那么它们都错了"[1]。

就"个人主义"的发展而言，"文艺复兴的独特性在于，它展示了对存在之完满状态的赞颂——特别是因基督教一千五百年的出现而变得可能的、那种外在授权自我的完满，而以这样的方式，它为完满所知的近代个人主义打下了基础"[2]。

通过各种研究的比较分析，沙拉汉认为，"文艺复兴可以被看作基督教传统外在授权自我实现其全部潜能的时期，其中的一个结果就是创造力在艺术和文学上的爆发，另一个结果是探索和发现自然世界和人类自身的渴望，第三个结果这是一种宽容和接受最广泛的差异和多样性的意愿"，这一动向，不仅改变了基督教的传统，而且也改变了西方文明的演进方向与整体面貌。如此，沙拉汉总结道："个人成就展示出了一种广泛而令人眼花缭乱的灿烂景象。"[3]

最后，沙拉汉为文艺复兴时代对个人主义的成长给予了历史性的总结："在16和17世纪发生的那些伟大的宗教变动，仍然将会对西方传统的世俗化，特别是在个人对他或者她自己的看法方面，产生最重大的影响，而这种世俗化将已经几乎确保了作为个人主义而为我们所知的一种信仰体现的出现。"[4]

就这样，我们可以看到"个人主义"穿越古代社会，中世纪和文艺复兴，正在一步一步地向着它最为耀眼的时代迈进。沙拉汉为我们详尽地勾勒出"个体"演进的历史图景，使我们非常清晰地看到"个人""个人主义"的历史来路。

八

沙拉汉通过历史梳理，确立了"模拟自我"（最初的、具体化的自我）和

---

[1] 沙拉汉. 个人主义的谱系 [M]. 储智勇, 译. 长春：吉林出版集团有限公司, 2009：72.
[2] 沙拉汉. 个人主义的谱系 [M]. 储智勇, 译. 长春：吉林出版集团有限公司, 2009：73.
[3] 沙拉汉. 个人主义的谱系 [M]. 储智勇, 译. 长春：吉林出版集团有限公司, 2009：74.
[4] 沙拉汉. 个人主义的谱系 [M]. 储智勇, 译. 长春：吉林出版集团有限公司, 2009：85.

"外在授权的自我"(通过暗含于基督教里的那些假定,被授权去正确地判断宇宙中更高级的善),即"自我"发展的两个阶段。在他看来,这些阶段"尽管含有后来成为个人主义的一些看法的根源",但是,"都不能代表我们可以恰当地称为个人主义的阶段",因为"二者""都没有自始至终使个人把对是非善恶的绝对判断权据为己有"①。

"个人"对是非、善恶的绝对判断权据为己有的那个"自我",沙拉汉称之为"内在授权的自我"(the empowered self)。"内在授权的自我"的历史性出场,正是"宗教改革"的结果②。这是沙拉汉为"个人"真正历史性出场做出的总结论。

如何审视和定位西方的宗教改革,这的确是一件十分重要的事情,不同的视界,对宗教改革会得出不同的价值定位。从"个人主义"发展谱系来看,基督教内在的改革对"个人"成长具有什么样的价值呢?沙拉汉追问道:"在自我向这样一种信念——即自我本身就具有对关于真理的终极问题进行裁决的能力——演变过程中,宗教改革是怎样使个体摆脱了另一种信念,即真理是从某种超自然的根源里流散出来的呢?更明确地说,宗教改革是怎样使我们把自己的道德判断完全主观化,并授权自我去做一度为犹太教和基督教的上帝所保留的事情的呢?"③

基督教和文艺复兴的历史进程中,"个人"历史性的生成与出场的分析,让我们更清晰地洞悉"个人"漫长的成长历史。对此,一般性的常识性见解和真实的实情之间存在着很大的差异,我们却总是被常识规训,被常识操控着。沙拉汉说,也许我们会不自觉地,甚至有根据地认为"基督教播撒下了人类分有神性这一信念的种子,世俗化的过程则影响着这一精神种子的成熟(这种成熟为文艺复兴赢得了声名),那么,'自我'就只不过是欢快而自信地迈入现代,成为一种完全自我内在授权的个体"。"然而,我们同样也看到,文艺复兴在很大程度上并不代表着一个转变阶段,即那些出自基督教的、自我外在授权的理论巩固和成熟的阶段。尽管会有一些自我内在授权的迹象,但是自我内在授权在文艺复兴时期并没有出现",如此一来,自然就"很少有人把宗教改革看作一个'成熟'期"了。沙拉汉却将"宗教改革"作为"个人"成长独立的一个时期,这标志着他对"个人"研究有独特而细致的方法④。

---

① 沙拉汉. 个人主义的谱系 [M]. 储智勇,译. 长春:吉林出版集团有限公司,2009:86.
② 沙拉汉. 个人主义的谱系 [M]. 储智勇,译. 长春:吉林出版集团有限公司,2009:86.
③ 沙拉汉. 个人主义的谱系 [M]. 储智勇,译. 长春:吉林出版集团有限公司,2009:86-87.
④ 沙拉汉. 个人主义的谱系 [M]. 储智勇,译. 长春:吉林出版集团有限公司,2009:87.

沙拉汉借助弗洛姆在《逃避自由》（*Escape from Freedom*）中和马克斯·韦伯在《新教伦理与资本主义精神》（*The protestant Ethic and the Spirit of Capitalism*）中所采取的对宗教改革，尤其是对"新教"的分析，探索"个人"在宗教改革中是如何成就自我的，也就是"内在授权的自我"是如何一步一步成长起来的。

弗洛姆分析了因资本、个人经济上的能动性和竞争日益增长的重要性所带来的生活世界的巨变，原有欧洲中世纪社会和相应的哲学结构慢慢瓦解了，由此带来了世俗力量对神圣力量的驱逐，世俗权威成为一种彼岸世界权威的替代品，这就必然促使宗教改革。弗洛姆说："新教，教人鄙视和怀疑自己及他人，使人成为工具而不是目的；他向世俗权威投降，并且放弃了这样一种原则，即如果世俗权力和道德原则相抵触，那么就不能仅仅因为世俗权力存在就被证明为合理。"如此，"一种神学——新教——出现了，这种神学回应了更强烈的根基感（rootedness）的需要，并且同时默认了造成我们的无根基感（uprooting）的一些根本的社会和经济力量"。然而，更为不幸的是，新教本是为了拯救、医治社会发展所带来的生存无根之病态，回应社会和时代的危机。可事实上，"新教没有缓解由社会经济变化带来的这些焦虑，它在这些焦虑基础上建立了一些教义，这些教义教导人们，只要完全接受这种无力感，承认自己的罪性；只要把自己全部的生活看成是一个赎罪的过程；只要完全贬抑自己，只要不懈努力，他就能克服自己的怀疑和焦虑"[1]。

不可否认，弗洛姆从心理学的视角，对新教的解读，"可以深化文明对现代生存焦虑的理解"，但是，他并没有给予我们太多关于个人成长的理论支持，因为他无法解读出"宗教改革"是如何促进了"自我的内在授权"的。如此，我们必须深入中世纪欧洲的社会、政治和宗教结构中，这样才能从中解读出个人的发育历程，恰如杰恩斯所说的那样，"当模拟自我出现时，古代中东世界被社会变动所撕裂的情形，也非常像地中海世界公元前1世纪末陷入混乱的状况，因此 发现世俗化力量将会出现一种更大的无序，甚至于个体无助的背景之下也许是明智的"[2]。

马克斯·韦伯为我们"提供了这一背景"。马克斯·韦伯采取了与弗洛姆不同的路线与方式，来追问宗教改革何以带来了个人的成长，生成了所谓的"内在授权的自我"。

---

[1] 沙拉汉. 个人主义的谱系 [M]. 储智勇, 译. 长春：吉林出版集团有限公司, 2009: 87-88.
[2] 沙拉汉. 个人主义的谱系 [M]. 储智勇, 译. 长春：吉林出版集团有限公司, 2009: 88.

在沙拉汉看来，马克斯·韦伯和我们一样，都必须面临一个问题，即"我们当前的目的是解开这一悖论，即一种本质上的宗教运动，何以会为一种被内在授权做出自己判断的、世俗的自我的出现留下空间"。"像加尔文主义这样具有深刻禁欲主义倾向的宗教，怎么会产生一种精神，这种精神解放了这些物质主义的内驱力并允许个人从事'利润、并且是不断再生利润'这样显然并非禁欲主义的追求"①。因为"这一悖论的核心在于预定论，这种学说围绕着个人在神的安排中是完全无力而且无关紧要的这样一种观点展开"的②。

马克斯·韦伯通过对新教的分析，判断道：在新教中，"个人被迫进入了一种'空前的内心孤独'"中，因为"耶稣只是为了被挑选者而死的"。如此，"如果个人真的是孤独的，那么就必须独自做出道德和伦理判断，而无须一种无论如何对个人的处境都漠不关心的超自然力量的批准"，这样，"个人"似乎从不关心自己的上帝的权威中游弋出来而自己承受、自我承担着自我的道德判断与生存的孤独了?! 这种自立性的道德判断，内在地促使了个人的飞跃。在此，似乎只有一步之遥了，在这道"闸门之后，便是将会扫荡西方资本主义潮流以及与之相伴的个人主义潮流"③。

在马克斯·韦伯的分析中，他对"个人"分有"神性"的重要性的强调，对理解个人的真正近代出场具有十分重要的意义。

沙拉汉分析，"宗教改革，在人类世俗化的权限方面取得了明显的进步，这种进步超越了早期基督教所采取的步骤"④。在这一步骤中，"时间已经变成了本质上完全世俗化的东西：时间成了一种商品"⑤。如此，"时间变成了个人的'财产'"，这就剥去了宗教的外衣，最后演变成"时间就是金钱"这一带有绝对世俗性，同时带有现代伦理与道德底色的观念。

时间与个人之间关系的建立，真正解除了个人存在的外在枷锁，同时让"个人"完全裸露在世俗化的现实生活之中，如此的变化，带来了置身于世俗利益关系中的"个人"。

在这样的背景下，沙拉汉评价道："把时间窃据给人类使用，在两个方面具有重要意义。它不仅表明了个人是怎样对待这样一种观念的——根据杰恩斯的看法，这种观念已经作为对变化感的一种隐喻性的'区域化过程'而产生了，

---

① 沙拉汉. 个人主义的谱系 [M]. 储智勇，译. 长春：吉林出版集团有限公司，2009：89.
② 沙拉汉. 个人主义的谱系 [M]. 储智勇，译. 长春：吉林出版集团有限公司，2009：89-90.
③ 沙拉汉. 个人主义的谱系 [M]. 储智勇，译. 长春：吉林出版集团有限公司，2009：90-91.
④ 沙拉汉. 个人主义的谱系 [M]. 储智勇，译. 长春：吉林出版集团有限公司，2009：95.
⑤ 沙拉汉. 个人主义的谱系 [M]. 储智勇，译. 长春：吉林出版集团有限公司，2009：95.

它还就自我在宗教改革时期开始经历的那种转变的特点,为我们提供了清晰的指示。"① 这样,在"模拟自我的出现使个人能够以一种自省的方式开始感知到他或者她之存在的地方,基督教当中外在授权的自我的出现使一个人得以开始重塑自我,而内在授权的自我的出现则使个人得以变成一个完全能够对真实而非隐喻空间里的事物发挥作用的'行动者'"②,这种非隐喻的空间就是"土地"。在现代社会之前,"土地"像时间一样,渐渐成为一种商品,被用于土地所有者确定的一些目的。如此,"土地""时间"等成为个人可实际支配的"现实",同时,"个人的土地'转让'成了一种普遍的实践",这样"土地"变成了"一件在个人所有者支配之下的纯粹商品,结果,所有者个人的作用大大加强了"③。

事实上,宗教改革,尤其是加尔文主义"为个人提供了放大了的自我维度以及授权在性质方面的变化"④。这种性质方面的变化,在不同的时期呈现出不同的内在特征。"在古代世界的模拟自我为个人提供隐喻能力以及基督教外在授权的自我使个人得以使用自我隐喻来影响和改造自我的地方,由加尔文主义/资本主义的世界观所导致的内在授权的自我在此将它隐喻化的力量转向外在世界,把隐喻当作了一种在普遍世界里的行为手段。它主要是通过两种方式来实现这一点——一种是功能方面的,另一种则是认识论方面的"⑤。

如此,个人在漫长的进程中,尤其是在世俗化的进程中,渐渐地成为一种凸显的存在。这种凸显的存在,正是在宗教改革的浪潮中推进的。这一点如沙拉汉所说的:"在本质上,宗教改革运动打开了一扇大门,这扇大门通往自我的一项假定权力,即自我可以用它的感知来臆想周围世界。"⑥

正是在这一意义上,在现代世界里,"自我难以承受的孤立以及消解使社会得以延续的社会凝聚力的趋势"⑦,对"个人主义"都具有决定性的意义。

"个人"终于通过艰难的挣扎,从"社会"中诞生了,但是也生成了相应的问题,"即个人对社会的义务是什么,以及他或者她怎样才能缓解随着内在授权而来的那种内在的独立和孤独"。

---

① 沙拉汉. 个人主义的谱系 [M]. 储智勇,译. 长春:吉林出版集团有限公司,2009:95.
② 沙拉汉. 个人主义的谱系 [M]. 储智勇,译. 长春:吉林出版集团有限公司,2009:95-96.
③ 沙拉汉. 个人主义的谱系 [M]. 储智勇,译. 长春:吉林出版集团有限公司,2009:97.
④ 沙拉汉. 个人主义的谱系 [M]. 储智勇,译. 长春:吉林出版集团有限公司,2009:97.
⑤ 沙拉汉. 个人主义的谱系 [M]. 储智勇,译. 长春:吉林出版集团有限公司,2009:97.
⑥ 沙拉汉. 个人主义的谱系 [M]. 储智勇,译. 长春:吉林出版集团有限公司,2009:99.
⑦ 沙拉汉. 个人主义的谱系 [M]. 储智勇,译. 长春:吉林出版集团有限公司,2009:102.

"个人"的时代终于来临,个人主义时代中的"个人"之命运将如何,还待历史的展开。

九

穿越时空迷障,直面"知识过多造成的障碍",继续追问"个人主义"的成长。经历了古代社会、中世纪和文艺复兴,历经宗教改革时代,"个人"渐渐历史性地出场并凸显出来,于是,"个人主义的时代"已经到来。

总的说来,"个人主义时代,据说是个人主义作为一个真正的信念体系出现的时代,在这个时期里,西方社会开始严重依赖这种信念体系"①。

细心的沙拉汉在注释里还提及卢克斯对在"个人主义的基本理念"(The basic Idea of Individualism)的标题下对"个人主义"探讨所存在的令人疑惑的问题。因为在沙拉汉看来,卢克斯的研究既包括构成个人主义基础的一些观念,如自主、隐私和人的尊严,又包括个人主义的一些特殊种类,如政治个人主义和经济个人主义等。根据沙拉汉的考察,在个人主义的时代,他主要将"个人主义"归结为"占有性个人主义"(possessive individualism)、"主观个人主义"(subjective individualism)和"浪漫主义的个人主义"(romantic individualism)②三种主要类型。这就为个人主义时代的"个人主义"探讨确定了最为基本的路径,也就是说只要我们深入追究这三种类型或三种表现形式的"个人主义",个人主义时代的"个人主义"的基本理论面貌就能获得较为完整的把握了。

关于"占有性个人主义"的探讨,沙拉汉主要从加尔文教入手以及以别的研究者,如麦克弗森的既有研究为切入点和起点。

沙拉汉认为,"占有性个人主义",恰好"由于它处于关于个人主义的自由民主观念的核心",所以人们常常"从政治哲学的角度"来对之加以分析。

在个人主义历史性形成的过程中,"加尔文主义实际上为个人提供了一种能力,即以一种能够确信自身精神完整性的方式,有选择地解释个人体验的能力"③。同时"当加尔文的逻辑脱去了宗教的装饰,内在授权的自我便开始就个

---

① 沙拉汉. 个人主义的谱系 [M]. 储智勇,译. 长春:吉林出版集团有限公司,2009:103.
② 沙拉汉. 个人主义的谱系 [M]. 储智勇,译. 长春:吉林出版集团有限公司,2009:104.
③ 沙拉汉. 个人主义的谱系 [M]. 储智勇,译. 长春:吉林出版集团有限公司,2009:105.

人获得和占有的能力来检验和扩张它的力量。在自我从基督时代开始就植根于基督教神学和宇宙论框架之内的那些地方，我们所谓的'内在授权'也带来了一种全新的语境，这一语境将用占有性资本主义的框架来代替基督教的框架"①。如此就悄然实现了"个人主义"生存语境的历史性转换。

在沙拉汉看来，在麦克弗森的研究中，他描述了一些加尔文主义革命为自我形成所带来的结果。在麦克弗森的研究中，他提出："17世纪的哲学，借由断言'使人成其为人的是不受他人意志约束的自由'，以及主要的是通过所有权而看到的人性所具有的这一特征的重要性，为以经济为基础的个人主义提供了根据。"② 在沙拉汉的个人主义谱系表中，麦克弗森将理论的视角追溯到霍布斯的哲学中，强调"人类的本质"被还原成"免受他人意志控制的自由和某人对自身禀赋的所有权"这一理念。如此，沙拉汉认为，这一思想理念与加尔文主义具有深刻的内在联系。这一联系具体表现为"个人不再是希腊传统中的'诸神的一件工具'，或是希伯来传统中的'上帝的一个选民'，甚至也不是像基督教传统中所说的那样是'上帝的一个子民'。自我的内在授权使个人成为一个'自由人'。但是这很大程度上是通过个人之作为他或她自己的'所有者'的地位而实现的"③。

事实上，"个人所有权"的确立，从而形成了个人在世俗世界中独特的不可忽略的地位，并由此带来了社会生活中个人的自由与民主传统。"关于自我所有权的假设（它本身就是内在授权的自我出现的一个非常清楚而有力的暗示）和加尔文主义赋予该自我的、在物质世界而不是精神世界里发现其自身'征兆'的能力一道，直接导致了自由民主理论的演进"④，就这样，"自由民主传统""从17世纪的政治假定当中出现"了。如此，"一个人怎样才能使个体自我的自由同这些个人自由之间相互重叠而且不可避免会产生冲突的部分协调一致，这个问题是贯穿从霍布斯时代至今的政治哲学的最普遍的主体之一"⑤。

---

① 沙拉汉. 个人主义的谱系［M］. 储智勇，译. 长春：吉林出版集团有限公司，2009：106.
② 沙拉汉. 个人主义的谱系［M］. 储智勇，译. 长春：吉林出版集团有限公司，2009：106.
③ 沙拉汉. 个人主义的谱系［M］. 储智勇，译. 长春：吉林出版集团有限公司，2009：106-107.
④ 沙拉汉. 个人主义的谱系［M］. 储智勇，译. 长春：吉林出版集团有限公司，2009：107.
⑤ 沙拉汉. 个人主义的谱系［M］. 储智勇，译. 长春：吉林出版集团有限公司，2009：108.

通过一番讨论，沙拉汉最后从三个方面对"占有性个人主义"加以总结①。

首先，占有性个人主义，描述了加尔文主义强调物质世界作为一种媒介所具有的真实意义。沙拉汉说，对物质世界的强调，极大地促进了科学研究的出现和科学知识体系化的组织状态，这两者对"占有性个人主义"的经济和政治意义扎根，并且枝繁叶茂都具有深远的影响。如此，沙拉汉以对"物质"因素的强调为起点，形成了研究个人的新路径。事实上，沙拉汉对物质因素的强调，使"科学"有了现实力量的支撑，使对个人主义、个人的追问不再悬浮于现实的物质生活中，尤其是经济生活之外，仅仅从思想、精神的视角来加以追溯传统手法，如此也就实现了"个人""个人主义"的现实落根。

其次，"占有性个人主义"，提供了"一个领域"，在这个领域中，内在授权的自我可以检验它的力量。"这一领域"恰似杰恩斯在古代世界"模拟—我"产生过程中发现的关于空间的隐喻，只不过现在内在授权的自我，通过精确的，而非比喻的空间来行使它的内在授权。先前，自我至少部分程度上是通过一些内在区域来评价自我的，希腊人的自我认知、犹太人的律法和基督教的宇宙论等体验，使这些内在区域成为可能，而现在，加尔文主义的逻辑使自我能够通过在由所有权代表的、越来越精确的空间中发挥主动权来评价自己。文艺复兴时期对探索和发现的迷恋，曾经使个人重新形成了关于物理空间形状的概念，并使个人探索浮现出新世界，最终空间转化成了一个内在授权的自我能够检验自己和证明自己的领域。这一转变将导致对这一共同的全球空间所有权的探索，我们则把这种探索称为资本主义。

最后，"占有性个人主义"提供了一个基础。这个基础是在日益悠闲的经济"空间"里，无数具有平等天分和地位的个人为了获得和享有所有权的好处发挥着自己的影响，那些不可避免会从这些个体的努力中产生的冲突将会引发一些问题（即关于建立在占有性个人主义前提基础之上的自由民主理论是否具有生命力的问题），这也是一些深远的甚至无法回答的问题。

在沙拉汉看来，"占有性个人主义"尽管作为近（现）代个人主义的重要形式，具有十分重要的价值，但是"它并不是宗教改革之后开始支配西方世界的个人主义信仰体系的最主要的特征"②，这就为"占有性个人主义"予以了恰

---

① 沙拉汉. 个人主义的谱系 [M]. 储智勇，译. 长春：吉林出版集团有限公司，2009：108-109.

② 沙拉汉. 个人主义的谱系 [M]. 储智勇，译. 长春：吉林出版集团有限公司，2009：109.

当的历史定位。

十

在"主观个人主义"的标题下,沙拉汉概括性总结了加尔文主义对个人的影响,然后进一步具体而深入地分析了大卫·休谟和I. 康德对"个人主义"的推进。这样,"主观个人主义"作为一种支配性的道德、哲学和形而上学就被确立起来了。

就加尔文对个人的影响而言,沙拉汉写道:"加尔文主义关于意志、确信、自作主张的行为,促使新近被内在授权的自我在经济领域寻求征兆,这虽然确保了自我的大部分活力关注于物质世界,特别是财产所有权,但是我们必须认识到,自我的内在生活并没有随资本主义的开始而被抛弃。相反,对意识的那些内在特点的关注,一直成功地持续到了西方资本主义的发展时期,实际上,它强化了个人主义自身的发展,并最终促使个人主义变得如此充满疑问。"① 从沙拉汉的论述中,我们可以很清楚地看到,加尔文主义对"个人主义"具有内在的支持性。

正是"由于宇宙并不主动遵循着个人对它的期望,内在授权的自我实际上只有一种选择:转向内部,分析自己以及它能被了解的程度"②。D. 休谟坚定地促成了这一进程的开始。因为"在他的哲学里,他拒绝了单凭信仰接受任何事情,对所有不是建立在经验证据基础之上的关于真理的断言都持怀疑态度"③。休谟这一彻底经验主义的原则,对一切超越经验的东西都必须加以质疑。如此,"休谟对个人主义的打击是深远的,因为他的立场一劳永逸地完全消除了一种可能性,即人类的存在是伴随着对确定的所有超自然的保证出现的,或者至少是伴随着对'外在授权的'自我一直被引导着去期待的那种确定性的超自然的保证而出现的"。经过休谟对"确定性"的否定,"个人主义"的信念根基被挖空了。如此,康德和黑格尔这些思想家会努力恢复这些确定性,但是这些确定性却不再拥有它们在宗教改革之前的时代里所具有的力量了,正如该书的译者在

---

① 沙拉汉. 个人主义的谱系 [M]. 储智勇,译. 长春:吉林出版集团有限公司,2009:109-110.
② 沙拉汉. 个人主义的谱系 [M]. 储智勇,译. 长春:吉林出版集团有限公司,2009:111.
③ 沙拉汉. 个人主义的谱系 [M]. 储智勇,译. 长春:吉林出版集团有限公司,2009:111.

"译序"中所说的,"休谟的结论强化了认识论研究的反身性,将注意力更多地集中于自我这一实体上"。

在"主观个人主义"成长之路上,康德牢固地确立了"内在授权的自我"不受先验道德和宇宙论信念影响的存在地位,并在形而上学的根本层面上,确认了追求真实完全是一件个人的事情,从而在根本上确立了自律的个体作为宇宙道德中心的地位。沙拉汉认为,"甚至更重要的是,康德通过强调个人以其行为(以对绝对律令做出回应的'自律'意志为基础的行为)触及实在的能力,重新确立了个人作为一个行动者的地位。……实际上,康德确立了自律的个体作为宇宙之道德中心的地位,这个道德中心能够实现和宇宙之间深刻的共鸣式的结合。一言以蔽之,康德使我们将要审视的个人主义的第三种类型成为可能,这第三种类型即浪漫主义的个人主义"[1]。

在个人主义发展历程中,"把个人主义变成一种完整的世界观,并将其系统化,这是浪漫主义者的真正创新"[2]。浪漫主义之个人主义,更多强调了自我发展。"个人""是浪漫主义最主要的主题"[3],"自我是真理之源和精神意义的宝库;寻找自我是实现真正完满的唯一途径,以及自觉的个人,特别是艺术家,会从人类的大多数中疏离出来"[4]。不可否认,浪漫主义思潮,作为一种文学和哲学运动,堪称内在授权自我的庆典,它将个人主义推至它最后的兴盛时期,达到了个人主义之顶点。但是,"浪漫主义的观念成了对我们自己时代的一种诊断,即原来那个健康的人病了,而现代病的核心就是人的破碎、分裂、疏离和异化"[5]。

最后,沙拉汉追问道:"个人在如此长的时间里,花费了如此大的成本才完成彻底的自我实现,为什么导致了如此深切的不确定感和焦虑感?在经历了几个世纪的明显的成熟过程之后,为什么个人变成了屹立于一片陌生土地上的陌

---

[1] 沙拉汉. 个人主义的谱系[M]. 储智勇,译. 长春:吉林出版集团有限公司,2009:117.

[2] 沙拉汉. 个人主义的谱系[M]. 储智勇,译. 长春:吉林出版集团有限公司,2009:123.

[3] 沙拉汉. 个人主义的谱系[M]. 储智勇,译. 长春:吉林出版集团有限公司,2009:125.

[4] 沙拉汉. 个人主义的谱系[M]. 储智勇,译. 长春:吉林出版集团有限公司,2009:127.

[5] 沙拉汉. 个人主义的谱系[M]. 储智勇,译. 长春:吉林出版集团有限公司,2009:129.

生人。"①

看到沙拉汉如此的感叹，作为现代人，我们真正觉得生命的个体，恰如浮尘……

十一

"浪漫主义的个人主义"，以追求个体的全面发展为其根本旨趣，然而"浪漫主义者本身已经出现了异化的征兆"②，而自由主义传统，在此一直充当着一种传送装置，浪漫主义的态度正是通过它被带入了现代世界中。如此，"对浪漫主义与现代异化之间存在的关系"的理解，就成了一种必要。

现代社会的一个重要特征是"社会的流动性"。对此，马克思深刻地揭示道："生产的不断变革，一切社会状况下不停动荡，永远的不安宁和变动，这就是资产阶级同于过去时代的地方。一切固定的僵化的关系以及与之相适应的素被尊崇的观念和见解都被消除了，一切新形成的关系等不到固定下来就陈旧了。一切等级的和固定的东西都烟消云散了，一切神圣的东西都被亵渎了。"③ "社会流动性" "使个人表现出他们以前从未有过的样子"④。不可否认，现代社会是一个渐次得以充分展开的社会，曾经未曾生长出来的社会生活领域也渐渐产生。这样，社会包容的领域也就越来越多，社会在流动性的基础上，"复杂性"成为它的主要特质。然而，"个体"与社会之间曾有的那种"亲密关系"之根渐渐被瓦解，人与人之间的关系也骤然变得简单了。"人和人之间除了赤裸裸的利害关系，除了冷酷无情的'现金交易'，就再也没有任何别的联系了。它把宗教虔诚、骑士热忱、小市民伤感这些情感的神圣发作，湮没在利己主义打算的冰水之中。……撕下了罩在家庭关系上的温情脉脉的面纱，把这种关系变成了纯粹的金钱关系"⑤。代之而起的是"由于生活的扩张，社会当中的每个人也都

---

① 沙拉汉.个人主义的谱系[M].储智勇，译.长春：吉林出版集团有限公司，2009：131.
② 沙拉汉.个人主义的谱系[M].储智勇，译.长春：吉林出版集团有限公司，2009：133.
③ 中共中央马克思恩格斯列宁斯大林著作编译局.马克思恩格斯选集：第1卷[M].北京：人民出版社，1995：275.
④ 沙拉汉.个人主义的谱系[M].储智勇，译.长春：吉林出版集团有限公司，2009：133.
⑤ 中共中央马克思恩格斯列宁斯大林著作编译局.马克思恩格斯选集：第1卷[M].北京：人民出版社，1995：275.

会体验到和社会的疏离过程,而且他们追求真实的欲望越大,他们疏离的程度也就越大"①,正是在这样的境况下,"个人主义,通过寻找真实,走向了异化"②。

当"个人主义"走到它的极致时,它就必然与"集体的需要"不相容,于是"社会就变得受人诅咒了"。这样,"卢梭的敌意(antagonism)就变成了尼采的敌对(hostility);霍布斯的'不与正确的理性相悖……所有人都按照正义行事',变成了库尔茨的'文明是……如此不真实,以至于只有通过颠倒它公开宣称的所有原则,我们才能从中夺回个人的完整性(personal integrity)'"③。"社会"与"个人"之间的裂缝越来越大,二者之间的矛盾也越来越尖锐,如此个人生活的这种撕裂性给生活在现代社会中的"个人"带来了传统社会所没有的一系列困境与问题,其中最大的问题就是"个人完整性"被瓦解。"个人完整性"一经瓦解,就再也不可能在现代社会中得以复回,这种回归个人完整的梦想,只能寄托于超越现代性社会上。这正是马克思在批判现代性时给我们留下的希望之路:"异化"和"扬弃异化"走的是"同一条路"。只有异化到了它的极致,异化才具有超越异化,奠定回归个人完整性的前提,历史也才会为这种超越异化的生活提供一条真实的路径,从而现实地实现浪漫主义的个人主义所提出的目标。

所以,沙拉汉在总结"真实性与异化"一节时,最后指出"从强调真诚到强调真实的转变过程,是个人主义遗产的最终胜利,也是现代异化的开始"④,展现在个人面前的是一个全面异化的生活时代的来临:"真实"替代了"真诚","交易"置换了"交情"。

随着现代性历史生活叙事的展开,"祛魅时代"带来的是后宗教时代的生活,就是全面世俗化,换句话说,人们合法性的视野就被锁定、被聚焦在感性的经验世界中,就是"此岸",就是"红尘"(society)。"此岸性"成为生活的重要特性,生活的边界被压缩,超越、超验的维度被消解,已成明日黄花,于现代人不再具有正当性与历史合法性,"人"已经丧失了家园与生命的终极抚

---

① 沙拉汉. 个人主义的谱系[M]. 储智勇,译. 长春:吉林出版集团有限公司,2009:136.
② 沙拉汉. 个人主义的谱系[M]. 储智勇,译. 长春:吉林出版集团有限公司,2009:136.
③ 沙拉汉. 个人主义的谱系[M]. 储智勇,译. 长春:吉林出版集团有限公司,2009:137.
④ 沙拉汉. 个人主义的谱系[M]. 储智勇,译. 长春:吉林出版集团有限公司,2009:137.

慰。尼采说，"上帝，死了"，上帝在旁边偷笑着说："尼采，疯了！"在此历史语境下，"艺术"成为担负满足人的精神需要之唯一可能途径，从而成为拯救人生存失落的"稻草"，正如特里林探讨"艺术"时所说的那样："随着社会影响以及与之相伴的个人异化程度的增加，艺术家对能够唤起真实体验的物质追求，变得越来越取决于唤起现代生活的不真实性。换句话说，如果现代个体生活正变得日益不真实，那么唯一真实的艺术宣言，就是对不真实的描绘。艺术家变得有点像牧师，为观众提供真实的体验，并谴责不真实，无论它可能在哪里出现。"①

沙拉汉指出"随着工业时代、科技革命的开始，以及大众社会在19和20世纪的诞生，一种'仁慈的自然秩序'（a benevolent natural order）的观念开始消失了，这使个人完全疏离于社会秩序，却无法为像绝对律令或者自然的精神化作用这些事物提供救赎。由于前景缺乏再生的特性，现代世界观成了一种充满'恐惧与战栗'以及'恶心'的世界观。表面上看似成功的内在授权的自我，被简化成了一个'非理性的人'，通常徒劳无益地寻找着'存在的勇气'"②。如此这般，"个人主义态度在18和19世纪开花结果，因这一胜利而获得内在授权的自我，由此变成了19世纪晚期和20世纪'真实'的然而却异化了的自我。……当浪漫主义时代结束时，……只留下个人孑然伫立在一幅荒凉的宇宙哲学景象里"③。

"个人主义"发展至此，出现了"个人""高度疏离于那个仅存的真实环境：社会"，如此，个人主义走向了自己的对立面，导致了个人的孤独化和整个社会的原子化。马克思在《论犹太人问题》中指出，"每个人都同样被看成那种独立自在的单子"④，"社会"，就像是"一袋马铃薯"。

最后，沙拉汉总结道："如果从极端的角度来看的话，个人主义是一个封闭的系统（a closed system）。……个人主义的力量在于，它把个人从迷信以及沉闷的传统的多重镣铐中解放了出来；它的缺陷在于，它把个人装进了一个信仰体系中，这个体系只能复制和确认它自身的主体性。尽管在一个感觉良好、充满

---

① 沙拉汉. 个人主义的谱系[M]. 储智勇, 译. 长春: 吉林出版集团有限公司, 2009: 138.
② 沙拉汉. 个人主义的谱系[M]. 储智勇, 译. 长春: 吉林出版集团有限公司, 2009: 142.
③ 沙拉汉. 个人主义的谱系[M]. 储智勇, 译. 长春: 吉林出版集团有限公司, 2009: 142-143.
④ 中共中央马克思恩格斯列宁斯大林著作编译局. 马克思恩格斯文集: 第1卷[M]. 北京: 人民出版社, 2009: 41.

乐观主义和强烈社会凝聚力的时代里，这种缺点说明不了什么特别的问题，但是在一些更黑暗也更加令人困惑的时代里，它却有可能被一种挥之不去的深深绝望所利用。"①

十二

沙拉汉早就说过，"个人主义"是一个意义迷宫，"个人"也同样如此，既可以从多维度加以审视、解释它的丰富内涵，同时也正因为其丰富性，故而也容易生出歧义来。这样，在对"个人主义的谱系"进行历史追溯和类型逻辑解析，尤其是对"个人主义"在历史进程中所具有的真实效用和展开空间逻辑加以解析之后，作者着力从多视点反思"个人主义"，最难能可贵的是作者在解读杜威、弗洛伊德，以及黑格尔对"个人主义"的相关理论之后，侧力论述了马克思对"个人主义"与"个人"解读的特殊界域。

沙拉汉说："他们（弗洛伊德和杜威）都承认，个体意识在人类经验中是首要的。他们两个人也都没有对这样一种观念提出疑问，即现实是围绕着个体自我的特性和不可化约性构建起来的。至于这样一种重新评价，我们必须转向卡尔·马克思。"② 沙拉汉认为："马克思和他的著作把自己当成了针对西方个人主义传统而展开的进攻"③，从而表明"马克思对他之前的个人主义传统进行有意识和独特的颠覆"④。

沙拉汉在审视个人主义谱系的历史视野中，对马克思关于个人主义的研究，切入了马克思思想之脉，做出了较为详尽的清理和评断。

沙拉汉强调："马克思是以研究黑格尔开始其生涯的，他批评黑格尔具有一种'从天而降的'（descends from heaven to earth）浪漫主义的哲学观点。在某种意义上，马克思对黑格尔的拒斥既是对浪漫主义遗产的一个重要方面的拒斥，

---

① 沙拉汉.个人主义的谱系［M］.储智勇，译.长春：吉林出版集团有限公司，2009：143-144.
② 沙拉汉.个人主义的谱系［M］.储智勇，译.长春：吉林出版集团有限公司，2009：153.
③ 沙拉汉.个人主义的谱系［M］.储智勇，译.长春：吉林出版集团有限公司，2009：153.
④ 沙拉汉.个人主义的谱系［M］.储智勇，译.长春：吉林出版集团有限公司，2009：154.

也是他颠覆个人主义遗产的行为所由以发生的枢纽。"①

在个人主义谱系的历史演进中,沙拉汉认为,浪漫主义促进或追寻着个人(individuality)跃进具有超自然、带有神性的信念之维。面对个人主义在此实现了这个"神性"的"跳跃",面对个体日渐从社会环境当中疏离出去的事实,黑格尔和马克思做出了不同的回应。黑格尔面对个性的这一"跳跃"或"飞跃",他采取了断言式的形式,即断言历史是上帝的意志(the will of God),上帝的意志在人类生活中将自己付诸实践,而所有的分析都必须根据这一假设来得出。沙拉汉断定,"马克思就是根据这一假定实现了自身的飞跃"②。

沙拉汉认为,马克思坚持必须把这一飞跃、跳跃的假设"完全颠倒过来,即所有分析都必须把自身建立在(就像他所说的那样)'现实的、活生生的个人,以及……他们现实的生活过程(real, active man, and …… their real life process)的基础之上;换言之,马克思实质上采取了最终的世俗化步骤(浪漫主义者是不会采取的),他拒斥了在'真实的人'的直接体验之上的那些力量也许会影响这些人生活的一切可能性,并坚持认为,一切归于历史的生命都必须是归纳的,而不是演绎的"③。如此,马克思从"现实的人"即大多数人类存在(the plurality of human existence)的生活开始,反对了浪漫主义的个人主义的一个重要特点,也就是这样一种信念:"个体自我因为独立于其他自我,甚至往往因为反对其自我而存在。"④

不可否认,"个人主义"的每一种形式和观点,都"暗含"着一个前提,即"都预设了一个先在的个体自我,这一个体自我作为一种自觉的实体而存在,随后才和环境发生相互影响"⑤。然而,马克思在对"个人主义"进行审视与批判之时,恰好颠覆了这一先验设定的前提,强调"我们必须从个人的'现实的生活过程'着手,用归纳的方法来刻画人性",换言之,我们不难发现马克思所反对的是"个人主义作为它所代表的信念体系的基石:已经被牢牢安置在单一

---

① 沙拉汉. 个人主义的谱系 [M]. 储智勇,译. 长春:吉林出版集团有限公司,2009:154.
② 沙拉汉. 个人主义的谱系 [M]. 储智勇,译. 长春:吉林出版集团有限公司,2009:154.
③ 沙拉汉. 个人主义的谱系 [M]. 储智勇,译. 长春:吉林出版集团有限公司,2009:154-155.
④ 沙拉汉. 个人主义的谱系 [M]. 储智勇,译. 长春:吉林出版集团有限公司,2009:155.
⑤ 沙拉汉. 个人主义的谱系 [M]. 储智勇,译. 长春:吉林出版集团有限公司,2009:155.

的、我们甚至或可以说是鼓励的个体基础之上"这一前提。如此,"马克思的思想是对我们至今一直在追溯的个人主义传统的一个颠覆。他的颠覆建立在个人意识的一种解释基础之上,这种解释根本不同于在个人主义出现过程中似乎固有的那种解释"①。马克思对个人的具体解释和规定,在他的文本中得到了较为充分的印证,马克思一直强调个人、个体的生成与社会的内在关联性,强调个体的生成与嬗变与其历史性的生产、生活之统一和一致。马克思说:"个人怎样表现自己的生活,他们自己就是怎样。因此,他们是什么样的,这同他们的生产是一致的——既和他们生产什么一致,又和他们怎样生产一致。因而,个人是什么样的,这取决于他们进行生产的物质条件。"②在此基础上,马克思更进一步明确地指出:"这里所说的个人不是他们自己或别人想象中的那种个人,而是现实中的个人,也就是说,这些个人是从事活动的,进行物质生产的,因为是在一定的物质的、不受他们任意支配的界限、前提和条件下活动着的。"③这样,马克思将个体置于感性经验世界中,凸显了个人、个体与其活动之间的内在张力,如此个人与社会、历史之间才有动态的历史性的关系规定,这样个人就浸润在自身的生活世界之中,既作为自我的规定者,又有受制者的二重性特质。这是马克思审视"个人"最重要的方法论原则。

我们不难发现,在马克思的思想中,"个人"具有多重规定,从历史的维度来看,个人具体地展现为"有个性的个人""偶然的个人"和"自由个性的个人"。马克思所强调的历史发展三形态中,个人对整体的依赖性、个人对物的依赖获得的相对独立个性以及自由而全面发展的个人的远景,都是从"个人"这一视窗检讨历史的,从而谱写出以"个人"为生活主体的历史在不同阶段的特质。如此,马克思对"个人"的剖析,也就成为批判旧的社会、制度的一个重要的原则,也是建构新的社会组织、制度和形态的重要价值尺度。这样,马克思的"个人"成为解放的最终主体,由此展示了马克思对个人生活的推崇。马克思对个人研究的经验主义、现实主义和历史主义路径,超越了先验的、抽象思辨的、既定的思维逻辑,切入历史生活的真实。如此,我们才可以对个人在历史长河中的真实存在和变迁有恰当的把握,同时也才能找寻到"现实的个人"

---

① 沙拉汉. 个人主义的谱系 [M]. 储智勇, 译. 长春: 吉林出版集团有限公司, 2009: 157.
② 中共中央马克思恩格斯列宁斯大林著作编译局. 马克思恩格斯选集: 第1卷 [M]. 北京: 人民出版社, 1995: 67-68.
③ 中共中央马克思恩格斯列宁斯大林著作编译局. 马克思恩格斯选集: 第1卷 [M]. 北京: 人民出版社, 1995: 71-72.

自我解放的道路。

十三

人"类"这一特殊的"物种",从其根本的意义上而言,乃是社会性的,正如 Chester Chard 在 *Man in Prehitsroy* 一书中所说的,"人类历史在人类的原始祖先变成人的时候,也就是说,当他们的见识、交流和传统已经获得足够发展……(以至于我们可以说)这种原始人类没有文化之助(这取决于适应的文化手段)就无法存活,并因此不再是动物,而是在跨进了人性门槛之时,就已经开始了"。

人们对个人主义谱系的探究,本质上也就是对"我们""我"历史性成长的反溯与探寻,或许可以运用"知识考古学"的方法,建构出"个人"穿越漫长的历史时空隧道,勾画出"自我"形象的真实性,依此来沉思、来直面、来冲击、来适应生活世界的变迁。这便有了个人与社会、历史之间的共生性关系。我们一直主张,对"个人主义"这样一种在西方历史中具有深厚历史根源的思潮、主张和价值原则,不能简单地加以否定,而是应该历史性地加以肯定和否定,尤其是对其历史性功能。这样,我们才能真正确定"个人主义"的历史形态和历史价值。

前面已经交代了,不可否认,"个人主义"曾经所具有的解放作用不可低估,但是"个人主义这种从意识和个性的体验当中产生出来的(价值与)信念体系,最终变成了一种反社会的意识形态"[1],这就迫使我们必须深入地反思"个人主义"。同时从历史来看,个人与社会之间从原始的统一性直至"敌对"关系的出现,乃至个人主义将痛苦的"异化过程""赐给现代生活"[2],这一历变并非一蹴而就,而是有其内在演进的过程和秩序的。"在整个启蒙运动时期,社会实际上为个人提供支持","对浪漫主义者来说,社会因为其无情,世俗化的特点变得危险。……世俗性社会这种更加自然而'有机的'社会组织形式的消逝,……(导致了)自我的内在授权却逐渐耗尽了其正当性的传统,并给它留下了一个更加唯意志论、更加结构化,以及对浪漫主义者而言在精神上更有毒害的实体"。按照沙拉汉之解,在历史进程中,"个人逐渐拥有了越来越大的

---

[1] 沙拉汉.个人主义的谱系[M].储智勇,译.长春:吉林出版集团有限公司,2009:160.
[2] 沙拉汉.个人主义的谱系[M].储智勇,译.长春:吉林出版集团有限公司,2009:158.

特权。这限制了社会对个人产生影响的程度，但是它同样划定了社会能够为个人提供新生的边界范围"，而在"个人"与"社会"这一关系张力中，"这种社会由于持久强调个人的重要性"而导致"枯竭了的社会"①，这样"对个人重要性的强调却是以社会为代价的"。

检讨西方 200 多年来的历史经验，我们不难发现，根植于西方的"个人主义在较长的时期里的发展一直都关注个人力量，而非社会技巧的运用和增加，结果社会似乎变得越来越远离——甚至敌对于——人类的发展"②。这样的结果，绝对是人类所不想要的，当然也是人类所未曾预料到的，更是"个人主义"从具有历史的进步性蜕变为保守，甚至具有了某种破坏力超越人类自身的控制之事实。

从西方历史中生长出来的"个人主义"，具有其历史发生学意义上的不可阻挡性，其合法性也正是在生活世界中各种因素催生了它的生成，从"涓涓细流"汇成"滔滔之势"，从萌发、生产，进而积淀为西方文化的重要"传统"。对此，沙拉汉剖析：西方传统，特别是最近 200 年或者 300 年里的个人主义传统对私人的、个体的真理的强调。毫无疑问，这极大促进了人类经验的丰富和人类自主程度的增长，同时似乎也经受了一种片面强调之苦，这种片面的强调既不是人类经验的典型特征，又与最初个性的种子出现的那些条件也是不相容的。它向人类个体展现了大量的可能性，而且在它的保护下也揭示和培养了广泛的个人天赋和技能，因此在很大程度上，直到现代，这种强调才被认为是一种不利条件。无论如何，现代经验的这两个维度开始暴露出这种私人的、个人主义化的强调所具有的缺陷。"首先，个人主义未能产生出一种参照，这种参照能够防止它在个人体验的迷宫里迷路；其次，社会的世俗化也在自我与社会之间建立起一种错误的二分法"③。

"个人"与"社会"二元划分的思维和逻辑，使社会与个人之间的对抗性成为其关系多样性之中的一种独特的样式，似乎这一种可能性在现实的变化中成为一种必然性的现实。今天，这种对抗性伴随着相适性，在生活世界的各个层面或弱或强地存在并不时表征出来，成为现代社会诸多问题中最为根本性的

---

① 沙拉汉. 个人主义的谱系 [M]. 储智勇，译. 长春：吉林出版集团有限公司，2009：161.
② 沙拉汉. 个人主义的谱系 [M]. 储智勇，译. 长春：吉林出版集团有限公司，2009：162.
③ 沙拉汉. 个人主义的谱系 [M]. 储智勇，译. 长春：吉林出版集团有限公司，2009：165.

问题之一。在这种对抗性的关系里,"个体"和"社会"都承受着不同的代价,而"个人"成了社会的世俗化过程所展示的那种负担的最终承受者①。

面对"个人"与"社会"关系的"一地鸡毛",人类如何展开自己的历史和未来,作者告诉我们,似乎必须超越"个人主义"——"要解决现代个人主义的困境,就要求我们放弃甚至质疑个人主义传统的这些基本假定,这么说似乎也就是公允的了,即个人主义的时代即将结束"②。

面对西方"个人主义"的"穷途末路",正值现代性成长的中国,"个人主义"似乎尚未获得其历史的合法性与现实的正当性,未能得到充分展现,而当"个人"获得真正解放之时,"个人主义"似乎又已经淹没在所谓的"后现代"的生活景观之中,这恰好是后发展中国家的价值交错、交织或重叠所独有的景观与困境……

十四

当沙拉汉用"逃离自我的迷宫"作为标题之时,这就已经透出他对"个人主义"的偏向与当代评定,为"超越个人主义"埋下了伏笔。

在前面的内容里,作者已经揭示了"现实的自我"在道德上必然是自我授权和自我证明的,它和具体的需要具有不相容性,个人主义应为寻求现实,而走向异化,个人主义遗产的最终胜利,却成了现代异化的开端。又因个人主义演化成了一个"封闭的系统",它最终变成了一种把自我拖向越来越深的孤立状态,成立一种从自我到自我的循环。更进一步而言,正如本书的译者所总结的那样,在个人主义推进的历程中,"个人"了解自我的过程不仅扩大了自我的范围,而且也使它变得更加复杂。于是,每一次理解自我的努力都会导致一个新的需要探索的领域。结果,"自我"指称着使"个人"陷入了一个自我迷宫,使理解自我的愿望变成了对这个迷宫的永无止境的探索。

"个人"困陷于自身的发展之路上,被"个人主义"自身嬗变所引导出来的格局所制,超越"个人主义"成为一种内需。如何超越个人主义呢?这成了问题的关键和要害。

从沙拉汉留下的文本中,我们可以看出,他试图以解除"封闭的自我"的

---

① 沙拉汉. 个人主义的谱系 [M]. 储智勇,译. 长春:吉林出版集团有限公司,2009:166.
② 沙拉汉. 个人主义的谱系 [M]. 储智勇,译. 长春:吉林出版集团有限公司,2009:167.

方式来超越个人主义，其"关键词"就是"多元主义"和"主体间性"，即"多元主义的主体间性"（pluralistic inter-subjectivity）。这种多元主义的主体间性，又如何得以生成呢？他说："如果我们大胆提出，个人主义代表了一种长达几千年的发展，这种发展以人类经验的一个方面，即个人主体性的话，那么多元主义的主体间性如何，甚或是否能够被培养出来，并获得发展？"①

在沙拉汉承认对如何"超越个人主义"，对个人主义之外是什么问题的了解，"我们的知识却相对贫乏"，对很多相关的东西和问题，"我们几乎茫然无知"，等我们的"知识装备有多么差"得以确证之后，他将视域转向探寻"多元主义的主体间性"的解决方案或"处方"（prescription）方面。如此，他慎重而真诚地比较了别的途径，最终提及了"社会主义"是一条有效的路径。

他说道："我因此要提醒一些人，这些人在个人主义时代的终结过程中，看到了借助于道德或者意识形态作为推动事物前进的手段的正当理由。显然，对建立在外面这里的分析基础之上的道德或意识形态处方而言，最现成可用的一个基础是社会主义的世界观。特别是马克思的著作中所描述的社会主义世界观。"② 可见，"社会主义作为一种意识形态出现在个人主义的最终阶段，也绝不是一种巧合"③。

"社会主义"是一个充满着歧义的范畴，在该"词"前面加诸修饰，展开了社会主义不同的语义，生成社会主义的谱系，如我们熟知的"空想社会主义"、当下时兴的"生态社会主义"等。如此，在"社会主义"的谱系中，人们对"个人"孤立存在的解构，对"主体间性"平台的搭建，似乎具有了某种特殊的意味。这样，马克思意义上的"社会主义"进入了沙拉汉解救"个人主义"、超越"个人主义"的困境中。

沙拉汉从"个人主义"发展到"强弩之末"时出现的社会主义，他是有其独特的看法的。他说："社会主义的出现这一现象，最明确地反映了从个人主义的假定到群体性假定的转变。……这一转变不能简单化地用来证明援引无论哪种形式的社会主义作为通向未来的'一条正确道路'都是正当的。社会主义或者马克思主义反映了对人类经验中为个人主义所忽略的一些方面的真正的培养

---

① 沙拉汉. 个人主义的谱系 [M]. 储智勇, 译. 长春：吉林出版集团有限公司, 2009：168.
② 沙拉汉. 个人主义的谱系 [M]. 储智勇, 译. 长春：吉林出版集团有限公司, 2009：169.
③ 沙拉汉. 个人主义的谱系 [M]. 储智勇, 译. 长春：吉林出版集团有限公司, 2009：169-170.

和教育，就此而言，它们代表了一些合理的研究和探索途径，这就像基督教曾经代表着一种途径，这种途径揭示了单个的个体尚未被开发的一些方面。"① 从沙拉汉的论断，我们不难发现，社会主义和基督教成为"超越个人主义"，建构现实的主体间的可能性路径，从而使个人主义封闭体系得以解蔽。

……

在"超越个人主义"一章的最后，沙拉汉似乎总结性地告诉我们："个人主义的世界观，虽然已经把西方引向了弗兰克尔所谓的'意义危机'，它也同样最终使西方同那些提供了个人主义替代物的文化的遭遇变得不可避免。此外，个人主义本身也许已经提供了足够的本我力量（ego strength），以便让那些生活在其领域中的人能够有选择地吸收他们目前所遭遇到的多元主义文化的不同层面。但是同样可能的是，个人主义也许完全限制了他们对世界的感知，以至于他们不能采取必要的步骤来摆脱它所展示的这种循环。在这样的情形中，不难想象，在未来的某个时刻，会出现一个由那些具有多元主义世界观的人所支配的世界，而由于如生态学、全球资源共享、因高科技战争带来的灭绝危险等其他原因，这个世界将会提供一种更适合于解决当代人类所面对的这些问题的视角。"②

---

① 沙拉汉．个人主义的谱系［M］．储智勇，译．长春：吉林出版集团有限公司，2009：170．
② 沙拉汉．个人主义的谱系［M］．储智勇，译．长春：吉林出版集团有限公司，2009：185．

第二章

"日常生活的革命"之后

一

法国学者鲁尔·瓦纳格鲁所著的《日常生活的革命》一书，首先是作者的言说方式让笔者感到相当精辟、老辣而又亲切，对当代生活入木三分的解剖，让人在绝望的实际生活中更加深层地陷入了一种痛苦中。书中藏着作者对当代生活异化的揭示与诠释，更有作者对生活苦闷、疼痛感以及对这种疼痛感的丧失等一系列精神征兆的独到见解。理性与感性纠缠在一起的交代，娓娓道来，却又多了几分冷色调的关怀！这使"我"在文字间看到"我"的存在、"我"的生命、"我"的生活、"我"的情感与意志等全部被当代社会机器挤压、蹂躏后的无声承受，以及在承受中向内难以控制的自我呻吟与苦苦挣扎……这一切都无情地昭示着"存活"对今天的"我"来说都已变得如此艰难！"存活"也是一项需耐心才能继续的"项目"！

一切都在扭曲中放肆地无视生命的本位价值，一种错位了的生存在无限地主宰着"我"，让"我"的生活变成了只是一种无灵魂的残存与移动。作者明示"我"，"我们"置身的是"一个逐步消耗人世本质和人类本质以换取利益的体系"。"商品经济体系"更加将这种物化的强硬与粗暴的逻辑弥散和渗透于生活的每一个角落、每一个细节之中，并且不断转换着方式充斥与置换生活中一切非物化的因素，从而让人在物欲的摆弄中成为一个心甘情愿出卖自己的"人"！人成为最重要的资料、资源！欲望第一、"我羡慕，我存在"成为一条生活真理！欲望被一次次地制造出来，并通过技术叠加成为欲望链条或欲望群，人类生活的枷锁在不断更替，而在古老形式的枷锁下，经济在商业自由的感召下用自由砸碎了束缚它的枷锁，在利润法则的内在束缚下形成了新的专制统治①。由此，我们可以看出，"商品经济体系"大大推进并完成了一种枷锁向另一副枷锁的隐性改换，因为它主要从普及的消费中谋取更大的利益，而不是从生产中获益。它加快了从专制政治到市场诱惑的过渡，从储蓄走向浪费，从清教主义变成享乐主义，从对土地和人力的绝育性开发转向对环境的营利性重建，从重资本轻人力转向把人力看作最珍贵的资本。于是，西方模式横扫了所有古老的压迫，它建立了一种超级市场的民主，一种自助的自治体系，一种用钱买快乐的享乐主义观念。这样，"服从贪婪效应的生活"吞噬了我们所有的浪漫与诗情，最为强大的力量一次次通过有形和无形的支配性手段灌输着、教化着、改造着"我"，让"我"无论如何也"逃脱不了古老的归宿，在为自己谋得利益时，也把自己出卖了"。在此，作者再次冷冷地在"我"的耳边说："在日常行为中，在每时每刻中，在人们时时审视自己的行为中，每次都会发现骰子已经被人做了手脚，人们一如既往被人玩弄。"②

在被商品牵引着我们的生活内容、生活的情绪、生活的品质以及生活向上还是向下坠落与大胆运行着各种堕落的时代，一句话，活在完全商品化的世俗牢笼中，"商品的每一次进步都会孕育一些形式的自由，使人们觉得在这种形式自由中，有一种无法估量的特权，让人们在个性中体现自身，这与欲望的运动息息相关"。作者如此真诚地告诉"我"，展开的物权、不断生产出来的"商品"在不断野蛮强暴着"我"的生活，使我在不断获得的同时丧失着自我，丧失了"我"不可替代的"唯一者"的权利！同时，"我"的"生活"也蜕变为"存活"，我被无数次拷贝，分身在不同的地方，担着不同的使命，完成着不同的任务，也就被放入不同的大机器系统中，完成着"我"的功能，"我"被彻底肢解了，"我"的完整性荡然无存。作者说："现今的生活已经被商品的循环变成了存活，而人类在生产商品的同时，也按照商品的形象在复制自身。"③ 一切都被偶然性、机遇和巧合玩于股掌之间！然而，更为严重的是，"那些在日常生活中被快乐和痛苦随意折腾的人，他们对生活了解得并不那么清楚"，"我"或许一直活在一种本能的自发性之中，沉沦为一种道德自卫与逃避"自我"的方式，"我"完全被动卷入各种"我"早已无法退场的关系中，生命呈现出从

---

① 瓦纳格鲁. 日常生活的革命 [M]. 张新木，戴秋霞，王也频，译. 南京：南京大学出版社，2008：4.
② 瓦纳格鲁. 日常生活的革命 [M]. 张新木，戴秋霞，王也频，译. 南京：南京大学出版社，2008：5.
③ 瓦纳格鲁. 日常生活的革命 [M]. 张新木，戴秋霞，王也频，译. 南京：南京大学出版社，2008：7.

根本上不能自主的漂浮状态，自暴自弃成为终生无奈的选择，那试图冲刷干净自我灵魂中的私欲，变成了对高尚祭奠的葬礼，试图洗刷"平庸"羞辱生命的冲动，礁石丛生……

于是，作者对"存活的人"进行了理性界定："存活的人，就是被等级权力机制撕成碎片的人，被相互影响的结合物束缚着的人，被压迫技术的混乱弄晕了的人"，"存活的人，也就是统一的人，作为总体否定的人"①。因为，"一个我无法控制的现实"，成为"我"存在世界中最高的神秘物，"我"被它一次次射穿，那诸多横亘的因素，早成为穿透了我的活体，将我割成了难以复合的碎片。"我"不仅身首割裂，灵与肉肢解，而且"我"对自己完全陌生，也完全丢失了自我！这种自我漠然、漠视的存活，构成了一种粗暴而被"我"认同的样态。

"我"全然无知"自我"的异化，浑然不觉地消失在商品的物象景观中，不能主导自己了。生活世界对人的束缚、压迫与塑造，已经变得不再隐秘，而是更为公开、更为粗俗、更为有力，且数量众多。各种令我们俯首听命的不再是出自教士的魔术，而是产生于众多的小型催眠术：新闻、文化、城市化、广告等。这些导向性的暗示，将我们个性化的追求全部压缩，从而对商品规训下的现有秩序和未来可能延续的秩序保持一种痴呆式的沉默与麻木，而一切忙碌，好似无非是为了争取或赢得一点点存活的缝隙，一种对未来到底是什么样的"我"的恐惧……②

二

鲁尔·瓦纳格鲁的话总是在"我"的脑际盘旋，折磨着"我"，让"我"再次陷入一种无言的悲怆之中。"我"望着天花板，思绪就沿着他的文字慢慢滑向生命的历史深处，让"我"在他的精神结构中渐渐发现隐藏着的生活悖论，这样处处都暴露出如他所掀开的那样"悲剧"。

尼采告诉"我"，"悲剧"乃是来自人对人类命运的认识、美化甚至理想化。我们对文明、对现代生活还尚存着美化和理想化的情调，于是在直面那惨淡的存活之时，我们依然按照理性的演绎，按照应然的律令来建构我们的未来

---

① 瓦纳格鲁. 日常生活的革命 [M]. 张新木，戴秋霞，王也频，译. 南京：南京大学出版社，2008：2.
② 瓦纳格鲁. 日常生活的革命 [M]. 张新木，戴秋霞，王也频，译. 南京：南京大学出版社，2008：5.

理想，体现着霍布斯所强调的人之为人的特异之处，其就在于他们为了关心未来的幸福而不断努力，努力承受各种压迫和煎熬的坚韧与诉求。这样，生命的"悲剧"总是深深扎根在我们的感怀中、深置于我们的实际存活里。我们或许无视、自欺欺人而麻木，麻木成为我们似乎有种幸福感的前提，清醒会痛苦……因为文明总是以其特有的诱惑，让人对生活的未来性还有一个存活的念头！

事实上，文明总是以它特有的野蛮、粗鲁而简单的方式，以规则的名义，牢牢卡住每一个人的咽喉，每一个人在这种文明的旗号下呻吟，家园何在？甚至连最为内隐的那个私人世界所具有的唯一性也荡然无存，"我"寄予生存希望的土壤被一步一步合法地掏空，彻底掏空……"我们"就这样"处于迷失之中，进入一种新的单调乏味的状态中，进入一种远近相互重叠的视角之中"①，酒成为共同的至爱之物，成为逃避的良药，从而仅仅将自己视为肉身，这就足矣，这就是快乐！作者说"人们浸泡在'精英蓝牌威士忌'中，在一种奇怪的混合物中忍受着酒精的效果，体验着阶级斗争的作用。再也没有什么令人惊奇的东西了，这就是悲剧！思想表演的单调现在正好归结到生活的被动性方面，与存活相适应"②。"与人群、毒品和恋爱感受处于同等地位的是酒精，它具有蛊惑头脑最为清醒的人的特权。有了酒精，孤独的水泥墙似乎成了一面纸质的墙，演员们可以随心所欲地撕扯，因为酒精掌握着私人戏剧层次上的所有东西"③！

我们被无情绑架了，毫无反抗之力，整个人都只能束手就擒，或许带着欢笑，带着一种自足的姿态！平庸成为常态，成为一种可以顺利延展的历史，谁最先发现平庸，就意味着谁最先进入痛苦中，谁成为第一只站立起来的"猿猴"！于此，人人都处于孤立、孤独之中，没有任何变化，封冻在空洞之中，这种空洞产生于瀑布般用来的小物品、大众汽车和袖珍书中……"这种失去吸引力的幻觉每天都越发令人作呕"④！我们对生活应该具有的想象力被全方位删除了，追求实在、实际、庸俗化的务实等成了一种集体死亡之前的最后病兆！

---

① 瓦纳格鲁. 日常生活的革命［M］. 张新木，戴秋霞，王也频，译. 南京：南京大学出版社，2008：9.
② 瓦纳格鲁. 日常生活的革命［M］. 张新木，戴秋霞，王也频，译. 南京：南京大学出版社，2008：9.
③ 瓦纳格鲁. 日常生活的革命［M］. 张新木，戴秋霞，王也频，译. 南京：南京大学出版社，2008：29.
④ 瓦纳格鲁. 日常生活的革命［M］. 张新木，戴秋霞，王也频，译. 南京：南京大学出版社，2008：9.

我们看到表面各种鲜艳色彩充斥的世界，然而我们的目光却是空空的、昏暗无泽的、呆滞无神的，唯一的就是苍白地搅拌着各种混杂在一起的图像，满足掠过各种物象的"观淫癖"，勾起购买欲望，直接产生消费的意向，以及在这种意向中的满足，这就使"我"彻底"堕落与逍遥"！我们在语词的转动、在漫天漂移的符号系统中得到了最大程度的自我膨胀，因为每个人都可以用自己的万花筒去看世界，"我"只需要手指轻轻转动，图像总是不断变化，"我们"被符号与图像钳制与困扰的欲望，活生生被单一的财富比拼掩埋，个性被同一律边缘化，这一切又被不自觉地勾兑成梦中最为甜蜜的证词！一种无形的"权力"宰制着我们每一个自身还能感受到似乎是独特的、光鲜的生命体。"我"除了自欺，除了在迷迷糊糊中糊涂，除了在想象中弥合各种早已分明的沟壑，别的我都早已无能为力，因为"我"早已丧失了再次反抗的内力与意志……等待着被肆意地"揉"成一种早已制度性安排好的宿命。

历史画卷，是一幅极具讽刺性的漫画，正如作者所说：现在的历史让人想起动画片中的某个人物，一阵疯狂的奔跑突然将他们带到了虚无之上，而他们自己却毫无感觉，结果是他们想象的力量让他们在这般高度上飘荡，然而等他们有朝一日意识到这一点时，他们就会坠落到平地。这个"人物"，事实上是"这个人"早已彻底变成了的"物"！因为"人的物品性越强，他在今天就越具有社会性"，而时时刻刻都在不停变成"物"的"这个人"，就是"你""我""他"！由此，任何自我高尚的标榜都成了一种荒谬、荒唐的毫无公共性的自爱！一种彻底的被侮辱、被强暴、被价格定位、被随意抛弃早已成了习惯性麻木与麻木中幸福的沉醉！

三

人们再也难以存活下去，哪怕是"苟且偷生"，因为存活的危机早已不再是潜伏性的危机，已经成为明明白白的实际！每个人都试图，实际上也是在悄然或公开地谋杀着自己，这是整个大机器运行的特律，是现代文明带给想好好存活下来的人的最后通牒。"凶手的逻辑是在这个社会中已经无法生活，于是他就不想显示自己是一个空洞的形式"[1]，"杀手"本身眼睁睁地看着"自我"被彻底虚无化，"他"力图通过最为极端的表达方式显示"自我"。因此"他是一个

---

[1] 瓦纳格鲁. 日常生活的革命 [M]. 张新木, 戴秋霞, 王也频, 译. 南京：南京大学出版社, 2008：18.

非常想要在场而又不在场的那个人"①。一切都让人绝望，一切物象表达出来的本性都归结为一个共同点：把"我"往"死路"上赶！"我"早已别无选择！"我"一出生就注定如此！杀戮他者，仅仅是屠杀自我的副产品！其谈不上人道。人道主义本质上是加强死亡，是一种慢性的自杀，是一种让人在继续忍受中慢慢离开这个早已应该自我了断的存活状态，因为"现在生活着的人都是失血的人"②，那种以各种方式"许诺的存活的王国将是慢慢死去的世界，人道主义者的战斗正是为了能慢慢死去"③！存活成了受罪的载体！由此，"自杀"成为现代社会最为显著的本质特性，成为一种最为人道的生命态度。因为在这样的境遇中，任何温情脉脉，都是一种对残酷事实的欺骗性遮掩！此时，中国人生存理念中的那句"好死不如赖活"的格言，在珍惜存活的前提下包裹着多么辛辣的讽刺价值！

  理论的休眠、斗志的消停、热望的冷却、谎言的合法……存活本身就是一种煎熬、一种折磨、一种对生命的亵渎，作者向"我"坦言，"在一个可悲的世界中，没有爱情可言"。"爱情的小舟撞沉在日常生活的礁石上"④，那么还有什么能让"我"具有永不衰退的热情？存活在这个世界上的真理是什么呢？作者再次提醒"我"，在这个时代、在现代社会组织签发了孤独这一死亡判决书的境况下〔"孤独是现代社会组织签发的一个死亡判决书"⑤〕，"人们越是选择屈辱，就越是在'生活'，就越是在体验由物安排的生活"，"这就是物化的诡异，这就使它得以通行，就像把砒霜放进果酱里那样"⑥，我们被彻底羞辱，于是屈辱活下来！这是"我"处置自己的最佳方案！

  何谓"屈辱"？屈辱成为一种生存方式！"屈辱的感觉实际上就是变成物的

---

① 瓦纳格鲁. 日常生活的革命［M］. 张新木，戴秋霞，王也频，译. 南京：南京大学出版社，2008：18.
② 瓦纳格鲁. 日常生活的革命［M］. 张新木，戴秋霞，王也频，译. 南京：南京大学出版社，2008：22.
③ 瓦纳格鲁. 日常生活的革命［M］. 张新木，戴秋霞，王也频，译. 南京：南京大学出版社，2008：22-23.
④ 瓦纳格鲁. 日常生活的革命［M］. 张新木，戴秋霞，王也频，译. 南京：南京大学出版社，2008：31.
⑤ 瓦纳格鲁. 日常生活的革命［M］. 张新木，戴秋霞，王也频，译. 南京：南京大学出版社，2008：48.
⑥ 瓦纳格鲁. 日常生活的革命［M］. 张新木，戴秋霞，王也频，译. 南京：南京大学出版社，2008：22.

感觉"①，"我"在用一种失望包装着另一种失望，以一个失望包装承接着另一个失望的真谛，存活就在衰退的包装中沉淀着"失望"、堆积着"失望"，那一个一个鲜活而强硬的"失望"，最后构成"我"抗拒"物化"的"绝望"！然而，作者提醒"我"说，"绝望"是每一个存活在这个组织结构中的形式性"人"没落的感觉，那来自"内部的孤独"将"我"与世界彻底隔断，形成一种无论如何都解除不了的深度分离。于是，"你"与"我"一样，因为"所有其他的人都过着被流放在自己的生存之外的生活"！因为，我们早已对异化丧失了辨析和反抗的能力，"当异化被当作一个不可剥夺的物品时"，它早已完整被"我"甚至是"完美地被我们的社会所接受"②，因此，"笼子门继续敞开着，而笼子在现实中则变得更加令人痛苦"③。在这样的社会中，"人们的眼睛里空空如也，脑子软弱无力，他们神秘地变成了人的影子、人的幽灵，而且从某种程度上来说，他们只是一些有个名字的人"，"我"也如此这般！好不到哪里去！

"我"如此真切地感受到，从摇篮到停尸房，无处不渗透着一种被操纵，一种充满着幻象而又阉割了想象力的存活传递给"我"的信息。对"我"宣告一种法则，这样让"我"独自慢慢咀嚼这一真理背后的意味——"要变得像砖块一样没有感觉，像砖块一样可以随意揉捏，这就是社会组织亲切地要将每个人引诱过去的地方"。虽然，"社会束缚"早已被分割成条块，而条块状束缚又会将诡计和能量分成碎片，这些诡计和能量结合在一起，目的是要共同推动或打破束缚……然而却陷入更大的束缚支架之中……

作者暗示"我"，"绝望是日常生活的革命者的幼稚病"④，而我依然固执地幼稚着……

四

孤独是"我"挣扎无数次但怎么也逃脱不了的一个巨大的磁场。空虚在"我"的身上不断地抢夺地盘。存活的葬礼只是一种借口、一种轻轻喷射"虚

---

① 瓦纳格鲁. 日常生活的革命 [M]. 张新木，戴秋霞，王也频，译. 南京：南京大学出版社，2008：21.
② 瓦纳格鲁. 日常生活的革命 [M]. 张新木，戴秋霞，王也频，译. 南京：南京大学出版社，2008：31.
③ 瓦纳格鲁. 日常生活的革命 [M]. 张新木，戴秋霞，王也频，译. 南京：南京大学出版社，2008：28.
④ 瓦纳格鲁. 日常生活的革命 [M]. 张新木，戴秋霞，王也频，译. 南京：南京大学出版社，2008：18.

无"的便捷方法。

瓦纳格鲁说"我在失恋、失败、失去亲人时感到的忧伤，并不是像一支箭那样从外部向我射来，而是像一股涓涓溪水从我身上涌出，像土地滑坡刚刚释放出来的那种溪水"①，这就是技术创造冷漠的自由之后，"我"存活着必须忍受的痛苦。

在技术主义凯歌高进的时候，反思技术主义价值路向给"我"的生活所带来的清洗，这成为我们确认自我存活或以何种方式还能存活的必要。反观二十世纪以来的人类，作者传达给"我"的是一幅"我"真实的画像，让"我"时刻处于恐惧与战栗中，无端而必然遭受着无数次被抛，真实的"我"被抛在一种生活世界被殖民化的处境中，"我"真实的生活一点一点被侵吞，导致真实生活残缺不全、严重缺位。这样，在历史重大问题面前，一切都失语与悄然溜走，唯独悲哀与无助到场。这样让"我"时刻面临而又真正"感到可怕的不是死亡，而是真实生活的缺席。每一个死亡的行为，机械化和专业化了的行为，它每天都上百次上千次夺走生活的一部分，直到人们的精神和肉体彻底耗尽，直到一切结束。这种结束并不是生活的结束，而是一种达到饱和状态的缺席，这种状态可能给世界末日、给巨大的毁灭、给完全的消灭、给突然完全干净的死亡带来某种魅力"②。这样，技术文明开创的幸福与自由的意识形态，带给"我"的是什么呢？难道不是虚无与迷失吗？难道不是"我"的彻底沦陷吗？难道不是一种冷冰冰的自由吗？难道不是在物象中也不能暂住的、一种生命毫无归所的彻底游荡吗？对意义的追求难道不是一种荒诞的奢侈吗？这种对意义的饥渴甚至是一种丢失的恐慌，本质上是远古的一种尚未泯灭的记忆而已！这是一种依然自恋式地将"自我"当作"人"来对待的笑柄！

回首历史，其从来都是因为不满现实而产生的精神梦遗而已。如果现实的生活足以让"我"恬淡自足、丰润甘美，何须回首，一切"回首"都是当下的无奈行为。

曾经，热衷进步、舒适、利润、理性等，持有足够武器的人们，试图科学地结束痛苦的苦难和信仰的苦难，收回"我"的一切，重构"我"的权威，巩固"我"的权利……然而，"当消除了人类的自然本性后，痛苦就变成了社会性的，是'生活在社会中'的内在属性"，也就是说，当人类"逃脱了严厉的气

---

① 瓦纳格鲁.日常生活的革命［M］.张新木，戴秋霞，王也频，译.南京：南京大学出版社，2008：39.

② 瓦纳格鲁.日常生活的革命［M］.张新木，戴秋霞，王也频，译.南京：南京大学出版社，2008：38.

候，解决了饥饿问题，改善了生活条件，却掉进了被奴役的陷阱"时，"我"承受着众神的奴役，受其他人的奴役，受人类语言的奴役……于是，各种畸形、变态也就在谎言的时代如雨后春笋般冒出来，刺破一张张道德主义的"牛皮"，让那一张张高尚的面孔露出贪婪与奴性的真实来！一种"病态治疗学"成为当代医学无能之后的奢求……

于是，当我们怀着只要有"爱"，一切胸膛中深藏的仇恨与燃烧的怒火都会渐渐消除、冰释与熄灭时，金钱与利益的诱惑具有更大的威力，摧毁了这种古老的温情，生命在悲怆的挽歌中，无尽呻吟着……此时，玫瑰早已不再有芳香，仅是一种形式性的祭奠、一种古老的祭奠而已……

第三章

"乌托邦":"我"活下来的"希望原理"

在黑夜里做梦的人只是"常人",只有在白昼,在灿烂的阳光下能大胆"做梦的人"才堪称"超人"或"伟人"……于是,恩斯特·布洛赫以深刻、隽朗之文字,守住"乌托邦的精神",塑造"青春白日梦",开出"未来",构筑"希望原理"。这才是他最动人心魄的魅力所在,才是"我"魂牵梦萦、不可释怀的惦记……因为,一切非日常生活之梦才构成"我"执守、值得"我"用生命去追求的本根,成为"我"活下来的依托与价值观照。

生活在被财富梦想快烧焦的现代人,心灵也在世俗化的征途上,渐渐丧失了神圣怀抱的护佑与管制,催生了太多的噩梦,于是在惊慌失措、失魂落魄的状态下,常常将"乌托邦"驱逐与流放,只活在当下、活在瞬间中……未来无可奈何般遗失了,永恒被搁置了,庄严的价值被淡漠了,一句话,我们不再为一种终极意义而活着了!

在西方文化语境中,"乌托邦"从来都是一种至善的象征,是一种按照应然逻辑推演出来的终极完美。柏拉图的"乌托邦"沉淀为他的《理想国》,以"共和制"的先验性方式宣布了政治乌托邦成为人类追求"公善"的特有途径,从而形成了一种二元悖论式的生活结构,形成此岸与彼岸二元逻辑的对峙与共渡的生命本性。生命从此在被分割、被撕裂之后,再次追求弥合,成为一种文化梦想,成为一种不可或缺的文化基因,成为一种文化的伊甸园。奥古斯丁在激情与晃荡生活过后,皈依并描绘出"上帝之城"对"世俗之城"的价值审查,从而指引出一条超凡脱俗的生命之路……

于此,政治乌托邦、伦理乌托邦、宗教乌托邦、经济乌托邦、法治乌托邦、社会乌托邦、环境乌托邦和文化乌托邦才纷纷登场,成为普遍化的生存追求,成为一种不能再被忽略的文化、心理、历史与生活的"事实",成为一种被人普遍正视的超越,成为反观自我历史与生命过程不可丢失的维度。从此,"乌托邦"原本从一个"梦愿"升华为一个个生命故事,让苍生在追逐的途上,不再因无信仰而迷茫。在此,宗教无疑是最大的"乌托邦"。一块精神世界聊以慰藉的最后留守地,虽然是一种以虚假承诺为本质的抚慰,给我们在褪色世界的生活中赋予了一种魅力,让我们依然能看到生命的希望之光、"真理之路"。因此,从这个意义上来讲,中世纪的人们活得真是幸福,真是有依靠……

这种深深浸泡在"乌托邦"中展开自我生命的人类,这种内置于文化深处的"乌托邦",构成了一种情结,不断泛化出"神性"的光芒。然而,莫尔写下《乌托邦》以来,"乌托邦"才正式以文化高贵的、不可屈服的姿态进入我们的文化记忆、文化禀赋中,从而进入我们生命的结构成为一个显性的符号中,成为一种横亘于苦难现实、从而超越苦难现实生活,超度困难、引渡迷失的人开出未来希望之路的一种具有永恒牵引力的巨手。

"务实的人类"又总是自觉不自觉地将"乌托邦"具象化,作为"虚无"、作为"梦境"来粗暴地加以处理,当作"空想"的代名词,从而被边缘化,最终忘却之……从此,我们的生活丧失了一个可透视、可检讨的视窗。从此,我们的世俗化,进而心甘情愿庸俗化……

德国犹太哲学家恩斯特·布洛赫再次提醒我们,"乌托邦"是一个"硬东西"!它是人类最后的希望,是我们希望规则展开的内在支撑。我们与其说他拯救了"乌托邦",还不如说他拯救了我们。在被技术主义、物化与资本逻辑远远抛开之后,"乌托邦"拯救了我们的生活,将被技术、资本和各种"虚假意识形态"霸占与糟蹋得一塌糊涂、无以复加悲惨的精神渴望再次从"殖民化"的境遇中抢夺回来,给我们一个活下来的支点!因为,"乌托邦"揭示与传达出生活、生命的法则与真理,留给了人类生活不满足当下与现实的种子,让人具有冲破、超越既定的一切规则、秩序与权威,一句话,让人不老实、不实际。这是一种新生命样态,在希望之光的牵引中不迷茫于物欲中,不沉沦、不堕落于财富中,不丢失自己在历史的苍茫隧道中,一直有"未来"在展开,一直都有新的太阳升起……

"梦"的意向、意象对国人来说,从来都不陌生,也从未退场。从庄周蝴蝶之梦、南柯一梦、黄粱一梦,再到"红楼之梦",我们一直有"梦"的传统,尤其是"春秋之梦"!然而,我们对"梦"往往做最为现实主义的诠释,由此让"梦"变得不那么空灵、不那么纯洁,也就不那么有力量。

如果说"梦"让我们四肢直立行走,成为特殊的、高贵的物种,"乌托邦"则是让我们有"眼"可以瞭望,成为一种价值性的存在。于此,笔者要大声地说,还没吃饱/依然为生计忙碌的国人,我们同样不应该丢失梦,在一切都可能/也很容易丢失的生活境况下,我们拒绝丢失我们的梦!这是我们的生命权利!

让我们学会"做梦"吧!让"乌托邦"成为我们的伟岸支撑吧!

第四章

市场观念史：透析"乌托邦资本主义"

法国国家博士、著名学者、法兰西学院专职教授皮埃尔·罗桑瓦隆（Pierre Rosanvallon）所著的《乌托邦资本主义——市场观念史》一书，以西方资本主义历史发展为宏阔视野，从"市场"观念的历史维度，钩沉了"市场""市场经济"和"市场社会"不断嬗变与不断蔓延的历史图式，挖掘了西方社会现代性推进过程中的自我构造，开凿出洞悉资本主义制度内在变化的独特视角。

该书值得高度关注的主要有以下几个部分。

第一，作者以"市场和三种自由主义乌托邦"为序，以跨越两个世纪的大尺度来检讨资本主义"市场"的发展。在开篇，作者就非常明确地指出："20世纪末，市场经济时而被大加赞扬，时而遭到贬斥。20世纪80年代是个转折点，市场经济在经历了两个世纪的怀疑和否定之后，开始占了上风，被承认是一种不可或缺的调节复杂体系的形式。"[1] 在此基础上，作者进一步对"市场"的效果予以陈述。他说道："既然市场使人高兴又使人发愁，那就说明它不仅仅是一个简单的管理机制和调节机制。市场似乎肩负着比分散的组织更广阔的使命，与市民社会不同，它作为隐约的竞争者，提出人为地建立城市的蓝图的'思想。'"[2] 由此表明，市场绝不是简单的组织经济活动的技术性工具，在很大程度上具有一种社会学和政治学的含义。如此，作者以亚当·斯密为切入点，具体指出亚当·斯密用市场观念取代了契约观念，不再从政治上而是从经济上理解社会。这样不仅转换了经济学视角，而且从市场的维度把握和理解了社会，从而发掘出"市场"的社会学和政治学内蕴，突出"市场不仅仅是一种利用自

---

[1] 罗桑瓦隆. 乌托邦资本主义：市场观念史 [M]. 杨祖功, 晓宾, 杨齐, 译. 北京：社会科学文献出版社, 2004: 22.
[2] 罗桑瓦隆. 乌托邦资本主义：市场观念史 [M]. 杨祖功, 晓宾, 杨齐, 译. 北京：社会科学文献出版社, 2004: 23.

由定价体系进行资源配置的模式，而是一种社会组织机制加上一种经济调节机制"①。一句话，这样突出了市场是一种政治观念和社会观念，"市场"被赋予更为丰富的内涵和多元的功能。

通过考证，作者提出市场观念形成于 18 世纪。从 17 世纪开始，现代政治思想以社会契约观念为核心，社会契约成为社会本身赖以存在的基础。于此，"市场乌托邦"在 19 世纪得到广泛传播。作为一种资源配置的技术性"市场"，其逐渐成长、形成一种经济形态的"市场经济"，进而市场、市场经济的原则溢出自身边界，构造出"市场社会"。

作者具体而深入地解析了"市场社会"的生成，强调"把市场社会变成了一种新社会的雏形"。如此，"社会的（不仅是经济的）真正调节者不是（政治的）契约，而是（经济的）市场"②。于是，作者将理论触觉延伸到亚当·斯密的理论中，把理解社会的视角，从"契约"切换为"市场"，突出"市场"不仅仅简单地施职于经济调节中，而且具有更为广泛的社会调节功能。

简要地说，社会契约表征着社会构造从其自身中凸显以个体或私权为前提形成的公权或公共世界，这是一种社会自主、自我调节的总原则，以此作为社会生成与正常运行的保障，消解社会的宗教性或神圣性支撑。18 世纪以降，当"市场"勃兴而突出其功能时，以"市场"为支点而生产的"市场社会"渐次替代了"契约社会"。

对此，作者指出："三个世纪以来现代社会的一个重要特点，希望找到一个免除个人与个人之间正面冲突悲剧的方法，希望缓解他们之间的感情冲突和排除力量对比关系中的潜在暴力。""市场自以为能够回应这些要求"。因为，"市场建立了一个抽象的社会调节模式，即由客观'法则'来解决人与人之间的关系，在他们之间无须存在任何从属关系或指令关系。市场相当于某种'隐蔽的上帝'"③。于此，作者进一步分析了"市场对其他所有社会组织性质的政治优越性"④。

这样，"市场观念通过将社会关系非人格化，实现了保证个人独立的某种理

---

① 罗桑瓦隆. 乌托邦资本主义：市场观念史 [M]. 杨祖功，晓斌，杨齐，译. 北京：社会科学文献出版社，2004：9-10.
② 罗桑瓦隆. 乌托邦资本主义：市场观念史 [M]. 杨祖功，晓宾，杨齐，译. 北京：社会科学文献出版社，2004：24.
③ 罗桑瓦隆. 乌托邦资本主义：市场观念史 [M]. 杨祖功，晓宾，杨齐，译. 北京：社会科学文献出版社，2004：24.
④ 罗桑瓦隆. 乌托邦资本主义：市场观念史 [M]. 杨祖功，晓斌，杨齐，译. 北京：社会科学文献出版社，2004：27.

想。市场成为一种非等级制组织体系的雏形,一种无任何干预决策模式的雏形"。于是,"逻辑程序和职业逻辑取代了唯意志论的干预"①。这样,由等级、对立和暴力构成的传统社会,让位于平等、和谐与和平,合作替代了对峙与战争。正是在这一意义上,作者认为:"自18世纪以来市场观念所传播的市民社会自动调节的希望,始终构成了当代各种经济和政治现象的背景。"②

应该说,这恰好是对"市场"予以乌托邦式的推崇。换言之,我们应当将市场作为社会组织原则以及社会关系调节的手段,构造出"市场社会"。如此,"市场乌托邦"也就随之产生,以至于"市场观念贯穿于现代化的全部文化史"中③。

第二,作者具体剖析了"自由主义的三种乌托邦"。作者认为,"从17世纪开始在欧洲确立的自由主义,标志着个人与权力关系的设想迈出了新的一步。自由主义延续了自16世纪以来的政治世俗化与确立个人优先的事业"④。从这一意义上来说,自由主义"更多的是标志着一种文化"⑤。作者认为,"自由主义有一部充满智慧的历史,在处理权力与依附的传统关系方面另辟蹊径,找到了它的一致性"⑥。

作者强调"自由主义没有理论的同一性"。如此,他将"自由主义"看成是"一种文化,不是一种学说","自由主义是现代世界中运行的文化,自由主义追求的是既要从王权绝对专制主义中解放出来,又要摆脱17世纪以来交回的至高无上的权力"。如此,"自由主义的同一性表现在一种争论领域、一种研究和一种总体期望的同一性上"⑦。

如此,作者将"市场乌托邦"与"法律统治的乌托邦""人类文化学的乌

---

① 罗桑瓦隆. 乌托邦资本主义:市场观念史 [M]. 杨祖功,晓宾,杨齐,译. 北京:社会科学文献出版社,2004:28.
② 罗桑瓦隆. 乌托邦资本主义:市场观念史 [M]. 杨祖功,晓宾,杨齐,译. 北京:社会科学文献出版社,2004:30.
③ 罗桑瓦隆. 乌托邦资本主义:市场观念史 [M]. 杨祖功,晓宾,杨齐,译. 北京:社会科学文献出版社,2004:24.
④ 罗桑瓦隆. 乌托邦资本主义:市场观念史 [M]. 杨祖功,晓宾,杨齐,译. 北京:社会科学文献出版社,2004:31.
⑤ 罗桑瓦隆. 乌托邦资本主义:市场观念史 [M]. 杨祖功,晓宾,杨齐,译. 北京:社会科学文献出版社,2004:31.
⑥ 罗桑瓦隆. 乌托邦资本主义:市场观念史 [M]. 杨祖功,晓宾,杨齐,译. 北京:社会科学文献出版社,2004:32.
⑦ 罗桑瓦隆. 乌托邦资本主义:市场观念史 [M]. 杨祖功,晓宾,杨齐,译. 北京:社会科学文献出版社,2004:33.

托邦"纳入乌托邦的总体框架中,指示着这三者不可分割地构成"自由主义"的三种乌托邦形态,或乌托邦的三种和谐链接整体。其中,"法律统治的乌托邦",突出"用法律统治作为辅助手段代替冲突和谈判的政治秩序"①;"人类文化学的乌托邦",则是一种"由绝对自主和自己掌握自己命运的纯粹个人组成的道德世界和社会世界的乌托邦"②。

伴随着自由主义乌托邦,世界产生了"现代反自由主义的各种悖论"。这各种悖论的真正谜底就在于"把三种乌托邦相互分割开来,接受一部分,抛弃一部分"。换言之,各种反自由主义乌托邦思潮主要在于肢解不可分割的"自由主义乌托邦"。反自由主义具体表现为"伦理反自由主义""经济反自由主义"和"法律反自由主义"三种思潮。其中"伦理反自由主义",是"一种带有人文性质的结构性乌托邦",是"老朽的乌托邦。这种形式的乌托邦把群体和个体对立起来,反映了对现代化的一种反动、一种拒绝,是对旧秩序的一种弹冠相庆。他还有一种依据,就是个人根本无法自我繁殖"③。"经济反自由主义是一种理性的和组织性的唯意志乌托邦;法律反自由主义是一种明显的指令性普遍意志的乌托邦"④。然而,"反自由主义的自相矛盾""反映了既批判自由主义乌托邦幻想,又承认它所代表的现代性具有不可逆转的特征"⑤。如此,"反自由主义带来了双重紧张。一方面是旧与新、群体与个人的人类文化学紧张;一方面是与现代化背道而驰的两种乌托邦——意志的神圣化和歌颂非人格化调节之间的紧张"⑥。

作者深度检讨了自由主义的乌托邦和反自由主义乌托邦各自的主张,将"自由主义"与"反自由主义"均置于现代化的历史进程中予以立体呈现,更为清晰地透析与洞见了现代性内在的紧张。

第三,作者在该书的第七章,分别从"黑格尔:英国政治经济学的继承者"

---

① 罗桑瓦隆.乌托邦资本主义:市场观念史[M].杨祖功,晓宾,杨齐,译.北京:社会科学文献出版社,2004:33.
② 罗桑瓦隆.乌托邦资本主义:市场观念史[M].杨祖功,晓宾,杨齐,译.北京:社会科学文献出版社,2004:34.
③ 罗桑瓦隆.乌托邦资本主义:市场观念史[M].杨祖功,晓宾,杨齐,译.北京:社会科学文献出版社,2004:37.
④ 罗桑瓦隆.乌托邦资本主义:市场观念史[M].杨祖功,晓宾,杨齐,译.北京:社会科学文献出版社,2004:37.
⑤ 罗桑瓦隆.乌托邦资本主义:市场观念史[M].杨祖功,晓宾,杨齐,译.北京:社会科学文献出版社,2004:36.
⑥ 罗桑瓦隆.乌托邦资本主义:市场观念史[M].杨祖功,晓宾,杨齐,译.北京:社会科学文献出版社,2004:37.

"对市民社会的批判与政治的回归"和"市场社会的艰难超越"三个维度,具体而深入地揭示了"黑格尔:从看不见的手到理性的陷阱",从政治经济学的视角挖掘与敞开了长期被人忽略的黑格尔哲学独特的经济学意蕴。这种经济学的意蕴,恰好证明恩格斯曾对黑格尔哲学所作出的判断,即恩格斯说黑格尔哲学具有巨大的历史感。或者说,黑格尔的思辨哲学在经济学所呈现的现实中寻到了其最为真实的根据。如此,黑格尔哲学巨大的历史感获得了具体的内涵。

具体而言,作者从黑格尔的《精神现象学》《法哲学原理》等著作抽象的哲学范畴所潜含的历史对象语境中,撬开其哲学背后隐秘的经济事实。这无疑在更深层的维度上开启了我们深入把握黑格尔哲学的可能。

在"黑格尔:英国政治经济学的继承者"这一节,作者首先明确指出:"用市场来设想的社会,黑格尔对其占有决定性地位。""他是在这个领域中树立其思想的首位哲学家。"[1] 通过考证,作者认为黑格尔"1793年—1796年在伯尔尼发现了政治经济学","认真阅读了由加尔夫主持翻译的亚当·斯密的《国民财富的性质和原因的研究》和亚当·弗格森的《市民社会史》",指证"黑格尔的特殊贡献在于他把政治经济学理解为现时代的科学"[2]。

作者判断,黑格尔深刻地"理解了新世界这个科学的主要教益的巨大哲学意义"[3]。因为在黑格尔看来,"劳工界与需求体系确实是主体与客体相统一、精神与自然相协调的场所"[4]。接着,作者通过引证黑格尔的"精神哲学"《伦理体系》和"自然法"等著作,突出黑格尔"把先验置于核心地位,并同传统的德国唯心主义决裂"。因为,"从这个时期起,劳动成为中心理念,据此他设想了社会的发展"[5]。

作者高度地提醒我们,"应该在这种背景下理解黑格尔的市民社会观念"[6]。他指出以下几方面。

---

[1] 罗桑瓦隆. 乌托邦资本主义:市场观念史 [M]. 杨祖功,晓宾,杨齐,译. 北京:社会科学文献出版社,2004:190.

[2] 罗桑瓦隆. 乌托邦资本主义:市场观念史 [M]. 杨祖功,晓宾,杨齐,译. 北京:社会科学文献出版社,2004:191.

[3] 罗桑瓦隆. 乌托邦资本主义:市场观念史 [M]. 杨祖功,晓宾,杨齐,译. 北京:社会科学文献出版社,2004:191.

[4] 罗桑瓦隆. 乌托邦资本主义:市场观念史 [M]. 杨祖功,晓宾,杨齐,译. 北京:社会科学文献出版社,2004:191-192.

[5] 罗桑瓦隆. 乌托邦资本主义:市场观念史 [M]. 杨祖功,晓宾,杨齐,译. 北京:社会科学文献出版社,2004:192.

[6] 罗桑瓦隆. 乌托邦资本主义:市场观念史 [M]. 杨祖功,晓宾,杨齐,译. 北京:社会科学文献出版社,2004:193.

（1）"黑格尔的市民社会实际上再次使用了亚当·斯密的概念，即市民社会是由社会经济需求体系构成的"。"黑格尔把市民社会看成现代经济的产物。"[1]

（2）作为市民社会的核心范畴，"市民"所指为何？作者一语道破：亚当·斯密称之为"经济人，黑格尔称之为市民"。市民"是普遍的自由人的未来基石"[2]。

（3）在黑格尔看来，"交换和劳动分工具有实质上的哲学意义"。如此，"他在哲学上超越了亚当·斯密的政治经济学"[3]。

（4）如此，黑格尔在哲学上秉承与延续了古典政治经济学的研究，甚至把"看不见的手"的观念改成"理性的陷阱"，恰如作者所言："黑格尔的研究工作从亚当·斯密和詹姆斯·斯图亚特入手，不过是从哲学上继续进行研究。""但是，借助他们的研究，他才得以创新并据此使德国古典唯心主义得到振兴和解放。如果停留在这一点，那么，他不过是把18世纪的英国道德哲学引进到德国，满足于从哲学上在哲学史思想的范畴内真正建立起同情与观念与和谐观念。"[4]黑格尔从政治经济学入手，但并未就此止步，而是"走得更远"。因为，"他为发现了市场社会是实现普遍代表性的场所而着迷，对其局限性和矛盾的理解也比同时代的经济学家都要深刻"[5]。

（5）作者最后道明：黑格尔的"思想魅力源于它既是对英国政治经济学着迷的产物，又是抵制这种吸引力的产物"[6]。

研究哲学的人，常忽略黑格尔哲学背后，深刻影响甚至决定其思辨哲学的经济思想与经济现实，从而抽象地聚焦黑格尔哲学的范畴及其逻辑；相反，研究经济学说史者，又囿于经济学说本身的嬗变，而未能关注黑格尔将经济思想提升到哲学层面。该书作者却突出黑格尔既吸纳亚当·斯密等古典政治经济学的理论，又超越之，生成黑格尔哲学的思想厚度和深度，从而构建了黑格尔哲

---

[1] 罗桑瓦隆. 乌托邦资本主义：市场观念史 [M]. 杨祖功, 晓宾, 杨齐, 译. 北京：社会科学文献出版社，2004：194.

[2] 罗桑瓦隆. 乌托邦资本主义：市场观念史 [M]. 杨祖功, 晓宾, 杨齐, 译. 北京：社会科学文献出版社，2004：195.

[3] 罗桑瓦隆. 乌托邦资本主义：市场观念史 [M]. 杨祖功, 晓宾, 杨齐, 译. 北京：社会科学文献出版社，2004：195.

[4] 罗桑瓦隆. 乌托邦资本主义：市场观念史 [M]. 杨祖功, 晓宾, 杨齐, 译. 北京：社会科学文献出版社，2004：197.

[5] 罗桑瓦隆. 乌托邦资本主义：市场观念史 [M]. 杨祖功, 晓宾, 杨齐, 译. 北京：社会科学文献出版社，2004：197.

[6] 罗桑瓦隆. 乌托邦资本主义：市场观念史 [M]. 杨祖功, 晓宾, 杨齐, 译. 北京：社会科学文献出版社，2004：197.

学深层的思想图景。如此，该书作者的研究，不仅具有纠偏效能，而且从经济学视角深化了对黑格尔哲学的把握。

在"对市民社会的批判与政治的回归"这一节，作者首先简要地勾勒了亚当·斯密和卢梭对劳动分工，尤其是分工的消极一面和可异化的一面所持的批评态度。接着，作者指出："黑格尔关心的是能否把这些'负面后果'全部整合在一起，并把它们当作市民社会发展的正常结果而不是偶然结果。"[1] 如此，作者总结性地认为黑格尔非常清楚"市民社会——市场如何在建设生活的同时也破坏了社会"[2]。"黑格尔完全了解市民社会是个人获得政治解放的条件，市民社会需要自由劳动，首先需要要求自由和社会流动"[3]。

于是，黑格尔在三个主要问题上对市场提出了严厉的批判。

首先，市场孕育了阶级之间不断扩大的不平等。他揭示了"市民社会的局限性在于它不仅不能减少贫困，最终却不得不牺牲贫困并造成贫困"[4]。

其次，经济机制本身带来各种无法自动恢复的失衡方式——市场波动、方式变化和技术创新。

最后，整个经济服从失衡规律趋势。[5]

如此，黑格尔在揭示与批判市民社会的问题之后，试图遵循市民社会自身的辩证关系，解决市民社会内在的矛盾，构成一种"超越自身的推进"。正是在这一意义上，"黑格尔思想便被理解为解决抽象人的普遍化（需求的经济人）与具体人的贫困化之间矛盾的同时将现代化进行到底的一个尝试"[6]。

黑格尔在市民社会进行剖析的基础上，为了解决市民社会的内在矛盾，在作者看来，黑格尔"来了个'回归政治'"。正是因为这一"回归政治"，他抓住"现代世界的问题就是国家（个人在其中直接表现为普遍的）与市民社会

---

[1] 罗桑瓦隆. 乌托邦资本主义：市场观念史 [M]. 杨祖功，晓宾，杨齐，译. 北京：社会科学文献出版社，2004：199.
[2] 罗桑瓦隆. 乌托邦资本主义：市场观念史 [M]. 杨祖功，晓宾，杨齐，译. 北京：社会科学文献出版社，2004：199.
[3] 罗桑瓦隆. 乌托邦资本主义：市场观念史 [M]. 杨祖功，晓宾，杨齐，译. 北京：社会科学文献出版社，2004：200.
[4] 罗桑瓦隆. 乌托邦资本主义：市场观念史 [M]. 杨祖功，晓宾，杨齐，译. 北京：社会科学文献出版社，2004：200.
[5] 罗桑瓦隆. 乌托邦资本主义：市场观念史 [M]. 杨祖功，晓宾，杨齐，译. 北京：社会科学文献出版社，2004：200.
[6] 罗桑瓦隆. 乌托邦资本主义：市场观念史 [M]. 杨祖功，晓宾，杨齐，译. 北京：社会科学文献出版社，2004：201.

（个人在其中间接地实现普遍化）的对立问题"①。同时，"他发现了市民社会是对旧世界的超越"，"但同时认为：市民社会的未来存在于本身的这种超越之中"。②

在黑格尔看来，"市民社会不过是一个历史时段，不会使历史终结。市民社会在家庭和国家历史结构的解放运动中取得的发展，反过来需要建立一种适合本身问题的新政治秩序"③。如此，"对黑格尔来说，要解决的正是这样的问题。对他来讲，不再是简单地批判旧世界的问题，而是要使新世界能够存活下来"④。

于此，我们可以清楚地看到，黑格尔不仅发现了市民社会的内在矛盾，并对之展开了批判，而且对具有历史时段特征的市民内具的解放性予以充分肯定，从而真切地表征出黑格尔依据市民社会的辩证法，建立了"旧世界"与"新世界"之间的超越性关系。

在"市场社会的艰难超越"一节，作者首先肯定性地评价黑格尔"是懂得作为市民社会科学的政治经济学重要意义的首位哲学家，也是提出要对其进行有效批判的第一人"⑤。因为，黑格尔"揭露了抽象的专政，主张用一种解放模式取代这种专政，即将具体的人简约为有需求的抽象人"⑥。

在黑格尔看来，市民社会的内在矛盾性与对立、对抗性，必然带来民族之间、社会阶级之间的战争。为了超越市民社会的内在矛盾性和对抗性，"黑格尔思想的特别之处在于用一种新的方法来建构现代世界的未来"⑦。

为此，黑格尔首先拒绝19世纪浪漫主义立场，超越19世纪别的学者面对现代社会所表现出来的无力超越的怀旧情结，正如作者所指出的那样："正如德

---

① 罗桑瓦隆. 乌托邦资本主义：市场观念史［M］. 杨祖功，晓宾，杨齐，译. 北京：社会科学文献出版社，2004：201-202.
② 罗桑瓦隆. 乌托邦资本主义：市场观念史［M］. 杨祖功，晓宾，杨齐，译. 北京：社会科学文献出版社，2004：202.
③ 罗桑瓦隆. 乌托邦资本主义：市场观念史［M］. 杨祖功，晓宾，杨齐，译. 北京：社会科学文献出版社，2004：202.
④ 罗桑瓦隆. 乌托邦资本主义：市场观念史［M］. 杨祖功，晓宾，杨齐，译. 北京：社会科学文献出版社，2004：203.
⑤ 罗桑瓦隆. 乌托邦资本主义：市场观念史［M］. 杨祖功，晓宾，杨齐，译. 北京：社会科学文献出版社，2004：203.
⑥ 罗桑瓦隆. 乌托邦资本主义：市场观念史［M］. 杨祖功，晓宾，杨齐，译. 北京：社会科学文献出版社，2004：203-204.
⑦ 罗桑瓦隆. 乌托邦资本主义：市场观念史［M］. 杨祖功，晓宾，杨齐，译. 北京：社会科学文献出版社，2004：204.

国的浪漫学派一样，黑格尔也不得不面对一种三重失望，即法国大革命的失败、市民社会中新经济世界的堕落以及德国在组建国家方面的软弱无力。"[1] 但是，黑格尔"不是靠为帝国和基督教辩护来克服这种失望的"[2]。如此，黑格尔摆脱与超越了"在浪漫主义运动中，对市民社会和工业社会的批判掩盖在对公社的单纯怀旧里"[3] 的立场，更为积极地面对市民社会的内在矛盾。

其次，揭露国家主义的绝路。黑格尔之所以拒绝国家主义，并视之为一种历史倒退，而不是对市民社会予以积极超越，是因为"这种国家主义确实是在否定而不是超越市民社会。实质上，是把奴隶制看作一种对自由劳动发展消极后果的回应方式。这样一种国家主义也被看作一种复古方式"[4]。就其根本而言，这种国家主义，未能真正看到市民社会的历史进步性，未看到市民社会对传统社会的历史性超越，而是现代历史的反动。然而，在黑格尔看来，"市民社会是一个社会进步，不可能倒退回去。因为市民社会是个人从过去对家庭和传统国家的依附形式下解放出来的条件"[5]。如此，"与其当一个政治专制政权的属民，宁愿成为'市民社会的儿子'"[6]。

最后，拒绝封闭世界和放弃普遍化。为了保障社会的经济平等，黑格尔拒绝了费希特等提出的回到基于严格重商主义经济政策的民族主义，批判19世纪德国政治经济思想的轴心论点："平等变成了压制自由的工具。"[7]

面对市民社会和现代工业社会，黑格尔坚定地主张："现代性的未来在于要了解如何超越市民社会，在现代世界中，它类似'普遍与个体的内部一致性'。"[8] 因为，黑格尔"所从事的事业，是要把自由思想当作可供市场社会思

---

[1] 罗桑瓦隆. 乌托邦资本主义：市场观念史 [M]. 杨祖功，晓宾，杨齐，译. 北京：社会科学文献出版社，2004：204-205.

[2] 罗桑瓦隆. 乌托邦资本主义：市场观念史 [M]. 杨祖功，晓宾，杨齐，译. 北京：社会科学文献出版社，2004：205.

[3] 罗桑瓦隆. 乌托邦资本主义：市场观念史 [M]. 杨祖功，晓宾，杨齐，译. 北京：社会科学文献出版社，2004：204.

[4] 罗桑瓦隆. 乌托邦资本主义：市场观念史 [M]. 杨祖功，晓宾，杨齐，译. 北京：社会科学文献出版社，2004：205.

[5] 罗桑瓦隆. 乌托邦资本主义：市场观念史 [M]. 杨祖功，晓宾，杨齐，译. 北京：社会科学文献出版社，2004：205.

[6] 罗桑瓦隆. 乌托邦资本主义：市场观念史 [M]. 杨祖功，晓宾，杨齐，译. 北京：社会科学文献出版社，2004：205-206.

[7] 罗桑瓦隆. 乌托邦资本主义：市场观念史 [M]. 杨祖功，晓宾，杨齐，译. 北京：社会科学文献出版社，2004：206.

[8] 罗桑瓦隆. 乌托邦资本主义：市场观念史 [M]. 杨祖功，晓宾，杨齐，译. 北京：社会科学文献出版社，2004：208.

想选择的土壤"①。这样，黑格尔"把国家变成了整体和全部社会的真正场所，从哲学上实现了英国政治经济学的乌托邦"②。

第四，作者在该书的第八章以"马克思思想的自由底线""马克思所论述的个人主义""经济的消亡"和"从利益的自然和谐到人的自然和谐"为主线，具体勾绘出"马克思与曲折发展的自由主义"的思想图景，表达了作者的"马克思观"。

在"马克思思想的自由底线"这一节，作者以黑格尔对"市民社会"的批判、黑格尔与马克思的关系为切入点，同时对马克思"颠倒"黑格尔学说的简单化理解予以了否定。他说："黑格尔的批判构成了马克思思想的奠基时代。黑格尔被马克思颠倒过来，一般理解为其目的在于使黑格尔回归原位。但是，马克思与黑格尔的关系往往被归结为——至少对占主导地位的马克思主义来说——唯心主义和唯物主义的简单对立。这样一来，马克思思想的真正来源就一笔勾销和失去光彩了。"③ 由此，作者直言："马克思对黑格尔的讨伐应该理解为自由主义的回归。"④

作者认为："马克思批评黑格尔时实际上连带批评了亚当·斯密。"他进一步指出马克思批判黑格尔《法哲学原理》，本质上是对黑格尔的自由予以批判。马克思在"解读黑格尔时只把他当作一个纯粹的哲学家"，"解读亚当·斯密又把他当作一个纯粹的经济学家"，这样"就掩饰了亚当·斯密政治经济学的哲学形态和黑格尔哲学的经济学形态"⑤。

正因为如此，"马克思批判了亚当·斯密，但他的批判也仅就经济学领域展开"⑥。甚至可以说，"这种批判仍停留于'技术'上"⑦。马克思能够"从经济

---

① 罗桑瓦隆. 乌托邦资本主义：市场观念史 [M]. 杨祖功，晓宾，杨齐，译. 北京：社会科学文献出版社，2004：209.
② 罗桑瓦隆. 乌托邦资本主义：市场观念史 [M]. 杨祖功，晓宾，杨齐，译. 北京：社会科学文献出版社，2004：210.
③ 罗桑瓦隆. 乌托邦资本主义：市场观念史 [M]. 杨祖功，晓宾，杨齐，译. 北京：社会科学文献出版社，2004：211.
④ 罗桑瓦隆. 乌托邦资本主义：市场观念史 [M]. 杨祖功，晓宾，杨齐，译. 北京：社会科学文献出版社，2004：212.
⑤ 罗桑瓦隆. 乌托邦资本主义：市场观念史 [M]. 杨祖功，晓宾，杨齐，译. 北京：社会科学文献出版社，2004：212.
⑥ 罗桑瓦隆. 乌托邦资本主义：市场观念史 [M]. 杨祖功，晓宾，杨齐，译. 北京：社会科学文献出版社，2004：212-213.
⑦ 罗桑瓦隆. 乌托邦资本主义：市场观念史 [M]. 杨祖功，晓宾，杨齐，译. 北京：社会科学文献出版社，2004：213.

上'超越'亚当·斯密了,特别是从建立剩余价值观念开始,但仍停留于隐约的政治哲学方面"。如此,"马克思的全部著作实际上都贯穿了两个基本政治主题",即"消除政治和批判人权"。①

马克思对黑格尔的批判,是因为在马克思看来,黑格尔"把市民社会与国家分离理论化了"。马克思认为,"市民社会与国家的分离反映了公民与资产者(黑格尔是作为人来探讨的)的割裂,这是一种分裂社会的表现形式。……只有市民社会可能成为实现这种统一的场所"②。

作者指出:"整部《黑格尔法哲学批判》都是建立在这样一种针对国家为市民社会的正名上。马克思激烈地批判资产者社会,但这种社会并非真正实现了的一种市民社会。"马克思正是"从这个意义上颠倒了黑格尔,即把他同关于市民社会自给自足的自由派观点联系在一起了。马克思的整个政治哲学就是建立在这种假设之上的"③。

马克思认为,市民社会如果出现,本身就是自我分离和分裂,并认为共同利益不存在、共同意志也不存在。对此,马克思对黑格尔的批判实际上借用了亚当·斯密的观点。这一观点,马克思在《神圣家族》中予以表述:"从私人利益过渡到普遍利益,已经不再是一种自觉的有机规律,反之,这种过渡被偶然性中间化了,是与自觉相悖完成的。而黑格尔希望在国家当中实现自由意志!"如此,马克思是"借助'看不见的手'的理论和利益自然和谐理论来批判主张在国家实现普遍意志的黑格尔运动"④ 的。如此,作者揭秘地宣告:"马克思把黑格尔颠倒过来似乎是一种对亚当·斯密的回归,这是黑格尔对亚当·斯密否定的否定。"⑤

作者在本节的最后,提出一种有别于阿尔都塞关于马克思思想"断裂论"的"裂痕论"。他说:"如果一定要在马克思身上寻找裂痕的话,不要到青年时期的作品和所谓成熟时期的作品之间去寻找,要在青年时期作品的内部去寻找。

---

① 罗桑瓦隆. 乌托邦资本主义:市场观念史 [M]. 杨祖功,晓宾,杨齐,译. 北京:社会科学文献出版社,2004:213.
② 罗桑瓦隆. 乌托邦资本主义:市场观念史 [M]. 杨祖功,晓宾,杨齐,译. 北京:社会科学文献出版社,2004:213.
③ 罗桑瓦隆. 乌托邦资本主义:市场观念史 [M]. 杨祖功,晓宾,杨齐,译. 北京:社会科学文献出版社,2004:214.
④ 罗桑瓦隆. 乌托邦资本主义:市场观念史 [M]. 杨祖功,晓宾,杨齐,译. 北京:社会科学文献出版社,2004:215.
⑤ 罗桑瓦隆. 乌托邦资本主义:市场观念史 [M]. 杨祖功,晓宾,杨齐,译. 北京:社会科学文献出版社,2004:216.

的确，马克思思想中唯一的根本裂痕只有可能发生在19世纪40年代的初期。实际上，马克思在这个时期从一种基于人权之上的民主观念过渡到一种消解政治的观念。如果绝对坚持要找出一个裂痕，那就在他于1842年撰写的《关于林木盗窃法的辩论》（他在这篇文章中要求扩大穷人的权力）与他的《黑格尔法哲学批判》之间。"① 这一论断，对深入研究马克思思想的历史嬗变，无疑开启了另一个视角。

在"马克思所论述的个人主义"这一节，作者首先指出："一切现代哲学可以理解为一种主体哲学。"他进一步指出："现代哲学的提出确实是与对社会传统组织的设想相对立的。后者把社会看作一个整体，其中每个人不过是一个没有自主权的碎片。从这个意义上讲，整体主义与个体主义的区分相当深刻地显示了传统社会与现代社会之间的根本区分。这种区分自18世纪开始逐步发展起来。"② 作者将马克思哲学置于现代哲学产生的历史语境和理论语境中，强调"这是分析马克思与现代性的关系的一个关键点"③。

在此分析的基础上，作者鲜明地提出自己的观点。他说："马克思的全部哲学实际上都可以理解为一种加深现代个人主义的尝试。"他深刻地指出：马克思"对资本主义和资产阶级社会的批判只有从这个角度去理解才有其全部意义"。"《资本论》是那个时代个人的纪念碑和烈士名册"。"阶级斗争观念本身也只有在对社会的个人主义设想当中才有意义"。④ 这一论断，有利于我们在现代哲学的整体逻辑中，更为准确地把握马克思哲学的自由主义底色、个人主义的特质，从而凸显马克思哲学的个性。

"个人主义"既然是马克思哲学的核心范畴和要旨，那么马克思的"个人主义"思想是如何形成的呢？作者对此，具体钩沉了其形成过程。作者指出："马克思所论述的个人主义是在一个批判运动中形成的。"⑤ 如此，作者将马克思"个人主义"思想形成的过程予以梳理。

---

① 罗桑瓦隆. 乌托邦资本主义：市场观念史 [M]. 杨祖功，晓宾，杨齐，译. 北京：社会科学文献出版社，2004：221.
② 罗桑瓦隆. 乌托邦资本主义：市场观念史 [M]. 杨祖功，晓宾，杨齐，译. 北京：社会科学文献出版社，2004：222.
③ 罗桑瓦隆. 乌托邦资本主义：市场观念史 [M]. 杨祖功，晓宾，杨齐，译. 北京：社会科学文献出版社，2004：222.
④ 罗桑瓦隆. 乌托邦资本主义：市场观念史 [M]. 杨祖功，晓宾，杨齐，译. 北京：社会科学文献出版社，2004：223.
⑤ 罗桑瓦隆. 乌托邦资本主义：市场观念史 [M]. 杨祖功，晓宾，杨齐，译. 北京：社会科学文献出版社，2004：224.

(1)"初期,马克思揭露了关于孤立个人的假想",因为以卢梭为代表的许多原始社会契约理论就是建立在这种假想之上的。马克思在《神圣家族》中指出:"把个人比作原子毫无意义。"接着,作者引述马克思《资本论》中的论断,阐明恰"是利益的经济逻辑,而不是国家构成了实际的社会联系。这就是为什么'这些原子只是设想中的原子,他们想象天空中的原子'"①。

(2)"在中期,马克思指出关于个人的这种设想只是特定情况下的历史产物"②。如此,马克思总是以"现实的个人"为出发点,他谈的"个人","不是从人们所说的、所设想的、所想象的东西出发,也不是从口头说的、思考出来的、设想出来的、想象出来的人出发,去理解有血有肉的人"③。如此,马克思总是将"个人"置于具体的历史中,突出"人的本质,在其现实性上,是一切社会关系的总和"④。这样,马克思所言的个人,是具体的、历史关系中的人。这就超越了"自然人"或抽象的人。如此,马克思"拒绝的不是个人概念的本身,而是反对18世纪发展起来的对'经济人'的抽象"⑤。

(3)"马克思对个人的资产阶级表象赖以存在的利益观念作出了激烈的批判"⑥。作者认为:"资产阶级社会将所有需求变成单一的相同的需求,从而成为需求普遍代表性的一个障碍。""财富被一种有限的方式加以介绍,只被从这个角度来理解——马克思区分使用价值和交换价值的全部意义就在于此。把个人压缩到他的经济利益方面,社会活动便'僵化了',社会活动变成了一种控制个人的客观力量,依靠客观力量,个人就没有任何监督了。所有权本身加强了这种异化"。因此,在马克思看来,"革命的唯一目标是取消所有权,而不是扩大所有权。对利益的批判反映在对商品社会的批判上,在这种批判中,个人之间的关系反映在物中。社会生活被压缩为买卖关系变成了其他一切关系的基础,

---

① 罗桑瓦隆. 乌托邦资本主义:市场观念史 [M]. 杨祖功,晓宾,杨齐,译. 北京:社会科学文献出版社,2004:224.
② 罗桑瓦隆. 乌托邦资本主义:市场观念史 [M]. 杨祖功,晓宾,杨齐,译. 北京:社会科学文献出版社,2004:225.
③ 中共中央马克思恩格斯列宁斯大林著作编译局. 马克思恩格斯选集:第1卷 [M]. 北京:人民出版社,2012:152.
④ 中共中央马克思恩格斯列宁斯大林著作编译局. 马克思恩格斯选集:第1卷 [M]. 北京:人民出版社,1995:135.
⑤ 罗桑瓦隆. 乌托邦资本主义:市场观念史 [M]. 杨祖功,晓宾,杨齐,译. 北京:社会科学文献出版社,2004:226.
⑥ 罗桑瓦隆. 乌托邦资本主义:市场观念史 [M]. 杨祖功,晓宾,杨齐,译. 北京:社会科学文献出版社,2004:226.

人与人的关系被颠倒为物与物之间的一种社会关系"①。

通过分析，作者明确指出：

（1）"马克思的蓝图十分明确，就是要扩大和超越对个人的传统设想。他是某种整体个人主义的理论家，立足于探讨每个人所拥有的整体潜力和潜质。"②

（2）社会的前景，就是"实现一种真正的市民社会的前景，这是一种人的社会，而不再仅仅是一种资产阶级社会"。同时，作者进一步揭示马克思的思想特质，指出："资产阶级社会只是一种讽刺，是将市民社会狭义地理解为人们之间的纯贸易。只有到了共产主义，个人才能既作为个体性，又作为社会存在而得以实现。共产主义实际上不过是'人本身作为社会存在的完全回归'，它是'个人自由发展'的条件。"③

在"经济的消亡"一节，作者认为，马克思从经济视角揭示了"共产主义"的特质："共产主义要超越资产阶级社会，就必须消除社会关系中的利益中介。……从这个含义上讲，共产主义需要经济的消亡。"据此，作者进一步强调："人们在分析马克思的思想时往往忽视了这一点。这是主要的，因为它构成了马克思整个体系的关键之一。"④

如此，马克思将人异化的根源判定为"商品交换的原则本身。甚至经济领域本身"⑤。

马克思明确地把资本主义比作商品社会，甚至把资本主义比作纯经济性的。作者认为："这种类比构成了链接其哲学和对资产阶级经济学批判的逻辑纽带。离开这一点，就无法理解马克思的全部著作。这就是为什么共产主义等同于富裕社会。"⑥

于是，作者审查和论证了马克思关于"共产主义"的观点：

（1）"自从马克思把异化定义为分离以来，他就不得不批判所有把个人同自

---

① 罗桑瓦隆. 乌托邦资本主义：市场观念史［M］. 杨祖功，晓宾，杨齐，译. 北京：社会科学文献出版社，2004：227.
② 罗桑瓦隆. 乌托邦资本主义：市场观念史［M］. 杨祖功，晓宾，杨齐，译. 北京：社会科学文献出版社，2004：228.
③ 罗桑瓦隆. 乌托邦资本主义：市场观念史［M］. 杨祖功，晓宾，杨齐，译. 北京：社会科学文献出版社，2004：229.
④ 罗桑瓦隆. 乌托邦资本主义：市场观念史［M］. 杨祖功，晓宾，杨齐，译. 北京：社会科学文献出版社，2004：230.
⑤ 罗桑瓦隆. 乌托邦资本主义：市场观念史［M］. 杨祖功，晓宾，杨齐，译. 北京：社会科学文献出版社，2004：230.
⑥ 罗桑瓦隆. 乌托邦资本主义：市场观念史［M］. 杨祖功，晓宾，杨齐，译. 北京：社会科学文献出版社，2004：230.

己分离的形式"。作者指出，马克思"对政治本身的批判的意义就建立在人与公民的区分之上"。"人与生产者的分离只能通过对政治经济学进行激烈的批判才能得以克服"，而"共产主义既需要政治消亡，也需要剥削消亡。只有通过这种双重消亡，人类社会的'普遍关系'才能建立起来"①。"人与生产者的分离，在历史矛盾中反映为生产力和社会关系的分离，只能在生产力变成纯粹的有效劳动、完全等同于人类在其全部财富和多样性的行动时，这种分离才能被超越"②。

（2）"马克思不仅陷入其意识形态的总体理论中，一方面陷于对经济的自由设想中，另一方面又被资本主义所吸引，资本主义力量是在他的眼皮底下发展起来的。他是改变了世界面貌的产业革命的见证人，他对这次革命既震惊又赞赏"③。"马克思看到资本主义的力量是不可抵御的，它的发展是不可避免的"。这样证明马克思"与资本主义的关系既有激烈反感的一面，又有深感其潜在魅力的一面"④。

（3）正是基于此，"马克思明确认为，取消资本主义的可能性取决于它在经济上的圆满成功"。因为，"只有在这种条件下，才能同时考虑实现共产主义和消除作为活动领域的经济。只要资本主义没有完成它的历史使命，只要它没有打开富裕之门，共产主义就不可能实现"⑤。在此，马克思主义非常明晰地呈现了共产主义的生成逻辑，突出强调后资本主义的共产主义能历史出场的前提，指证了作为人类历史具有必然性阶段的资本主义所具有的历史必要性和历史合法性。由此，作者更为明确地表征了共产主义与资本主义内在的关系逻辑，凸显了马克思的"资本主义观"和"共产主义观"。

（4）马克思在《1844年经济学哲学手稿》中指出"异化和扬弃异化是同一条道路"。作者认为："对异化现象的批判和资本主义力量对他的吸引力两者结

---

① 罗桑瓦隆. 乌托邦资本主义：市场观念史［M］. 杨祖功，晓宾，杨齐，译. 北京：社会科学文献出版社，2004：231.
② 罗桑瓦隆. 乌托邦资本主义：市场观念史［M］. 杨祖功，晓宾，杨齐，译. 北京：社会科学文献出版社，2004：232.
③ 罗桑瓦隆. 乌托邦资本主义：市场观念史［M］. 杨祖功，晓宾，杨齐，译. 北京：社会科学文献出版社，2004：235-236.
④ 罗桑瓦隆. 乌托邦资本主义：市场观念史［M］. 杨祖功，晓宾，杨齐，译. 北京：社会科学文献出版社，2004：236.
⑤ 罗桑瓦隆. 乌托邦资本主义：市场观念史［M］. 杨祖功，晓宾，杨齐，译. 北京：社会科学文献出版社，2004：236.

合在一起，帮助他思考作为经济消亡的共产主义。"① 作者的结论："马克思似乎没有任何必要依靠生产力的发展来设想共产主义。""马克思之所以想到资本主义和生产力的发展，出发点不是靠假设，……而是因为资本主义运动不可阻遏，也不能控制，因为它的出现构成了人类历史从未有过的唯一真正的革命。历史唯物主义也是被资本主义所吸引的间接产物。"②

（5）在"从利益的自然和谐到人的自然和谐"一节，作者着力讨论了马克思关于"共产主义"对古典经济学的超越。作者认为，"马克思的思想发展是双重的。在第一个时期，他采用了自由派对社会所做的经济设想，以便批判无用的和异化的政治中介作用。在他看来，这种设想确实准确地反映了资产阶级社会的现实。在第二个时期，他的哲学理论批判资产阶级社会本身，而不是对它做出设想，同时揭示了经济利益的中介所产生的异化。他也从逻辑上看到了共产主义对政治和经济的双重消除"③。从历史本身的逻辑发展来看，"正是资产阶级社会本身超越了政治中介作用，共产主义在实现富裕的同时保障了经济中介作用的消失"④。

（6）作者认为，"马克思从这个意义上维护了人的自然和谐观念，这一观念超越了经济的自然和谐的资产阶级局限"。因为，"利益自然和谐是一种仅仅符合一个特定的可以超越的历史事实，尽管这个观念也是一种必要的进步"⑤。

（7）马克思在《1844年经济学哲学手稿》中指出："共产主义作为完成了的自然主义，等于人道主义，而作为完成了的人道主义等于自然主义。它是人和自然界之间、人和人之间矛盾的真正解决，是存在和本质、对象化和自我确证、自由和必然、个体和种类之间的斗争的真正解决。"⑥ 为此，作者指出："马克思认为，是资产阶级社会使个人腐化了，使他成为只是其经济利益在社会上的表象。在不同于资产阶级社会的另一种背景下，感觉的计算可以自动产生

---

① 罗桑瓦隆. 乌托邦资本主义：市场观念史 [M]. 杨祖功，晓宾，杨齐，译. 北京：社会科学文献出版社，2004：237.
② 罗桑瓦隆. 乌托邦资本主义：市场观念史 [M]. 杨祖功，晓宾，杨齐，译. 北京：社会科学文献出版社，2004：238.
③ 罗桑瓦隆. 乌托邦资本主义：市场观念史 [M]. 杨祖功，晓宾，杨齐，译. 北京：社会科学文献出版社，2004：238.
④ 罗桑瓦隆. 乌托邦资本主义：市场观念史 [M]. 杨祖功，晓宾，杨齐，译. 北京：社会科学文献出版社，2004：239.
⑤ 罗桑瓦隆. 乌托邦资本主义：市场观念史 [M]. 杨祖功，晓宾，杨齐，译. 北京：社会科学文献出版社，2004：240.
⑥ 中共中央马克思恩格斯列宁斯大林著作编译局. 马克思恩格斯文集：第1卷 [M]. 北京：人民出版社，2009：185.

和谐,它无须利益的支持就可以产生社会和谐。因此,马克思自认为他是爱尔维修的直接继承人。他隐约地认为,共产主义社会就像爱尔维修设想的一般社会运行情况那样自然运行。这样,共产主义便成了18世纪最经典的哲学。"①

在此,我们必须认真对待在马克思的思想视域中"和谐"范畴的主要内涵。马克思在《共产党宣言》中非常经典地指出:"代替那存在着阶级和阶级对立的资产阶级旧社会的,将是这样一个联合体,在那里,每个人的自由发展是一切人的自由发展的条件。"② 如此,共产主义乃是超越了对立性社会,"和谐"将成为其社会的本质特征,从而有别于资产阶级社会。

(8) 在作者看来,马克思的"核心问题——未来共产主义社会与共同体生活之前的历史形态的关系问题。未来的共产主义社会就像人与人之间实现了透明度和充分的自由联合"③。如此,作者进一步指出,"在马克思的全部著作中有对共同体的一种潜在的怀念,他后来就用这个术语把共产主义形容为直接的透明的公社"④。

(9) 最后,作者认为,"马克思把共产主义定义为直接的和透明的社会,但最终把他设想为一个完全抽象的社会,一个由人与人之间纯贸易构成的社会。在这个社会中,每个人都是对一种普遍代表性的概括"⑤。在此基础上,他进一步指出:"共产主义成了纯粹的市场社会,成了人与人之间的纯贸易社会,终于以自相矛盾地建立一种整体社会组织为代价,实现自由派的乌托邦。断断续续的异化被唯一的一个社会异化所取代:人受到一种普遍代表性的限制,而这种普遍代表性只能由一种自身以外的力量来实现,这种力量难以抓住,似乎就像他自己。整体主义成为社会透明度乌托邦的最后一个字眼。"⑥

---

① 罗桑瓦隆. 乌托邦资本主义:市场观念史 [M]. 杨祖功,晓宾,杨齐,译. 北京:社会科学文献出版社,2004:240.
② 中共中央马克思恩格斯列宁斯大林著作编译局. 马克思恩格斯文集:第1卷 [M]. 北京:人民出版社,2009:53.
③ 罗桑瓦隆. 乌托邦资本主义:市场观念史 [M]. 杨祖功,晓宾,杨齐,译. 北京:社会科学文献出版社,2004:242.
④ 罗桑瓦隆. 乌托邦资本主义:市场观念史 [M]. 杨祖功,晓宾,杨齐,译. 北京:社会科学文献出版社,2004:243.
⑤ 罗桑瓦隆. 乌托邦资本主义:市场观念史 [M]. 杨祖功,晓宾,杨齐,译. 北京:社会科学文献出版社,2004:244.
⑥ 罗桑瓦隆. 乌托邦资本主义:市场观念史 [M]. 杨祖功,晓宾,杨齐,译. 北京:社会科学文献出版社,2004:245.

皮埃尔·罗桑瓦隆以"市场""市场经济"和"市场社会"为视点，凸显了"市场"的现代社会构造以及超越现代社会的历史价值，从而将马克思所设构的"共产主义"视为市场乌托邦的社会样态，从而实现人的自然和谐。这一理路，应该说开启了理解马克思的思想、理解马克思设构的未来社会，提供了可供参考的、有价值的思维路径。

第五章

"新资本主义文化"之"新"

一

阅读美国纽约大学教授理查德-桑内特（Richard Sennett）著《新资本主义的文化》（The Culture of the New Capitalism）一书，一幅通过文字而展开的生活画面直呈于笔者面前，笔者感受到作者穿越两三个世纪的思维，将生活世俗化进程中人类遭遇的一系列变迁简要而深刻地勾勒出来了，解析了现代生存中的一系列困境。

此书值得一读。

之所以值得一读，它让笔者在所谓熟悉的陌生中，走进现代社会，渐渐懂得现代理性"科层组织"的缘起以及对现代人生活及其观念的改变，让我正视"才华和无用的幽灵""消费的政治"和走进"我们时代的社会资本主义"等一系列具有现实性的主题。

在"导论"中，Richard Sennett 描述了现代社会的生存境遇。他说在新左派的眼中，"国家社会主义和跨国公司""这两种组织都是科层式的监狱"。在所有类型的组织结构所形成的无形监狱中，"大型社会机构的分裂使许多人的生活处于碎化的状态中，他们工作的地方更像是火车站，而不是村庄，因为家庭生活被工作中的各种需求弄得失去了方向。迁移是全球时代的标志，人们四处流动，不再固定下来"[1]，由此，必然要求与导致我们的生活思维发生一种与时代相匹配的革命。由于生存的"共同体"在不断地分裂，人们便必须面对陌生的世界，面对陌生社会、陌生的人群，生命于此也不断地进行自我陌生化。面对陌生化的趋向，人们难免退回到记忆中或想象中，以"怀旧"的心态来面对差异、面对变迁了的大实景。如此，"怀旧"成了敏感的心智最难割断的情思，成

---

[1] 桑内特. 新资本主义的文化 [M]. 李继宏，译. 上海：上海译文出版社，2010：1.

了最难舍去的价值脐带，虽然满目的惨淡早已成为事实，容易灼伤的一切脆弱温情早已无须记挂，这样的"流变性"使曾经寻求与奠基的生活之根飘摇不已，那所谓的"安身立命"之诉求，成了一种奢侈的固执或精神遗传病。这样的事实无时无刻不在提醒我，让我清醒地知道在现代文明架构中，所谓的"安身立命"的命题乃是一种对前现代生活的眷顾，是一种对现代生活流变的文化抗争。这种抗争，其实是完全无效的。如此，现代人的生活本质上是流变的、无根的，也就注定了现代人的精神世界、价值家园必然是非固定化的，是移动不已的，是变化莫测的，甚至"精神家园"这个问题本身也变得非常滑稽了。"迷茫"早已成为现代人共同的精神征兆。一旦找到，不再修改的生命方案与评估逻辑再也不适合现代社会的特质，善变成为现代人的个体性格。如此，现代社会给"人"开具了一张写满了从未有过的生存压迫感、紧张感充斥的诊断书。

Richard Sennett 说道："在不稳定的、分碎的社会环境中，只有一类人能够如鱼得水"，这类人是"以短期关系为取向，专注于潜在的能力、愿意放弃已有经验的自我"。这类人，作者认为应该是适合这个社会要求的"理想的男人或者女人"，但是这类男人和女人又不得不应付三个随之而来的难题。

第一个难题与时间有关。在不同任务、不同工作、不同地点之间不断迁移时，如何应对各种短期关系和自我。如果机构不再提供长期的框架，个人可能不得不随时修改他的或她的"生活叙事"，甚至他们缺乏任何稳定持续的自我认知。

第二个难题与才华有关。现实的要求不断变化，如何才能培养新的技能，如何才能开发自身的潜能。从实践的角度来讲，在现代经济中，许多技能不用多久便会过时；在科学技术和先进的制造业中，工作人员平均 8 到 12 年便需要重新培训。才华也是一个文化问题。新出现的社会秩序不利于匠人精神的发扬。所谓的"匠人精神"，指的是将某种事情做到真正精通。这种精神在经济上往往是破坏性的。为了取代匠人精神，现代文化推出优才统治的理念，这种理念更注重潜在的能力，而不是过去的成绩。

第三个难题由此而生，它和放弃有关，那就是如何忘掉过去……公司里没有人能够端着铁饭碗，过去的成绩并不足以让员工保住自己的职位。

Richard Sennett 继续说道："怎样才能积极地回应这种宣言呢？这需要人们拥有一种性格特征，就是看轻一个人已经拥有的经验。拥有这种性格特征的人就像贪心的消费者，不停地追求新玩意，抛弃那些虽然功能完好但已显陈旧的商品，他或她不会敝帚自珍地守护已经拥有的东西。"[①] 忘却自己的过去，忘却

[①] 桑内特. 新资本主义的文化 [M]. 李继宏，译. 上海：上海译文出版社，2010：3.

自己的曾经付出，一切都归结为从零开始，这种勇于面对自己生命的新出发点的工作方式，必然导致相应的生活方式、思维方式和心理模式。这便是"多重的自我"被社会肢解后难以黏合的活法，难怪精神与人格分裂成了现代人的共同病症。如此，Richard Sennett 忧思道："既然人们所生活在其中的机构已经四分五裂，什么样的价值观和实践行动才能够让人们团结起来呢？"[1] 换句话说，什么样的人才是一个所谓"完整的人"呢？或一个所谓"完整的人"的思维和构想是否还具有恰当性呢？这一问题或许本身就是一种乡愿！

在 Richard Sennett 看来，大多数人依然"需要持续的生活叙事，他们以某项专长为荣，他们珍惜有过的经历。因而，那些新机构所要求的这种文化理念给许多生活在它们之中的人造成了伤害"[2]。这种所谓的伤害正是所谓"工作、才华、消费的变革将会给现代生活带来更多的自由、一种流动的自由、一种（鲍曼所说的）'流动的现代性'"，同时，"社会机构、技能和消费模式确实发生了变革"。"这些变革并没有让人们获得自由"[3]，或许真的是因为现代化是一个凡俗化、世俗化的过程，是对神圣的解构，现代文明属于物质文明、工具理性、实证主义、科学主义，这一解读模式误读或遗漏了太多的历史内涵真实。

"只顾眼前、开发潜能、从不后悔的新男人或女人应该能够发财致富"[4]，然而如此一来，我们生活得糟糕透顶。这到底是为什么？无人能免被经济泡沫湮灭与带走、无人能摆脱社会大机械的宿命规定与疲惫不堪地适应与运行，那悠闲早已成为遥远的记忆，那回归心灵的冲动变成了无益的个体愁绪，每个人都被捆绑在现代社会的战车上，伴随着滚滚浓烟、伴随着算计的规范、伴随着每一次呼吸都要在读秒表前筹划……如此，拥有、占有与失去、延续与断裂、肉体与灵魂……的一切分别都毫无意义，社会运行的规则与人存在的法则都已经更改，无须留恋那远古的意义王国。一切诱惑都充满着成本的考量、一切风景都成为鲍德里亚的"Cool remember"或"Cold memory"，社会对"人"展开欢迎的双臂，却隐性地伤害着每个人，我们连呻吟的机会都丧失了！因为那一切温情脉脉的自我哀叹都随着"时间"的效率化而压缩或从生命中格式化了。

如此，我们到底该有怎样的生活思维才能活下来呢？或作为"一个人"怎样才能算真正活下来了呢？

---

[1] 桑内特. 新资本主义的文化 [M]. 李继宏, 译. 上海: 上海译文出版社, 2010: 3.
[2] 桑内特. 新资本主义的文化 [M]. 李继宏, 译. 上海: 上海译文出版社, 2010: 3-4.
[3] 桑内特. 新资本主义的文化 [M]. 李继宏, 译. 上海: 上海译文出版社, 2010: 11.
[4] 桑内特. 新资本主义的文化 [M]. 李继宏, 译. 上海: 上海译文出版社, 2010: 6.

二

Richard Sennett 引入"新页面理论"来描述新的生活进程与坐标，指示着我们正置身于一个叫作"全球化"的全新生命流变之中，进而从历史演变的视角对这个生活页面进行深刻的解读。

作者首先援引了马克思在《共产党宣言》一文中对"资本主义"或被有的学者称为"现代性"的特征的描述："一切等级的和固定的东西都烟消云散了。"作者认为卡尔·马克思对这种"'流动的现代性'（鲍曼语）的看法来自理想化的过去。它部分地反映了怀念古老的乡村生活的节奏的心态，然而那种生活节奏是马克思从未亲身体验过的。同样地，他也惋惜现代之前那些手工业行会和城市稳定的公民生活的衰落，而他本人的革命宏图却诅咒着两者必定灭亡"[1]。接着，Richard Sennett 又描述了现代社会正在经历的真实生活状况，他说道："自从马克思时代以来，动荡或许是资本主义唯一稳定的因素。瞬息万变的市场、反复无常的投资者、暴涨暴跌的经济、四处搬迁的工厂，以及大量为了谋求更好的工作或者任何工作而四面八方流徙的工人：这些体现了资本主义流动性的形象浮现于整个 19 世纪。"更为重要的是，资本主义生产方式引发了"创造性的毁灭"（Creative Destruction）（约瑟夫-熊彼特 Joseph A. Schumpeter, 1883—1950 年），"时至今日，由于生产、市场、金融的全球化扩张，以及新技术的兴起，现代经济似乎恰恰充满了这种不稳定……"[2] 然而，这一切动荡，不仅没使人们的生活和社会秩序陷入更糟糕的混乱境况，从而使整个社会处于风险浪涛之中，反而"翻开了历史的新页面"。

在这新页面中，一系列事实不容置疑地发生了，正如 Richard Sennett 所说的那样："许多巨型城市完全因为全球经济而兴起，通信技术和交通领域的许多革新使人们的生活方式、联系方式和货物运输方式发生了天翻地覆的变化。"这样的事实描述并无任何新意，只是对我们每天遭遇的事实最朴实的呈现。让笔者无比惊讶甚至有几分惊叹的论点，则是 Richard Sennett 说："马克思的错误之处恰恰在于相信持续的创造性毁灭。"[3] 资本在求利的驱动下，整个社会像注入了强心针一样亢奋，财富的生产与利润的追逐成为这个社会的轴心。资本主义生

---

[1] 桑内特. 新资本主义的文化 [M]. 李继宏, 译. 上海：上海译文出版社, 2010: 1.
[2] 桑内特. 新资本主义的文化 [M]. 李继宏, 译. 上海：上海译文出版社, 2010: 2.
[3] 桑内特. 新资本主义的文化 [M]. 李继宏, 译. 上海：上海译文出版社, 2010: 2.

产方式从现象层面展现出它的独特性外观："资本主义生产方式占统治地位的社会的财富，表现为'庞大的商品堆积'"①。透过大量的物象，我们可以看到人与自然关系的紧张，可以看到人与人关系的简单化甚至对抗化的趋向，可以看到现代生产制度、现代社会的运行模式所具有的效率与合法性。更为重要的是，社会价值原则悄然发生变化，商业规则向生活世界的各个领域渗透与扩张，在人们彼此之间的交往中，"交易"取代了"交情"（乔治-索罗斯语）。新型的文化成为这个时代、这种生产与生活方式的观念、心理和情感的表达。

Richard Sennett 于 20 世纪 90 年代，通过采访硅谷软件编程人员，窥视这些人员的生存及其生存心理。他写到这些编程人员由于其工作方式的特质造就了"他们鄙视持之以恒的目标，如果失败了（他们经常失败），他们就像银行家那样，继续寻找新的项目"②。当他们为了新奇、为猎奇的创新而活的时候，网络泡沫在不知不觉中破裂，伴随而来的则是生活稳定性、生命稳定感的破裂与丧失。Richard Sennett 说，当年轻人听到网络泡沫破裂之声时，他们发现"他们的生活出现了崭新的页面""这些年轻人最普遍的反应是突如其来的孤单"，一夜之间，他们仿佛被曾经热爱他们的世界所抛，曾经的精英断裂了曾经的辉煌，因为"孤单的他们突然发现岁月不饶人，他们不再像从前那么意气风发，而且也没有规则来指导他们前进，告诉他们将来该怎么办。他们的新页面是空白的。在这种被遗弃的悲惨处境之中，孤独而缺乏生活叙事的他们发现了失败"，"他们全都面临着惨淡的前途"③。

在《新资本主义的文化》中，令笔者特有兴趣的是作者介绍了镶嵌在资本主义机体中的两种制度模式：自由主义的斯密模式和军事化的韦伯模式。韦伯分析 19 世纪末期市民社会的军事化历程："越来越多的企业采用了军队的运作方式，让企业中的每个人都有固定的职位，并且让每个职位都有清晰的职能。"④ Richard Sennett 具体介绍了韦伯研究军事化思维向社会渗透的过程，他指出卑斯麦执政期间，将军事模式推广到商业机构和各种市民社会的组织中去，建立了科层制的组织形式。更为重要的是，"在 19 世纪末期，用来描述投资决策的语言第一次披上了军事的外衣——这些用语包括投资战役、战略思维，当

---

① 马克思. 资本论：第 1 卷 [M]. 中共中央马克思恩格斯列宁斯大林著作编译局，译. 北京：人民出版社，2018：1
② 桑内特. 新资本主义的文化 [M]. 李继宏，译. 上海：上海译文出版社，2010：10.
③ 桑内特. 新资本主义的文化 [M]. 李继宏，译. 上海：上海译文出版社，2010：11.
④ 桑内特. 新资本主义的文化 [M]. 李继宏，译. 上海：上海译文出版社，2010：6.

然还有卡尔·冯·劳塞维茨将军爱用的战果分析"①。

这种社会机构组织化、理性化"导致了社会中各种有关友爱、权威和景区的规范同样具备军事的性质,尽管市民也许意识不到他们的思维和士兵相似"。如此一来,人们的时间观念、主观的生活等都发生了一系列的变化。时间观念的变化便会引发人的关注点的变化,由此而引发生命、生活叙事方式的变化。这样,"理性化的时间促使人们能够把他们的生活当作叙事来加以考虑——与其说这些叙述关注的是将来必定发生的情况,不如说他们关注的是事情如何才会发生"②。

生活在科层制中的人们,犹如生活在军事化的机构中一样,最牵动心的则是"职位"的升降,然而"职位的阶梯是件虚幻的物体,组织着个人对其自身的理解。人们要么向上爬,要么朝下降,要么维持原位,但总有一根可以踏脚的横档"③。事实上,在科层制中,每个人都被装入格中,如此,"在这样的机构度过职业生涯的人生活在'铁笼'里。或者换个比喻来说,在职能固定的组织中度日就像慢慢地爬上或者爬下某座里面的楼梯,可是这座房子不是你设计的;你生活在别人为你设计好的生活里面"④。同时,"科层组织让人们学会了延迟满足。你不会去判断当前的行动对你有什么影响,而是学会了思考如果你现在服从命令将来会得到什么回报",并且"许多野心勃勃的人都怀有这种反常的情绪。无论得到什么,他们总觉得不够,他们不能单纯地享受当下;满足的延迟变成了他们的生活方式"⑤。

所以,在现代社会这架没有亲切感、没有人情味、没有真正人道的巨大机械系统中,人的生活本身充满着悖论,对身体的关怀成为唯一的价值指标,心灵与精神的世界被生活搁置。空虚、痛苦何不涌上心头,因为人被物遮蔽,人被物化,人被机械化的感受就是被扭曲、被羞辱,就是被亵渎……

三

随着"韦伯模式"的运行,生活渐渐形成了生命的"铁笼",在此铁笼中,

---

① 桑内特. 新资本主义的文化 [M]. 李继宏,译. 上海:上海译文出版社,2010:7.
② 桑内特. 新资本主义的文化 [M]. 李继宏,译. 上海:上海译文出版社,2010:8.
③ 桑内特. 新资本主义的文化 [M]. 李继宏,译. 上海:上海译文出版社,2010:9.
④ 桑内特. 新资本主义的文化 [M]. 李继宏,译. 上海:上海译文出版社,2010:15.
⑤ 桑内特. 新资本主义的文化 [M]. 李继宏,译. 上海:上海译文出版社,2010:15.

"升迁和降职的机构叙事变成了他们自己的生活故事"[1]。"当然,野心勃勃的个体会浪费他们的生命去在这样的机构中谋取高职。但大多数成年人学会了如何驯服雄心的野兽;我们活着,不仅仅是为了飞黄腾达。铁笼围住了与他人共同生活的时间"[2]。然而,这样的生命页面,随着其内在的困境和外在的力量,渐渐被打破,这种被打破构造出现代人新的生活历程,出现了一系列新的特征。在这一历程中,我们可以提炼出几个直接影响普通人在机构中生活的关键因素,这也是"铁笼"遭遇的几大挑战。

"首先,在大公司中,股东的权力取代了管理人员的权力"[3],也正是"由于复杂的股东权力的出现,处在指挥系统顶端的企业将军失去了从前的权柄。顶端出现了新的横向权力来源。那些掌权的人对长期的同事和合作在企业内部打造的文化要么并不了解、要么漠不关心"[4]。

其次,是"大权在握的投资者想要的是短期的而非长期的结果"[5],他们构成了"焦躁资本"的骨架,随之而变化的是他们衡量资本运行结果的尺度也发生了变化,他们关注的不是企业本身的盈利,而是股票的价格。实体经济的实际运行状态被搁于脑后,刺激人们大脑兴奋的是如何通过流通市场的买卖股票更快、更贪婪地获取更多的利润,于是,出现了公司毫无收入,但是他们的股票价格却一路狂飙的现象大量产生。整个经济生活在这样的悖论逻辑中,在全面符号化的层面操作与运行着,导致生活的物质根基全面漂浮化与虚构化。

"铁笼"遭遇的第三个挑战与通信业和制造业的新技术发展紧密相关。不可否认,全球范围内的通信瞬息万变。于是,不同的分析家就产生了不同的幻想:有的分析家幻想"全球经济已经离开地面,升入高空,地点变得无足轻重";有的分析家认为"大城市在全球时代变得更加重要,因为投资和协调的工作是在大城市完成的"[6]。如此,"城市",这一现代性重要标志的"怪物",变成了一个"枢纽",一方面连接着散落的生产据点,另一方面又无声地操纵着现代生活向着更为封闭化和孤立化的方向推进;"城市"成了最为拥挤的欲望集散地,也就成为现代社会"恶"之源,"恶"不断地被释放出来,弥散而流向各个领域……但是,在信息革命的背景下,"一种新的集权取代了对命令的调整和解

---

[1] 桑内特. 新资本主义的文化 [M]. 李继宏,译. 上海:上海译文出版社,2010:18.
[2] 桑内特. 新资本主义的文化 [M]. 李继宏,译. 上海:上海译文出版社,2010:20.
[3] 桑内特. 新资本主义的文化 [M]. 李继宏,译. 上海:上海译文出版社,2010:21.
[4] 桑内特. 新资本主义的文化 [M]. 李继宏,译. 上海:上海译文出版社,2010:22.
[5] 桑内特. 新资本主义的文化 [M]. 李继宏,译. 上海:上海译文出版社,2010:22.
[6] 桑内特. 新资本主义的文化 [M]. 李继宏,译. 上海:上海译文出版社,2010:24.

释","对于那些受到焦躁资本驱赶的执行官,技术进展的直接后果是促使他们相信他们掌握的情况足够全面,所以他们能够从顶层直接发布改革的命令"。然而,"这种信念通常导致他们的失败"。同时,技术革命带来的另一直接效果是"自动化"。"它以微妙的方式影响到金字塔式的科层组织:机构再也不需要庞大的底层"①,这无疑引发了一系列工作组织关系、工作机构的结构性变化,"有的人只通过电脑与各种组织发生联系,有的人在家办公或在他们自己的地方卖东西,这些人很容易被边缘化,错失了那些有时被称为联络感情的非正式的交往"②。随之,其管理方法也必须加以全面调整,在这个过程中,自动化在不断地扩张,"原先由人类技能所占的地盘也日渐缩小"③,于是"临时化、扁平化和非线性的安排"构成了机构内部的三座特殊而基本的建筑,它们带来的结果是"共同缩短了组织的时间框架","即时的微小任务变成了重点"④。

　　随着巨大的"铁笼"被渐渐冲破、被渐渐解构而碎片化,宏大的社会逻辑也渐渐不再占据生活世界的轴心地位,整体性的使命与任务被短期的、直接有效的工作方案替代,如此等等。"从社会层面来看,短期任务的劳动改变了工人一起工作的方式",韦伯式的、刚性的、金字塔式的结构指挥系统所规范的角色与职能被临时化,于是人们普遍认为开放的人际关系在柔性组织里更为重要。在这样的组织中,面对着临时性的工作,"人们需要未雨绸缪才能应付各种不利的因素"⑤,因为在临时性的工作环境中,人们似乎不再承担着固定的、整体性的制度安排所规定的一系列连续不断的职责,从而显示出一种怪异的"自由性",并且"在流动性的结构中,明智取代了责任"⑥。Richard Sennett 告诉笔者"剥掉这层蓬松的心理外衣,剩下的是一种坚实的需要"⑦。

　　当我们从韦伯式的"铁笼"中被解救出来之后,我们又被抛入"柔性组织"之中。在"柔性组织里,权力变得向核心集中;机构的中央处理器设定任务、评判结果,扩张和收缩企业的规模。新的分析技术已经使得企业能够实施米歇尔-福柯所说的'全景式监控';这些技术将资源和经营的实时图表放到屏幕上"。企业就借用"内部市场"来调动"自主性",激发"创造力",形成团

---

① 桑内特. 新资本主义的文化 [M]. 李继宏,译. 上海:上海译文出版社,2010:25.
② 桑内特. 新资本主义的文化 [M]. 李继宏,译. 上海:上海译文出版社,2010:28.
③ 桑内特. 新资本主义的文化 [M]. 李继宏,译. 上海:上海译文出版社,2010:26.
④ 桑内特. 新资本主义的文化 [M]. 李继宏,译. 上海:上海译文出版社,2010:30.
⑤ 桑内特. 新资本主义的文化 [M]. 李继宏,译. 上海:上海译文出版社,2010:31.
⑥ 桑内特. 新资本主义的文化 [M]. 李继宏,译. 上海:上海译文出版社,2010:32.
⑦ 桑内特. 新资本主义的文化 [M]. 李继宏,译. 上海:上海译文出版社,2010:31.

队中的创造竞争,其目标只有一个,"尽可能快地制造出最佳的成果",这是"更为现代的效率标尺"①。然而,这个柔性的系统"在高人之间制造了高强度的压力和焦虑"。所有的工人之间都不再是长期性的"同事",而仅仅是临时性的工作伙伴、直接的竞争对手。每一个人都仅仅是为了"收取报酬",如果愿意,就"拍拍屁股走人"②。一个人力资源经理说,她"要找的员工必须能够自律,没有依赖心"③。"依赖""依靠"是作为负面词出现在工作中的。于是,每个人似乎都以独立性的方式按照工作的程序而实施其功能,由此解除了对"家族式雇主"的依附。然而同时,"焦虑"与"厌倦"成为柔性组织中工人的基本心理与情绪状况。"焦虑是因为并不确定将会发生什么事情,厌倦是因为已经知道将会发生什么事情。焦虑来自恶劣的环境,厌倦来自无可避免的痛苦和倒霉"④。

Richard Sennett 告诉我,结构变化带来"三种社会赤字":"很低的结构忠诚度、个人间非正式信任的锐减,以及机构知识的弱化"⑤。如此,Richard Sennett 最后得出一个令人无比忧虑的结论:"对那些在机构中并不掌握权力的人,建立社会融合感的最大困难是工作认同的问题。"⑥

四

Richard Sennett 认为,"一个人在组织中的地位越低,他的社会网络就越薄弱,他的生活就会更需要正式的战略思考,而正式的战略思考又需要清晰的社会地图"⑦。如此,生活在社会底层的人,是无论如何都难以对自己的生活做出一个合理而有序的规划的,"他""她"唯一的命运就是等待社会大机器的宰制,成为顺从于社会潮流的芸芸众生。由此,"对无权无事的黑人男性,获得安稳的工作过去是、现在依然是他们生活中的最大的目标"⑧,于是"敢于冒险被认为是年轻人从事商业工作必备的精神;越来越多的年轻人响应这种怂恿,乃

---

① 桑内特. 新资本主义的文化 [M]. 李继宏, 译. 上海: 上海译文出版社, 2010: 32.
② 桑内特. 新资本主义的文化 [M]. 李继宏, 译. 上海: 上海译文出版社, 2010: 36.
③ 桑内特. 新资本主义的文化 [M]. 李继宏, 译. 上海: 上海译文出版社, 2010: 40.
④ 桑内特. 新资本主义的文化 [M]. 李继宏, 译. 上海: 上海译文出版社, 2010: 33-34.
⑤ 桑内特. 新资本主义的文化 [M]. 李继宏, 译. 上海: 上海译文出版社, 2010: 42.
⑥ 桑内特. 新资本主义的文化 [M]. 李继宏, 译. 上海: 上海译文出版社, 2010: 50.
⑦ 桑内特. 新资本主义的文化 [M]. 李继宏, 译. 上海: 上海译文出版社, 2010: 57.
⑧ 桑内特. 新资本主义的文化 [M]. 李继宏, 译. 上海: 上海译文出版社, 2010: 52.

至不惜放弃教书或者其他民事服务工作"①。社会在可以直接兑现的利益驱使与诱导下形成了一种特殊的价值逻辑与评价尺度,"冒险"抑或"投机"成为社会的主流价值观。如此的价值观,导致"各种临时工和那些漂浮在前沿精英之下的工作将会在同样流动的工作时间里享有越来越高的社会地位"②,整个社会构造出一种博弈逻辑与赌注心理,人们生活中"焦急的心态"所"反映的就是社会文化中的价值系统的变化"。③

Richard Sennett 通过分析资本主义企业制度、企业制度内部机构、法则与模式的演变,洞见社会生活世界的整体性变迁,以及社会价值体系的严重错位。这一切演化出资本主义在新的历史时期所具有的文化征兆,由此形成了对资本主义具有个性的解读视域。

阅读 Richard Sennett 的《新资本主义的文化》,从社会制度的自我嬗变与更新的视角,我们自然会将制度更新与制度替代的思维迁移到当下的中国。处于转型中的中国,我们可以非常清晰地感知到权力本位尚未退出,资本强势又无限地扩张与渗透到生活世界的各个角落,社会前进显得如此步履蹒跚,人们的生存受到重重挤压。当代中国,一方面是市场经济慢慢溢出它固有的边界,向政治、文化等领域扩展,它如脱缰的野马一样,骄横狂野,肆意破坏社会的游戏规则,生成"市场社会";另一方面是陈旧的各种因素与势力以"传统"的名誉被无条件地合法化,构成了当代生活中最为畸形的景观。这样,当代社会生活在一种组装式的机制中,操纵着人们的价值理念、生活情趣与生命的意义……导演出一系列病态的现象,人们置身于其中,深感无可奈何,唯一的出路就是默默地承受。这不禁让人想到马克思曾经所揭示的社会历史关系逻辑:"一切已死的先辈们的传统,像梦魇一样纠缠着活人的头脑。"④"除了现代的灾难以外,压迫着我们的还有许多遗留下来的灾难,这些灾难的产生,是由于古老的、陈旧的生产方式以及伴随着它们的过时的社会关系和政治关系还在苟延残喘。不仅活人使我们受苦,而且死人也使我们受苦。死人抓住活人"⑤。

精神的贫困与创造智慧的贫瘠,引发了一系列滑稽的精神图像。其中最为

---

① 桑内特. 新资本主义的文化 [M]. 李继宏, 译. 上海: 上海译文出版社, 2010: 53.
② 桑内特. 新资本主义的文化 [M]. 李继宏, 译. 上海: 上海译文出版社, 2010: 54.
③ 桑内特. 新资本主义的文化 [M]. 李继宏, 译. 上海: 上海译文出版社, 2010: 53.
④ 中共中央马克思恩格斯列宁斯大林著作编译局. 马克思恩格斯选集: 第 1 卷 [M]. 北京: 人民出版社, 1995: 585.
⑤ 马克思. 资本论: 第 1 卷 [M]. 中共中央马克思恩格斯列宁斯大林著作编译局, 译. 北京: 人民出版社, 2018: 9.

显著而滑稽的是遵循着文化保守主义思维的"复古"思潮。这一思潮不问今夕是何年、今朝是何时,一味地正当化传统的思想,一味地推崇与无限功能化"古代智慧",抨击"人心不古"的惨淡现实,试图拯救当下人们道德与精神全面溃败的景象,再造一个其乐融融、其心善哉的人间。然而,这一主观愿景,实在是找不到有效的手法,因为它已经丧失了它植根的土壤,只能退守到教化的平台上,不断地自我陶醉与自我超度。这种以"独善其身"为原则的道德教化方略,在与以资本逻辑支撑与构筑起的现实生活进行直接对撞和深度对话时,显得苍白乏力,无计可施。

对此,我们在思考生活的意义、生命的价值这类问题时,往往会错位搁置自己的历史平台与生活坐标。于是,今天最难的事情,乃是真正确认、确证自己。

五

Richard Sennett 用"才华和无用的幽灵"来揭示在现代"技能社会"中,人生活的艰难、艰辛,以及现代社会自身的运行困境。他说人们普遍认为,"他们的下一代应该得到教育,掌握特殊的技能,这样他们的孩子就永远有用武之地,永远会有工作"[①]。事实上,"工作"是一个人融入社会,获得自我认同的主要渠道与方式,也是一个人获取社会财富份额,从而保障自己最基本的生存的主要手段。然而,当人们满怀希望武装自己的时候,社会却悄然发生一系列的变化,让曾经怀着只要有技能就能获取工作、就能立足于社会,从而展开自己人生梦想的人一再被社会的变迁所戏弄。因为在全球化背景下,发展的不均衡导致了更为怪异甚至诡异的就业图景,于是在"技能社会里,那些遇到失业难题的人大多受过教育,也有技能,但他们想要的工作已经转移到世界上那些技能劳动更为廉价的地方,所以他需要的是完全不同的技能"[②]。这样的生活事实,让我们不禁会想到现在身边的人忙碌于报考各种"技能证书",试图从这个社会的生存夹缝中为自己撕开一条更大的生存缝隙,留给自己更多的选择空间。殊不知,在"技能社会"里,诡秘的技能需要,随时在变迁,让人无所适从,或许你刚掌握一门大热的技能,转瞬又变得陈旧,无人问津了,这样的"市场"需求逻辑,如川剧的"变脸"一样,不可捉摸,让被彻底愚弄,让你永远计划

---

① 桑内特. 新资本主义的文化 [M]. 李继宏, 译. 上海: 上海译文出版社, 2010: 59.
② 桑内特. 新资本主义的文化 [M]. 李继宏, 译. 上海: 上海译文出版社, 2010: 59-60.

赶不上变化。现在毕业的本科生、硕士生、博士生，在求职的时候，手捧一大堆各种技能证书、各种奖项证书、各种表征自己"无所不能"的"证明材料"，依然在"人力""资源""市场"上找不到"东家"。这样，在"技能社会""技能经济"的社会格局中，"有技能"与"无技能"又消解了其中的差异，最后变成了无差别的命运与结局："无用的幽灵"！于此，讨论有关高等教育如何转型的一系列良好的动议，以及为此开出的各种自以为具有可行性的良方，其实都无济于事、于事无补。

Richard Sennett 以历史的方法来考察与分析了"无用的幽灵"之流变历程。他将触角直插于现代工业文明的生产与运行机制中，将批判审视的视角搁置于古典经济学的辩护中，从而为我们掀开"无用的幽灵"之历史面貌或多张面孔。

Richard Sennet 直言道："无用的幽灵最初是在现代城市的发展中出现的；那些来到城市的农民，他们的脚下再也没有可以耕作的天地。大量的农民破产之后来到城市，希望那些机械化的工厂能为他们提供职位。"事实上，"在工业时代早期，劳动者很少能够得到更高的教育，能够向上流动的更是微乎其微"①。这样，Richard Sennet 得出一个基本的结论："随着城市的膨胀，无用可被当作发展的必然后果，尽管是可悲的后果。"②

Richard Sennett 认为，"现代社会真正的成就之一是破除了大众与蒙昧之间的统一"。教育成为拯救自我、塑造自我、开展自我于社会的必要手段与程序，大众在教育启蒙的引导下，获得对社会认知的同时，获得社会所需要的技能。改变自己命运的主要途径和手法就是接受教育，正如千千万万中国农村的孩子为了摆脱农村生活而走"高考独木桥"一样，心怀对美好生活的期待与憧憬，苦其心志、劳其筋骨，将一生的梦想都寄于此，"毕其功于一役"，高考被认为是人生最重要的工程。Richard Sennett 面对欧洲的历史进程之事实，解读出与我们的生活相似的情景："教育机构开始以维多利亚人无法想象的幅度提高算术和语文的标准。有才华的贫苦少年渴望成为医生或者律师在今天看来无非是稀松平常的理想而已。"③ 然而，当父辈无知识、无技能而备受社会拒斥的命运并未彻底得到有效的改变时，已接受高等教育、获得各种现代所谓新技能的"我们"，却在一夜之间也变成了与父辈同样的"无用的幽灵"。如此，Richard Sennett 坦言道："技能经济依然将大多数人甩在后面。更具体地说，教育系统制

---

① 桑内特. 新资本主义的文化 [M]. 李继宏, 译. 上海: 上海译文出版社, 2010: 60.
② 桑内特. 新资本主义的文化 [M]. 李继宏, 译. 上海: 上海译文出版社, 2010: 61.
③ 桑内特. 新资本主义的文化 [M]. 李继宏, 译. 上海: 上海译文出版社, 2010: 61.

造出大量受过教育的年轻人,可是他们却找不到工作,至少找不到与他们所学专业对口的工作。"① 为什么会如此呢?这或许是"经济机器也许只要征募少数精英便能够高效地、能够产生利润地运转"②。

通过 Richard Sennett 的分析,我们不难看出,现代人只有"精英化"才能存活下来,才能具有进入社会的可能性,才有现代生存资格。果真如此,那么,大学存在的必要性何在?大学专业设置与专业教育、专业调整又有何必要呢?一直在争论的所谓大学独立的精神又有何意义呢?现代社会的利润原则早已将大学的存在、教育的意义、技能的定位,显露出、编码出真实的价格与无情的逻辑。我们一直在就业的问题上,仍没有实效的策略,为什么?其实,我们应该更深、更理性地体味、认识到现代社会是一个抛弃"人"的社会,是人本身被彻底工具化的社会。于是,"无用的幽灵"这一现代社会人整体命运的语词所泄露出来的生存真理,赤裸裸地直指一切温情脉脉的说教与修补策略之"无用"与荒诞之幻想。

在此基础上,Richard Sennett 概括了不断被派生出的"无用的幽灵"给当代社会所带来的困境。他说,"导致无用的幽灵威胁到当代社会的因素有三种:全球的劳动力供应、自动化,以及老龄化的管理"③。

Richard Sennett 在分析"无用的幽灵"产生的社会机制时,首先从"资本"主义、"劳动力市场也追求廉价的才华"入手,提出市场"恶性竞争"带来一系列最可怕的现象:"从事那些非常刻板的劳动的往往是拥有很高技能的机械师""许多南方国家的儿童离开家庭和学校,去血汗工厂打工""许多呼叫中心的个人受过两年以上的大学教育;此外,他们还得到良好的上岗培训""印度的呼叫中心还强调'拓展学习'""那些呼叫中心还给它们的工人上'人力资源技能'培训课""从事这种工作的人都很有能力,而他们得到的薪酬确实非常糟糕"④。然而,Richard Sennett 避开资本逻辑利益最大化的固有本性,在对"无用的幽灵"的分析中,引入了文化因素。他说:"某种文化选择也起到了作用,所以工作岗位才会离开美国和德国,转移向各个低工资的经济体,那些地方的工人有足够的技能从事这样的工作,有时候从事这样的工作对他们来说简直是大材小用。"⑤ 这样的现象在中国被称为"浪费人才"!

---

① 桑内特. 新资本主义的文化 [M]. 李继宏,译. 上海:上海译文出版社,2010:61.
② 桑内特. 新资本主义的文化 [M]. 李继宏,译. 上海:上海译文出版社,2010:61-62.
③ 桑内特. 新资本主义的文化 [M]. 李继宏,译. 上海:上海译文出版社,2010:62.
④ 桑内特. 新资本主义的文化 [M]. 李继宏,译. 上海:上海译文出版社,2010:62-63.
⑤ 桑内特. 新资本主义的文化 [M]. 李继宏,译. 上海:上海译文出版社,2010:62.

其实,"人才""人力资源"市场的"恶性竞争",实质上是人与人之间争夺生存机会,因为这种竞争的性质决定了它必然是一场"你死我活"的斗争,在这里似乎依然贯彻遵循着一种动物世界的弱肉强食、适者生存的"丛林原则",没有突破动物世界的游戏规则。人与人之间的斗争是通过文化修饰、掩饰之后,更具技术含量的"经济动物"之间有计划性的、规模化的厮杀。这一原则,从经济领域、利益分割战场直接成型,渐渐地扩展、蔓延到生活世界的各个方面,包括现代大学所谓争夺人才的战争……

然而,为了财富的累积,为了满足对财富的占有与操纵欲,现代社会不断地自我技术革命,不断地置换运行的装置,这已经是常识!所以,Richard Sennett 将产生"无用的幽灵"之源导向对资本运行中不动资本、资本的技术构成变化的分析。于是,他说:"第二个无用的幽灵潜伏在自动化之中。害怕机器将会取代人类的心态由来已久。第一批蒸汽纺织机的出现引起了法国和英国纺织工人的暴乱;到了19世纪末,许多钢铁工人痛苦地发现他们的技能将会被剥夺;由于复杂劳动被机器抢走,他们只剩下那些低工资、枯燥单调的活可以做。然而,在过去,自动化的威胁并没有人们所说的那么严重。"[1] 在 Richard Sennett 看来,"问题在于那些机器本身的设计和发展"[2],尤其是电脑和微电子领域的革命,不仅在生产领域,而且在服务性领域也取代了工人。因为在过去,"这些机器只能用于机械性的服务。现在,我们拥有的机器却能够削减各种各样的劳动"[3]。如此,"现代工人终于遇到了自动化生产带来的无用的幽灵"[4],生产和服务领域不断地制造出"无用的幽灵",增加了"无用的幽灵"的数量,满街游荡着饥饿难耐的"无用的幽灵"在"觅食"!

然而,在 Richard Sennett 的视域中,全球化的岗位迁移和真正的自动化生产都是特殊的例子,他们影响到的是某些而非全部劳动力。"老龄化划定了更为广阔的无用的领地",因为"每个人都会变老和衰弱,如果说无用就是丧失劳动能力,那么我们每个人迟早都会变得无用"[5]。

Richard Sennett 继续分析,在现代经济中,作为衡量无用的尺度的年龄受到两种方式的调整,其中一种是极端的偏见。在某些行业和某些职业中,30岁已经"走下坡路"、40岁已经"过时",这无形中会给年纪大的员工贴上缺乏"进

---

[1] 桑内特. 新资本主义的文化 [M]. 李继宏, 译. 上海:上海译文出版社, 2010:65.
[2] 桑内特. 新资本主义的文化 [M]. 李继宏, 译. 上海:上海译文出版社, 2010:65.
[3] 桑内特. 新资本主义的文化 [M]. 李继宏, 译. 上海:上海译文出版社, 2010:67.
[4] 桑内特. 新资本主义的文化 [M]. 李继宏, 译. 上海:上海译文出版社, 2010:67.
[5] 桑内特. 新资本主义的文化 [M]. 李继宏, 译. 上海:上海译文出版社, 2010:68.

取心"和"创意"的"耻辱的标签",因为"技能的有效期"与年龄之间的关系,直接触及"才华"。于是,社会上出现了一个不可改变的悖论"老龄化歧视",现代医学使人能够活得比过去更久、工作得更久。"在 20 世纪 50 年代,把退休年龄设定为 55 岁或者 60 岁是合情合理的,因为当年普通工人的预期寿命只有 70 来岁。现在,50% 的美国人能够活到 80 岁出头,而且大多数人在 70 来岁的时候还很健康。如果退休年龄依然按照原来的标准,那么本来还有能力工作 15 到 20 年的男性,在这段时间里只能无所事事。与其说工人的身体状况不允许他们继续工作,倒不如说工作已经将他们抛弃"[1],于是大量的才能被社会无情地搁置一边、闲置无用,"无用的幽灵"被制度化地生产出来。

然而,更为严重的是,技能加速灭绝的情况在加剧,此等情况不仅出现在技术性的工作中,还出现在医疗、法律和其他行业中。人们如果为了不被社会淘汰,似乎需要不断地进行技能学习,在中国叫"充电"! 因为,"劳力市场经济以极具破坏性的方式出现了"[2]。

"雇主可以重新培训一名 50 岁的员工来让他们与时俱进,也可以雇一个跟得上时代的 25 岁的聪明人。雇佣聪明的年轻人划算得多,因为年龄较大的员工薪酬基数较高,而且对在职员工进行重新培训本身需要花很多的钱"[3]。这样,如潮水般涌入社会、具有各种优势的"年轻人",成为"新人"不断替代"老人",新老更替呈加速度发展,于是上演着"长江后浪推前浪、前浪死在沙滩上"的"悲惨故事",时下正盛,并未落幕。

Richard Sennett 说:"这种替换过程还将遇到一个更深层的社会难题。与年轻的员工相比,年纪较大的员工更加自信,更容易评判他们的雇主。在接受重新培训的过程中,年纪较大的工人和其他成熟的学生一样,会判断他们要学的技能有没有价值,也会根据他们过去的经验来评价老师教得好不好。经验丰富的工人会怀疑他或她所学知识的意义,用他或她的过去来判断其价值。与之相反,许多以年轻工人为对象的研究对年轻人有一种刻板的偏见:他们在企业中缺乏经验和地位,所以表现得更为谨慎。如果对工作环境感到不满意,他们倾向离开而不是反抗。年轻人能够做出这样的选择,因为他们的家庭负担和社会顾虑较少。因而,年龄在企业中制造出两种大相径庭的情况:'出路'与'声音'——年轻的工人较为随和,当感到不满时,他们倾向另谋出路。年纪大的

---

[1] 桑内特. 新资本主义的文化 [M]. 李继宏, 译. 上海: 上海译文出版社, 2010: 69.
[2] 桑内特. 新资本主义的文化 [M]. 李继宏, 译. 上海: 上海译文出版社, 2010: 70.
[3] 桑内特. 新资本主义的文化 [M]. 李继宏, 译. 上海: 上海译文出版社, 2010: 70.

工人则较为主见，遇到不满他们会说出来。"①

Richard Sennett 认为，由于技术进步带来的"无用的幽灵"，不仅仅是对"无用者"自身的生活带来一系列困境和麻烦，而且对整个社会带来一系列难以解决的问题。他说，"无用的幽灵确实给今天许多人的生活造成了影响。对他们产生影响的，并非只有'技能'的魔咒"②。譬如，Richard Sennett 说："无用的幽灵给福利机构带来了棘手的难题。"同时，"新人类"以避免依赖他者为荣的文化态度加剧了"无用的幽灵"有效获得福利机构的惠策，导致福利机构因文化态度使公共领域对"无用的幽灵"一筹莫展。

当我们在全面丰富自己，以拥有具有生命本体意味的"才华"和工具性意义的"技能"而感到生命如此充盈、生命意义如此庄重之时，Richard Sennett 以西方生存世界中"才华"与"无用的幽灵"之分析，瓦解了我们的自信，将现代社会的你、我，"生存何以可能"、生活的意义、生命的倚重等问题毫无表情地提交给我们——"活"之可能在哪儿？"生"之可能在何处？如何才可活？尤其在"存在"蜕变为"存活"、"生活"降为"生存"的历史语境中。

六

Richard Sennett 用了一个重要的范畴"匠人精神"，来表达前现代的生产中所凝练的重要品质，从而将现代生产的精神与前现代划分开来，具体地揭示这两种不同的精神，并塑造了不同的社会生活类型。

他说，"匠人精神""指的是制作小提琴、手表或者陶罐时那种精益求精的精神"。这种精神不仅仅存在于体力劳动者那里，而且在脑力劳动者那里也同样存在着，它具体表现为"努力把文章写清楚"，而在社会生活中，这表现为"打造一段白头偕老的婚姻"。这样来表达"匠人精神"，Richard Sennett 认为是狭隘的，应该将"匠人精神"的内涵加以扩展。于是，他提炼出一个具有一般性的所谓的"匠人精神"范畴。他认为"为了把事情做好而把事情做好"的精神都可以称之为"匠人精神"。这种贯彻于各个领域中的"匠人精神"所具有的共同特质，在 Richard Sennett 看来：（1）"自我约束和自我批评"；（2）"标准最重要，对质量的追求理想地变成了其自身的目的"③。如此就需要人们"全情

---

① 桑内特. 新资本主义的文化 [M]. 李继宏，译. 上海：上海译文出版社，2010：70.
② 桑内特. 新资本主义的文化 [M]. 李继宏，译. 上海：上海译文出版社，2010：72.
③ 桑内特. 新资本主义的文化 [M]. 李继宏，译. 上海：上海译文出版社，2010：76.

投入"方可达到,而不至于有抽身反观创造物的必要。

　　Richard Sennett 提出"匠人精神"是为了解读出前现代社会生产活动中人存在的状态,从而进一步揭示与现代社会截然不同的生产精神。在"匠人精神"引导下的"生产",凸显了"客观化"原则,生产者将自我的精神理念、审美情趣、个人偏好以及技艺上追求完美与卓越的个性化特质熔铸在对象之中,也就是"他把精神关注在那件物品之上,全然忘了自身的感受,并通过是否把事情做好来评判他自己",这就是在"匠人精神"客观化原则的支配下,"事物被制造成物自体"①。如此一来,"这种客观化的精神使哪怕似乎毫无技能的底层工人也能够为他们的工作感到自豪"②,这无疑让我们在生产对象中能"发现"自我存在的意义,从而对生产者于审美中起到"安慰作用"。这样的"安慰作用"无须过分夸大,但是事实上带来了一系列的价值,首先是让生产不至于成为一种纯然物化的流程,让生产者与生产对象处于一种纯粹外在性的关系状态中。同时,让"工作能力"是"有价值的"判断有了合法性依据,人们从而得到一种对工作能力具有客观性的比较评判尺度。

　　Richard Sennett 将"匠人精神"置于资本主义生产制度中加以分析发现,"资本主义的柔性机构是容不下匠人精神的"③。

　　为什么会如此?因为,"匠人精神"所强调的"为了把事情做好而把事情做好",不再适合现代"流变性"的生产与工作的性质。倘若那样,"匠人精神"就会被认为是"死心眼""钻牛角尖",无论在管理层还是在生产技能方面都不会受到欢迎,反而成为组织担心的事情。因此,Richard Sennett 认为"由于匠人精神能够使学徒和师傅为了把事情做好而把事情做好,所以他非常适合中世界的行会"④。这样,他就为"匠人精神"所具有的时代语境给予了明晰的规定。

　　事实上,在资本主义社会中,假如按照或遵循着"匠人精神"来生产,只有待产品达到至臻完美时才出售,这样必然会导致消费者对产品需要的终结。那种"尽善尽美"的诉求成为现代商品生产和商品运行中"自杀"的方式。残缺、不完美才有需求的不断更新,从而为现代经济提供活力。

　　同时,在"匠人精神"指导下的"生产"不仅在生产制度上具有世袭性,生产出来的产品具有个体差异性,而且更为重要的是生产出来的产品与生产者之间具有独特的匹配性。

---

① 桑内特.新资本主义的文化[M].李继宏,译.上海:上海译文出版社,2010:77.
② 桑内特.新资本主义的文化[M].李继宏,译.上海:上海译文出版社,2010:77.
③ 桑内特.新资本主义的文化[M].李继宏,译.上海:上海译文出版社,2010:78.
④ 桑内特.新资本主义的文化[M].李继宏,译.上海:上海译文出版社,2010:80.

因为,"匠人精神"下的生产,要求生产者必须"掌握和拥有一门特殊的知识"①,或某种绝技,或绝活,换句话说,具有不可替代性的技能。如此,我们才"能够根据某个人劳动的具体结果来判断他的工作做得怎么样"②。与"匠人精神"有别的现代生活,提倡的是"优才的统治",依赖的是"优才统治的制度"。这一制度的核心问题是"如何评估才华","它关注的是一种特殊的才能,也就是潜力。用职场的话来说,一个人的'潜力'要看他或她处理不同问题、学习不同学科的能力"③。人们对"标准化"和"客观化"的要求,是按照一系列程序而展开的。这样人的能力似乎得到了前所未有的开发与拓展,人的"内在能力"和"外在能力"得到充分的挖掘。如此,Richard Sennett 说道:"更让人费解的能力是情商——情商高的人为人圆滑、处事得体,能够听得出别人的话外之音,这是一种给人们在生活中的实践造成深刻影响的能力。"这样的能力不断得到开发,每个人都按照"人精"的目标塑型自我,面对各种"考试""考验","无论是考官还是考生,都假定它们(某一个语词)有客观的指示对象"④。经过各种的标准化考察,人的能力得到了一种可量化的指标,从而成为一串丧失了个性的数据。最后,"人类精神生活采取了一种肤浅而狭窄的形式。社会的参展、感官的推理、情感的理解都被排除在追寻之外,信仰和真理也概莫能外。极具讽刺意味的是,现代考官越是想要在各种测试中消除文化的偏见,他们所考察的内在能力就变得越淡薄"⑤。

Richard Sennett 通过对"在现代社会中,尤其是在人员流动频繁的机构中,对才华的追寻确实是在社会融合的框架中进行的"⑥ 这一特征的肯定,将"优才统治的制度"中一种新的精神生活特质揭示了出来:"不停地从一个地方转移到另一个地方,从一个问题转移到另一个问题,从一个团队转移到另一个团队。""作为团队成员,他们自身能够胜任变动的工作,因为他们随时都有可能在组织里换岗。这样的劳动确实需要一种才华,也就是撇开背景和参展,预先思考应该做些什么的能力——往好处说,这是一种在想象中工作的能力。不过往坏处说的话,这种才华的追寻切断了经验的参照和各种环境的因素,避开了

---

① 桑内特. 新资本主义的文化 [M]. 李继宏,译. 上海:上海译文出版社,2010:86.
② 桑内特. 新资本主义的文化 [M]. 李继宏,译. 上海:上海译文出版社,2010:85.
③ 桑内特. 新资本主义的文化 [M]. 李继宏,译. 上海:上海译文出版社,2010:86.
④ 桑内特. 新资本主义的文化 [M]. 李继宏,译. 上海:上海译文出版社,2010:91.
⑤ 桑内特. 新资本主义的文化 [M]. 李继宏,译. 上海:上海译文出版社,2010:91.
⑥ 桑内特. 新资本主义的文化 [M]. 李继宏,译. 上海:上海译文出版社,2010:84.

感官的印象，隔开了分析和信任，忽略了情感的黏合力，而且还惩罚钻研"[1]。

事实上，这正是我们置身于其中的社会，一个叫作变动不居的、充满着吊诡的生活世界中。

七

无疑，现代社会制造出复杂的知识信息网络，这样的知识信息网络催生出各种权力，从而控制着个体和群体。这一问题，米歇尔-福柯进行了揭示。他认为，"变得越来越复杂、越来越艰涩的知识将会有助于更完全地控制个人和群体"。在资本主义社会中，贯彻的优才统治制度事实上无情地"剥夺了大多数不符合其标准的民众的权力"[2]。

Richard Sennett 认为，"从本质上来说，对潜力的判断比对成就的判断带有更多的个人色彩，成就是社会环境、经济因素、机遇和自我的结合。潜力只聚焦于自我"[3]。这样，如果说"你把事情搞砸了！"是对"你"处理某种具体事情的能力的否定性判断，是对"你"具体的某项技能的否定，那么说"你缺乏潜力"，则是对"你"未来发展可能性、有用性的终极否定，因此说"你缺乏潜力"比说"你把事情搞砸了"更加伤人！因为，"它是对你的本质的更为直接的否定。它更为彻底地认为你是无用的"[4]。任何一个人在现在社会的评估与考量平台上，都必须面临对自己"潜力"的他者评定，这样的评定无形地给予了你一种社会生活空间、生活路径等一系列直接涉及你生命系统的预设。否定"潜力"，本质上就是判决其"未来之无用"，武断地切断其人生或生命"未来"之可能性，强使其意识到或予以强烈的心理压迫性暗示，从而认为此人前途黯淡，让被判断者看不到希望之"光"而自我否定。这正是优才统治下的社会对"人"的残酷性。

事实上，在优才统治的社会中，"缺乏才华的人变得隐形了，他们完全淡出了那些公平评判能力而非成就的机构的视野"，一个"被判定为缺乏才华的年轻学生并不会成为引人注目的个体，他们变成了默默无闻的大多数"[5]，归于人海。然而，"对才华的追寻所撒下的网并不广，并没有考虑到不同的个体可能拥

---

[1] 桑内特. 新资本主义的文化 [M]. 李继宏, 译. 上海：上海译文出版社, 2010：92.
[2] 桑内特. 新资本主义的文化 [M]. 李继宏, 译. 上海：上海译文出版社, 2010：93.
[3] 桑内特. 新资本主义的文化 [M]. 李继宏, 译. 上海：上海译文出版社, 2010：93-94.
[4] 桑内特. 新资本主义的文化 [M]. 李继宏, 译. 上海：上海译文出版社, 2010：94.
[5] 桑内特. 新资本主义的文化 [M]. 李继宏, 译. 上海：上海译文出版社, 2010：94.

有的各种不同的能力。这个系统所追寻的潜力的种类很少"①。如此,这个新的社会通过对"潜力"系统的评估而形成的"传统",构造出一种新的社会生活格局与生活品质。

每一个人都是社会的人,都必须适应并遵循社会运行所要求的游戏规则,在现代社会中,社会对"潜力"的要求,本质上是对"个体"生命力的考验。"我"带着"匠人精神"走入现代社会中,开发"我"某种特殊的"潜力",培养出某些独特的才华、某种特殊的技能,试图将每一件事情都做得完美无缺,但是在"现代文化中,匠人精神的诉求遭到了一种不同的价值观的挑战"②。这样,如果你想在现代瞬息万变的社会中,能自如地展现自我存在的可能,并实际地生存下来,就必须将"自我"的内在本质性的"潜力"变成一个不断叠加的复数,否则任何人都面临着被社会抛弃的可能。客观上,这正如 Richard Sennett 所说的那样:"一个工作任务不停变化的组织需要员工具备解决各种问题的灵活能力"——"'我能够与任何人共事'是潜力的社会公式,这道公式与别人是谁无关。"同时,"在快速运转的机构中,集中学习变得很困难。迅速产生结果的压力太过强大。与教育领域测试的情况相同,职场的时间焦虑促使人们浅尝辄止,而非细致探究。这种能力的掏空使着眼于未来的组织更加倾向贬低以前的成就"③。这样,现代社会对所谓的"特异才华的技术变得精湛",并通过对才华的寻找"消灭和提拔个体"④。

然而,"无论一个人有什么样的内在能力,他技术的提高需要经过不同的阶段,需要反复的锤炼"⑤。如此,一个无限完备的自我,即一个"理想的自我"所应该具有的适应社会需要的规定与品质,构成了生活在这个时代的任何一个人的"焦虑感"与"恐惧感"之来源。因为"你"与"我"一样,是一个个体的"人",其"潜力"无论如何总是有限的,这就注定了我必然会被不断要求"潜力"完备和"潜力"多样性的社会无声地抛弃,至少渐渐被"边缘",这是"我的"宿命。

"我"因为"潜力"的天然客观限制,"我的(生存)权力"被"剥夺"迟早都会来临,也必将成为"事实"。因为,"我"再也没有别的办法展示我还能够做的事情。我待开发的潜力已经殆尽,我最终蜕变为彻底"无用的幽灵",

---

① 桑内特. 新资本主义的文化 [M]. 李继宏,译. 上海:上海译文出版社,2010:95.
② 桑内特. 新资本主义的文化 [M]. 李继宏,译. 上海:上海译文出版社,2010:98.
③ 桑内特. 新资本主义的文化 [M]. 李继宏,译. 上海:上海译文出版社,2010:97.
④ 桑内特. 新资本主义的文化 [M]. 李继宏,译. 上海:上海译文出版社,2010:99.
⑤ 桑内特. 新资本主义的文化 [M]. 李继宏,译. 上海:上海译文出版社,2010:97.

"他们被断定为再也没有用,或者再也没有价值,不管他们原先取得了什么样的成就",就这样,"我"最终被当作"缺乏内在资源的人",被社会、被生活无情地"遗弃"了,如此繁衍,不断增加的"客观存在的无用的幽灵拉开了一出忧虑的文化戏剧的帷幕"①。

"人",就这样摆脱一个"宿命",又陷入另一个"宿命"中,自由与解放之路何在?

---

① 桑内特. 新资本主义的文化[M]. 李继宏,译. 上海: 上海译文出版社,2010: 98.

跋

一

马克思无疑是一个饱学之士，是一个百科全书式的大学问家，他的研究领域十分广阔，并且他在所研究的每个领域，甚至数学领域，都有独到的发现。其最重要的理论贡献无疑是发现了人类历史发展的一般规律，发现了现代资本主义生产方式和它所产生的资产阶级社会的特殊的运动规律。这一卓越的理论贡献，使社会主义从空想变为科学，并为无产阶级革命和人类解放奠定了科学的理论基础，正如恩格斯所言，"马克思首先是一个革命家。他毕生的真正使命，就是以这种或那种方式参加推翻资本主义社会及其所建立的国家设施的事业，参加现代无产阶级的解放事业，正是他第一次使现代无产阶级意识到自身的地位和需要，意识到自身解放的条件。斗争是他的生命要素"[1]。马克思的一切理论工作本身不是目的，而是为了无产阶级革命和人类解放事业，为了"确立此岸世界的真理"[2]，为了"人民的现实幸福"[3]。其理论工作的意义在于以"学理性"支撑其"价值性"，以"科学性"张扬其"革命性"，从而实现"批判的武器"与"武器的批判"[4]的内在统一，这样彰显了马克思有别于一切学问家、意识形态家的独特品质与个性。

我们如若按照近代以来条块分割的学科建制，将马克思的理论学说纳入

---

[1] 中共中央马克思恩格斯列宁斯大林著作编译局. 马克思恩格斯选集：第3卷 [M]. 北京：人民出版社，2012：1003.

[2] 中共中央马克思恩格斯列宁斯大林著作编译局. 马克思恩格斯选集：第3卷 [M]. 北京：人民出版社，2012：4.

[3] 中共中央马克思恩格斯列宁斯大林著作编译局. 马克思恩格斯选集：第3卷 [M]. 北京：人民出版社，2012：4.

[4] 中共中央马克思恩格斯列宁斯大林著作编译局. 马克思恩格斯选集：第3卷 [M]. 北京：人民出版社，2012：11.

"哲学""经济学""政治学""法学""伦理学"或任何一门学科中，进而将马克思定位为"哲学家""经济学家""经济社会学家"或诸多"学问家"中的任意一种，实际上也就忽略了马克思"首先是一个革命家"这一最根本的品质，可谓是对马克思以及马克思主义最严重的误读。研究者对马克思主义的各种"学科化"或"学术化"研究，看似规范、专业、深入，实则牺牲了马克思主义的整体性，不过是研究者根据各自需要对马克思主义所做的一厢情愿的切割与肢解。就其内在的思想旨趣与理论品质而言，马克思根本就不"做"哲学，不"做"经济学，不"做"政治学，不"做"任何一种脱离或凌驾于现实生活之上的独立自主的"纯学问"或"纯学术"！

二

马克思主义理论无论是以"哲学""经济学"或别的什么"学"的面貌示人，实质上都是以该"学"为可言说、可叙事的直接话语、范畴或命题，来揭示、甄别、诊断以"学"承载或包裹的"问题"。真正源于现实生活的真问题从来都是多元交织、复杂多变的系统整体，它不应也不能被某个单一的"学"所承载、所包裹。因此，人们将"马克思主义"肢解之后"塞"进某"学"之中，并进而将其改造成某一"学"的研究范式，无论由此而衍生出来的"马克思主义"有多少种"学"或形态，本质上都是对马克思主义及其所指向的现实问题的野蛮切割与错误肢解。① 对此，我们或许只能用马克思自己的话来予以恰当的评价："我要请他原谅。他这样做，会给我过多的荣誉，同时也会给我过多的侮辱。"②

可见，"马克思主义以什么方式存在？"仍是一个有待追问和落实，且必须加以追问和落实的问题。对此，无论是卢卡奇所言的"正统的马克思主义"，还是阿尔都塞"保卫马克思"要确证的"马克思主义"，其立意都在于从理论上对纷繁复杂的马克思主义多元研究范式进行甄别，从而厘清"真正的马克思主

---

① 1890年8月，《恩格斯致保尔·拉法格》的信中说道："所有这些先生们都在搞马克思主义，然而是10年前你在法国就很熟悉的那一种马克思主义，关于这种马克思主义，马克思曾经说过：'我只知道我自己不是马克思主义者'。马克思大概会把海涅对自己的模仿者说的话转送给这些先生们：'我播下的是龙种，而收获的却是跳蚤'。"参见中共中央马克思恩格斯列宁斯大林著作编译局. 马克思恩格斯全集：第37卷 [M]. 北京：人民出版社，1971：446.
② 中共中央马克思恩格斯列宁斯大林著作编译局. 马克思恩格斯选集：第3卷 [M]. 北京：人民出版社，2012：730.

义"。

然而，作为"实践的唯物主义者"行动指南的马克思主义，其"实践性"的品格以及其对"自己思维的现实性和力量，自己思维的此岸性"的追求，决定了任何一种无视其解决现实问题之实践指向，无视其改变现实生活之价值指向，无视其实际地反对现存事物之革命旨趣，而仅仅停滞于理论叙述的抽象言说中，这无疑都是"纸上谈兵"的"经院哲学"，都与马克思主义的真精神背道而驰。

如此，我们可以明确地说，"马克思主义"既以理论形态，又以实践形态或生活样态而存在。立足于此，我们才能把握习近平所说的"不断开辟当代中国马克思主义、21世纪马克思主义新境界"①的丰富内涵和深刻真谛。

正因为以现实生活为出发点和归宿，马克思主义才不以所谓的逻辑自洽或理论自足为尺度，而是以所达到的现实"效果"为准绳，由此也才能彰显出马克思主义的独特品质：它绝不存在于人的观念领域中，而是通过"理论"掌握群众，实现理论主体、价值主体和实践主体的统一，从而变成改造现实的力量。就马克思、马克思主义对人类产生的历史效果而言，法国学者雅克·阿塔利在《卡尔·马克思：世界的精神》一书的开篇直言道："任何一位作家都从未拥有过比他更多的读者，任何一位革命者都未曾汇聚过比他更多的希望，任何一种意识形态都不再引发更多的注解，同时将某些宗教创立者弃之一旁，任何人对20世纪所产生的影响力都无法与卡尔·马克思相提并论。"②

三

当马克思将黑格尔的哲学定性为"作为哲学的哲学"③时，这就表明马克思绝不要以黑格尔哲学为蓝本创建一种黑格尔式的哲学，而是要超越该种"哲学"，"退回"（阿尔都塞语）到真实的现实生活中，建立对现实生活进行批判的新型"哲学"。于此，哲学不再是"目的"，哲学转换成批判现实生活、揭露现实矛盾的武器、工具与手段。如此，马克思的"哲学"，即"作为非哲学的哲学"；马克思的哲学，不再是以"哲学"为目的，而是作为一种"精神武器"；

---

① 习近平谈治国理政：第三卷 [M]. 北京：外文出版社，2020：76.
② 雅克·阿塔利. 卡尔·马克思：世界的精神 [M]. 刘成富，陈玥，陈蕊，译. 上海：上海人民出版社，2018：1.
③ 中共中央马克思恩格斯列宁斯大林著作编译局. 马克思恩格斯文集：第1卷 [M]. 北京：人民出版社，2009：10.

马克思的哲学，也不再停留于幽暗的理性王国中，而是通过武装实践主体变成改造现实生活的力量。如此，马克思的哲学，立足现实生活，批判、改造生活现实，从而呈现"哲学"与"生活"内在的互生共进关系，由此消解了外在于感性生活的"观念论哲学"，彻底置换了"哲学"的存在方式。此哲学，即"生活哲学"。

正因如此，《马克思生活哲学论纲》所呈现的论域与主题，作为近年来研究马克思生活哲学的部分成果，虽然延续了以前的学术路向，但更为明确地聚焦了"生活哲学"整体性的把握，这也是笔者自2021年春天，从南国热土回归久别的故里，就职于西南财经大学之后研究工作的重点。如此，拙著是西南财经大学"马克思主义生活哲学研究中心"的系列成果之一。该成果若没有西南财经大学马克思主义学院院长唐晓勇教授的鞭策与鼓励，没有各位同仁的帮助，是难以完成的。是故，以此小作，谨为致谢！

笔者秉持"以科学的态度对待科学，以真理的精神追求真理"的原则，系统深耕马克思主义经典文献、俯身体察置于其中的现实生活，以"马克思主义"武装头脑，做马克思主义理论与价值的自觉者，进而自觉行动，做中国特色社会主义的实践者，从而成为一个"真正的马克思主义者"。这是生命的价值归宿，亦是人生的使命。

杨楹

2025年1月

参考文献

一、中文文献
(一) 经典著作

［1］中共中央马克思恩格斯列宁斯大林著作编译局. 马克思恩格斯全集: 第1卷［M］. 北京: 人民出版社, 1995.

［2］中共中央马克思恩格斯列宁斯大林著作编译局. 马克思恩格斯全集: 第2卷［M］. 北京: 人民出版社, 1957.

［3］中共中央马克思恩格斯列宁斯大林著作编译局. 马克思恩格斯全集: 第3卷［M］. 北京: 人民出版社, 1960.

［4］中共中央马克思恩格斯列宁斯大林著作编译局. 马克思恩格斯全集: 第6卷［M］. 北京: 人民出版社, 1961.

［5］中共中央马克思恩格斯列宁斯大林著作编译局. 马克思恩格斯全集: 第12卷［M］. 北京: 人民出版社, 1962.

［6］中共中央马克思恩格斯列宁斯大林著作编译局. 马克思恩格斯全集: 第30卷［M］. 北京: 人民出版社, 1997.

［7］中共中央马克思恩格斯列宁斯大林著作编译局. 马克思恩格斯全集: 第37卷［M］. 北京: 人民出版社, 1971.

［8］中共中央马克思恩格斯列宁斯大林著作编译局. 马克思恩格斯全集: 第42卷［M］. 北京: 人民出版社, 1979.

［9］中共中央马克思恩格斯列宁斯大林著作编译局. 马克思恩格斯全集: 第46卷: 上［M］. 北京: 人民出版社, 1979.

［10］中共中央马克思恩格斯列宁斯大林著作编译局. 马克思恩格斯全集: 第49卷［M］. 北京: 人民出版社, 1982.

［11］中共中央马克思恩格斯列宁斯大林著作编译局. 马克思恩格斯全集: 第50卷［M］. 北京: 人民出版社, 2022.

［12］中共中央马克思恩格斯列宁斯大林著作编译局. 马克思恩格斯选集:

第 1 卷 [M]．北京：人民出版社，2012．

[13] 中共中央马克思恩格斯列宁斯大林著作编译局．马克思恩格斯选集：第 2 卷 [M]．北京：人民出版社，2012．

[14] 中共中央马克思恩格斯列宁斯大林著作编译局．马克思恩格斯选集：第 3 卷 [M]．北京：人民出版社，2012．

[15] 中共中央马克思恩格斯列宁斯大林著作编译局．马克思恩格斯文集：第 1 卷 [M]．北京：人民出版社，2009．

[16] 中共中央马克思恩格斯列宁斯大林著作编译局．马克思恩格斯文集：第 2 卷 [M]．北京：人民出版社，2009．

[17] 中共中央马克思恩格斯列宁斯大林著作编译局．马克思恩格斯文集：第 4 卷 [M]．北京：人民出版社，2009．

[18] 中共中央马克思恩格斯列宁斯大林著作编译局．马克思恩格斯文集：第 8 卷 [M]．北京：人民出版社，2009．

[19] 中共中央马克思恩格斯列宁斯大林著作编译局．马克思恩格斯文集：第 9 卷 [M]．北京：人民出版社，2009．

[20] 中共中央马克思恩格斯列宁斯大林著作编译局．马克思恩格斯文集：第 10 卷 [M]．北京：人民出版社，2009．

[21] 马克思．资本论：第 1 卷 [M]．中共中央马克思恩格斯列宁斯大林著作编译局，译．北京：人民出版社，2004．

[22] 马克思．资本论：第 3 卷 [M]．中共中央马克思恩格斯列宁斯大林著作编译局，译．北京：人民出版社，1975．

[23] 马克思．1844 年经济学哲学手稿 [M]．中共中央马克思恩格斯列宁斯大林著作编译局，编译．北京：人民出版社，2000．

[24] 中共中央宣传部．习近平总书记系列重要讲话读本：2016 年版 [M]．北京：学习出版社，2016．

[25] 习近平．习近平谈治国理政：第三卷 [M]．北京：外文出版社，2020．

（二）专著

[1] 李鹏程．卢卡奇文选 [M]．北京：人民出版社，2008．

[2] 钱永祥．纵欲与虚无之上：现代情境里的政治伦理 [M]．北京：生活·读书·新知三联书店，2002．

[3] 俞吾金．被遮蔽的马克思 [M]．北京：人民出版社，2012．

[4] 克雷. 美国的试验地 [M] //张穗华. 大革命与乌托邦. 北京：中国对外翻译出版公司，2003.

（三）译著

[1] 阿尔都塞. 保卫马克思 [M]. 顾良，译. 北京：商务印书馆，2006.

[2] 阿伦特. 马克思主义与西方政治思想传统 [M]. 孙传钊，译. 南京：江苏人民出版社，2012.

[3] 阿塔利. 卡尔·马克思：世界的精神 [M]. 刘成富，陈玥，陈蕊，译. 上海：上海人民出版社，2018.

[4] 布雷克曼. 废黜自我：马克思、青年黑格尔派及激进社会理论的起源 [M]. 李佃来，译. 北京：北京师范大学出版社，2013.

[5] 布洛赫. 希望的原理：第一卷 [M]. 梦海，译. 上海：上海译文出版社，2012.

[6] 伽达默尔，哈贝马斯，等. 赫尔墨斯的口误：从话语政治到诗学交往 [M]. 曹卫东，译. 南京：译林出版社，2009.

[7] 海尔布隆纳. 马克思主义：支持与反对 [M]. 马林梅，译. 北京：东方出版社，2014.

[8] 黑格尔. 法哲学原理 [M]. 范扬，张企泰，译. 北京：商务印书馆，1982.

[9] 黑格尔. 精神现象学：上卷 [M]. 贺麟，王玖兴，译. 北京：商务印书馆，1979.

[10] 黑格尔. 历史哲学 [M]. 王造时，译. 上海：上海书店出版社，2001.

[11] 黑格尔. 哲学史讲演录：第一卷 [M]. 贺麟，王太庆，译. 北京：商务印书馆，1959.

[12] 胡克. 对卡尔·马克思的理解 [M]. 徐崇温，译. 重庆：重庆出版社，1989.

[13] 宽特. 卡尔·马克思哲学研究 [M]. 熊至立，译. 北京：商务印书馆，2021.

[14] 莱文. 马克思与黑格尔的对话 [M]. 周阳，常佩瑶，吴剑锋，等译. 北京：中国人民大学出版社，2015.

[15] 罗桑瓦隆. 乌托邦资本主义：市场观念史 [M]. 杨祖功，晓宾，杨齐，译. 北京：社会科学文献出版社，2004.

[16] 桑内特. 新资本主义文化 [M]. 李继宏, 译. 上海: 上海译文出版社, 2010.

[17] 罗森. 布鲁诺·鲍威尔和卡尔·马克思: 鲍威尔对马克思思想的影响 [M]. 王谨, 等译. 北京: 中国人民大学出版社, 1984.

[18] 洛维特. 从黑格尔到尼采 [M]. 李秋零, 译. 北京: 生活·读书·新知三联书店, 2006.

[19] 帕特森. 马克思的幽灵: 和考古学家会话 [M]. 何国强, 译. 北京: 社会科学文献出版社, 2011.

[20] 瑟伯恩. 从马克思主义到后马克思主义? [M]. 孟建华, 译. 北京: 社会科学文献出版社, 2011.

[21] 沙拉汉. 个人主义的谱系 [M]. 储智勇, 译. 长春: 吉林出版集团有限公司, 2009.

[22] 瓦纳格鲁. 日常生活的革命 [M]. 张新木, 戴秋霞, 王也频, 译. 南京: 南京大学出版社, 2008.

[23] 沃尔夫. 21世纪, 重读马克思 [M]. 范元伟, 译. 北京: 清华大学出版社, 2015.

[24] 雅斯贝斯. 生存哲学 [M]. 王玖兴, 译. 上海: 上海译文出版社, 2005.

[25] 伊格尔顿. 马克思为什么是对的 [M]. 李杨, 任文科, 郑义, 译. 北京: 新星出版社, 2011.

[26] 普兰特, 著. 茹行, 译. 黑格尔政治哲学中的经济和社会的整体性 [M] // 中国社会科学院哲学研究所西方哲学史研究室. 国外黑格尔哲学新论. 北京: 中国社会科学出版社, 1982.

(四) 期刊

[1] 白刚. 马克思的资本辩证法: 辩证法的革命与革命的辩证法 [J]. 江苏社会科学, 2010 (3).

[2] 刘福森. 马克思哲学研究中三个不可回避的重要问题 [J]. 哲学研究, 2012 (6).

[3] 孙正聿. 辩证法理论的当代反思 [J]. 教学与研究, 1997 (2).

[4] 姚大志. 什么是辩证法? [J]. 社会科学战线, 2003 (6).

(五) 其他

[1] 习近平主持召开中央全面深化改革领导小组第二十三次会议 [EB/OL]. 新华网, 2016-04-18.

[2] 习近平: 在庆祝改革开放40周年大会上的讲话 [EB/OL]. 中国政府网, 2018-12-18.

二、英文文献

[1] ABBINNETT R. Marxism After Modernity: Politics, Technology and Social Transformation [M]. London: Palgrave Macmillan, 2006.

[2] LEVITAS R. Utopia as Method: The Imaginary Reconstitution of Society [M]. London: Palgrave Macmillan, 2013.

后记　继续"存在的勇气"

笔者再次翻阅雅斯贝尔斯的《生存哲学》，让忙碌的心又回到对"生存"进行哲学思考的路上……这是一条才下眉头、却上心头，令人一生都纠结不已，甚至痛苦不堪之路。原本一切思考都是间接或直接地指向生命本身，其本质都是自我揭露、自我扒皮、自我刮骨、自我疗伤、自我拯救，或者是自我抚慰。于此，直指生命内核的自我拷问，也就转换成了自我折磨、自我解构和自我鞭挞。

"活"在这个纷扰的尘世，其实，"我"常常无思于自我的生存，或"我的生存"常被自己心甘情愿、毫不犹豫地撇于遗忘的状态中。如此，"我"也一直处于自我生存的自发状态，严重点说处于麻木状态。

撇开哲学家的解读，"我"也常扪心自问，"生存"到底是什么？"生存问题"到底是一个什么性质的问题？是一个生物体以社会角色的方式展开的自我经营吗？是内在生命意识觉醒之后那个权利化了的自我对吞噬自我的世界的抗争？是一个孤独的自我一直对自身沉沦的面向？抑或是肉身的自我放逐对精神的尊重？生存大凡是最为真切的了。然而，生存本身又被结构化的理性思维一层一层剥开，最后只剩余下可怜的遭遇。你的来去早已将命运的必然性中断，充斥着"偶然性"的"自我"无所依着地飘零，这便是生存的真实？！这些琐碎的思虑，是被碎片后的"自我"追寻还原的生命冲动吗？是在谎言密布的陷阱中本能地规避将生存之根拔掉、生存之路斩断？

作为存在主义哲学奠基人的雅斯贝尔斯在那个生存遭遇极度威胁、生命遭到亵渎的历史语境中，直面"生存"的窘迫，发出强调人的自由的哲学之声，让笔者感受到真正的哲学于时代的批判中所具有的无私与无畏。这样的无私、无畏内置于哲学中，构成哲学永恒魅力之所在，这也是人类一直具有超越品质的内在保证。反观之，我们似乎可以说，这恰好是我们这个时代自我标榜从事哲学思考、哲学探索的人所应该具有的一种基本素质、基本精神与情怀，也是我们判断一个时代是否具有真正的哲学的一个重要的尺度。因为，哲学一旦丧失了这样的精神，无疑早已蜕化、堕落成了"现存世界"的辩护者，成为现实最大的保守力量。这便是马克思一直强调"批判的武器"应该具有的先进品质的真正价值之所在吧！

在书中，雅斯贝尔斯开篇就直言，"生存哲学"，应该扛起、担负起长期以来几乎被遗忘了的哲学任务——"从本原上去观察现实，并且通过我在思维中对待我自己的办法，亦即通过内心行为去把握现实"。他接着说："从事于哲学，即是想从关于事物的单纯知识，想从日常谈话的口头禅，想从约定俗成的和表现在外的东西，一句话，想从一切表面现象返回到现实中"，这便让我反思致力于"生活哲学"研究的原初动议与价值目的。笔者一直固执地认为不能直面生存、生活世界"人"所面临、所遭遇的各种矛盾与困境的哲学，即不关乎人间烟火、人备受煎熬的痛苦，而一味在所谓"形上"维度中悬空着、漂浮着、令人无所适从的、让人敬而远之的哲学，是"人"可以冷落的"哲学"。这类哲学以其玄妙、艰涩的语词出场，在人面前保持它高高在上的姿态，让"人"无法亲近，从头到尾都装扮出一副神圣不可侵犯、颁布"绝对真理"的面孔……然而，在雅斯贝尔斯宣言式的哲学任务警示中，笔者看到了他所立志打造的"哲学"所具有的生存质感。如此，那就必须刨开或戳开被各种虚假、浮华、幻想牢牢包围着的生存真实，把生活的真实打捞出来，否则，生存仍然被遮蔽着，生活依然是一团理不清的乱码，生命依然被一次次无情亵渎……而要真正实现"哲学"与"生存"内在共通与融贯，"哲学家"首先必须超越所谓的"成熟"，摆脱种种捆绑与纠缠，保持对生存敏感而悲鸣的心。试想，被日常生活中的偏执遮蔽了的心智，被蝇头小利的诱惑迷失了自我的灵魂，被权贵污染与侵蚀、被利益牢牢束缚着手脚的人，一颗"知足常乐"的心……何来对生存进行反观与审查？

雅斯贝尔斯通过"存在论""真理论"和"现实论"勾勒出他的"生存哲学"的基本轮廓，解读出"生存"的基本逻辑。在"存在论"一讲中，雅斯贝尔斯说道："存在"的问题产生于一系列生存中的"基本经验"。这些"基本经验"是"不论什么，凡是对我来说成为对象的，它就是许多其他存在中的一个有规定等待存在，它就只是存在的一个方式"①。"我最后总是发现我已把出现于整个存在之内的某一有规定的存在方式绝对化了，使之成为存在自身。但是，任何被认识了的存在，都不是存在本身"（das Sein）②。同时，我们在对外部世

---

① 雅斯贝尔斯. 生存哲学 [M]. 王玖兴，译. 上海：上海译文出版社，2006：3.
② 雅斯贝尔斯. 生存哲学 [M]. 王玖兴，译. 上海：上海译文出版社，2006：3.

界存在者的认识中,恰巧忽略了对"存在"本身的追问,而"这个存在,我们称之为无所不包,或大全。它不是我们某一时候的知识所达到的视野边际,而是一种永远看也看不见的视野边际,一切新的视野边际倒又都是从它那里产生出来的"①。在此廓清之后,要真正把握"这个存在",雅斯贝尔斯认为我们必须把握指示大全的几个关键词,"即世界、一般意识、[人的]实存、精神、生存（Existenz）、超越存在（Transzendenz）",就足够了!于是,在雅斯贝尔斯看来,分三步无所不包的"大全"发展出它的不同样式:第一步,从一般的大全分解为即是我们的大全和即是存在自身的大全;第二步,从即是我们的大全里又分解为即是我们的实存、一般意识、精神;第三步,从内在存在达到超越存在。② 正因为人是一个大全,大全就孕育着人的可能性、人的理想,"因为正是大全,使我们随时清醒地察觉到我们自己的可能性"③。这样,雅斯贝尔斯也在此申明:"因为人之所以为人的本质,不仅在于他可以确定的理想,而首先在于他的无穷无尽的任务,通过他对人物的完成,他就去趋赴于他之所自出和他之将返回的本源。人的本质不仅限于作为世界上的一种生物而可以由人类学加以研究的那种东西,也不仅限于他的实存、他的意识、他的精神。他是这一切样式,而如果缺少了他这些存在样式中的任何一个,他就归于消灭或趋于枯萎。"④ 这就告诉我们,生存着的我们存在着两种基本的可能性——"或许我在我自己的实质之丧失中体会到虚无,或许我在我之被赠予中体会到大全的充实"⑤。但是,"我不能强使这两者中的任何一种情况出现。我只能保有意愿上的真诚,我能准备,我能回忆"⑥。在讨论人的存在一讲中,最令我动心的则是雅斯贝尔斯对人的深刻尊重。他说道:"如果没有什么向我呈现,如果我不热爱,如果存在着的东西不因我的热爱而向我展开,如果我不在存在的东西里完成我自身,那么我就终于只落得是一个像一切物质材料那样可以消逝的实存。但是因为人绝不仅只是手段,而永远同时是终极目标,所以从事哲学思维的人,面对着上述的种种可能性,在虚无的经常威胁下,总愿意体会到出之于本原的充实。"⑦ 作为存在主义哲学家的雅斯贝尔斯,他深深懂得人文主义是欧洲文

---

① 雅斯贝尔斯.生存哲学 [M].王玖兴,译.上海:上海译文出版社,2006:4.
② 雅斯贝尔斯.生存哲学 [M].王玖兴,译.上海:上海译文出版社,2006:7.
③ 雅斯贝尔斯.生存哲学 [M].王玖兴,译.上海:上海译文出版社,2006:15.
④ 雅斯贝尔斯.生存哲学 [M].王玖兴,译.上海:上海译文出版社,2006:15.
⑤ 雅斯贝尔斯.生存哲学 [M].王玖兴,译.上海:上海译文出版社,2006:16.
⑥ 雅斯贝尔斯.生存哲学 [M].王玖兴,译.上海:上海译文出版社,2006:16-17.
⑦ 雅斯贝尔斯.生存哲学 [M].王玖兴,译.上海:上海译文出版社,2006:17.

明，尤其是近代文明的内在血脉，涌动不息的精神底蕴。如此，更为重要的是在战争对人的手段化、工具化的历史场景中，雅斯贝尔斯强调人是目的、终极价值目的。此等清醒的历史意识和生命意识，在今天这个物欲扩张到无以复加的境况下，该是从事哲学研究的人应具有的深刻意识。由此，才有在物质财富增长的同时，生活本身获得充盈的内蕴，生命才具有自由与诗性，而不再干瘪而贫瘠、压抑而沉沦……这样关怀生存的哲学才具有走进人心、化为生命的强大力量。

读到"真理论"，雅斯贝尔斯坚持真理与生存一体化，将真理内置于生存的立场上。他说："由于真理意义的一切样态在我们人生的现实中都集中在一起，并且人是出自一切样态的一切祈愿而存在着的，这就迫使我们趋于这样一个唯一的真理，在这个真理中，任何样态的大全都不至于毁灭。而且，由于真理意义的多样性是这样明显，这也才把探索唯一真理的问题提到这样一点上来，在这个点上，宽广的前提是可能的，而直接的答案——唯一真理的追求越是迫切则越变成不可能……"①。真理与生存之间倘若已经或正在发生龟裂，那么"真理"将会是多么苍白，"生存"又将是多么迷茫而空乏。正因为如此，雅斯贝尔斯开篇直言："真理这个名词具有无比的魅力。它显然暗含着我们人生的真谛之所在。损害了真理，则一切靠损害真理而赢得的东西也就统统被之败坏"，"真理能引起痛苦，能使人灰心绝望"。但是，不管如何，"真理"总是对人的生存"给予鼓舞""提供依靠"②。

最令我感受到震撼的是雅斯贝尔斯对"生存"与"真理"关系的至理名言："生存是在信仰中体验到真理"。此言，让我明白当代中国在"真"与"假"、"真理"与"谬误"、"正义"与"邪恶"……纠缠不休的生存矛盾中折射出来的"一般意识"中对"有强制性的正确"的无视，对"确信"的质疑……如此，生存的荒诞、感觉主义式的自我流放，羞辱了"真理"、悬置了"生存"、亵渎了"生命"……

在"现实论"中，雅斯贝尔斯再次对哲学的本质规定进行反思、追问与澄清。"在真理之光的照耀下，产生出来的要求是，一定有些什么东西存在着。所以，哲学思维的最终问题，还是追求现实的问题"③。这就非常清晰地将"生存哲学"直面"生存"的特质彰显出来。这样的学术路向与以"现实生活"为焦

---

① 雅斯贝尔斯. 生存哲学 [M]. 王玖兴, 译. 上海：上海译文出版社, 2006：31.
② 雅斯贝尔斯. 生存哲学 [M]. 王玖兴, 译. 上海：上海译文出版社, 2006：22.
③ 雅斯贝尔斯. 生存哲学 [M]. 王玖兴, 译. 上海：上海译文出版社, 2006：56.

点、为平台的马克思哲学无疑具有相近之处,这是值得充分肯定的。

在对"现实"的追问与分解中,雅斯贝尔斯智慧地提出"没有可能性的现实性",提出"现实"的历史性和统一性特征。他多次告诉"我":"人的历史没有可能的终极状态,没有一个完成的期限,没有目标。任何时候都可能是个完成,而完成同时又是终结和没落。人的伟大及其本质取决于每一瞬间的条件。现实只在过渡中展开自己——而且现实在其中展开自己的这种过渡不是指随便一个什么史实的简单出现的瞬间,而是指这样的一种实践了的瞬间,它一去不复返,不能代替,它即是现实自身在消逝中的当下现在,它对在其中生存着的人是有决定意义的,而对通过理解来达到这种不可理解的东西的观察者,还有些余光残辉。"[1] 这就告诉我们,人的生存历史、生命的过程,并不是线性的,也并不必然是按照自然的时间链条可以不断延续的,而是一个随时都可能被中断的、脆弱的阶段性抑或是终极性的存在样态。这让我们不能无视生存断裂式的特质。如此,生存一直处于一种高风险的状态中,谁也不能对生存做出决定性的保障。这便是生命充满神秘与诡异之缘由。

"生存哲学"之兴盛,缘于"生存"本身的危机与困苦。直面"生存",到底是用理性分析的手段还是用自我体验的方式来捍卫生命的权利,是我们该认真思考的问题,因为我们只要还"活着",我们就不能无视"活着中"的诸多生成着的"问题"。

当下最为要紧的是将背对着未来的脸再转回来,直面自己的"生存",这才是智慧的开端,善的始源。由此,我们也才在抵抗生存陷阱和苦难中,内生勇气而继续"存在"!

如斯,当笃行老子箴言:"大丈夫处其厚,不居其薄;处其实,不居其华。"

---

[1] 雅斯贝尔斯. 生存哲学 [M]. 王玖兴,译. 上海:上海译文出版社,2006:64.